欧州
サードセクター

歴史・理論・政策

A. エバース【編】
J.-L. ラヴィル

内山哲朗・柳沢敏勝【訳】

日本経済評論社

The Third Sector in Europe
edited by Adalbert Evers and Jean-Louis Laville
Copyright © Adalbert Evers, Jean-Louis Laville 2004

Japanese translation published by arrangement with
Edward Elgar Publishing Ltd.
through The English Agency (Japan) Ltd.

目　次

図表一覧　　　　　　　　　　　　　　　　　　　　　　　　viii
凡　　例　　　　　　　　　　　　　　　　　　　　　　　　 ix
執筆者紹介　　　　　　　　　　　　　　　　　　　　　　　　x

序章……………………………………………………………………………… 1

 1　はじめに　1
 2　各国の特殊性と課題：歴史的な視点　5
 3　理論的な側面　7
 4　政策的な課題　9

I　欧州サードセクター：欧州の現実と独自のコンセプト

1　欧州サードセクターの定義………………………………………… 15

 1　序　　論　15
 2　ヨーロッパ型アプローチの特有性　16
 3　サードセクターへの歴史動態的アプローチ　31
 4　新しい原動力　39
 5　結　　論　50

II　欧州サードセクターの動向：社会的経済・ボランタリー組織・市民社会

2　イタリアサードセクターの進展 ………………………………… 61
  窒息から再登場へ

 1　序　　論　61
 2　説明モデル　63

3　18世紀末のサードセクター　66
　　4　1890年から1970年まで：サードセクターの漸進的縮小　67
　　5　1970年代以降：新しいサードセクターの登場　70
　　6　サードセクターの量的側面　78
　　7　結　　論　80

3　スウェーデン社会的経済の発展と未来 …………………………… 83
　　1　序　　論　83
　　2　ボランタリーアソシエーション・国民運動・社会的経済　85
　　3　ボランタリーアソシエーションや国民運動とスウェーデン福祉国家との関係の歴史　90
　　4　将来についての考察：スカンジナビアにおける福祉国家の転換と福祉ミックスへの移行　98
　　5　結　　論　104

4　フランス市民社会の経験 …………………………………………… 109
　　政治と経済のギャップを架橋する試み
　　1　序　　論　109
　　2　アソシエーション主義・経済・民主主義　110
　　3　社会的経済の限界　121
　　4　市民的連帯経済：長く忘れ去られていた展望の再生　125
　　5　結　　論　129

5　ドイツサードセクターとその現代的課題 ………………………… 134
　　制度の固定化から企業家的な機動性へ？
　　1　序　　論　134
　　2　歴史的な背景　136
　　3　新しい課題と福祉ミックスの再編　146
　　4　結　　論：サードセクターは存続するか？　156

6 イギリスの福祉ミックス ……………………………………… 163

1 序　論　163
2 サードセクターの定義　165
3 福祉ミックスにおけるサードセクター　168
4 イギリスサードセクターの未来　185

7 オランダ ……………………………………………………………… 194
民間イニシアティブから非営利ハイブリッド組織へ，
そして民間イニシアティブへの回帰？

1 序　論　194
2 柱状化と和解　197
3 福祉国家における公民パートナーシップ　200
4 数字でみた現在の状況　202
5 境界線の曖昧化とハイブリッド化　207
6 展　望　211
7 結　論　218

III　欧州サードセクター：一国レベルとEUレベル

8 現代福祉国家における政府とサードセクター ……………… 225
自立性・道具性・パートナーシップ

1 序　論　225
2 サードセクターをめぐる説明と実証的観察　229
3 サードセクターのもつ重要性の再発見　233
4 新しいパートナーシップ　243
5 結　論　247

9 EUの政策プログラムとサードシステム ……………………… 254

1 序　論　254
2 社会的結束を伴う競争力：政策プラットホーム　256

3　サードシステム：呼称と定義　258
　　4　豊かな政策土壌の開拓　266
　　5　サードシステムとEUの構造政策・地域政策　270
　　6　結　論　275

10　EUとサードセクター　………………………………………………　281

　　1　サードセクター：「1968年以前の」アプローチ　281
　　2　1980年代における方針転換　284
　　3　地方開発と雇用イニシアティブ　287
　　4　EUレベルでのサードセクターへの貧困な認識　289
　　5　制度的な陥穽と新しい手段の必要性　292

　IV　欧州サードセクターの理論：サードセクターの何を問題とするか

11　混合経済の新しいパラダイム　………………………………………　299
　　　セクターの境界区分を再考する

　　1　序　論：セクター境界区分への批判　299
　　2　対人サービスの政治経済学　303
　　3　市場経済の生態学　307
　　4　新制度主義　310
　　5　混合型開放システム　314
　　6　結　論　317

12　社会的企業による社会サービスの供給　………………………………　325
　　　ハイブリッド組織の貢献可能性と市民社会

　　1　序　論　325
　　2　市場・福祉国家・市民社会の役割変化と社会サービス：ハイブリッド組織登場の駆動力　328
　　3　ハイブリッド組織としての社会サービス組織：分析的コンセプトの示唆　337

4 現時点でのハイブリッド化過程のコストと利点　340
 5 サードセクター・市民社会・社会サービスの再構築：3つの結論　345

解題：欧州サードセクター論と社会・経済像（内山哲朗）　353
索　　引　365

図表一覧

図 1.1　福祉三角形　21
図 1.2　多元的経済の全体構造　21
図 1.3　福祉ミックス　23
図 1.4　市民的連帯経済　25
図 7.1　オランダにおける非営利セクターの展開と展望　212

表 7.1　非営利セクターにおける国別，活動分野別雇用　203
表 7.2　オランダ非営利セクターの構造　206
表 7.3　EU 諸国における不平等についての意識　218

凡　　例

1　各部・章・節・項のタイトルは，簡便な表現に変更した個所がある．
2　原文各章には節番号は付されていないものの，読み易さを考慮して，節番号を付した．
3　長い段落については，読み易さを考えて分割した個所がある．
4　原文における強調のためのイタリック体は，訳文中ではゴチック体とした．
5　必要に応じて，原語を（　）で本文中に挿入した．
6　内容理解に必要と思われる訳補・訳注は，[　]で本文中に挿入した．
7　本文中の引用文献の表記は，(Evers, 1998)，(Evers, 1997, p. 52) のように原文どおりとした．
8　索引は，訳書をベースとして作成した．

執筆者紹介

アダルベルト・エバース　Adalbert Evers（序, 1, 5, 12章）
ユストゥス・リービッヒ大学（ドイツ）教授．専攻：比較医療社会政策．市民社会・福祉ミックス・ケアと対人社会サービス・サードセクターに関する分野での比較研究を中心として多くの著作がある．

ジャン-ルイ・ラヴィル　Jean-Louis Laville（序, 1, 4, 12章）
社会学者．フランス国立科学研究センター（CNRS）制度変革の社会学研究所所長．パリのいくつかの大学でも教鞭を執っている．専攻：市民社会・多元的経済・サードセクターの比較歴史社会学．

カルロ・ボルザガ　Calro Borzaga（1, 2章）
トレント大学（イタリア）経済学部経済政策教授，同大非営利組織研究所所長．専攻：労働経済学および非営利組織・社会的企業の経済学．

ヴィクトール・ペストフ　Victor Pestoff（1, 3章）
ストックホルム大学政治学部および同大ビジネススクールで教鞭を執ったあと，セーデルテルン大学政治学部教授を経て，現在，ミッド・スウェーデン大学（スウェーデン）政治学部長．

ジャック・ドゥフルニ　Jacque Defourny（1章）
リエージュ大学（ベルギー）経済学部教授，同大社会的経済センター所長．欧州各国のサードセクター研究をすすめるEMESのコーディネーターを務める．専攻：協同組合・アソシエーション・労働への統合・社会的企業の経済分析および先進国・途上国におけるサードセクターの理論研究．

マース・ニッセンズ　Marthe Nyssens（1章）
ルーバンカソリック大学（ベルギー）経済学部教授．連帯・ソーシャルイノベーションの学際研究センター（CERISIS）社会的・非営利経済学研究コーディネーター．専攻：サードセクター論および社会政策評価論．

執筆者紹介

フィリップ・シャニアル　Phillippe Channial（4章）
　カーン大学（フランス）政治社会学教授．『モース研究』誌の委員会メンバー．専攻：アソシエーション・市民社会の歴史・理論研究（国際比較を含む）および民主主義社会における社会連帯の研究．

インゴ・ボーデ　Ingo Bode（5章）
　デューイスブルク-エッセン大学（ドイツ）社会学研究所民間上級講師．現在，欧州における社会的企業の発展に関する研究プロジェクトに従事している．専攻：組織・社会政策・非営利セクターの社会学（国際比較を含む）．

マリリン・テーラー　Marilyn Taylor（6章）
　西イングランド大学（イギリス）教授，都市のガバナンスと再生を担当．同大都市研究センター所長．専攻：コミュニティにおける参加・近隣再生・政府とサードセクターとの関係論．

ポール・デッカー　Paul Dekker（7章）
　社会文化プランニングオフィス「参加とガバメント」研究グループ座長，ティルバーグ大学（オランダ）グローバス研究所非常勤教授（市民社会論）．

ジェーン・ルイス　Jane Lewis（8章）
　2000年以降，オックスフォード大学（イギリス）社会政策教授．ロンドン・スクール・オブ・エコノミクスおよびノッティンガム大学社会政策教授を歴任．専攻：ボランタリーと法制との関係論およびジェンダー・社会政策・家族政策．

ピーター・ロイド　Peter Lloyd（9章）
　過去に，クイーンズランド大学（オーストラリア）に勤務．1964年にイギリスに戻って以降，マンチェスター大学に25年間勤務．1989年，リバプール大学都市地理学教授に就任．2001年9月，大学を退職して民間コンサルティングに転ずる．リバプール大学名誉教授．

ジャック・ドロール　Jacque Delors（10章）
　元フランス経済財政大臣（1981-84）の後，欧州委員会委員長（1985-94）．現在，RPU（Research and Policy Unit, Notre Europe）およびCERC（Conseil de l'Emploi, des Revunus et de la Cohsion Sociale）会長．パリ-ドフィネ大学助

教授（1974-79 年），ユネスコ「21 世紀の教育国際委員会」議長（1992-99 年）を歴任．

ラルフ M. クレーマー　　Ralph M. Krammer（11 章）
　カルフォルニア大学バークレー校（アメリカ）に 1964 年から 2001 年まで勤務．現在，社会福祉学名誉教授．専攻：コミュニティ組織・社会計画行政・ボランタリー団体・社会サービス・福祉国家．

序章

アダルベルト・エバース
ジャン-ルイ・ラヴィル

1　はじめに

　20世紀最後の10年間，ヨーロッパはあたかも，アメリカの研究蓄積に由来する見方を通じて自らを再発見しようとしているかのようであった．トクヴィル（Alexis de Tocqueville）が合衆国の形成過程で発見したもの——活動的な市民によるアソシエーションの自由な設立——はヨーロッパでも，「サードセクター」の歴史や役割をめぐる広範な議論にとって重要な参照点となった．そして，アメリカでつくり出された1つの呼称に過ぎない「非営利セクター」という概念が研究の世界においても一般の議論においても流行語のようになった．さらに，ますます国際化が進む学界では，合衆国主導型の比較実証研究を通じて非営利セクター概念が重視されるようになった．

　だが明らかに，ヨーロッパにもサードセクター研究の独自の蓄積がある．しかし，ヨーロッパでの研究は一般に，研究方法が国ごとに異なっていたため，合衆国主導の近年の研究とは対照的に，ヨーロッパレベルですらほとんど重要性をもちえなかった．とはいえ，サードセクターをめぐる呼称とアプローチの多様性は，ヨーロッパの非営利組織——共済組合，協同組合，アソシエーション，慈善団体，ボランタリー組織——がもつ幅広い多様な伝統を反映している．

　運動，組織および概念のこうした多元性や，「サードセクター」という中立的な用語をもって進められてきたこの数年間の研究に対するヨーロッパ的な新しい関心に注意を払ってみると，サードセクター論への合衆国からの影

響が有効に融合されてきたといえる．最初に，サードセクター論に対する合衆国の貢献を強調する理論的な概念についていえば，その概念は，現代的なヨーロッパの現実とは合致しない1つの歴史を反映している．ヨーロッパの多くの地域では，社会的経済の伝統のなかで活動する営利を目的としない (not-for-profit) という志向性をもった諸組織も通常，利潤あるいは剰余を生み出してきた．さらに，合衆国主導型の多くの研究と議論は，いわゆる「非営利 (non-profit)」組織を市場の失敗および政府の失敗として説明する経済学的アプローチに依拠してきた．この理解によれば，消費者は一定の条件下で，民間企業や公共サービスよりもサードセクターを選好するという制度的選択を行うとされる．このような理論的潮流は，合理的選択と方法論的個人主義を中心とする新古典派的な根拠づけの広がりを示している．そこでは，3つのセクター——民間企業，公共サービス，非営利セクター——間に明確な境界が設定されている．

次に，ヨーロッパにおけるサードセクターへの学問的な関心の広がりについていえば，その大部分が社会学的・政治学的な視点に立っているという点で合衆国主導型の研究とは対照的であった．そして，ヨーロッパ自体においても，サードセクター論の発展にかかわるような相応の理由があった．すなわち，サードセクターの専門研究に共感が寄せられ，その研究によって国際的な公共領域が発見されたという事実に対して，ヨーロッパでも関心が広がっていたのである．第二次大戦後の最初の10年間に姿を現した公共サービスの構造や質，そして新しいグループや運動による先駆的な新しい形態のサービスへの関心がしだいにサードセクター研究にとっての主要な参照点となってきた．その結果，こうした関心は，社会的排除の問題や伝統的福祉国家の危機と重なり合うようになっていった．以上のような問題関心は，「共同生産者」としてのクライアント，「社会的排除」，「補完性原理」，「パートナーシップ」といったサードセクターをめぐって生まれてきた諸問題——それらは，非政府資源の活用や公共支出コストの削減を目的としている——にも及ぶようになった．「オールドスタイルの」社会民主主義が限界に突き当たっているという見地から，近年，サードセクターへの世間の関心も広がりをみせてきた．そこには，新自由主義的グローバリゼーションによって不平等

が際立つようになってきたとの認識も伴っている．そして，「第三の道」や「もう1つのグローバリゼーション」に関する議論を通じて，国家と市民との関係と同様，公共，市場およびサードセクター三者間の変化しつつある相互関係をめぐる全般的な問題も議論されるようになってきた．

　福祉の未来とサードセクターによるそれへの貢献に関する議論の過程で，国や地域ごとの特有の遺産，さまざまな福祉レジームの役割および福祉レジーム発展のためにサードセクターが果たさなければならない役割の違い等々について学界でも議論されるようになってきた．要するに，合衆国主導の基準に従って欧州のサードセクターを「測定」しようという研究イニシアティブに向き合いながら，またそれに刺激を受けながら，ヨーロッパ特有の文脈におけるサードセクターの歴史と未来の可能性を分析しようとの議論が開始されるようになったといえるだろう．

　本書は，欧州のサードセクターに関して，その事実を提示するはじめての著作ではない．しかし，これまでずっと分離されてきた2つの議論を概念的に統合しながら，両者に共通する枠組みによって得られる事実を提示しようとするはじめての著作である．その2つの議論とは，第1に，協同組合，共済組合を中心とする「社会的経済」という特有の議論であり，第2に，ボランタリー組織や営利を目的としない（not-for-profit）組織をめぐる社会的・政治的現象に関する議論である．本書はまた，この分野で国際的にもよく知られている著者たち数名が共同してサードセクター研究の発展に貢献しようと試みる著作でもある．

　第Ⅰ部と第Ⅳ部では，国際的にますます広がりつつあるこの分野での議論に対して，ヨーロッパからの特有の貢献として何をなしうるかを考察しながら，理論的な概念の検討とその展開が扱われている．第Ⅱ部では，著者たちは，各国社会および公的福祉とサードセクターとの強い結びつきの関係をめぐって，その特有の歴史を要約している．第Ⅲ部では，EUレベルで具体化されてきたコンセプトと政策手段を考慮しながら，国および公共政策の決定的な役割と関連させてサードセクターを考察している．

　本書は以上のような構成をとってはいるものの，そのアプローチにはかなりの多様性がある．たとえば「非営利（non-profit）」あるいは「営利を目的

としない（not-for-profit）」という用語のどちらを使用するかをめぐって，明確で十分に合意された用法があるわけでは決してない．読者にとっては，その事実を理解するのに多少の時間を要するかもしれない．さらに，ボランタリーセクター，共済組合や協同組合と同様，多様なサブセクターをもすべてサードセクターという範疇に組み入れられるのかどうか，その当否を判断しなければならない．サービス供給の役割とは無縁のアドボカシー組織等，本書の各論文で検討される多くの組織についても同様である．最後に，「ハイブリッド［混合型］組織」や「社会的企業」といった現在のキーワードでさえ，つねに同様の問題を抱えている．ある著者にとっては，特定のサードセクター組織しかハイブリッド組織とはみなしえないのに対して，他の著者からみれば，ハイブリッドであるということはサードセクター組織が本質的に何であるかを定義するものである．また，ある著者にとって，社会的企業は協同組合運動を継承するものであるのに対して，他の著者にとっては，社会的企業という呼称はサービス供給を行う，サードセクターを越えて存在する諸組織を指す．すなわち，（本書最終章で提示される）もっとも広義の定義に基づいて，営利セクターという中核領域の外部に存在するすべてのサービス供給組織——それらは，複合的な目的および複合的な資源で成り立つシステムを何とか安定化させようとする組織であり，そのシステムには，市民社会に深く根を張ることで可能となる社会的関係資本（ソーシャルキャピタル）という強力な構成要素が伴っている——を表現するものとして社会的企業という呼称が使用される場合がある．

　上述のようなアプローチの多様性をふまえて，序論として述べておくことが可能な，あるいは述べておかなければならないのは本書の中心テーマを構成する主要な一致点を強調しておくことである．それは，次のように整理してよいだろう．すなわち，サードセクターの発展とサードセクターへのアプローチにはヨーロッパにも特有の研究蓄積があり，それは，この分野をめぐる国際的な議論を豊富化するはずであり，また，合衆国主導型のような別のアプローチに対しても問題を投げかけるはずである，という点である．したがって，ヨーロッパの研究蓄積は，失われたり拒絶されたりするべきものでは決してない．本書での議論の共通点はおそらく，欧州のサードセクターを

めぐる①歴史的な展開，②理論的な概念の構築，③政策的な諸課題という3点で概括することができるであろう．

2 各国の特殊性と課題：歴史的な視点

第2章から第7章では，北欧（スウェーデン），中欧（フランス，ドイツ，オランダ），イギリス，南欧（イタリア）について，サードセクター発展のそれぞれの歴史的な背景を考察している．これらの研究は，理論的な背景と研究スタイルの各国ごとの相違を別とすれば，各国の研究が提供する実証的な情報に加えて，以下に述べるように，また後半の理論章でも扱われるように，より分析的な用語をもって特徴づけられる3つの特有の点を強調している．

第1に，ヨーロッパでは，**慈善団体，ボランタリー組織，財団**——これらの組織は，アメリカ社会の遺産の一部をなすものでもある——**以外の組織による特別の貢献**によってサードセクターが形成されてきた，という点である．サードセクターの形成に貢献してきた組織とは，共済組合，協同組合やアソシエーションといった「社会的経済」を構成する諸組織である．本書での各国研究は，これまでいつも別々に論じられてきた，欧州サードセクターの2つの構成部分である社会的経済とボランタリーセクターから歴史的なデータを収集しようとするはじめての研究である．たとえばマリリン・テーラー（Marilyn Taylor）は，イギリスを例にとって「広義および狭義のボランタリーセクター」といった注意深い用語法でしか，単一の用語のもとで2つの立場を維持することはできないと述べている．ヴィクトール・ペストフ（Victor Pestoff）は，スウェーデンの分析において，ヨーロッパとは異なる（アメリカ合衆国の）文脈で採用された基準に従って一国のサードセクターを測定することに対しておそらくもっとも忌憚のない立場を表明している．イタリアの歴史を分析したカルロ・ボルザガ（Carlo Borzaga），フランスを分析したフィリップ・シャニアル（Phillipe Chanial）とジャン-ルイ・ラヴィル（Jean-Louis Laville），ドイツを分析したインゴ・ボーデ（Ingo Bode）とアダルベルト・エバース（Adalbert Evers）らもすべて，欧州のサードセ

クターがボランタリーセクターの狭義の概念とも非営利（non-profit）組織という合衆国型の概念とも等置されえないことを示している．

　第2に，著者たちが，サードセクターとその発展がヨーロッパに特有の歴史的・政治的な文脈に埋め込まれてきたことを中心に論じているという点である．ヨーロッパでは，市場，公共サービス，そして「恵まれた階級」が設立する信仰に基づいた慈善団体のような諸組織の及ぼす影響に加えて，社会運動──労働運動やスカンジナビア諸国の歴史にみられる国民運動──の役割が強調されねばならない．とりわけ，社会運動は，合衆国の遺産とは異なった方法でサードセクターをめぐる諸概念，サードセクター発展の道筋，サードセクターを構成する諸組織を形づくってきたのである．同時に，新しい社会運動の登場およびヨーロッパ各国の研究で報告されているようなアソシエーション設立の諸形態によって，大西洋沿岸諸国には共有されうる多くの側面が明らかにされている．すなわち，参照点としての市民社会，ボランタリーな参加と連帯についての新しい理解ばかりでなく，新しい企業家精神（new entrepreneurial spirit）といった側面がそれである（I. ボーデと A. エバースによる第5章を参照）．これらは，欧州サードセクターの過去と未来の間に断絶と連続という問題を提起することになるだろう．その点は，過去10年以上にわたって，サードセクターをEUのアジェンダとして位置づけようと試みてきたジャック・ドロール（Jacques Delors）担当の第10章によく反映されている．

　第3に，サードセクターにとっての**欧州福祉国家**の特別な**重要性とその役割**，そして同様に，福祉国家にとってのサードセクターの重要性とその役割をすべての著者たちが強調している点である．このような福祉国家とサードセクターの関係が相互の競争，拒絶，融合をもたらしてきたばかりでなく，相互に刺激し合う長い歴史が続いてきたのである．サードセクターは福祉モデルのなかに組み込まれてきた．そして，現在の「福祉ミックス」（アメリカ合衆国と比較して）において福祉国家の役割が中心となるとはいえ，それは，サードセクターの重要性を単に小さくするということでは決してない．サードセクターをめぐるこのような歴史的な観察は，社会政策理論と福祉レジーム理論に対して注意を促している．すなわち，サードセクターに対する

「明らかな無関心」（ジェーン・ルイス Jane Lewis）は，社会政策理論や福祉レジーム理論にとって1つの弱点なのである．

3　理論的な側面

　本書を通じて提示されるヨーロッパでの議論から，特有の理論的イノベーションが生み出される．それには少なくとも2つのものがある．まず第1に，欧州サードセクター論では，とりわけ協同組合と共済組合とを包含することによって，**サードセクターの経済的側面**が検討の対象になるという点である．これは，市場理論から生み出されるツールや概念を駆使してサードセクターが供給するサービスの経済規模を測定したり，あるいは，サードセクターを説明したりすることとはある種まったく異なる事柄である．財やサービスを供給するアソシエーションには倫理的で政治的な側面が見出されること，また，このようなアソシエーションが特有の社会的経済や連帯経済を構成すること，これらを認識することによって，大きな理論的課題——多元的経済の構成要素としてサードセクター経済（third sector economy）を位置づけ，その特性を再構成するという課題——への道が開かれるのである．C. ボルザガによる第2章とJ.-L. ラヴィルおよびP. シャニアルによる第4章はとくに，こうした多元主義のビジョンという点で示唆的である．すなわち，そのビジョンは，たとえば「福祉多元主義」「福祉ミックス」「福祉の混合経済」のようなヨーロッパでの議論を通じて展開されてきた諸概念と緊密に重なり合っている．

　ヨーロッパでの多くの研究における第2の際立った特徴は，基本的に開放的で多元的で**媒介的なサードセクターの性質**を強調するところにある．それは，サードセクターを一種の「独立」セクターとみなし，サードセクターを，その諸組織が政府や市場に対する残余の役割や代替の役割を果たす特別の「入れ物」とみなす立場とは異なっている．「媒介性」という発想は，まさに，セクター間の境界とは曖昧なものであると認識することに他ならない．ポール・デッカー（Paul Dekker）は第7章で，オランダにおける一般的な議論の歴史からみてもセクターで区分する発想はなじまないと述べて，「社会的

中間領域（social midfield）」というオルタナティブな概念とその媒介機能には十分な理由があるとしている．他の著者たち（たとえば，第12章のA. エバースとJ.-L. ラヴィル）も，サードセクターの媒介的性格を1つの説明要素とみなしている．彼らによれば，アソシエーションとは，生来的に多様なものというのではなく，一種の「ハイブリッド」組織（これは，本書でも繰り返し言及される論点である）としてみなされるべきものである．「ハイブリッド」組織とは，一種の緊張感を伴う領域で維持されるものである．すなわち，そのような領域では，アソシエーションが市民社会に根を張ってさえすれば，政府との結びつきや市場的要素がアソシエーションを凌駕することはないなどとは決していえないのである．

以上のような2つの点——①サードセクター経済を多元的経済の構成要素として位置づけること，②「ハイブリッド」という発想に基づいてサードセクターの媒介機能を重視すること——は，1つの理論的な問題を刺激することになるだろう．すなわち，大西洋両岸諸国におけるサードセクター関連の広範囲にわたる研究蓄積をもとに，アメリカの研究者であるラルフ・クレーマー（Ralph Kramer）が先駆者として，そしておそらくは意識的に描き出そうとしてきた問題である．それは，セクターで区分することは重要なのか，という発問に他ならない．

この問題は，R. クレーマーをはじめ，P. デッカー，M. テーラー，A. エバース，J.-L. ラヴィルらによっても取り上げられる．彼らはおしなべてそれぞれの研究のなかで，ある組織がこれまでとは明らかに異なった活動やサービスのスタイルをなぜ展開しようとするのか，その理由を分析するにあたって，**セクターで区分することがどの程度重要なのか**，という問題を提起している．提出される解答は，組織とは，民主的参加，顧客との協同，市民社会という地域空間に埋め込まれる程度等々，組織として構築する諸原則の多様なインパクトに応じて発展する，というものである．反対に，たとえば，公共セクターやサードセクターにおける社会サービスのあり方を形づくってきた社会的・職業的な行動原則が純粋な営利的・経営主義的原則によって損なわれるその程度に応じて組織の発展のあり方も違ってくる．このような観点からいえば，明らかに，市民社会を育み，市民社会と結びついた諸原則を

育んでいくような理性および価値は決して1つのセクターだけに限定されるものではない．「市民社会セクター（civil society sector）」なるものは本来存在しないのであり，ましてや，ボランティアやユーザーの参加といった価値との結びつきはサードセクターだけの独占物である，というわけではない．たとえば地方自治体や中央政府による公共サービスは，それらが市民社会により近い範囲で発展するとすればサードセクターとかなり近似した特徴を示すことになるだろうし，逆に，官僚制的な原則や営利主義的な原則によって部分的に歪められる可能性もありうるのである．

4　政策的な課題

　将来の政治のあり方，ガバナンスの問題，欧州福祉モデルを再構成するための基本コンセプトといった諸点にかかわるようなサードセクターの役割を考えるとき，中心となる3つの点が浮上してくる．第1の点は，全般的なビジョンに関連している．将来のためのコンセプトは，**サードセクター組織の地位と貢献にかかわる基本的な「協定（compact）」**を伴うものでなければならない．一方での職業的政治や政府行政と，他方でのサードセクター組織やその代表者との間で，都合のいいときにだけ利用し合うという手段的な態度を相互に拒絶するようなパートナーシップというビジョンが必要である．行政にしても，サードセクター組織の貢献にしても，単なる資金的・経済的な次元にとどまっていてはならない．パートナーシップにおいては，サードセクター組織の倫理的・政治的な価値への認識が不可欠である．それは，このような前提のもとで財やサービスを供給するサードセクター組織が通常の営利目的組織（for-profit organizations）のような経済的なアクターとは単純に等置されえない，という事実を認識しなければならないのと同様である．将来を睨んだこのようなパートナーシップの必要性については，J．ルイスが第8章で周到に検討している．他方，他の著者たちはもう1つの側面を強調している．すなわち，サードセクターが有している政治的・倫理的・経済的な諸側面を統合する政策の重要性であり，独自の，いわば「社会的」なサードセクター経済のための基盤である．

本書が強調する第2の点は，サードセクター組織の価値や目的，評価基準——サードセクター組織への支援あるいは拒絶を導いたりする基準——をめぐるインパクトについて，さらにそれらの全体的なバランスについて明確な像を描くという課題である．あるいは，「社会的企業」のような特有の法人構想を選好することへ向けての課題である．サードセクターの有する諸価値は，均質性と多様性のように，基本的ではあるものの，ときに相矛盾するような価値をなしている．言い換えれば，一方で市民や社会的関係資本という資源を活性化することが求められ，他方で効率よくマネジメントされたサービスによる素早い対応が求められたりするのである．さらに，サービスの質，ユーザーの役割，アカウンタビリティ（説明責任）にかかわる特別の評価基準もある．サードセクター組織がこれらすべての諸能力を同じ程度で発揮することはおそらくできないだろう．とはいえ，サードセクター組織が多面的な諸側面を発展させることは可能であり，その際，上述の諸基準のいくつかが適用されることになるだろう．P. デッカーが，この点を明示的に検討している．

　以上は，本書を通じて取り上げられる最後の点につながっている．すなわち，第3は，多くの事例にみられるように，サードセクター組織は，規則および法的枠組み，適切なガバナンス形態，サードセクター組織がもつ特有の付加価値を認識し尊重する相互作用のネットワーク等々を必要としている，という点である．たとえば，C. ボルザガが第2章において，イタリア協同組合の成功物語にとって支援法制の確立がどれほど役立ったかを明確に述べている．また，A. エバースおよび J.-L. ラヴィルが第12章で，「公共」セクターにおいても「サード」セクターにおいても社会的企業により大きな活動余地を提供するような政策と法的枠組みに関して議論を提示している．EUでこれまで実行されてきたサードセクター関連のいくつかの政策に関連して，ピーター・ロイド（Peter Lloyd）が第9章で，サードセクター組織を特定の単一目的のための1つの手段として限定してしまうのではなく，その特有の能力を活性化し促進する安定したプログラムと展望を構築することがどれほど困難であるかを示している．R. クレーマーは最後に，多様な政策領域には多様なアプローチがあるという事実を指摘している．すなわち，民間企業，

さまざまな政府機関およびサードセクター組織が相互作用的で混合的で融合的な政策ネットワークを発展させている領域，あるいはまた，三者によるサービスシステムが機能している領域である．結局のところ重要なのは，セクターの規模や組織の単一類型ではなく，いわば不安定な「生態系のような多様な政策領域」をネットワーク化された福祉ガバナンスによって育成していく能力なのである．

　本書は，ヨーロッパEMESネットワーク（社会的企業研究ネットワーク：www.emes.net）で企画・遂行された研究成果に多くを負っている．非営利組織としてのEMESネットワークは，2002年にブリュッセルで設立され，サードセクター関連の研究と政策に関心をもつヨーロッパ全域の研究者や研究機関によって構成される組織である．さらに，われわれは，CIRIEC（公共経済・社会的経済・協同経済に関する研究・情報国際センター）にも感謝している．欧州委員会のためにCIRIECで実施された研究のフレームワークによって，本書の著者たちは，欧州のサードセクターを概観するために準備した初版をさらに展開する可能性を与えられたのである．本書第1章はその成果である．本書の編者2名は，本書出版のために協力を惜しまなかったすべての人々，すなわち，論文を寄せてくれた著者たちをはじめ，本書完成に必要とされた技術的，社会的，倫理的支援をしていただいた人々に対して感謝の意を表したいと思う．

I 欧州サードセクター：
欧州の現実と独自のコンセプト

1
欧州サードセクターの定義*

アダルベルト・エバース
ジャン-ルイ・ラヴィル

1 序　論

　サードセクターをめぐる雑誌や論集での学問的な議論は現在高度に国際化が進んでおり，理論の蓄積を共有しつつ自らもそれに貢献しようとする研究者たちがさまざまな国から議論に参加している．とはいえ，国際的な議論への参加者は，サードセクターの性格が国によって異なっているばかりでなく，彼らのアプローチの方法も国や地域による特有の伝統に基づくものであること——それは，学界においても文化的・政治的な発展にかかわる領域においても同様である——を知悉している．本章では，ヨーロッパでの議論と合衆国主導型の議論との相違点に焦点を当てる．合衆国主導型の議論が提示する要素はあたかも普遍的であるかのようにしばしば扱われるけれども，それが辿ってきた特殊な文脈によって特徴づけられたものでしかない．本章は，サードセクターやそれへの学際的なアプローチが有するある種特有のヨーロッパ的特徴を強調することによって，地域や国についての共通点と相違点を明らかにし，地域や国ごとに異なる現実や思想潮流により敏感であるような国際的な議論に貢献しようとするものである．
　サードセクターに対するヨーロッパ型アプローチに特有の特徴は，3つの要素に基づいて要約されうるだろう．すなわち，①サードセクターに包含される組織の類型，②「福祉多元主義」あるいは「多元的経済」におけるサー

　＊　本章は，カルロ・ボルザガ，ジャック・ドゥフルニ，ジェーン・ルイス，マース・ニッセンズ，ヴィクトール・ペストフとの協働による研究成果である．

ドセクターの媒介的性質，③経済的な側面と同様の重要性をもつ社会政治的な側面，である．サードセクターとはさまざまな要素によって成り立っているのであり，一国の経済に対するサードセクターの貢献度を一連の定義や評価基準に従って測定し，それによってサードセクターの重要性を分類論的に解釈するような方法は，歴史動態的なアプローチ——これは，ヨーロッパ社会においてシステムの有する潜在力を理解するためには本質的に重要である——によってこそ補完されなければならない．

2　ヨーロッパ型アプローチの特有性

社会的経済対非営利セクター

　サードセクターに対するヨーロッパ型アプローチの独自の特徴は，歴史動態的視点を重視するところにある．この視点は，ジョンズ・ホプキンス大学のプロジェクト（Salamon and Anheier, 1995）——このプロジェクトの研究成果は，「サードセクター」を検討する際の最も有力な国際モデルとみなされている——で具体化された合衆国主導型アプローチではあまり明確にされてはいない．合衆国主導型アプローチにおける焦点は，「非営利組織（non-profit organizations）」の集合体としてのセクターを取り上げ，一国レベルでの実態を把握するためにそれを構成する主要な要素を定義することにある．対照的に，ヨーロッパ型の多くのアプローチは，サードセクターの各側面に総体的に目を配りながらも，より分析的な視点をとってきた．それは，サードセクターの多様な行動様式と時間の経過に伴うその変化を強調するような非営利アソシエーションの類型論（non-profit association typologies）に焦点を合わせようというものである．したがって，多くの国で実施された近年の研究では，アソシエーションによる財とサービスの生産が増大している点に観察の目が集中した．とはいえ，財・サービスの生産が増大したからといって，アソシエーションのもつ他の機能——利害の代表者として振る舞うことや特有の問題を社会的に認知させること等——が弱化したというわけではない（CIRIEC, 1999）．財やサービスの生産におけるアソシエーションの位置

づけは可変的であるがゆえに，アソシエーション間に何らの障壁も設けることなく，サービス供給に携わるアソシエーションとNGOなどのアドボカシー組織とを分析的に区分することは，サードセクター発展の原動力を理解するためにはきわめて重要である．こうした2つの類型の相互作用をみることは，「アソシエーション革命」（Salamon and Anheier, 1998）が「政府ベースのサービス総量と市民社会が供給するサービス総量との不均衡の増大を指すものと理解すべきなのか，それとも，市民社会で形成される社会的アドボカシーという動態的な形態が存在感を増してきたことの結果として『アソシエーション革命』が理解されるべきなのか」（Evers, 1998）を判断するための信頼に足る指標となりうる．

問題とすべきはしかし，それぞれの国におけるサードセクター発展の理由を分析しようとする際に重要な意味をなす，国ごとの内部的な相違がサードセクターのグローバル・サーベイという合衆国型アプローチによって覆い隠されてしまうかもしれないという点だけではない．すなわち，グローバル・サーベイによって，民間企業にも政府機関にも属さないサードセクター組織の特有の類型がもし除外されてしまうならば，とりわけ，サードセクターの発展という点でのヨーロッパの遺産の重要な部分を形成してきた協同組合や共済組合が排除されてしまうならば，これを見過ごしにするわけにはいかないという問題もある．実際，ジョンズ・ホプキンス大学のプロジェクトで実施された，重要でしかも影響力を備えた国際研究においてさえ，そうした除外がみられる．このプロジェクトでは，一定の利潤のメンバーへの分配が可能であるという理由で協同組合と共済組合がサードセクターから除外されてきた．しかしながら，こうした操作は，ヨーロッパの文脈においては正当化されうることではない．

第1に，協同組合のなかには，スウェーデンの住宅協同組合のように，利潤が分配されたことがこれまで一度もない協同組合もある．第2に，利潤分配がなされる場合にも，つねに一定の限度内に制限される．というのは，協同組合や共済組合は，アソシエーションと同様にフィランソロピーから生まれた組織だからであり，投資に対するリターンの最大化を目的として設立されるのではなく，公益や共益の実現（Gui, 1992），公益への貢献すなわち人

口の一定部分のグループが表明する社会的なニーズの充足（Laville and Sainsaulieu, 1997）等を目的として設立されるからである．以上の点を考慮するならば，ヨーロッパの実情を適切に表現するためには，サードセクターというコンセプトが，協同組合や共済組合がそれほど重要な役割を果たしてこなかった諸国――たとえば，アメリカ合衆国のように――におけるコンセプトよりは拡張されたものでなければならないのである．さらに，慈善団体やほとんどのボランタリー組織とは対照的に，協同組合は，独自の経済――それは，土台のところで連帯をベースとする要素を必要としている――を創出する試みの代表である，という点も考慮されるべきである．

　以上のように，サードセクターというコンセプトの包括範囲を拡張するアプローチは，独自の剰余処分方法を伴う「社会的経済」（Defourny *et al.*, 2000）という独自の経済領域がいずれにせよサードセクターとして存在すること，そして，それには独自の役割があることを強調するものである．19世紀に行われた闘争を通じて，投資家以外の活動主体も受益者として位置づけられるような組織を法制化するという解決策に行き着いた．（協同組合，相互会社，アソシエーションといった）諸組織の法人格は一連の社会的経済組織をカバーするものであり，その社会的経済組織において決定的な要素となるのは非分配という意味での非営利要件ではなく，投資家の物質的な利害を制限するという事実である．その点からいえば，営利組織（for-profit organizations）と非営利組織（non-profit organizations）との間に境界線が引かれるのではなく，資本主義的組織と社会的経済組織との間にこそ引かれるのでなければならない．後者は，個人的な投資に対するリターンよりもむしろ，社会的共通財（collective wealth）の創出に焦点を当てる組織である．

　こうしてみると，ジョンズ・ホプキンス大学のプロジェクトによって展開されてきた，現在もっとも流布しているサードセクターの定義には「アメリカン・バイアス」（Borzaga, 1998）がかかっているといわざるをえない．というのは，その定義は，アメリカ型のサードセクター構成論（表1.1）の基礎となっている非分配制約という基準に依拠したものだからである．サードセクターのこのような定義では，サードセクター組織としての識別基準を利潤分配への制限条項の存在にのみ置くことになり，ヨーロッパ諸国に特有の

表1.1　サードセクター諸組織

サードセクターの「ヨーロッパ型」定義	サードセクターの「アメリカ型」定義
＊「営利を目的としない（not-for-profit）」すべての社会的経済組織の経済的側面の発展ばかりでなく，アソシエーション類型とその変化を説明しようとする分析的アプローチを強調する．	＊1つのセクターを構成するすべての非営利組織（non-profit organizations）の重要性を統計学的に解釈することを中心とする，分類論的アプローチを強調する．
＊利潤の私的な取得を制限するという基準に立ち，協同組合や共済組合をサードセクターに包含する．	＊利潤非分配制約を中心とし，協同組合や共済組合をサードセクターから除外する．

法的要件を考慮しないことになる．上記プロジェクトでは，生産に従事する他の諸組織からサードセクターの諸組織を区別するのはこうした識別基準だというのである．しかしながら，利潤非分配制約に基づく「非営利組織（non-profit organizations）」のみを「サードセクター」と同義だとする用語法を使用するとすれば，それは，明らかに誤解を招きやすい．慈善団体やボランタリー組織，そして当初はアドボカシーグループとして出発するアソシエーションだけではなく，影響力のある「社会的経済」をもサードセクターに包含するヨーロッパの経験からすれば，サードセクターに帰属する組織とはすべて，「営利を目的としない（not-for-profit）」組織，すなわち，利潤の私的・個人的取得を制限するという法人格をもった組織のことなのである．

福祉多元主義と多元的経済

歴史的にみると，欧州のサードセクターは，公共セクターからの関与と結びついてきたといえる．サードセクターはこれまで，公共サービスを生み出す数多くの行動モデルの源泉となってきた．たとえば共済組合は，社会保障システムを創出するという役割を果たしてきた．加えて，サードセクターは，財やサービスの生産に焦点を合わせてきたので——もちろん，国によってその程度や条件はさまざまであったものの——市場との関係も構築してきた．ヨーロッパでは歴史的に，公共政策や政府当局とサードセクターの活動主体との間にきわめて複雑な関係がつくられてきた．その関係によって，広範囲

に及ぶ安定した福祉サービスの領域が生み出されてきたのである．また，そのようなサービス領域では，サービス供給をめぐってセクター間で共有される相互補完関係をしばしば伴ってきた．したがって，セクター間を媒介するというサードセクターの側面がヨーロッパで強調されることは驚くにはあたらない．この媒介性は，基本的に開放的で混合的で多元的なサードセクターの性質が強調されることと密接な関係がある．したがって，サードセクター組織が，公益のために機能したり福祉サービスの安定的なシステムの一部として機能している場合には，あるいはまた，地域の市民社会に強固に埋め込まれているような福祉サービス供給に地方自治体が従事している場合には，サードセクターと政府セクターとの間に明確な境界線を引くことは難しい．

　合衆国との比較でいえば，ヨーロッパではこれまで，福祉ミックスあるいは福祉の混合経済の構成要素としてサードセクターを把握する見方がとくに強調されてきた（Evers and Svetlik, 1993; Johnson, 1998）．この見方においては，セクターという概念によって，一方での市場領域や政治領域，コミュニティと他方でのサードセクターとの間で明確に境界が区分されてしまう場合には，セクターという概念そのものが拒絶される（Evers, 1997）．これは，①市場，②政府，③インフォーマルなコミュニティや（個別世帯のような）経済からなる3極システムという枠組みのなかに埋め込まれたものとしてサードセクターをみる見方に通じるものである．すなわち，こうしたサードセクターの把握は，輪郭のはっきりとした他のセクターと並列される「第3の」セクターとしてサードセクターを理解しようとする見方でもないし，ましてや，政府と市場しか考慮に入れないような見方でもない．

　上述のようなアプローチのための概念的な枠組みは，サードセクターの構成に影響を与える諸要因を結んでできる大きな三角形で図示できるだろう（Evers, 1997, p. 52）．この枠組みは，多くの著者たちによって活用されたり（Eme, 1991; Evers, 1990; Laville, 1992, 1994; Kramer et al., 1993; Pestoff, 1991, 1996, 1998），経済協力開発機構（OECD）地方経済雇用開発プログラム（LEED）による研究のなかで言及されたりしている（OECD, 1996）．この枠組みは，密接に関連する2組の問題を反映している．すなわち，第1に，社会保障と福祉の構成要素を示し（図1.1），第2に，多元的な混合経済の構

1 欧州サードセクターの定義　　　21

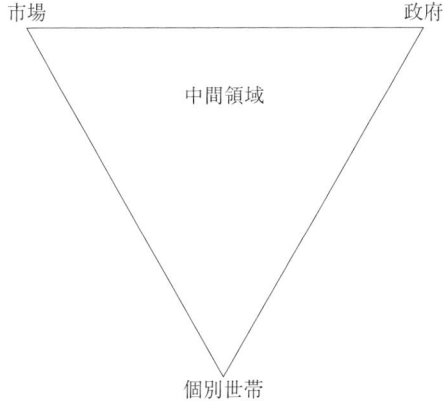

出所：Evers (1990).

図 1.1　福祉三角形

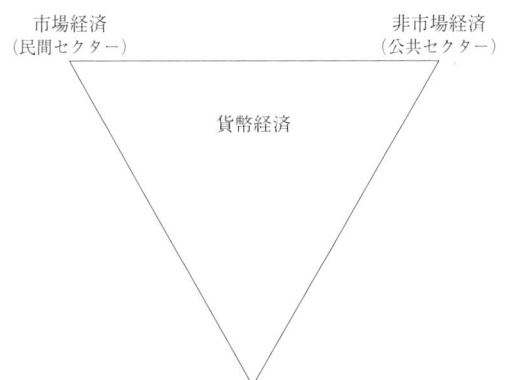

(世帯経済，集団的自助，ボランタリー活動，LETS：地域通貨システム)

出所：Roustang *et al.* (1997).

図 1.2　多元的経済の全体構造

成要素を示している（図 1.2）．

　エバースが提出した「福祉三角形」（図 1.1）は，社会経済的な問題と社会政治的な問題の両方を考慮しようとするものである．第 1 に社会経済的な視点として，この三角形は，社会福祉に貢献する諸資源には多元的な性質があ

ることを強調する．サービスについていえば，合衆国主導型議論の伝統においてはしばしば看過されてしまう重要な要素，すなわち，インフォーマルなコミュニティあるいはセミフォーマルなコミュニティ，とりわけ「社会福祉の混合経済」の構成部分である家族の中心的な役割を強調する．新しい組織やサービスが登場するときには，個別世帯や家族の貢献および役割もまた変化する．反対に，家族生活や生活条件の変化が，自助グループのような新しいグループ登場の促進要因となることもありうる．

　第2に社会政治的な視点として，エバース（Evers, 1990, 1995）は，サードセクターに位置づけられる組織が一種緊張感の伴う領域で活動するという点を強調してきた．すなわち，サードセクター組織は，政府の政策や法律，民間企業の価値観や事業，市民社会の文化から影響を受けるばかりでなく，インフォーマルな家族やコミュニティ生活から生まれるニーズや貢献によっても同時に影響を受けるのである．したがって，サードセクター組織が多様であるのは，サードセクター組織が規範や価値の多元的な束を代表したりバランスさせたりしているからである．他方，利潤（市場）や再分配（政府），自己責任（家族やコミュニティ）のいずれが優勢であるかによってサードセクター組織のあり方が定義されるということは，三角形の「頂点」に位置する各セクターにとっても本質的な問題である．それゆえ，三角形の内部で，サードセクター組織が特別の地位をどの程度維持できるかは，政府の政策，ガバナンスや既存のシステムによって規定づけられる環境条件の整備状況およびサードセクターにかかわるステークホルダーの目標や戦略しだいなのである．

　ペストフ（Pestoff, 1991）も，とりわけ「ポスト共産主義」諸国やスカンジナビア諸国との関連で，福祉社会における社会的企業と市民民主主義の活動領域を定義しその範囲を設定するために「福祉三角形」と同種の枠組み（図1.3）を提示してきた．

　上述してきたようなコンセプトは，社会経済的および社会政治的という両側面をとらえ，福祉ミックスシステムの「ガバナンス」と呼びうる課題を強調するためのものであった．そしてまた「多元的経済の三角形」（Roustang et al., 1997）（図1.2）は，サードセクターの社会経済的な側面および全体と

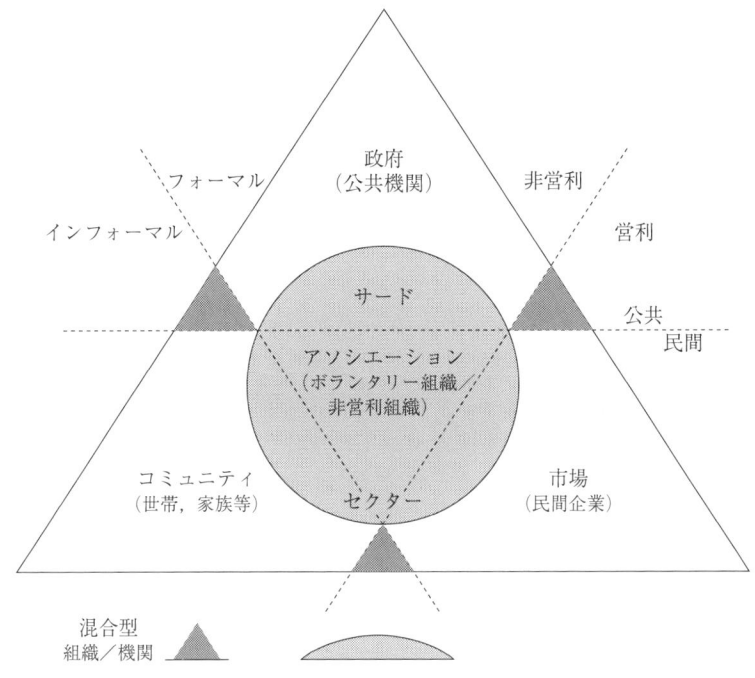

1　欧州サードセクターの定義　　23

```
                          政府
            フォーマル   （公共機関）   非営利

          インフォーマル              営利

                    サード
                                          公共
                 アソシエーション           ───
                 （ボランタリー組織／         民間
                    非営利組織）

           コミュニティ              市場
          （世帯，家族等）  セクター   （民間企業）


     混合型
     組織／機関
```

出所：Pestoff（1992）を修正．

図1.3　福祉ミックス

しての現代民主主義社会における経済システムを認識する理論を展開しようとするところにもその狙いがあった．それは，以下のような3つの経済原理を区別するポランニーの経済理論（Polanyi, 1944）による実体的アプローチに依拠している．

● **市場の原理**は，価格設定を通じた財・サービスの交換について，需要と供給の一致を求める．売り手と買い手の関係は契約関係である．市場の原理は，社会的諸関係のなかに埋め込まれることを含意していない．社会的諸関係は，「西欧文化においては今や，経済的制度とは別個のものだと考えられている」（Maucourant *et al.*, 1988）．市場の原理は，次にみる他の経済原理とは反対に，社会システムに必ずしも埋め込まれるも

のではない．
- **再分配**は，生産の成果が，その管理の責任を負う中央当局に委ねられることを基礎として成り立つ原理である．再分配には，支出規則と支出先を定義する手続きの実行が含まれる．義務を課す中央当局とそれに服する活動主体との関係は時間の経過とともに確立される．再分配には，「現金給付」と「現物給付」という2つの異なった形態がある．再分配は，民間でなされる場合もある．たとえば，責任ある機関が民間組織であり，その管理者が，利潤の一定部分を組織の支援者に分配したり，民間財団のかたちで寄付に回したりする権限をもっている組織の場合である．とはいえ，再分配はとりわけ公共的な問題である．すなわち，再分配の現代的形態は，福祉国家のあり方をめぐって発展し，強制的な規則によって維持され，社会権に基づく給付支出のために活用されてきた．
- **互酬**とは，グループや個人間での財・サービスの循環のことである．この循環は，すべての参加者が社会的関係を進んで構築しようとしないかぎり形成されえない．それゆえ，互酬は本来的に経済行為の非契約原理であり，そこでは，交換される財以上に社会的なつながりが重要な意味をもつ．互酬的循環は，最初に贈与を受けたグループあるいは個人が返礼するか否かの権利を行使することを通じて成り立つ，贈与と返礼に依拠している．互酬関係では，受取人が返礼をしようとするインセンティブが働くものの，しかし，外部の権力によってそうするよう強制されているわけではない．したがって贈与は，利他主義と同義ではないし，生産物やサービスの無料での取得と同義でもない．すなわち，互酬とは，無私と私利の複雑な混合物である．互酬的循環は，認知願望や権力願望を表現するような人間関係から切り離しえないがゆえに市場交換とは対照的である．また，中央権力によって強制されるわけでもないがゆえに再分配をベースとする交換とも異なっている．K. ポランニーが「家政管理」として言及した互酬の特殊な形態が社会システムの基礎単位である家族内で機能している．

以上のような3つの基本原理を基礎として，その多様な組み合わせが歴史

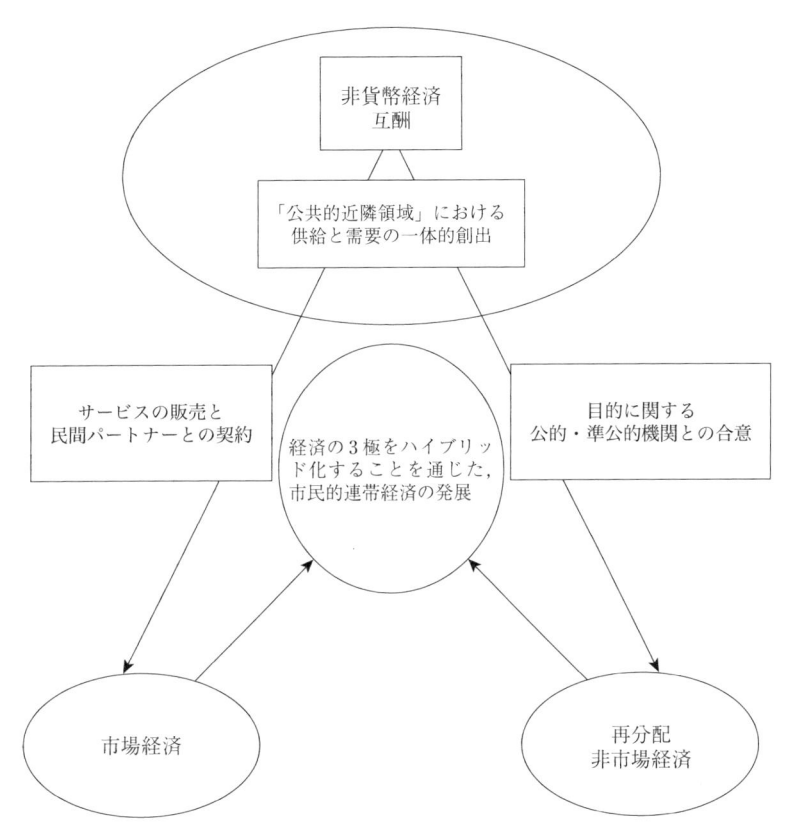

1　欧州サードセクターの定義　　　　25

```
         ┌─────────────┐
         │  非貨幣経済  │
         │    互酬     │
         └─────────────┘
         「公共的近隣領域」における
          供給と需要の一体的創出

┌──────────────┐                    ┌──────────────┐
│サービスの販売と│   経済の3極をハイブリッ│目的に関する   │
│民間パートナーと│   ド化することを通じた,│公的・準公的機関│
│    の契約    │   市民的連帯経済の発展 │  との合意    │
└──────────────┘                    └──────────────┘

      市場経済                          再分配
                                     非市場経済
```

出所：Eme（1991），Laville（1992, 1994）．

図 1.4　市民的連帯経済

的に発展してきた．この3つの原理は，現代世界における3極経済（図1.2，1.4）を定義するためにも活用可能である．

　市場経済とは，財やサービスの生産が物質的な利害というモチベーションを基盤とする1つの経済部面である．財やサービスの分配は市場に委ねられ，市場では，需要と供給によって設定される価格で財やサービスの交換が行われる．需要・供給関係は契約として成立し，他の非市場的な社会関係と比べればはるかに自律性を必要とする利害計算に基づいている．しかしながら，市場経済は単に市場原理だけの産物というわけではない．市場経済というも

のは，市場の周辺で組織されるというだけではない．それは，社会的に共通のインフラストラクチャーや事業への補助金といった多くの非市場的な要素による貢献にも支えられている．それでもやはり，市場経済の際立った特徴は，市場に与えられる優先性にあり，そして非市場的・非貨幣的な貢献も市場に支配されるという点にある．

非市場経済も経済の一部面であり，そこでは，福祉国家の管理のもとで組織化される再分配に財やサービスの生産・流通が委ねられる．再分配が行われるのは，市民に対して個人の権利を保障するためである．そのおかげで，市民は社会保障給付の受給資格を得たり，社会の最下層グループに転落してしまった場合の最終的な拠り所としての扶助を受ける資格を得たりすることができる．公共サービスとは，再分配の側面——富裕者層から貧困者層へ，現役層から引退者層へ等々といった側面——にかかわる財やサービスの供給のことである．この側面を規定する規則は，民主的な統制のもとに置かれる行政によって定められる．再分配は，広い意味でいえば，税金および資源配分のすべての形態——その目的が，所得の社会的移転を手当てすることにあろうが，マクロ経済的な安定化機構としての役割を果たすことにあろうが——をカバーするものである．

非貨幣経済もまた経済の一部面である．そこでは，財やサービスの分配が第一義的に互酬と家政管理に依拠している．よくあるように，互酬に基づいた多くの諸関係が（たとえば，寄付のように）貨幣形態をとることがある．しかしその貨幣形態は明らかに，互酬を基盤とする主要な貢献が生み出される場である非貨幣経済，すなわち自家生産や個別世帯経済によって成り立つ非貨幣経済の内部に位置づけられる．互酬循環は市場交換とは対照的である．というのは，互酬が，認知願望や権力願望を欲するような人的関係と切り離せないからである．互酬はまた，再分配的な交換とも区別されなければならない．というのは，中央当局によって互酬が強制されることはないからである．

したがって，経済を構成する各部面は1つの優勢な原理を中心として編成されるといえる（Eme, 1993）．たとえば現代の経済を例としてみれば，それは，3つの経済部面のヒエラルキー構造——市場経済が第一義，非市場経

済が補完,非貨幣経済が残余とそれぞれみなされる——を反映している.したがって,このような理解の枠組みからすれば,サードセクターとは,こうしたヒエラルキー構造を伴う緊張状態のなかに存在し,経済の3極部面がハイブリッド化されるところにその特質があると解釈できる.言い換えれば,サードセクターは輪郭のはっきりとしたセクターとは定義されないのである.そしてサードセクターは,連帯を基盤とする経済の構成要素として,さらに,異なる経済原理のハイブリッド化としてアプローチされることになる.サードセクターというコンセプトを重視するわれわれは,サードセクターを市民的連帯経済(civil and solidarity-based economy)と呼んでいる.

サードセクターというコンセプトをこのように理解することは,上述したエバースやペストフのそれとも重なっている.いずれにせよ,サードセクター組織が社会的・歴史的な文脈を形成するさまざまな領域から同時に影響を受けること,そして,サードセクター組織が政府や市場の中核価値に適応するのでもなく,またインフォーマルな環境やインフォーマルなネットワークに後戻りするのでもなく,ある種「独自な」存在として生き残るには困難が伴うこと,を強調するものである.われわれが本章で言及してきたアプローチはすべて,もちろん相互に違いがあるとしても,一種の「福祉ミックス・福祉多元主義」および「混合型で多元的な」経済を強調する点では共通している.

社会政治的領域と経済的領域との結びつき

欧州サードセクター論の主要部分と合衆国主導型議論で展開されてきた主要部分とのもう1つの相違は,ヨーロッパとは対照的に,アメリカ合衆国での議論——それが,サードセクター研究をめぐって多くの用語をつくりだしてきたとはいえ——が経済学理論から強い影響を受けてきたという点にある.

サードセクターの存在については当初,新古典派アプローチによる説明が有力であった.ハンスマン(Hansmann, 1987)やワイズブロド(Weisbrod, 1988)といった国際的にも著名な理論家によれば,サードセクターはもともと,情報の非対称性が避けられない市場の失敗やマイノリティのニー

ズを充足できない政府の失敗から生まれたと主張される (Lewis, 1997; Nyssens, 2000). 彼らは, 政府, 市場, サードセクターをそれぞれ独立した実体とみなし,「三者を独立した領域として位置づける」(Lewis, 1997, p. 166) 傾向にある. 彼らの命題は, ヒエラルキー構造を自然なものとする見方にも依拠している. そして, そのヒエラルキー構造においては市場や政府が社会の支柱とみなされ, サードセクターは補助的な力としかみなされない.

しかしながら歴史が証明しているように, その命題は誤解を招きやすい. 自己調整型市場の登場は, アソシエーションの創設や後の福祉国家を含む社会的グループからの対抗運動を呼び起こしてきた. サラモン (Salamon, 1987, 1990) は「失敗」命題への批判のなかでこの歴史的経過に言及し, 自己調整型市場に対して社会が展開した「最初の自己防衛の形」(Lewis, 1997, p. 166) がアソシエーションであったと指摘した. すなわち, 彼によれば, それから先はアソシエーションが自らの弱点 (不十分性, 視野の狭さ, パターナリズム, アマチュアリズム) が原因となって政府との協力関係の構築を余儀なくされたのである. しかし, サラモンとアンハイアー (Salamon and Anheier, 1998) も認めているとおり, この種の機能主義的な説明によって主題のすべての側面をカバーできるわけではない. ジョンズ・ホプキンス大学プロジェクトの初期の研究をフォローアップしながら, 彼らは, 各国サードセクターの起源とその発展の分析を通じて国ごとの状況をよりよく理解するために「社会的起源アプローチ (social origins approach)」を採るようになってきた. 彼らはまた, セクターという伝統的なコンセプトが時代遅れだとの仮説を強調する. 彼らによる問題の再提出や市民社会への言及は, サードセクターという主題を根本的・直感的に把握する兆候であり, 経済学の問題というより言語の違いによるサードセクター理解の相違という問題を提示してきた大西洋両岸の研究者たちにとっては, かつてない共有すべき参照点となっている.

サードセクター経済学へのアメリカからの貢献は, 国ごとの, そして地域ごとの差異を何とか処理しようと努力してきた点にもあった. その理論のうちのいくつかは, 一国レベルのマクロ変数間の関係を説明しようと試みてきた. すなわち, 混成理論 (heterogeneity theory) における人口的差異

(Weisbrod, 1977),供給理論 (theory of supply) における宗教間競争 (James, 1987, pp. 397-415),信頼理論 (trust theory) における民間企業の信頼 (Hansmann, 1980, 1987),福祉国家理論 (welfare state theory) における1人当たりの所得 (Titmuss, 1974),連帯理論 (theory of solidarity) における社会保障支出 (Salamon, 1995),である.多くの国で収集されたデータを考慮するとしても,サードセクターのルーツを国ごとの歴史的な発展過程と結びつける「社会的起源」理論 ('social origins' theory) との比較でいえば,これらの諸理論がより説得的な説明を提供しているようにはみえない (Salamon and Anheier, 1998).このようにいうのは,システムの構成要素には「財やサービスの生産者ばかりでなく,主要な政治的・社会的な調整要因も」含まれるという前提に依拠しているからである (Seibel, 1990, p. 46).

とはいえ上述の諸理論はいずれも,サードセクターの社会的統合機能を説明する主要な基準を認識してはこなかった.サードセクターと全体としての市民社会についてサラモンとアンハイアーが引き出した対応策——サードセクターと市民社会とを「市民社会セクター (civil society sector)」という呼称のもとで密接に統合しようとする対応策——は性急に過ぎた.サードセクターと市民社会とをあまりに密接なものとして同一視するために,サードセクター組織と市民社会とがどう結びつくのかを把握することを逆に難しくさせてしまうのである.サードセクターと市民社会の相互関係を議論する際には,輪郭をはっきりさせようとするセクター概念で語ることが「サード」セクターにとってはほとんど意味をなさないという事実,さらには,市民社会にとってはなおのことそうであるという事実にわれわれは目を向けなければならない.とりわけ連帯する権利と自由な言論の権利によって定義される「市民」社会にとっては,民主的な政治と政府によるその保証は本質的である.ヨーロッパの理論家たちは,サードセクターが現代民主主義社会の公共領域の一部をなしており,政府セクターに対抗するものとして市民社会「セクター」という単一セクターが存在するわけではないという前提に立ってきた (Evers, 1995).

具体的にいえば,公共領域とは全体として均質な単一領域ではなく,「公共領域の多元性 (plurality of public spheres)」(Chanial, 1992) が実際にも存

在する．そのなかには，権力構造が浸透することによって高度に組織化されている領域もある（Habermas, 1990, p. 154; Eme, 1994, p. 192）．逆に，「自由な議論と討論のための独立したフォーラムとして登場し始めている」領域もある（Eme, 1996, p. 7）．ボランタリーアソシエーションと行政とのパートナーシップは，その周りに「自治的な公共領域が形成されうる」（Habermas, 1992, p. 186）がゆえに市民社会における主導的な役割を果たしている．しかし，ボランタリーアソシエーションと行政とのパートナーシップが一旦できあがってしまうと，パートナーシップの発展は行政が保証する認知しだいということになりかねない．というのは，パートナーシップを既存システムに統合すべきだと行政が認識しているからである．さらに，サードセクターを政府ベースのサービスに対するオルタナティブとみなす傾向と市民社会の一表現としてのサードセクターの重要性との間には根本的に緊張関係が存在する．サードセクターと行政との関係は第一義的に重要である．なぜならば，その関係が2つの政治的問題——第1に，全体としての政治コミュニティのメンバーによる諸活動の潜在的可能性にかかわる問題であり，第2に，サードセクターそれ自体に関する問題である——に対してインパクトを与えるからである．

　そこで，ポランニーが導入した「埋め込み」というコンセプト（Swedberg, 1996; Granovetter, 1985）をさらに展開しようとするとき，歴史的発展の各時点でどのような埋め込みが支配的になるのかについては重要な政治的側面があることを考慮しなければならない．それは，行政とサードセクターの活動主体との相互作用のあり方によって定義される．その相互作用は，時間の経過とともにそれぞれの強さや性格をかなり変化させるほどに両者に影響を与えるものである．「緊張感の伴う領域」（Evers, 1995）として把握されるサードセクター組織の存在領域というコンセプトと同様，政治的な埋め込みというコンセプトを立てるのは，公共政策と市民社会のイニシアティブとの間には複雑な関係があり，その関係の全体に光を当てるためである．サードセクターの構成要素はそれをガバナンスする公的規制の分析なしには理解できないけれども，同時に，サードセクターの構成要素がどのような形態をとるかはもっぱら政府当局の政策しだいというわけではない．サードセ

クター組織への政治の影響力は政府による関与以外にも働くため，政府当局による決定以上のもの——政府領域や職業的政治領域の外部で活動する社会的・政治的アクターとの一種の相互作用——が公共政策には含まれている．その結果，サードセクターの構造は歴史的にみると，多様な種類の社会的プレーヤー——彼らが，公的規制の新しい形態を発展させる場面に参加するとは必ずしも限らないものの——によるイニシアティブに影響を受けている．政府の政策領域の内外における多様な活動主体間にみられるこのような相互作用のあり方は，時間の経過とともにその安定性も変化する（Eme, 1996）．したがって，国家権力や国家機関と誤って同一視される一種の政治権力への対抗関係として多様な活動主体間の相互作用を考えるのではなく（Evers, 2003a），政治が絶えずそのあり方を決めていくような社会における市民社会の重要な一要因とみなすべきなのである（Cohen and Arato, 1995, pp. 425f を参照）．

3 サードセクターへの歴史動態的アプローチ

サードセクターの政治的な埋め込みとしてこれまで述べてきた現象は，サードセクターの一部分としてのヨーロッパの社会的経済が法律用語（アソシエーション，協同組合，共済組合，財団）で説明されうるという事実を映し出してもいる．法とは，政治的な功績が生み出す帰結を表現するものである．しかしながら，福祉多元主義や多元的経済の枠組みのなかで理解されるサードセクターという考えは多様な法人格が機能するサードセクター発展モデルの構築という問題を扱うものでもある．ここで提起するアプローチでは，サードセクターをめぐる特別の種類の政治的埋め込みに焦点を当てている．それは，サードセクターの制度化と再登場という力学によって政治的埋め込みがどのように影響を受けるのかを理解するためである．サードセクターの政治的埋め込みについては3つの主要な時期が確認できる．

サードセクターの登場と制度化

　ヨーロッパでは民主主義が一旦定着すると，現代的なアソシエーションも登場し始めた．アソシエーション主義はもともと，シティズンシップ［市民としての行動］（citizenship）に関連する存在として，また基本的に社会政治的な存在としてみられていた（Evers, 1997, p. 51）．このようなシティズンシップへの言及によって，サードセクターの国ごとのコンセプトに共通するものは何かが明らかになる．それは同時に，相違を理解しやすくするということでもある．シティズンシップの一般的な定義については，イギリスとフランスの例が示しているとおり，対立する可能性もある．

　19世紀のイギリスでは，慈善団体というコンセプトがシティズンシップをめぐる議論と結びついていた．すなわち，慈善は1つの社会原則であり，民主主義社会にとって本質的な構成要素であった．そして慈善は，倫理的目標と利他的な自発的参加の確立によって民主主義社会を規制するのに役立った．イギリスのヴィクトリア期における政府の目標が「社会がその大部分を自ら運営できるようにルールと指令の枠組みを提供すること」に置かれており，その結果，政府による資金提供もなく，アソシエーションとその慈善活動ではかえって高度に自治的な運営がなされることになった．同時に，アソシエーションは，貧困問題への立法責任をもつ当局との間で協力関係を徐々に進めていった．さらに，給付金の大部分が各地方で拠出され管理されており，中央政府の支援も限定されていた．それは，政府・市民間の「媒介者として活動しながら」同時に「政府組織の不可欠の一部分」をなすような「機関」の存在を生み出すことになった（Lewis, 1997, p. 169）．

　一方フランスでは，アソシエーションコミュニティのなかには社会平和への博愛主義的な願望から生まれたものもあったけれども，影響力をもった哲学は共和制的な平等主義——それは，幅広い要求として連帯という多面的なコンセプトに反映されている——であった．連帯の原則はフランス大革命後，自由主義と国家主義との二元論を超える国家像へと最終的に行き着いた．19世紀には，2つの主要な連帯理論が登場した．すなわち，1つは，ルローが

提起した民主的で自発的な社会的つながりとしての連帯であり，もう1つは，連帯論者たちが提起した社会への恩義としての連帯である．ルロー（Leroux ［1851］1997）は，アソシエーションの作用に依拠した連帯ネットワークの価値と，民主主義にとって本質的な公共精神の活性化保証手段である出版の価値を確信していた．19世紀末になると，連帯というコンセプト——それは，ブグレ（Bouglé），ブルジョワ（Bourgeois），ドゥグイ（Duguit），デュルケム（Durkheim）といった政治家，法律家，社会学者によっても擁護されていた——が新しい意味を帯びるようになった．すなわち，人間活動における集合的な参加というルローの理論を超えて，世代相互間の恩義や契約形態をとりうる恩義として連帯をとらえる新しい連帯論が登場した（Dubois, 1985）．このような連帯というコンセプトによって，社会法の哲学的な基礎が提示され，20世紀の最初の強制的な社会保険計画も正統化されることになった．

以上のようなイギリスとフランスの2つの例は，2つの異なる組織領域の重要性を指摘しながらすでに議論してきたことが原理にかかわる指針につながっていることを想起させる．2つの領域とは，第1に社会的連帯経済（social and solidarity-based economy）に属す領域であり，第2にボランタリー組織や慈善団体に属す領域である．後者については，主要な源泉は利他主義，他者への献身であり，慈善の推進者たちは雑多な受益者階層の利益のために公益組織を創設した．前者については，メンバーのためにサービスを提供する共益組織であり，構成階層やグループ内における連帯が決定的であった．

こうした諸活動が徐々に行政に受け容れられるようになって，利他主義や連帯の多様な諸形態，コミュニティや市民による自己組織の諸形態を認知する法的枠組みも発展することになった．とはいえ，法的な規制はすべて各組織に対して一定の限界を課すものでもあった．イタリアでは，主要な社会サービスアソシエーションが19世紀末には行政機関の一部となることを余儀なくされた．フランスでは，教会がその権力を強化するのを避けたいと考える政府によってアソシエーションがもっている経済活動の能力が制約された．イギリスでは，「慈善活動」の定義基準によって相互扶助活動に対する差別

的な枠組みが導入され，相互扶助活動が伝統的な慈善事業の枠内に制限された．ドイツのワイマール共和国時代には，政府は，教会や社会民主主義運動と関連のある大規模福祉アソシエーションの活動を規制しながら，同時にその福祉アソシエーションを利用すべきだと認識していた（Sachße, 1996）．スウェーデンでは，自主管理コンセプトの模範的モデルであった「非営利アソシエーション」に経済アソシエーションとは異なる地位が与えられていた．

サブセクターによる発展

19世紀末以降，法的枠組みと経済的な統合形態の発展によって，財やサービスを供給する3つの異なった組織タイプ——協同組合，共済組合，アソシエーション——を包含するサードセクター内部にさまざまな下位部門とその多様なあり方が登場することになった（Vienny, 1994）．それぞれのサブセクターでは歴史的な発展のあり方も異なっており，発展のあり方はそれを規定する福祉レジームの文脈しだいである．

協同組合

協同組合はこれまで，資本主義的な活動が微弱なセクターをカバーしながら，その大部分が市場経済に統合されてきた．協同組合は，自らの資源を動員して自ら実行しなければならない活動，収益を期待する投資家が手を出さない活動を多様なプレーヤーたちが行うのに役立ってきた．歴史的にみれば，農業協同組合のような協同組合はほとんどすべての国で設立されてきたものの，別のタイプの協同組合——たとえば，イギリスにおける消費者協同組合，ドイツ，イギリス，スウェーデンにおける住宅協同組合——は国によってそれぞれ特有の発展を遂げてきた．フランスやイタリアのように，産業化が比較的ゆっくりと進行した国では労働者生産協同組合が定着した．たとえばイタリアでは，産業地域の確立に基づく「第三のイタリア」が労働者生産協同組合の発展に有利に働いた．

協同組合は，政府との交渉に基づく特別条項から多くのものを享受したけれども，ほとんどの場合競争的環境のなかで活動しなければならなかった．

したがって一般的にいえば，生産手段を集中させることは論理的な帰結であった．そしてそのことによって，メンバーの働きと密接に結びついた主要な活動に協同組合が特化することにもなった．その最終的な帰結が市場への同型化であった（DiMaggio and Powel, 1983; Enjolras, 1996）．協同組合では事業の継続性への関心が強いため，広範な政治的目標がしだいにその重みを失っていかざるをえず，協同組合金融グループが典型的な協同組合組織として資本主義的な先進経済の内部に登場するほどに協同組合の変質過程は続いたのである．

共済組合と福祉国家

福祉国家の登場以降，共済組合やアソシエーション——保健医療サービスや社会サービスの分野で活動していたボランタリー組織，慈善団体等々——が担っていた役割に大きな変化が生まれた．

共済組合の場合，19世紀初頭には，職業別，支部・地域別といったグループごとにメンバーを組織することによって，労働不能，疾病，老齢といった問題に連帯原理を基盤として取り組むために数多くの事業組織が創設された．自主的に組織化される相互保険のこうした諸形態は，社会主義者からは労働者解放の一手段とみなされ，自由主義・保守主義陣営からは社会対立に向かう障害とみなされた．共益組織は，19世紀中葉以降のベルギーやフランスのケースのように，行政に許容されながらも同時に統制されてもいた．その後，相互保険組織が各国社会保険における構成要素の一部分になるにつれて，拠出と給付の水準や条件が各国ごとに標準化されていった．また，関連する経済活動の性質によっては，それが提供するすべての便益について政府依存を生み出すようになった．そうした便益に付随するリスクは，一国レベルにおける大多数の加入者の参加や数値処理技術の付加的な支援によって首尾よくコントロールされうるようになった．強制保険スキームという制度によって，システムが安定化し，共益組織は，強制保険計画の補完的な保険者となり，ベルギーやドイツの例では強制保険計画の管理者にさえなった．たとえ，補完的なグループ社会保険の基準を満たすために自発的な加入原則を修正することになったとしても，共益組織は非市場経済に統合されるよう

になったのである．このような制度化過程は，一方で，ドイツ，ベルギー，フランスにおける賃金労働者のためのビスマルク的あるいはコーポラティズム的な社会保険のコンセプトと矛盾することはなく，他方で，国民的連帯というベヴァリッジのコンセプトと矛盾することもなかった．ベヴァリッジのコンセプトとは，職業活動とはまったく関係なく（Merrien, 1997, p. 82），国民すべてに福祉の権利を認め，家族の失敗や市場の失敗が発生する際の最終的な拠り所としての扶助を提供しようとする福祉普遍主義アプローチに立つ考え方であった（Titmuss, 1974; Esping-Andersen, 1990）．

アソシエーションと福祉レジーム

福祉レジームの多様な発展を分析することには，多様な種類のアソシエーション（ボランタリー組織，慈善団体等）と行政との関係を歴史的に分析することが同時に含まれていなければならない（Kuhnle and Selle, 1992）．社会サービスや保健医療サービスについてフェミニスト批評家たち（Orloff, 1993; Hernes, 1987; Lewis, 1992）が提示してきたように，ジェンダー間の社会関係に対して行政は2つの対照的な姿勢をとってきた．すなわち，第1に女性の自立とジェンダー平等を目的とする姿勢であり，第2に男性を世帯収入の責任者とし女性を家庭内の家事・雑用の責任者としたうえで，両者のヒエラルキー関係を助長する姿勢である（Jenson, 1993; Lewis, 1998; Sainsbury, 1994）．ジェンダーに基づく基準はしたがって，（第1のケースのように）すべての人へのサービス提供を強調することとなって現れるか，（第2のケースのように）女性による家事労働を奨励するためにサービス供給そのものを犠牲にして現金給付を優先することとなって現れるか，のどちらかである．

ジェンダー関係に関して上述した2点をつなぎ合わせてみると，アソシエーションと行政との関係には3つのタイプがありうる．第1のタイプは，スウェーデンやデンマークといったスカンジナビア諸国にみられる普遍主義的な，あるいは社会民主主義的なシステムにおける関係のあり方である．このシステムでは，一国社会の組織者としての政府への広範な依存が社会サービスセクターにおける「ニーズの集産化」（Leira, 1992）となって現れ，社会

的統合やジェンダー平等の奨励もそれに付随して現れる．こうした文脈においては，アソシエーションは，要求表現のチャンネルとして行動することで社会的プレッシャーを行使したり，公共組織によるサービス供給を推進するためにネットワークを動員したりしてきた．こうして，サービス供給が政府の責任とされることによってジェンダー平等が公式の目標となる．

第2のタイプは，自由主義的二重システム (liberal and dual systems) のもとでのアソシエーションと行政との関係のあり方である．このシステムでは，一般的に，サービスが政府によって供給されることはない．イギリスに典型的にみられるような自由主義的福祉国家では，公的扶助は社会の最下層の人々を中心的な対象として行われる．こうしたサービス供給パターンがこれまで政府によって維持されてきた．その延長線上で，保育のようなサービスが欠如することになり，その結果，女性たちのかなりの部分がパートタイマーとして働かざるをえなくなる (Lewis, 1992)．行政が規制する非市場型サービスの弱点は，スペイン，イタリア，ポルトガルといった南欧で典型的にみられるような二重システムの特徴でもある．このシステムでは現金給付が強調され，サービスの広範な供給もされないかわりに，労働市場に首尾よく統合されてきた人々を対象とする社会保険が提供される．その際，雇用保障もない人々，希望もほとんどもてない人々，地下経済やインフォーマル経済に閉じ込められている人々は犠牲にされてしまう．フェレーラ (Ferrera, 1996) によれば，「権利へのアクセスが，普遍主義的でもなければ平等主義的でもなく，個人的な知識，恩恵，保護をベースとしてなされる」ということである．

以上のような福祉レジームのいずれにあっても，たとえ正反対の理由からだとしても，財やサービスの供給者としてのサードセクターはきわめて限定的である．普遍主義モデルでは，サービスを供給したり，以前なら市場なりサードセクターなりが担っていた業務を引き継いだりする強い推進力が行政に存在する．自由主義的二重システムモデルでは，公共サービスの供給は一般に限定的であり，サービスは，大部分が女性の責任とされ，市場や世帯という私的な領域にとどめられる．ジェンダー視点からすれば，サラモンとアンハイアー (Salamon and Anheier, 1998) が到達した結論はどちらかとい

えば驚くべきものであって，同意できるものではない．彼らは，イタリアとスウェーデン両国では「公共社会支出の水準が高く，非営利セクターが相対的に弱い」という理由で，イタリアのシステムをスウェーデンと類似した社会民主主義的なシステムとして描いている．しかし，公共支出とアソシエーションとの関係のあり方をベースに特定モデルだけで各国システムを同一視するのを避けようとするかぎり，この文脈で本質的に重要なのは，現金給付とサービスそのものとの区別である．ボルザガとサントゥアリ（Borzaga and Santuari, 1998）がすでに指摘してきたように，公共支出水準の高さという点で表面上は類似したシステムであるようにみえても，イタリア福祉国家の財政資力が年金支出にその多くを充当しているという事実をみれば，イタリアのシステムとスウェーデンのシステムには類似性はない．イタリアモデルでは，伝統的に現金給付が重視されてきたため，社会サービスの供給自体については軽視されがちである．イタリアモデルとスウェーデンモデルとの相違はここにこそある．

　第3のタイプは，コーポラティズムレジームのもとでのアソシエーションと政府との関係のあり方である．他の2つのモデルとは対照的に，このモデルではサードセクターに重要な役割が割り当てられている．サードセクターの起業組織（initiatives）と行政との相互作用によるこのシステムでは，サービスは，税や社会保障資源に基づく社会政策の不可欠の一部分とみなされる．そのサービスは，政府が資金の大部分を提供するため，生産コストのほとんどを賄えるような価格で交換されることはない．政府は，サービスへの資金を提供したりサービスを保証したりする機関としての役割に加えて，サービスセクターにおける労働条件のルールやサービス供給手続きのルールを設定する役割を果たしている．ドイツ，オーストリア，フランス，ベルギーでは，アソシエーションはそれゆえ，社会的なニーズの発生をすばやく認識してアソシエーション独自の範囲内でそれに応えることによって，ほとんどの場合サービスのパイオニアになった．そして同時に，政府はしだいに，アソシエーションを支援しながら規制するようにもなっていった．また，アソシエーション組織の集合体が生まれ，行政との相互交渉を行う全国的なアソシエーション連合に合流していった．政府規制のもとに置かれるサービスレ

ジームが確立したことによって，サードセクター構造の非市場型同型化現象も生まれるようになった．この同型化は，サードセクターを緊密に政府と結びつけ，大規模な全国連合組織の形成を促した．サードセクターの全国連合組織は，ドイツでは政党，教会，赤十字，中立組織と結びつき，フランスではカトリック団体と，ベルギーやオランダでは社会主義団体やトリック団体と結びついた．また，ベルギーやオランダでは，大規模なアソシエーション型「柱状組織」のシステムが家族支援サービスや在宅医療サービスの分野で活動する共益組織と一体化されていった（Leblanc and Paulet, 1989）．

共益組織がさまざまな点で「擬似政府」組織のようになってきたけれども（Evers *et al*., 2001, p. 2），アソシエーションと行政の関係を分析してみると，保健医療サービスや社会サービスの分野で相互関係がとくに強固であることがわかる．それは次の３点によく現れている．①公共サービスへの需要，②世帯経済への支援，③受託と規制を通じたアソシエーションと行政との「合体」という３点である．第３の要因だけがサードセクターによるサービス供給の規模の拡大に結びつくものの，サードセクターによるサービス供給の増大は政府とサードセクターとの境界の曖昧化を誘発することにもなった．その曖昧さは，サードセクターの極度の集中化や資金提供および規制の点での政府に対する依存の増大に現れている．

4 新しい原動力

こうして，サードセクターと呼びうるものとは何かを分析的なタームによって認識しようとする試みは，福祉レジームを構成する多様な要素がそれぞれの福祉レジームとの相互作用の過程においてどのような道筋を辿るのかの違いに影響を受けてきた．しかしながら現在の状況は，単に組織的な発展としてのみ理解されうるものではないし，福祉国家発展の初期段階における基礎的な環境によって決定づけられていたわけでもない．その後に起こった転換期における一国の福祉システムやサードセクターの社会的・政治的な埋め込みの性格を再定義するのに，新しい環境と新しい原動力が役立ったのである．すなわち，福祉国家やサードセクターの将来とは，いくつかの主要な論

文——たとえば，メリアンの仕事（Merrien, 2002）やエスピン-アンデルセンによる古典的な仕事および最新の仕事（Esping-Andersen, 1990, 2002）——において福祉国家だけが切り離されて扱われる傾向があるとはいえ，相互に関連する問題なのである．簡明に述べるという理由から，以下では，この数十年間に大きなインパクトを与えてきた新しい環境と新しい原動力について，その特徴を少しばかり列挙しておきたい．

参加形態の発展

　まず最初に，公共領域における参加形態の変化を考慮しなければならない．1つは，社会変革の願望と結びついた公益行動主義（general-interest activism）がその影響力を失ってきたことである．それは，長期的な傾向であり，連合型組織の内部における権限が組織の下位に委譲されることを伴っていた．労働組合やイデオロギー的同盟関係の弱体化としてすでに指摘されているとおりである．もう1つは，最も制度化された一部のアソシエーションにみられるようなボランタリズムの危機が短期集中型の特有の参加形態——特定問題に対する迅速な解決策の提供に焦点を絞って活動するアソシエーションがそうした参加形態を生み出している——の広がりと並行して進んできたことである（Ion, 1997; Barthélemy, 2000）．ここでは，ボランタリー活動と政治的・社会的参加との相互関係にかかわって1つの問題が発生する．1970年代初頭以降，サードセクターの再活性化が進んだ時期に社会サービスの専門化・職業化も広がっていったけれども，保健医療サービス・社会サービスの領域において市民を単なる患者，顧客，納税者としかみないような考え方に対して人々から疑いの目が向けられ始めた．社会的協同や相互扶助を異議申し立てと結びつけながら，さまざまなグループが伝統的な社会運動の外側で行動を起こし始めたのである．この観点からすると，サードセクターの役割は単に，サービス提供や雇用にとどまるものではもはやなくなった．今日では，強力な消費者保護意識が優勢になってきたけれども，そこには，サービス活動とその質，社会的結束と活力に富んだ社会，という両者の関係の良好なあり方を要求する観点がやはり存在している．上述の協同型・参加

型の活動はしかしながら，職業的参加や政治的参加といった伝統的な参加概念——新しい社会運動や新しいソーシャルイニシアティブの登場以前には影響力をもちえていた——とは異なるものである．

生産活動の構造変化

　先進国における産業・雇用構造は現在，大きな変化に見舞われている．そこでは，対照的な方向性をもった2つの大きなカテゴリーが識別できる．カテゴリーの1つは，規格化された製品やサービスを生産する産業である．その産業には流通的サービス（交通，大規模流通，ごみ処理等々）や管理的サービス（銀行，保険会社，行政等々）が含まれ，それらは大量生産型の活動へと進んでいった．物財や技術システム，コード化された情報処理を主として扱うことで，これらのサービスも新しい情報技術によって変化を遂げてきた．そのため，この種のサービスの発展も産業活動の発展——① 1945年から1975年にかけての繁栄期よりも雇用創出能力が落ちていること，②高い能力をもった労働力への需要があること，という2つの傾向によって特徴づけられる——と近似してきた．

　もう1つのカテゴリーは，いわゆる「関係サービス（relational services）」の生産分野である．ボーモル（Baumol, 1987）とルスタング（Roustang, 1987）が指摘しているように，関係サービスとはサービス［をめぐる］関係（service relationships）のあり方が中軸的な役割を果たすようなサービスである．というのも，関係サービスが活力をもって機能するかどうかはサービス供給者とサービス需要者との直接的な相互作用しだいであるからに他ならない．このようなサービスの目的は，サービスを需要する企業組織を支援すること，あるいは，個人としての顧客やユーザーの身体的，知的・精神的状態を増進することにある．この文脈では，新しいテクノロジーは，サービスの種類や質についての追加的な選択肢を提供する関連支援システムの役割を果たすものでしかない．この場合のサービス生産過程のイノベーションはサービスの規格化に必ずしもつながるものではない．それは，複雑労働を除去するのではなく移動させるような別種のイノベーションをもた

らす．サービスの種類の増加と質の高度化は資本と労働への影響を相殺するであろう．こうして，関係サービスによって新しい雇用が生み出される．さらに，国民経済計算においてその算入要素の分類法に起因する問題があるとしても——国民経済計算では，関係サービスを独立した要素として区分していない——，利用可能な数値からいえば，関係サービスが雇用創出の中心であることは間違いない．概して，経済協力開発機構（OECD）加盟諸国では，貿易，企業関連サービス，ホテル・レストラン産業，対人サービス・家事サービス，教育，保健医療，社会活動，行政によってほとんどの雇用が占められており，その割合も徐々に高まっている．教育，保健医療，社会活動，対人サービス・コミュニティサービス，家事サービスでは，かなりの雇用増加がみられる（Borzaga, 1998）．

激増する起業組織

以上のような新しい文脈において，革新的なアイディアがヨーロッパでは市民社会のネットワークのなかで発展してきた．すでにその概略を示しておいたサードセクターにおける多様なサブセクターが，程度の違いはあれ，イノベーションの探求に参加してきたのである．通常，サードセクターをめぐる議論では，ボランタリー組織やローカルイニシアティブ等のようなアソシエーションの役割に焦点が当てられるけれども，協同組合の潮流と結びついた発展をとらえる視点も決して見失ってはならない（Defourny, 1999）．最近数十年間におけるその発展の新しい方向性は，各国の福祉国家制度に依拠しながら，さまざまな点で公共活動の変化に対応する1つの試みだと考えられる．

スカンジナビア諸国では，新しい組織が，伝統的アソシエーションとは異なった活動様式を採用するようになった．1970年代の同質的な政治的・文化的アプローチから距離を置きながら，新しい組織によって，「地方における社会問題に対応する新しい組織形態と新しい解決策」が1980年代に提起された（Klausen and Selle, 1996）．デンマークでは，「プロジェクト開発者（project developers）」と呼ばれる組織が1人から数人の個人の強固な参加に

よって生まれてきた．スウェーデンでは，デイケア協同組合（day care cooperatives）が登場した．スウェーデンではすでに 1994 年の時点で，市のデイケアセンターで保育される子どもの 10 倍以上の子どもたちが市営ではない保育施設に入所していた（Pestoff, 1998）．こうした文脈でいえば，協同組合やアソシエーションは，新しいサービスの創造ばかりでなく既存サービスの再開発にも貢献してきたといえる．社会サービスの「協同組合化（cooperatization）」（Pestoff, 1998）が何よりもまずサービス利用者の役割を高めようとの狙いから生まれ，公共セクターの財政事情もあってしだいに受け容れられていった．

それに対して，対極にある二重システムをとる地中海沿岸諸国でも同様の組織形態が生まれた．すなわち，公共セクターが供給できないサービスを提案するために協同組合の法人格が活用された．イタリアでは，社会的協同組合（social cooperatives）が新しい機能の遂行能力をもっていたので多くの分野で一般的な存在となった．新しい機能とは，①労働市場から排除された人々に雇用を提供すること，②個人向けの多様なサービスを創造すること，である．社会的協同組合は 1970 年代に登場して以降，急速に発展していった．1996 年には，約 3,000 の社会的協同組合が存在し，およそ 10 万人の組合員が加入して数十万人に対するサービスを供給していた（Borzaga, 1998）．最近まで，イタリアのサードセクターはどこの国よりも小さな規模にとどまっていた．というのは，教育，保健医療のようなサービスについては，他の諸国のように重要なサードセクターを法人化するのではなく，政府が中心的な役割を果たしてきたからである（Gui, 1996）．最近になって，イタリアでもこの分野のサードセクターがかなりの成長を遂げてきた．これは，営利を目的としないという志向性（not-for-profit orientation）の担保原則として利潤非分配制約しか認めない（Hansmann, 1980; Ortmann and Schlesinger, 1997, pp. 97-119）というのではなく，協同組合的な性格——ステークホルダーの参加や企業家・労働者の行動にみられる——もまた，営利を目的としない志向性の広がりを保護する有効な原則とみなされうることをよく示している（Young, 1983; Borzaga and Mittone, 1997）．ポルトガルでは，1998 年社会的連帯協同組合（social solidarity cooperatives）法の法制化

をうけ，「有給」組合員，同時にサービス利用者でもある「ボランタリー」組合員，無償で財・サービスを提供する組合員，といった組合員の多様性がみられるようになった．スペインでは，社会的目的を志向する協同組合 (socially oriented cooperatives) が同じ時期に生まれた．1999年の協同組合一般法では，市場が供給できない他の社会的ニーズだけではなく，教育サービス，保健医療サービス，社会的統合サービスを供給する社会サービス協同組合 (social service cooperatives) も認められている．地域レベルでいえば，カタロニアやバスク共和国における社会的統合のための混合型協同組合 (mixed cooperatives for social integration) やバレンシア州における社会的統合のための協同組合 (cooperatives for social integration) がある．こうした地域では，大部分が在宅介護労働者からなる伝統的なワーカーズコープが生産者と消費者との混合組織 (mixed organization of producers and consumers) へと発展していった (Espagne, 1999; Sajardo-Moreno, 1996)．

同様に，イギリスでは上述の諸国ほどではないとしても一部の地域において，社会的に不利な立場に置かれる人々を社会的・文化的に統合する支援サービス，保育サービス，在宅介護サービス等を供給する社会的協同組合がボランタリーセクターに替わって登場してきた．起業組織数は数十に過ぎないとみられる．しかし，そこには多くのコミュニティ企業 (community enterprises) も存在し，とくにスコットランドでそうである．同時に，政府や地方自治体の手が及ばずサービスが不足する領域の一部をカバーする重要な役割をボランタリー組織が担っている．一例として，ここで再び保育サービスを取り上げてみよう．1986年時点で，イングランドとウェールズの半分以上の子どもたちが地域の私立保育園が提供するコミュニティデイ保育サービスを受け，5歳以下の幼児を対象とするパートタイムのデイ保育サービスが，保育プログラムの不足を補うことを目的として両親たちの活動によって実現された (Macfarlane and Laville, 1992)．

以上のような活動を進める協同組合が広がりをみせるようになったのは，部分的には，伝統的に同質団体であった協同組合が意思決定過程に多様なステークホルダー（ボランティア，労働者，消費者，地域コミュニティ等々）を参加させるようになったことによる．イタリアの1991年法は，そのよう

な協同組合の広がりをまさに準備するものであった．協同組合ベースのイノベーションと地域アソシエーションやボランタリー組織によるそれとがそれぞれどのように位置づけられるかについては，明らかに，各国それぞれの福祉国家制度との関係において両サブセクターの役割が異なっていたという事実で説明できる．たとえば普遍主義システムをとる一部のスカンジナビア諸国では，伝統的に，アソシエーションにサービス供給者としての補完役割を行政が期待することはほとんどなかった．そこでは，アソシエーションを，主として特殊なグループやその関係者のためのアドボカシー組織とみなすのが一般的であった．反対に，コーポラティズムレジームをとる諸国では事情が異なり，政府は，サービス供給者としてのアソシエーションと密接なパートナーシップ関係を築いてきた．

　ドイツやオーストリアでは，起業組織は，参加する人々のエンパワーメント［自己決定能力の強化］という意図を反映して「自助」グループと呼ばれる．その起業組織は3つのサブセクターに区分できる．第1に，サードセクターの外部に存在する半インフォーマルグループであり，第2に，同じ問題に直面している諸個人が構成する「自助」グループであり，第3に，他者のニーズを取り上げたり，グループ外の人々に対する援助やサービスを提供したりするグループである．こうした「自助」グループと小規模アソシエーションはボランタリーベースで形成され，有償の専門労働が利用されるのは後方支援の役割が必要な場合だけである．ドイツでは，約265万人が参加する約70,000にのぼるこの種の起業組織が存在してきた．その半数は公式組織であり，サードセクターの一部を構成すると考えられる（Evers *et al.*, 2001）．1980年代になってそれらの組織はとりわけ保健医療サービスや社会活動分野で大きな成長を遂げ，保健サービス分野だけでも5,000から10,000のグループが活発に活動していた．その後これらのグループは，アソシエーションの領域を安定化させつつ変革してきた．数多くのグループが慈善団体の大規模連合組織に合流し，その過程の帰結として一種の世代的・文化的変化が起こってきた．そして今日では，ボランタリーなサービス供給活動の近代化が「市場化」や「経営革命」と単純に同一視できるものではないという考え方が広く共有されるようになった．したがって，社会的企業家活動

(social entrepreneurship) やユーザーに目を向ける新しい協同組合の志向性 (new cooperative orientation towards the users) もまた，ボランタリーなサービス供給活動の近代化をめぐるこうした論議の一部をなす問題である（本書第5章におけるボーデおよびエバースの議論を参照）．

　1970年代，80年代の運動に代表される実践的批判，さらに組織や文化の点で今日まで生き残ってきた当時の運動による実践的批判は一種の自己批判としても受け取らなければならない．問題の核心は，ドイツ，オランダ，ベルギー，フランスでみられたように，ユーザー尊重を保証するには利潤動機が欠如していては不十分であり，したがってまた，利潤動機が欠如していれば連帯的サービス (associative services) をめぐる新しい供給方法の工夫も十分にはならないという事実を受け入れることにあった．受託と規制の関係に基づいてアソシエーションがサービスを供給していた時代には，アソシエーションは，主要なそして継続的なサービス供給者として地域における準独占体としての利益を享受してきた．ドイツ等の諸国では，行政とアソシエーションには伝統的な協力関係があったので新しいグループも既存の法人格をとっていた．しかし同時に，新しいグループには，新しい基盤のうえで事業を立ち上げてアソシエーションの新しい活動のあり方に踏み出そうとする傾向があった．その推進者たちによれば，アソシエーションによるサービス供給の正統性は，アソシエーションが独自の考え――①多様な人々による自発的な参加を引き出すこと，②アソシエーションへの支援関係が市民社会のなかに生み出す社会的関係資本（ソーシャルキャピタル）を動員し醸成すること (Evers, 2003a)，③行政からの保護を当てにせず財政バランスの新しいあり方をつくり出すこと――をユーザーに提示する能力をもちうるか否かにかかっている．

　伝統的な活動実績を再評価しようとする旧来型組織や新しいアプローチを提案しようとする近年の活動グループを含む多くのアソシエーションが新しい文脈に対応しようと試みている．実例として，もう一度保育サービスを取り上げてみよう．フランスでは，親たちも巻き込んだコミュニティ保育サービスの新しいモデルが実践されてきた．たとえば，「親子・専門家による共同アソシエーション (Association des collectifs enfants-parents-professionnels: Association of professional-child-parent initiatives)」が奨励している親たちが運営に参加するデイケアセンターである．最初は親たちが新しいモデルを創設し，後になって専門家たちに引き継がれた．新しいモデルは，専門家たちにとって自分たちの雇用機会を提供するモデルであり，同時に親たちとの密接な関係を通じてサービスの質の保証・監視手段にもなりうるモデルであった．このようなコミュニティ保育施設が1980年代には，保育サービスのなかで最も大きな成長を遂げることになった．

　国ごとの違いは別として，サードセクターにおける新しいアクターとその発展を概観してみると，鍵となる2つの要因を強調することができる．それは，協同組合やボランタリーアソシエーションの新しい形態の有用性にかかわっている．新しい形態が発展した第1の要因は，サードセクターの実験によって，ある活動を成功させるのに必要な信頼の醸成についてサードセクターに独自な方法が創出可能であると証明されたことである．信頼の構築はしばしばステークホルダーの参加しだいではあるものの（Ben-Ner and Van Hoomissen, 1991），その参加は一定のルールや枠組み——個人的な金銭的利益を活動から引き出すような機会は制約される——に基づいて奨励される．こうした「マルチステークホルダー」という原動力の範囲内で（Borzaga and Mittone, 1997; Pestoff, 1998），相互信頼が互酬ベースの活動領域——そこでは戦略的・手段主義的・功利主義的な要因は二次的であり，共同性が反映される場でもある——の発展を通じて構築される．このような互酬ベースの領域は「近接公共領域（'proximity public spheres'）」（Eme and Laville, 1994; Laville, 1994）として描かれてきた．公益の定義，サービス利用者や専門家のための参照枠組みとして活用可能なアプローチの定義を目的として，以前なら家族やコミュニティというインフォーマルセクターに押し込められてきた問題や関心もしたがって，近接公共領域という環境のなかに位置づけられるようになった．たとえば条例に明記されるならば，このような問題解決策は相互信頼の強化につながりうるだろう．相互信頼こそ，以前ならばまったく私的な問題でしかないとされた事柄をより公共的に解決するために有効なのである．

　しばしば報告されているように，健康・医療問題あるいは子供の世話や高

齢者介護のために公共的な解決策を活用することはあまり積極的にはなされてこなかった．しかし自発的な信頼の構築という決定的な点とかかわって，イタリアの社会的協同組合，スウェーデンの保育協同組合，イギリスのコミュニティケアアソシエーション，ドイツ，フランス，ベルギーでのサービス供給の自主組織等々の経験はおそらくきわめて重要である．というのは，こうした諸組織によって，サービスをめぐる供給サイドと需要サイドとの結合的な発展が生み出されるからである（Laville and Nyssens, 2000）．このような発展は，ユーザーやステークホルダーを顧客，消費者，納税者としてとらえるだけではなく，市民そして特定の地域環境のもとでのコミュニティや家族のメンバーとしてもとらえることを必要条件としてはじめて可能となる．しかしながら，サービスを制度化するこうした新しい形態をさらに発展させるためには，実験と議論の場を必要とするだろうし（Eme and Laville, 2000），さらに，ガバナンスの新しい形態や社会的アクターと行政との間の包括的なネットワークやパートナーシップの新しい形態も必要とするだろう（Evers, 2003b）．その際，新しいサービスを「移植する」ようなトップダウン式アプローチは，たとえそれが高度な専門家的水準を達成するとしても，上述の必要条件を満たすことには失敗すると思われる．

　各種のサービスが信頼構築の問題とつながる場合にはいつでも，需要・供給結合型サービス（joint service）としての発展過程が重要であるとはいえ，それは，多様なステークホルダーが同じ程度で参加することを意味するわけではないし，同一サイドや同一グループに主導権が常に属することを意味するものでもない．自分たちの伝統的なサービス供給方法に批判的な専門家が中心になる場合もあれば，行政機関を変革したいと望む行政官が主導的な役割を果たす場合もある．いずれにせよ，多様なステークホルダー（専門家，ボランティア，ユーザー，行政機関等々）を巻き込んだ混合型の多元的モデルが形成される．多様な組み合わせのなかで成立するこうした多元的モデルにおいては，媒介的な第3の領域を確立することによって，ここで問題とする「情報の不確実性（informational uncertainty）」——それは，市場やサービスの経済論でよく使用される「情報の非対称性（informational asymmetry）」を超えるトピックである——を減じることができる．サービスユー

ザーとの密接な関係を伴う「関係サービス」をめぐっては，情報の非対称性が存在しているというだけではなく，情報の非対称性というコンセプトとその克服課題が明確にされていないという問題があり，それは，ステークホルダーにとっては困惑させられる要因でもある．これは，サービスシステムの制度化過程を推進するサードセクターベースの新しい原動力（new third sector-based dynamic）をどう構想するかという課題とつながっている．この課題を明らかにするためには，サービス供給活動の新しい領域の発展にとって参加の社会的・政治的側面がどのようなインパクトを与えるのかに焦点を当てる必要がある．研究者も実践家もこの点に関心を寄せている．このことは実際，組織やそのイニシアティブを超えて企業家（entrepreneurs）にも必要である．企業家活動（entrepreneurship）という呼称を採用することは，新しい原動力の構想という課題の社会的・政治的側面を否定するものではない．集団的コミットメントと個人的コミットメントとの効率的なバランスは社会的・市民的側面を含んだ企業家活動にも反映するであろう．

　以上の点は，協同組合やアソシエーションの新しい形態についてここで強調すべき第2の決定的な要因——多様な資源の動員とその他の資源とのバランス——ともつながっている．サードセクターのイノベーションとしての協同組合やアソシエーションの新しい形態は，自発的な参加，支援型パートナーシップ，寄付や後援といった非貨幣的資源の活用に依拠して登場する過程で，政府からの支援や顧客への売上げ以外の資源にもかなりの程度依拠するようなバランスを追求するようになる．そして自立的管理という目標に基づいて，公共的支援——行政が提供する公共的支援だけではなく，公共領域としての市民社会の各組織やパートナーシップが提供する公共的支援をも含む——に報いようと努力するようにもなる．こうして協同組合やアソシエーションの新しい形態は依存関係の多元化を維持することによって一定の自立性を保とうとしているし，そのサービスや活動——ここには，特定のグループ・特有のニーズに向けたサービスや活動も，より広い範囲の公益に向けたサービスや活動もともに含まれる——を通じて一連の多様な目標と効果を洗練しようと試みている．しかしながら，こうした多元的資源・多元的目標アプローチ（Evers, 2001）に依拠する「社会的企業」（Borzaga and Defourny, 2001) という存在はほとんどの福祉国家における制度的・法的環境条件には収まりきらない未知の質をもっている．そして，「当てにできる」資源とそうではない資源，計測可能な効果と計測されずに無視される効果——総じていえば，経済的目的と社会的目的，市場経済と非市場経済——との間に注意を要する境界線が引かれてきたため，社会的企業は多くの国々において厄介な状況に遭遇している．とはいえ，社会的企業は，法人格上の制約を余儀なくされつつも，さまざまな法人形態の組み合わせを基盤としながら1つの実験という形をとって激増しているのである．

5 結　論

　これまでのところ，ヨーロッパでの議論がサードセクター研究に特有の理論的貢献をなしうること，また，その貢献は欧州サードセクター論としての特有の研究蓄積に結びついていることについて述べてきた．そして，サードセクターをどう認識するかをめぐる「ヨーロッパ型理解」とでもいいうる4つの特徴を確認してきた．

　第1に，ヨーロッパ全体としてみれば，サードセクターの形成においては，合衆国の伝統の一部をなす慈善団体，ボランタリー組織や財団以外の組織，すなわち**共済組合，協同組合および「社会的経済」の特徴をもつその他の組織**による特有の貢献が含まれているという点である．その大部分が，アメリカ合衆国よりもヨーロッパで歴史的に強い影響力をもった運動やイデオロギー——たとえば，労働運動であり，市場交換や国家社会主義とは違った形態の富や福祉の生産メカニズムを創造しようとする多様な政治・経済思想である——と結びついていた．こうした諸組織は，多様な連帯に依拠する市民社会から生まれてくる幅広い共同行為の現れである．

　第2に，とりわけ協同組合や共済組合を包含するサードセクターのヨーロッパ型定義によって，市場経済とも国家経済とも，さらに個別世帯というモラルエコノミーとも異なるサードセクター経済——経済のあり方を改革する経済（reformatory economies）——の役割に関する議論に道が開かれるという点である．ヨーロッパでの議論が提起した理論的な課題は，市場理論に由

来するツールやコンセプトによってサードセクターの経済的側面を説明するのではなく，**多元的経済**の構成要素としてサードセクター経済の特質をどう再構成するかにある．経済のあり方を改革する経済としての特性は，共同型企業家活動（collective entrepreneurship），すなわちシェアホルダー（株主）ではなくステークホルダーの所有に基づく企業家活動という点にだけあるのではない．その特性はまた，サードセクター諸組織が活動する制度的枠組み——多様な経済原理を均衡させたり混合させたりする制度的枠組み——とも結びついている点にもある．

第3に，ヨーロッパにおける研究のほとんどが基本的に開放的・混合的・多元的・**媒介的な**サードセクターの**性質**を強調するという点である．これは，サードセクターを政府や市場から切り離して一種の「独立」セクターとみなしたり，あるいは，サードセクターを生来的に「市民社会セクター」とみなしたりする見方とは異なっている．媒介的な領域としてのサードセクターの背景をなす市民社会というコンセプトは，市場活動，政府活動や個別世帯およびコミュニティの行動の変化が競争の場としての市民社会やサードセクター組織に与える影響の大きさを強調するものである．したがって，サードセクター組織がより商業的になったり，福祉国家により親和的になったりする可能性もある．あるいは，社会の他セクターから同時に生まれてくる影響をうまく媒介することでサードセクター組織の特性が維持される可能性もある．われわれは「媒介的な空間（intermediary space）」という発想に立つことによって，一方での市場という場，政治という領域，コミュニティや政府組織と他方でのサードセクターとの間に明確な境界線など存在しないという事実に気づかされるのである．

最後に第4として，ヨーロッパ諸国における福祉政治の大きな歴史的インパクトと並んで，**「福祉多元主義」「福祉ミックス」「福祉の混合経済」「多元的経済」**といった諸概念をサードセクター論に組み込んできたのはヨーロッパであったという事実にも目を配りながらこうした多元的ビジョンを理解しなければならないという点である．このような多元的アプローチは，福祉レジーム，政治活動における社会的・政治的「埋め込み」，福祉政治の諸制度や法的枠組み等の歴史と結びつくようなサードセクター分析の1つのあり方

を示唆している．とくに，ヨーロッパの社会民主主義的福祉レジームやコーポラティズム的福祉レジームにおいては，サードセクターの多様な構成要素が特有の地位を占めてきた．協同組合，共済組合，アソシエーション／ボランタリー組織は合衆国での経験とはきわめて異なった方法や程度において統合され発展してきた．しかしながら，将来の欧州福祉モデルとそこでのサードセクターの役割を再構成する際には，こうしたヨーロッパの研究蓄積こそが尊重されなければならない．

「サードセクターのヨーロッパ型理解」を導く以上のような4つの要因を念頭に置きながら，大西洋両岸で観察可能なサードセクターの経済的，社会的，政治的な歴史的変遷を本章第3節で素描したのも，ヨーロッパの研究蓄積を尊重するためだったのである．

ところで，サードセクター組織の登場に強いインパクトを与えてきた社会運動・政治運動もその形態や様相を変化させてきた．たとえば，階級ベースの運動や「同志たち」による閉鎖的運動から，より開放的できわめて緩やかな同盟による運動への変化である．後者においては，社会階級以外の共通の利害，相互の相違，特殊な関心事といった要素が重要な役割を果たしている．こうした運動の変化から生まれ，市民社会の構造的要素となるような**協力や参加の新しい形態**を参加形態の伝統的なレパートリーと混同してはならない．アソシエーション，プロジェクトやイニシアティブの新しい諸形態は，**多様なステークホルダー間の協同の産物としての**，あるいは協同の表現としての様相をますます帯びるようになっている．また営利セクターから生まれる「企業市民」でさえ，専門家，市民，行政といった他のグループによる社会的活動に合流することが可能となる．

しかしながら，いわば「社会的企業」としての新しいアソシエーションやそのサービスに，政府活動を補完したり政府からの支援を受けたり，企業社会のために役割を果たしたり，明確な経済的目的をもったりといった強い要因がたとえ存在するとしても，新しいアソシエーションやそのサービスは**「社会的関係資本」**――それは，パートナーシップ，支援ネットワーク，信頼の構築，寄付，ボランタリーアクション等を通じて市民社会に生き生きと根を張っている――を動員し醸成する点において際立っている．したがって，

「ハイブリッド組織」としての社会的企業によって「敗者のいない」状況——サービス生産のために，市民社会やコミュニティをベースとする資源と同様に市場から引き出す資源もまた，政府資源を補充するものと位置づけられるような状況——も創出されうる．

このような社会的企業の特徴は今日では特別のインパクトをもっている．というのは，日常生活や人々のニーズ，世帯や家族のニーズからみて，**近接性という特徴をもった対人サービス**の役割が都市生活や社会生活のさまざまな場面——保育や高齢者介護，教育，医療，福祉等々——でその重要性を高めているからである．また，経済学，福祉や政治からみてもこうした近接サービスは重要な検討対象とされており，近接サービス分野とサードセクターとのつながりは決定的なものとなっている．

以上を念頭に置いていえば，サードセクター組織が上述の対人サービスの発展に関与するとき，サードセクター組織の特有の役割やインパクトにかかわって1つの仮説が生まれてきたといえる．すなわち，サードセクター組織は，対人サービス発展戦略とガバナンスのネットワーク化形態の継ぎ目として決定的な役割を果たしうるだろうという仮説である．個別ニーズを公共的な問題へと転換させたり，サービス供給とそのための協力関係を再構築したり，適切なサービス供給計画を明確にしようとするときには，多様な立場や多様なパートナー間に**活力ある信頼構築にとっての不確実性や課題**が生まれてくるものである．対人サービス発展戦略とガバナンスのネットワーク化形態とは，こうした**不確実性や課題に何とか対処しよう**と努力することの表れでもある．

個人の能力や活動そして責任が前面に出てくるようになれば，それは，経済活動とこれまで結びついてきた伝統的で閉鎖的な関係から企業家活動を解放するという目標につながっていく．そのためには，社会的・市民的企業家（social and civic entrepreneurs）への道を切り拓いていくような政治が必要である．公共活動と市民社会との新しい関係［たとえば，サードセクター組織による近接サービスの生産］を創出する必要があるにもかかわらず，対人サービスを商品として生産する傾向がますます強まっている——こうした対照的な事態をどうとらえるか，それは現代の経済学にとって緊張感に富んだ課題

でもある.

参考文献

Barthélemy, M. (2000), *Associations: un nouvel âge de la participation?*, Paris: Presses de Sciences Po.

Baumol, W.J. (1987), 'Microeconomics of unbalanced growth: The anatomy of the urban crisis', *American Economic Review*, June, 415-26.

Ben-Ner, A. and T. Van Hoomissen (1991), 'Non profit organisations in the mixed economy', *Annals of Public and Cooperative Economy*, 4, 519-50.

Borzaga, C. (1998), 'The economics of the third sector in Europe: The Italian experience', Department of Economics, University of Trento.

Borzaga, C. and J. Defourny (eds) (2001), *The emergence of social enterprise*, London: Routledge.

Borzaga, C. and L. Mittone (1997), 'The multistakeholders versus the nonprofit organization', Università degli Studi di Trento, draft paper no. 7.

Borzaga, C. and A. Santuari (eds) (1998), *Social Enterprises and New Employment in Europe*, Trentino, in cooperation with European Commision-DGV, CGM-Consorzio nazionale della cooperazione sociale.

Chanial, P. (1992), 'Espace public, sciences sociales et démocratie, introduction au débat: Les espaces publics', *Quaderni*, 18, Autumn, 61-73.

CIRIEC (1999), *Les entreprises et organisations du troisième système. Un enjeu stratégique pour l'emploi*, Action pilote 'troisième système et emploi' de la Commission Européenne, Brussels: CIRIEC.

Cohen, J.L. and A. Arato (1995), *Civil society and political theory*, Cambridge, Massachusetts: MIT Press.

Defourny, J. (ed.) (1999), 'The emergence of social enterprises in Europe', EMES European Network, Brussels.

Defourny, J., P. Develtere and B. Fonteneau (eds) (2000), *Social economy north and south*, Liège: Centre d'économie sociale, Université Catholique de Louvain, Hiva.

DiMaggio, P.J. and W.W. Powell (1983), 'The iron cage revisited: Institutional isomorphism and collective rationality in organizational fields', *American Sociological Review*, 48, April, 147-60.

Dubois, P. (1985), 'Le solidarisme', Thesis, Université de Lille II.

Eme, B. (1991), 'Les services de proximité', *Informations sociales*, 13, August-September, 34-42.

Eme, B. (1993), 'Lecture d'Habermas et éléments provisoires d'une problématique du social solidariste d'intervention', roneo, CRIDA-LSCI, IRESCO-CNRS, Paris.

Eme, B. (1994), 'Insertion et économie solidaire', in B. Eme and J.-L. Laville, *Cohésion sociale et emploi*, Paris: Desclée de Brouwer, pp. 157-94.

Eme, B. (1996), 'Politiques publiques, société civile et association d'insertion par l'économique', roneo, CRIDA-LSCI, Commissariat Général du Plan, Paris.

Eme, B. and J.-L. Laville (eds) (1994), *Cohésion sociale et emploi*, Paris: Desclée de Brouwer.

Eme, B. and J.-L. Laville (2000), 'L'enjeu de la confiance dans les services relationnels', in M. Orillard (ed.), *La construction de la confiance*, Paris: L'Harmattan, pp. 281-322.

Enjolras, B. (1996), 'Associations et isomorphisme institutionnel', *Revue des études coopératives, mutualistes et associatives*, 261 (59), 3rd term, 68-71.

Espagne, F. (1999), 'Les coopératives à but social ou d'intérêt collectif et le multisociétariat', roneo, Paris.

Esping-Andersen, G. (1990), *The three worlds of welfare capitalism*, Princeton: Princeton University Press.

Esping-Andersen, G. (2002), 'The sustainability of welfare states: Reshaping social protection', in B. Harris-White (ed.), *Globalization and insecurity. Political, economic and physical challenges*, London: Palgrave, pp. 218-32.

Evers, A. (1990), 'Im intermediären Bereich, Soziale Träger und Projekte zwischen Hanshalt, Staat und Markt', *Journal für Sozialforschung*, 2 (30), 189-210.

Evers, A. (1995), 'Part of the welfare mix: The third sector as an intermediate area', *Voluntas*, 6 (2), 119-39.

Evers, A. (1997), 'Le Tiers secteur au regard d'une conception pluraliste de la protection sociale', in MIRE (ed.), *Produire les solidarités. La part des associations*, Paris: Fondation de France, pp. 51-60.

Evers, A. (1998), 'Sur l'étude Johns Hopkins. Un commentaire critique', in 'Une seule solution, l'association? Socio-économie du fait associatif', *Revue du Mauss*, 11, first term, 11-118.

Evers, A. (2001), 'The significance of social capital in the multiple goal and resource structure of social enterprises', in C. Borzaga and J. Defourny (eds), *The emergence of social enterprise*, London: Routledge, pp. 298-311.

Evers, A. (2003a), 'Social capital and civic commitment: on Putnam's way of understanding', *Social Policy and Society*, 2 (1), 1-9.

Evers, A. (2003b), 'Origins and implications of working in partnerships', in L. Kjaer, P. Abrahamson and P. Raynard (eds), *Local partnerships in Europe*, Copenhagen: The Copenhagen Centre.

Evers, A. and I. Svetlik (eds) (1993), *Balancing pluralism. New welfare mixes in care for the elderly*, Avebury: Aldershot.

Evers, A., I. Bode, S. Gronbach and A. Graf (2001), 'The enterprises and organizations of the third system: A strategic challenge for employment', national report Germany, in CIRIEC (ed.), *The enterprises and organizations of the third system in the European Union*, Liège: University Liège and Derouaux Ordina Editions.

Ferrera, M. (1996), 'The southern model of welfares in social Europe', *Journal of European Social Policies*, 6 (1), 17-37.

Granovetter, M. (1985), 'Economic action and social structure: The problem of embeddedness', *American Journal of Sociology*, 91 (3), 481-510.

Gui, B. (1992), 'Fondement économique du Tiers secteur', *Revue des Études Coopératives, mutualistes et associatives*, 72 (247), 160-73.

Habermas, J. (1990), *Écrits politiques*, Paris: Le Cerf.

Habermas, J. (1992), 'L'espace public, 30 ans après', *Quaderni*, 18, Autumn, 161-91.

Hansmann, H. (1980), 'The role of nonprofit enterprise', *Yale Law Journal*, 89, 835-98.

Hansmann, H. (1987), 'Economic theories of nonprofit organizations', in W.W. Powell (ed.), *The nonprofit sector. A research handbook*, New Haven: Yale University Press, pp. 27-42.

Hernes, H. (1987), *Welfare state and woman power: Essays in state feminism*, Oslo: Norwegian University Press.

Ion, J. (1997), *La fin des militants?*, Paris: Les éditions de l'atelier.

James, E. (1987), 'The nonprofit sector in comparative perspective', in W.W. Powell (ed.), *The nonprofit sector. A research handbook*, New Haven: Yale University Press, pp. 397-415.

Jenson, J. (1993), 'Representing solidarity: class, gender and the crisis of social-democratic Sweden', *New Left Review*, 201, 76-100.

Johnson, N. (1998), *Mixed economies of welfare: A comparative perspective*, London: Prentice-Hall Europe.

Klausen, K.K. and P. Selle (1996), 'The third sector in Scandinavia', *Voluntas*, 7 (2), 99-122.

Kramer, R.M., H. Lorentzen, S. Pasquinelli and W.B. Melief (1993), *Privatization in four European countries*, Armonk, New York: M.E. Sharpe.

Kuhnle, S. and P. Selle (eds) (1992), *Government and voluntary organisations*, Aldershot: Avebury, pp. 99-122.

Laville, J.-L. (ed.) (1992), *Les services de proximité en Europe*, Paris: Desclée de Brouwer.

Laville, J.-L. (ed.) (1994), *L'économie solidaire*, Paris: Desclée de Brouwer.

Laville, J.-L. and M. Nyssens (2000), 'Solidarity-based third sector organizations in the "proximity services" field: a European francophone perspective', *Voluntas*, 11 (1).

Laville, J.-L. and R. Sainsaulieu (eds) (1997), *Sociologie de l'association*, Paris, Desclée de Brouwer.

Leblanc, S. and T. Paulet (1989), 'Les mutualités', *Courrier Hebdomadaire*, special issue, 1228-9, CRISP, Brussels.
Leira, A. (1992), *Models of motherhood: Welfare state policy and Scandinavian experiences of everyday practices*, Cambridge: Cambridge University Press.
Leroux, P. ([1851] 1997), *A la source perdue du socialisme français*, anthology compiled and presented by B. Viard, Paris: Desclée de Brouwer.
Lewis, J. (1992), *Women in Britain since 1945. Women, family, work and the state in the post-war years*, Oxford: Blackwell.
Lewis, J. (1997), 'Le secteur associatif dans l'économie mixte de la protection sociale', in MIRE (Rencontres et Recherches avec la collaboration de la Fondation de France) (ed.), *Produire les solidarités—la part des associations*, Paris, pp. 164-72.
Lewis, J. (ed.) (1998), *Gender, social care and welfare state restructuring*, Aldershot: Avebury.
Macfarlane, R. and J.-L. Laville (1992), *Developing community partnerships in Europe. New ways of meeting social needs in Europe*, London: Directory of Social Change and Calouste Gulbenkian Foundation.
Maucourant, J., J.M. Servet and A. Tiran (1988), *La modernité de Karl Polanyi, introduction générale*, Paris: L'Harmattan.
Merrien, F.X. (1997), *L'état-providence*, collection Que sais-je?, Paris: Presses Universitaires de France.
Merrien, F.X. (2002), 'États-providence en devenir', *Revue française de sociologie*, 43 (2), 211-42.
Nyssens, M. (2000), 'Les approches économiques du tiers secteur. Apports et limites des analyses anglo-saxonnes d'inspiration néo-classique', *Sociologie du travail*, 42 (4), 551-65.
OECD (1996), *Reconciling economy and society. Towards a plural economy*. Paris: OECD.
Orloff, A.S. (1993), 'Gender and the social rights of citizenship: The comparative analysis of gender relations and welfare states', *American Sociological Review*, 58 (3), 303-28.
Ortmann, A. and M. Schlesinger (1997), 'Trust, refute and the role of non-profit enterprise', *Voluntas*, 8 (2), 97-119.
Pestoff, V.A. (1991), *Between markets and politics: Cooperative in Sweden*, Frankfurt am Main and Boulder, Colorado: Campus Verlag and Westview Press.
Pestoff, V.A. (1992), 'Third sector and co-operative services. From determination to privatization', *Journal of Consumer Policy*, 15 (1), 21-45.
Pestoff, V.A. (1996), 'Enterprises and civil democracy in Sweden: Enriching work environment and empowering citizens as co-producers', School of Business, Stockholm.

Pestoff, V.A. (1998), *Beyond the market and state: Social enterprises and civil democracy in a welfare society*, Aldershot: Ashgate.
Polanyi, K. (1944), *The great transformation*, New York: Rinehart & Company.
Roustang, G. (1987), *L'emploi: un choix de société*, Paris: Syros.
Roustang, G., J.-L. Laville, B. Eme, D. Mothé and B. Perret (1997), *Vers un nouveau contrat social*, Paris: Desclée de Brouwer.
Sachße, C. (1996), 'Verein, Verband und Wohlfahrtsstaat: Entstehung und Entwicklung der "dualen" Wohlfahrtspflege', in T. Rauschenbach, C. Sachße and T. Olk (eds), *Von der Wertgemeinschaft zum Dienstleistungsunternehmen*, 2nd edn, Frankfurt: Suhrkamp Verlag, pp. 123-49.
Sainsbury, D. (ed.) (1994), *Gendering welfare states*, London: Sage.
Sajardo-Moreno, A. (1996), 'Economie sociale et services sociaux en Espagne', *Revue des études coopératives, mutualistes et associatives (RECMA)*, 261 (59), third term.
Salamon, L.M. (1987), 'Partners in public service: The scope and theory of government-nonprofit relations', in W.W. Powell (ed.), *The nonprofit sector. A research handbook*, New Haven: Yale University Press.
Salamon, L.M. (1990), 'The nonprofit sector and government. The American experience in theory and practice', in H.K. Anheier and W. Seibel (eds), *The third sector. Comparative studies of nonprofit organizations*, Berlin and New York: Walter de Gruyter, pp. 219-40.
Salamon, L.M. (1995), *Partners in public service: Government-nonprofit relations in the modern welfare state*, Baltimore, Maryland: Johns Hopkins University Press.
Salamon, L.M. and H.K. Anheier (1995), *Defining the nonprofit sector*, Manchester: Manchester University Press.
Salamon, L.M. and H.K. Anheier (1998), 'Social origins of civil society: Explaining the nonprofit sector cross-nationally', *Voluntas*, 9 (3), 213-48.
Seibel, W. (1990), 'Government/third sector relationships in a comparative perspective: The cases of France and West Germany', *Voluntas*, 1 (1), 42-60.
Swedberg, R. (1996), 'New economic sociology: What has been accomplished, what is ahead?', Department of Sociology, Stockholm University, Stockholm.
Titmuss, R. (1974), *Social policy*, London: Allen & Unwin.
Vienney, C. (1994), *L'économie sociale*, collection Repères, Paris: La Découverte.
Weisbrod, B. (1977), *The voluntary nonprofit sector*, Lexington, Massachusetts: Lexington Books.
Weisbrod, B.A. (1988), *The nonprofit economy*, Cambridge, Massachusetts: Harvard University Press.
Young, D.R. (1983), *If not for profit, for what?*, Lexington, Massachusetts: D.C. Heath.

II 欧州サードセクターの動向:
社会的経済・ボランタリー組織・市民社会

2
イタリアサードセクターの進展
窒息から再登場へ

カルロ・ボルザガ

1 序　論

　イタリアはヨーロッパのなかにあって，この10年間で予想もできなかったほどにきわめて著しくサードセクターが発展した国の1つであり，組織上のイノベーションにも興味深いものがあったのは疑いない．事実，10年以上も前のその当時まだ信じられていたのは，「民間非営利活動セクター，つまりサードセクターがイタリアの公共領域において大きな役割を果たしてはいないということであり，またそれにも増して，サードセクターの役割がしだいに増してきているとはいえ，サードセクターがイタリア社会できわめて重要な役割を果たすようになるなどありそうにもない」ということであった(Perlmutter, 1991, p. 157)．こうした予想とは対照的に，イタリアではこの10年間に，ボランタリーで社会的なアソシエーションが数万も誕生しただけでなく，6,000を超える社会的協同組合や数百の新しい財団が生まれている．なかでも際立っているのが88の銀行財団であり，300億ユーロの資産を保有している．このセクターで働く人々は，1990年代初頭には30万人を超える程度であったが（Borzaga, 1991; Barbetta, 1996)，この10年でほぼ2倍となっている（ISTAT, 2001)．さらにサードセクターはこの数年間に公共機関と緊密な関係をもって動くようになってきており，研究者，政策立案者，メディアの間での関心も急速に高まってきている．

　前世紀にはサードセクターの役割や活動を制限しようとして長年にわたって一連の措置がとられ，その後に，こうした最近のサードセクターの成長が

あった．サードセクターの成長は既存の組織の強化によるよりも，むしろまったく新しい組織の誕生によるものであり，主にサードセクターを推進しようとした人々の「組織的な創造力」が生み出したものであって，その後に法制化されたに過ぎない．こうしたイノベーションには2つの特徴があるように思える．1つが民主的管理の諸形態を通じてステークホルダーを直接巻き込もうと絶えず努力することであり，もう1つが社会サービス［福祉サービス］を生み出すにあたって協同組合形態を幅広く利用することである．他国では通常，アソシエーションや財団がやっていることである．

　サードセクターに対する行政のこれまでの態度にはためらいがあり，矛盾があった．確かに，政策のなかにはサードセクターの発展を促進するものがあった．それは，繰り返し政策的に介入したことが新しい組織形態を承認し規定することとなったためであり，またサードセクター組織を巻き込んだ社会政策の実施が増えたためであった．しかしながら同時に，公共機関はサードセクターをうさん臭く感じるという態度をとっていた．数多くの法律が制定されたにもかかわらず，それらが対立的な性格であったことにその態度が現れている．たとえば，多少なりとも役に立つような免税を認めることができなかったことや厳しすぎる規制などであり，また，社会サービスの供給増加や改良を目的とするのではなく，公共支出の抑制を目的とした資金提供手続きを通じてサードセクター組織の自治を削ごうとしたことなどである．

　こうした矛盾は国家統制主義的な政治文化が支配的であったためだけでなく，イタリア法のなかに非営利のための明確な法人形態がなかったためでもある．また，イタリアの福祉制度に特有な組織も原因である．実際にも，1990年代に革新されるまでは，アソシエーションや財団の法人形態は民法典を想定していた．だが，これらの法人形態では自治が制約され，経済的には重要であるが困難を伴うだけの活動が求められた．さらに，イタリアの福祉モデルでは常に現金給付が重視され，社会サービスの供給は軽視された．それ以外の役割は民間の組織に割り当てられてきた．

　これらの困難や矛盾にもかかわらずサードセクターの発展があったために，とくに1990年代になると，サードセクターは社会政策の進展に貢献することになった．それは，新しいサービスを企て試みることによって，それまで

ニーズが否定されてきた状況を暴露することができたから可能となったのであり，また，幅広いサービスの導入をうまく促すように社会的支出を変化させることができたからでもある．

しかしながら，予想もしなかったイタリアのサードセクターの再登場を正確に理解するためには，最近のサードセクターの進展を分析する必要がある．サードセクターの歴史を遡って調べ，公共福祉政策とサードセクターとの関係を検討する必要があるだけでなく，この関係を1960年代末から1980年代の間のイタリアを特徴づける社会運動と結びつける必要がある．これらを再現してみることが本章の主目的である．

分析をはじめる前に，次節でこれから使う説明モデルについて述べておく．第3節では，18世紀末の非営利セクターの規模と特徴について説明する．というのは，非営利セクターの活動を規制しようとして最初に措置がとられたのが18世紀末だったからである．第4節では，19世紀後半から1970年代までに徐々に進んだサードセクター縮小のそれぞれの段階について説明する．第5節では，1970年代以降のイタリアサードセクターについて，その再登場，定着，成長を分析する．第6節では2000年以降のサードセクターの量的な側面に関する最近のデータをいくつか提示する．

2　説明モデル

大雑把にいえば，コミュニティの福祉は5つの関係者が一体となって行う活動の結果であるといえる．すなわち，家族，営利企業，公共組織，相互扶助組織，そして慈善主義的で利他主義的な非営利組織・公益組織の五者である[1]．財とサービスのすべての生産も個人や社会集団へのその配分もいずれもこれら5者の結合した活動に依存している．

これらの組織のどれもがそれぞれに明確な原則に則り，経済主体間の取引を処理している．すなわちその原則とは，営利企業にとっての等価交換（言

---

1) これらの組織間の区別が必ずしも明確でなくとも，この分類は有効である．事実，共益と公益とをともに追求する非営利組織もあれば，はっきりと社会的目的を追求する営利組織もある．

い換えれば，市場)，公共組織にとっての権威，家族にとっての互酬，共済組織にとっての連帯意識，そして公益組織・慈善団体にとっての利他主義・慈善事業である．言い換えれば，これらの組織はどれもが，活動のための動機のなかから自らの特徴や目的に最も合致するものを選び出して自己を組織化している．そうすることで，どれもが自らの活動範囲を特定するのであり，満足いくレベルの効率や効果を保証できる活動に限定するのである．あるいは，少なくとも，他の組織が達成するよりも高いレベルを保証できる活動に限定するのである[2]．したがって，これらの組織類型それぞれの幅や意義の広がりは，分業と経済発展の水準いかんによる．

しかも，これらのさまざまな組織の役割や経済的・社会的意義は政策立案者の態度や行為によって決定されるのであり，またこの政策立案者はその時々に支配的な社会理論，政治理論，経済理論やイデオロギーの影響を受けるのである．

20世紀も第二次世界大戦までは，社会科学，とくに経済学は，経済的・社会的発展と営利企業の成長（したがって，取引を統治する装置としての市場の成長）とを同一視することを当然と考えることも多かった．厚生経済学とケインズ理論が登場してようやく，政府，つまり権威主義的な取引統治形態の重要性が認められた．このように，市場と政府はそれぞれが単独で，しかも自らの領域のなかで活動することが，経済的・社会的な福祉を最大化することになると信じられていた．

こうした確信が2つの主要な結果をもたらした．第1は，不可欠な財とサービスの生産における家族の役割と女性の無償労働の役割を過小評価したことである[3]．第2は，サードセクターがしだいに縮小し，代わって営利企業や公共機関の広がりが正当化されたことである．これらの国々，主にはヨーロッパ諸国では，この確信が広く受け止められ（保守政党は市場の発展に好意的であり，社会主義政治勢力は政府の役割の拡大に好意的である），サー

---

2) 経済理論が市場と政府に関して語っているように，「失敗」概念を使って，これらの組織が満足できるレベルの効率を保証できない状況を示すことができる．

3) この過小評価は，家族労働が国民計算のなかに決して組み込まれないという事実に現れている．

ドセクターの活動の自由やその発展はしだいに狭められた．アメリカでは同じことは起こらなかった．アメリカでは，個人の自由を侵害すると思われる政府機能拡大への抵抗が大規模な非営利セクターの維持につながったのである．実際にも，20世紀を通じて，サードセクター組織は公共セクターに組み入れられるか，もしくは公共機関や公企業によって排除されたり取って代わられたりするか，そのどちらかであった．

　1970年代までは，この制度的な枠組みが本質的に政府と市場とに依存していたが，それでも効率的に稼働していた．しかしそれ以降，とくに経済成長が顕著かつ継続的に減速して以降，営利企業と行政とはそれ自身では多様な社会的ニーズに対応できず，しかも家族はほとんどの個人サービスの提供者としての役割を続けられなくなったことがしだいにはっきりしてきた．公益にとっても共益にとっても，非営利組織再登場のための新しいスペースが生まれた．しかしながら，これまでの脱工業化社会のニーズが19世紀後半から20世紀はじめにかけてのニーズと異なっているのと同様に，非営利の組織形態やそこでの活動形態もまた過去のものとは異なっていた．

　1990年代以降これまでのところ，さまざまな組織の活動が経済的・社会的な福祉を生み出すような社会モデルや経済に転換していることがより一層はっきりとしてきている．しかし，このような転換はまだ初期の段階にある．さらにそれを確固たるものにするためには，過去50年にわたってさまざまな組織に割り当てられてきた役割の全面的な見直しが必要であり，それら諸組織間の境界線，相互の関係や協力のあり方を総点検する必要がある．

　しかも，歴史的視点からこの展開を眺め，20世紀を通じてサードセクターを劇的に減らし，事実上ほぼ排除したに等しいイタリアをベンチマーク国として取り上げてみるならば，サードセクターの再登場はごく当たり前の出来事である．営利企業と公共機関との結合した活動にほぼもっぱら頼ることによって成長と福祉とが達成された20世紀の数十年こそがむしろ例外である．それにかわって，この数年の歴史が示してきたと思えるのは，ある種の組織を周辺化することが社会や経済に実質的なダメージを与えてしまうということである（Zamagni, 2000）．

3 18世紀末のサードセクター

イタリアでは18世紀末まで,生産と所得分配における市場と政府の役割が小さく,他の主体,とくに家族が生産と所得分配に責任をもっていた.家庭の外では,営利を目的としない民間組織が社会的保護の主たる提供者であり,その多くがかなりの資産の寄付を受け,市民個人や地方自治体から資金を提供されていた.なかでも最も重要だったのが,オペレ・ピエ(*Opere Pie*: 慈善団体),共済組合,協同組合,貯蓄銀行,そしてモンテ・デ・ペニョ(*Monti di Pegno*: 互助金融組合)である.

オペレ・ピエは最も普及した組織であった.その伝統は何世紀も前から続いていたため,統一前でさえ,オペレ・ピエは国中にあり,救貧対策のみならず社会サービスや医療サービスを提供していた.1880年の国勢調査時点では,オペレ・ピエは約22,000団体が活動しており,33の活動領域をもっていた.この組織の管理構造を標準化するために,国の統一直後にいわゆるオペレ・ピエ「大法」が議会を通過した.イタリアでは,この大法が非営利組織にかかわる最初の法律であった.事実,1862年法第753はオペレ・ピエを保護し再組織しようとしていた.この法律はオペレ・ピエに行政上の自治権を与え,それ以前の法律,とくにピエドモントとロンバルディで施行されていた法律が定める監視のための措置を大幅に減らした(Farrell-Vinay, 2000).また貯蓄銀行とモンテ・デ・ペニョは労働者と中産階級の貯蓄を奨励するとともに貸付金を提供することを目的とし,法的にはオペレ・ピエの地位をもっていた.

共済組合は19世紀末にはありふれたものとなっていた.これらの共済組合は,中世に起源をもつ団体の解体と新しい製造業の登場の後を受けて19世紀後半に出現し(Allio, 2000),組合員に対して,病気,けが,労働能力喪失,失業への保障をした.はじめは特定の職業に制限していたが,後にその保険範囲は特定地域の全労働者に広がった.20世紀初頭には,6,500を超える共済組合が存在し,100万人以上の組合員を抱えていた.この共済組合は現金給付に加えて,補助金つきでの住宅提供や文化活動の促進,職業訓練

の実施をし,一般的には民主的管理がなされていた (Gheza Fabbri, 2000).

信用協同組合(とくに農村地帯での)と消費者協同組合もまた普及していた.信用協同組合は農業投資を強化するうえで重要な役割を演じた.他方,消費者協同組合は国のどこでも商品を手に入れられる状態を確立し,低価格に抑える努力を重ねた.同時に,組合員に信用貸しを広げることによって貧困層の所得を守り,彼らが生き延びられるようにした.1885年のイタリアには,4,896の協同組合が存在し,57万人以上の組合員を擁していた.そのうち904が信用協同組合であった.

しかしながら,これらの協同組合組織の普及,協同組合の経済的・財政的資源ならびに管理構造は,国全体としてみれば実にさまざまであった.これらの協同組合は主として北イタリアにあり,管理は比較的良好であった.

4 1890年から1970年まで:サードセクターの漸進的縮小

イタリアでは,非営利セクターの縮小が19世紀末に始まった.縮小過程の第1段階はオペレ・ピエに関する法律の見直しであり,政府および議会がまずその見直しに着手した.見直しの理由は,1862年法改正法がイタリアの各地で均一に適用されたわけでもなく,尊重されたわけでもなかったからである.数多くのオペレ・ピエが,とくにイタリア中部と南部においては,法の保証した自治権をうまく扱えなかったことがわかり,結局,管理と会計に関する規則に対応することができなかった.

さらには,無数の独立組織の活動を調整することがますます困難となり,それとともに,最も無節操な輩が貧困者を犠牲にして多くの補助金を得てしまうリスクも大きくなった.言い換えれば,オペレ・ピエはサードセクターによくみられる失敗を露呈することが多くなったのである.この失敗は,後に「自己中心主義」と呼ばれるようになった (Salamon, 1987).

これらの客観的な理由と,フランス革命から生まれた近代国家の概念やドイツ流の「社会民主主義」モデルの双方とが重なり合った.フランスモデルに従えば,オペレ・ピエのような中間組織が政府と個人との間に第三者を構成し,この第三者が政府と市民との直接的関係を遮ったのである.その結果,

オペレ・ピエは疑問視されるようになった．それとは異なって，ドイツ流の社会民主主義モデルでは，労働能力喪失や病気に対して保険によって労働者を守るための行政の直接的介入が維持された．

このような風潮のなかで，イタリア政府は1888年にはじめて法律を制定し，保健医療サービス供給のあり方を組み換えた（公共福祉制度の構築へ向けた第一歩）．その後，1890年になると，オペレ・ピエを改編して民間の独立組織から公共機関に組み替え，名称も公共補助給付機関（*Istituzioni Pubbliche di Assistenza e Beneficienza*: IPAB）へと変更した．この法律によってIPABに対する公的なコントロールが制度化されるとともに，行政が重要と考える目標に向けてIPABの活動を誘導することが追求された．イタリア政府は，これらの法律を制定することによって，歴史上はじめて，個人の社会福祉を調整する責任を引き受けた．非営利組織は目標や活動の選択だけでなく日常の管理についても大幅に自治を失うことになった．

その後も公共福祉制度の構築が進んだが，サードセクターの縮小と同時並行であった．1903年に公営住宅に関する法律が議会で可決され，1904年になると労働災害と労働災害保険に関する法律が議会を通過した．1910年には国営の出産基金が創設された．福祉サービス分野における政府機能の拡大はファシズムの時代ですら進んだ．疾病と公的年金については強制保険制度が1923年に導入された．国立母子保護機構が1926年に創られた．1937年には社会事業がとくに貧困なすべての個人と家族とに拡大された．

ファシズムが社会政策を集権的で権威主義的なものにしたため，サードセクター組織の役割がさらに減退した．強制疾病保険の導入が共済組合の消滅を意味しただけでなく，どのようなものであれ，新しい組織による自主管理方式を排除することになった．さらには，ファシズム体制が綿密な社会的コントロールを続けて国民的合意を調達する決断をしたため，IPABに対して，いっそう厳しい集権的で政治的なコントロールが加えられ，IPABの資源がますます政治目的に利用されるようになった．事実，ファシズムの教義によれば，市民社会は社会政策の実施に何らの役割も果たさないだけでなく，ファシスト政党そのものが福祉の交付に直接責任を負うべきものであった（Preti & Venturoli, 2000）．同時に，ファシズム体制は，20世紀初頭に成長

を続けた協同組合運動をも攻撃した．とくに，協同組合運動の一部が労働運動（労働者協同組合）や第二次組織ときわめて緊密に連携していたからであり，これらの組織は国家とファシスト政党との支配下に置かれた 1 つの団体に取って代わられた．

1942 年可決の民法典[4]では，サードセクター組織に残された限定的な役割が確認されている．民法典の主な目的は営利企業の育成と支援であった．したがって，営利以外の目的を追求する組織は取るに足らない価値のないものとして扱われた．アソシエーションと財団は法典第 1 巻で扱われ（現在も扱われている），その条文のほとんどがこれらの組織に対して行使される政府当局のコントロールに関係している．アソシエーションにはある程度の自由が許されたが，1942 年民法典第 1 巻はアソシエーションや財団が法人格を取得するうえで従うべき設立手続きを定めた．同時に，この法典は，アソシエーションや財団を非経済活動にしか従事させないことを意図していた．

ファシズムが終焉し，1948 年にイタリア共和国憲法が承認されると，社会政策およびサードセクター組織の役割に関する考え方が根底から変わった．とはいえ，それは理論上のことだけに過ぎなかった．憲法は普遍主義的な福祉モデルのアウトラインを描き，政府が直接介入して社会政策の必要とする資金を提供することを想定していた．この憲法では，市民社会と非営利組織の役割を繰り返し明確に認めていた．公共機関と民間組織との協力という枠組みのなかではあるものの，非営利組織にはとくに社会福祉の仕事において活動の自由が与えられた（Roberti, 2000）．

しかしながら，憲法が提示した福祉モデルは，控えめにみても，1970 年代末まで無視された．実際は，憲法の規定とは対照的に，イタリアの公共領域を政党が左右することによって，自己中心主義的，顧客第一主義的な福祉制度が生み出され，その結果，当事者である社会集団ごとに価値意識や原則が異なる制度となり，一般的には中産階級に有利に作用した．第二次世界大戦後につくられた福祉制度は現金給付への偏りが強く，サービスの供給にはほとんど関心を示さなかった．社会保障制度の中心となった要素は年金であ

---

4) この法典は現在も効力がある．

り，この年金はきわめて細分化されたコーポラティズム的な組織によって分配されていた．さらには，保健医療サービスと家族を対象としない既存のわずかな社会サービスとが公共機関の管理下に置かれた．だが，この公共機関は政党の直接のコントロール下に置かれたため，市民社会組織が犠牲となった（Perlmutter, 1991）．

したがって，憲法が意図したにもかかわらず，1948年以降になってもサードセクター組織は減少し，主に政党とその影響下にある領域との仲介者の役割に限定されていた．1948年制定の協同組合法を除けば，サードセクター組織を復活させ社会政策の役割を拡大する狙いをもった重要な法案が提出されることもなく，ようやく1980年代末になって提出された．このようにして，社会福祉に責任のある唯一の組織は政府であるとの信念を人々が抱くようになったのである．

5　1970年代以降：新しいサードセクターの登場

1960年代の末になるとイタリアの福祉モデルは危機の兆候を示すようになり，政治システムが労働組合と学生運動の双方から非難を浴びるようになった．政治状況一般に対する不満が高まり，とくに社会政策に対する不満が高まったために抗議運動が起き，1968年には急速に広がった．これには学生と労働者が加わり，1970年代半ば過ぎまで続いた．だが，これらの運動によって高まった要求は一部の政治的な反応によって埋め合わされたに過ぎず，運動への参加者も一部が伝統的な政党に再吸収されるか，もしくはその当時新たにつくられた政党に再吸収されたに過ぎない．

経済成長の減速がとくに若者と女性の失業増加の原因となった．同時に，労働市場への女性の参加が増えたため，社会サービスにかかわる家族の役割も低下した．高齢者人口が増え，また，いわゆる「ポスト物質主義における貧困」（たとえば，精神障害，ホームレス，薬物乱用，移民，長期失業）と結びついた新しいニーズも生まれた．これらの新しいニーズは伝統的な現金給付政策では取り組みようがなく，伝統的な社会サービスにかぎらず，新しい社会サービスへの要求も大きくなった．

公共セクターのなかでもとりわけ地方自治体はサービス供給を増やすことによってこれらのニーズを満たそうとしたものの，公共装置をつくるにあたってのコスト高と福祉国家の持続的な財政難とによって，それも難しかった．その結果，自動的に現金給付が増えた．そのために，1980年代半ばから1990年代半ばにかけて，社会福祉に振り向けられる公的資金のGDPに占める割合が20％から25％以上に上昇した．対照的に，公共支出の削減策によって，公共セクターでの雇用が凍結されたため，社会サービスの供給と需要とを適合させることができなかった．

このような状況のもとでは，不満を覚えた学生活動家のなかに，新しい市民組織をつくって社会に直接参画する方向に転換した者がそれ相応に存在したのは当然であった．そうした努力を積み重ねる彼らをカトリック教会の諸派が支援した．それは，これら諸派が第二次バチカン宗教会議による人間尊重のメッセージを具体化しようとしていたからである．このメッセージは，とくにボランタリー組織が行う活動を通じて，「新しい貧困者」をスムーズに社会に統合することを目的としていた．新しい供給方法を考え出したり新しい組織形態を生み出したりすることによって社会サービスの需要と公的な供給とのギャップを埋めようとした人々の集団がそれなりに存在したのには，こうした背景があった．事実，こうした集団の活動があったからこそ，イタリアの市民社会やサードセクターが自治的な役割を回復したのである．

新しいサードセクターの登場については，以下のような3つの段階——設立，認知，定着の段階——に区分することができる．

設立の段階

設立の段階は1970年代末から1980年代末である．この段階は，特定の地域的な状況と結びついた小規模な組織がしだいに増加し，主として「新しい貧困者」，つまり家族問題を抱えた10代の若者，高齢者，障害者，ホームレス，薬物乱用者などに関心を寄せるなかで起こった．これらの組織はまずアソシエーションとして組織された．この組織は寄付に頼るよりもボランタリー労働に依存していたため，「ボランタリー組織」を名乗った．公的な支援

は資金提供という援助に限定されており，通常その額は小さく，散発的で，供給するサービス総量とは無関係であった．

　これらの組織の多くが新しい貧困者の支援に成功したため，組織の規模が拡大し，その数も増加した．公的資金が増えたことも1つの理由となって，数年後には，自らを効率の高い組織に再編し，安定的にサービスを提供し，有償のソーシャルワーカーを雇い入れる組織もいくつか出てきた．しかし，これらの発展も法律の壁にぶつかることとなった．イタリアでは，アソシエーションが生産や経済的に意味のある活動に全面的に従事してはならないからである．こうした制約は労働者を雇い始めた組織に影響を与えるとともに，社会的弱者（主として障害者）を仕事に組み入れることを目的として設立された組織にも影響を与えた．そのため，協同組合という法人形態を利用して多少なりともこれらの活動を展開しようとする考えが生まれてきた．なぜなら，協同組合は企業という法的地位をもちながらも，憲法に従って社会的目的を追求していたからである．さらにいえば，協同組合は準非営利という法的地位をもつ唯一の組織であり，非分配利潤への課税を免れていた．また，協同組合には組合員参加と民主的管理という特徴があり，新しいボランタリー組織の多くもそうであった．

　法律によって，協同組合は，協同組合の活動から利益を得ることのない組合員（ボランティアも同様であった）を抱えることはできなかったけれども，新しい協同組合形態がとくに1980年代半ば以降に広がっていった．そのなかでもとくに革新的であった協同組合が「社会連帯協同組合」(social solidarity cooperatives) を名乗った．これらの新しい協同組合が裁判所や行政から認知されるようになると，新しい協同組合の支持者たちは1948年協同組合法と憲法との矛盾を強調するようになった．というのは，協同組合法が協同組合活動の利益を組合員に限定していたのに対し，憲法は，協同組合が幅広い社会的目的を追求し，コミュニティの利益を目的としてサービスを提供するために活用されることを認めていたからである．

　しかしながら1980年代を通じて，ボランタリーアソシエーションと社会連帯協同組合の創始者や経営管理者たちは，行政の一時的失敗を埋め合わせるパイオニアとして自らをみなし続けた．彼らは，政府が財政危機から脱却

すれば自らの努力は必要でなくなると信じていたのである．

認知の段階

　新しいサードセクターを公式に認知する段階が始まったのは，憲法裁判所が1988年に公表した判決第396号によってであった．この判決では，IPABに関する1890年法第1節は（それによれば，社会サービスを供給する組織は公共的な地位をもつはずであり，それゆえに公共団体だけが社会サービスなどの活動に従事することもありうる），憲法第38節および「民間のケアは無料」という憲法の規定と矛盾すると断定された．1890年法第1節が違憲と断言されたのは，社会サービスおよび保健医療サービスを供給する慈善団体が民間非営利組織の形態で活動を行うことができることをこの法律が規定していなかったからである．しかし，この判決はそれ以上の影響を与えた．それは，この判決が社会サービスを供給する民間組織の設立運営を市民に認めたからである．

　議会は，憲法裁判所の決定に従って，その後数年にわたって数多くの法律を可決し，すでに広がっていたサードセクター組織の諸形態を承認した．これらのなかでも最も重要な2つの法律，すなわち，ボランタリー組織法および社会的協同組合法が1991年に制定された．ボランタリー組織法（第266条）は組織的なボランタリー労働の役割を認めて規定し，ボランタリー組織に少数の有給従業員の利用を許した．同法はまた，特別の登記簿への登録を定め，組織それ自体と寄付者双方に税制上の特典を与えた（もっとも，主要な規定が施行されたのは1997年になってからであった）．

　社会的協同組合法（法律第381号）は社会サービス分野で活動する新しい協同組合を認めた．この法律は，伝統的な協同組合に課していた制限のうちいくつかを変更した．その眼目は，協同組合は組合員にとってのみ利益となる活動に従事するという必要条件の変更にあった．この1991年法では，社会的協同組合は「コミュニティの公益のもとで市民の社会的統合のために」活動すると明言されている．またその規定によれば，社会的協同組合はボランティアの組合員を抱えることができ，その上限は，労働者，消費者，法人

(市町村当局も可)を含め,組合員の50%までである.

同法の規定では,社会的協同組合には2つのタイプがある[5].1つが社会サービス,保健医療サービス,教育サービスを供給する協同組合であり,もう1つが社会サービス以外の財やサービスを生産して社会的弱者の労働者,就職困難な労働者を雇用に統合する協同組合である.後者のタイプの社会的協同組合の労働者のうち少なくとも30%が社会的弱者である労働者によって構成されなければならず,協同組合はこの労働者たちの社会保険料の負担を免除されている[6].

この2つの法律の承認は,20世紀においてはじめて政治がサードセクターを認めた大きな出来事であった.このようにして,民間の個人が他の市民の利益のためにサービスを組織する権利が認められ,また公的機関以外の組織が自律的,安定的に社会サービスの供給を組織できる可能性も認められた.同時に,1970年代以降に設立されたボランタリー組織や社会的協同組合を認知するようになって,行政も,これらの新しい組織が供給するサービスを利用する人々の集団には保護と社会サービスの受給資格があることを認めるようになった.こうして,新しいプロセスが開始されるには相応の年月を必要としたのである——このプロセスは今もなお続いている.そしてこのプロセスが始まったことによって,福祉制度の機能,民間非営利組織の役割や民間非営利組織と行政との関係に対する認識も根底的に転換されるようになってきたのである.

イタリアの政治家たちが非営利組織に付与した意義の大きさを物語る格好

---

5) その後の政府公報でこの区別がさらに明確にされ,1つの社会的協同組合で双方の活動を担うことができないと述べられている.

6) イタリアのサードセクター組織がよく知られている他の形態ではなく協同組合とアソシエーションを選びとったという事実が,ヨーロッパモデルとアメリカモデルとの違いを浮き彫りにしている.理論的にみてイタリアの経験が示していると思えるのは,信頼に基づく関係(Hansmann, 1980; Ortmann and Schlesinger 1997)を築き上げる場合に,利潤非分配制約を,それ以外の組織的特徴,たとえばステークホルダーの参加や民主的管理と置き換えることも可能だという点である.非営利セクターを分析する場合は,「非営利企業家」(Young, 1983)の役割と労働者の行動(Borzaga and Mittone, 1997)の役割に細心の注意を払うべきこともまたイタリアの経験の示すところである.

の事例が貯蓄銀行と公営銀行の改革であった．1990年に政府がこれらの銀行の民営化に着手し，どちらも2つに分割した．1つが伝統的な銀行業務の遂行責任をもつ会社であり，もう1つが銀行の中核的オーナーとして活動する財団である．この改革のプロセスは法令第153/1999をもって1999年に終結した．この法令は，もっぱら非営利組織としての民間財団の役割とガバナンスに関心を払っていた．1990年のときの思惑とは異なって，現在では，この財団は銀行の資産を売り払うこと，および社会的に有益な目的を追求することを求められている．この財団は，自己資産から上がる利益を利用して，科学研究や教育，芸術振興，保健医療，社会福祉など典型的な非営利分野での活動やプロジェクトを支援しなければならない．面白いことに，その結果は，貯蓄銀行，公営銀行の民営化の背後にあったはじめの目的とは異なっていた．むしろ，サードセクターの重要性やサードセクターの発展を促す必要性に対する自覚がこの10年間にはっきりしてきた．

しかしながら，新しい組織形態とその社会的役割についての認識はサードセクターを定着させるには十分でなかった．事実，社会サービスに活用できる資金が限られていたためにサードセクターの定着には限界があり，公的な装置を通じて社会サービス供給を組織するという周知の伝統も定着の壁となっていた．

定着の段階

したがって，新しいサードセクター組織が定着するためには行政の改革が決定的に重要であり，その改革は1990年代に始まった．とくに重要なのは，行政とサードセクター組織との協働をめぐる形態と様式とを変更することであった．ボランタリー組織法と社会的協同組合法のどちらも，中央政府や地方政府がサードセクター組織と契約を結んでサービスを供給することを認めた．しかし，イタリアの行政は市民と市民社会の組織に対して権威主義的な態度をとるという伝統的な特徴をもっていたため，有効なパートナーシップをすぐには築けなかった．実際，この2つの法律は，契約の形態を定めなかったし，また社会サービス分野における民間の供給事業者と公的資金提供機

関との契約関係を規定していた既存の規則を変更することもなかった．この問題への取り組みは1990年代初頭の行政改革法によってなされた．1990年の法律第142号により，地方自治体が民間アソシエーションと秩序だった関係をはじめて確立できた．また同法により，自治体当局からの助言を受ける権利だけでなく，嘆願を申し立て請願や提案を提出する権利，さらに行政行為にアクセスする権利が市民のアソシエーションに認められた．同年の法律第241号が公式に認めたことにより，市町村，州，地方の行政府は，コミュニティの利益になるサービスを提供するならば公共団体のみならず民間団体にも補助金や経済的援助を与えることができるようになった．これらの法律が引き起こした変化はまだ不十分であり，安定的なパートナーシップを生み出すにはいたっていなかったものの，大きな文化の変化の始まりとなった．

　非営利組織と行政とにかかわる法令に続いて，1990年代は新しいサードセクターや社会政策についての新しい文化が定着したときでもあった．上記の法律を議会が可決したのに続いて，新しい組織の発展を支援し，その組織が結ぶ行政との契約関係を律することを目的とした地方の法律が成立した．サードセクター組織への財政支援を決定する地方自治体がますます増えていった．それは，増大するサービス需要に対処する1つの方法が独立のサービス供給組織を支援することだという信念があったからである．同時に，行政の装置を新たにつくり出す経費負担を避けることができたからでもある．

　さらにこの10年間に，別の組織形態も認知されるようになった．たとえば，2000年の「社会益の普及促進アソシエーション」（social promotion association）がそうである．このアソシエーションは，社会権，連帯，機会均等，芸術，スポーツ，研究などの普及促進に主として従事する非営利組織の調整役である．

　これらの特別法を別としても，国や地方の法律がサードセクター組織にますます言及するようになっている．その制定の目的は特定のユーザー（障害者，薬物中毒患者，高齢者など）に対するサービスの実施や資金援助にある．そのなかでも最も重要なのが，社会政策改革のために2000年10月18日に制定された法律（社会福祉改革法）であったのは明らかである．この法律は，あたかも，議論にほぼけりをつけ，1990年代の経験に結論を下すかのよう

に，イタリアの社会政策を根底から精査するものであった．この法律は，問題を抱える市民はすべて援助を受ける権利があることを認め，社会サービスの供給を増やす必要があることを認めた．この法律によってイタリアでははじめて，社会サービス供給に資金を提供することを特定目的とする国民基金が創設された．さらにこの法律は，社会政策の立案がまだ行政の仕事であることを確認してはいたけれども，サードセクター組織が社会政策の立案と実施に参加する権利を認めた．

　法律や社会政策のこうした変化を理解することによって，サードセクターのリーダーたちは自らの組織の経済的・社会的・政治的な役割について強く意識するようになった．こうした意識によって議論や分析が急増し，サードセクター組織間の協働関係やサードセクター組織と行政および政党との協働関係も急激に増えていった．その結果，非営利組織の第二次組織が多様に生まれ，この第二次組織はアドボカシー活動を行ったり，メンバーに対するサービス（調査，訓練，EUレベルのプロジェクトへの参加など）を提供した．サードセクター全体の政治的・制度的な透明性を高めようとの努力も重ねられた．こうした努力により，1990年代の半ばには，サードセクター全体を代表する機能をもつ組織としてサードセクターフォーラム（Third Sector Forum: Forum del Terzo Settore）が設立された．ロビー活動の結果，最近，このフォーラムに所属する組織の10人の代表者が政府の経済・労働審議会（National Council on the Economy and Work: Consiglio Nazionale dell' Economia e del Lavoro）に任命された．

　だがしかし，サードセクターの定着に矛盾がなかったわけではない．長年にわたる試みにもかかわらず，議会と政府はサードセクター全体にかかわる一般法をいまだに承認できないでいる．個々の組織形態をばらばらに認めてきたために法的な分裂状態が生まれ，同じような活動を展開する組織が異なる扱いや便宜を受けるという状態になっている．政府や野党のなかには新しい組織に対する疑問がある程度根強く存在するだけでなく，かつての水準の税収を確保する必要もあり，サードセクター組織に対する税制を体系的かつ的確に改革することができないでいる．また，アメリカや多くのヨーロッパ諸国で活用されている免税に匹敵する税控除もできないでいる．

最後に，法的枠組みがいまだ十分に整備されず，地方自治体やサードセクター組織の準備も十分ではない外部委託の実施は，多くのサードセクター組織が享受してきた自治の低下を招いている．サービスコストの最小化のみを（ほとんど）目的とし，サービスの質や当該組織の性格にほとんど関心を払わない外部委託の実施はとくに危険である．

　こうした認知と定着の過程が最終的に行き着いたのは，主に地方自治体が資金的な面倒をみる社会サービス供給の増加とサードセクターの組織数およびその従業員数の増加であった．主に社会的協同組合の場合にこうした成長がみられる一方，ボランタリー組織では地位の安定化の傾向がある．しかし，社会的協同組合のなかでも，そこで働く人々のみが組合員となる社会的協同組合が最も数を増やしている．その理由は，設立が最も簡単だからである．サードセクターが公的資金にますます依存するようになってきたため，1990年代を通じて，サードセクター組織が供給するサービスの複合化のあり方にも変化がみられるようになった．すなわち，主に公共のニーズを満たすためのサービス，したがってまた中間票（主に高齢者）[7]のニーズを満たすためのサービスがまずは重視され，その種のサービスが社会的排除の影響を受けている集団を犠牲にして拡大してきた．こうした集団のニーズは，1980年代末にはサードセクター組織によって満たされていたのである．

6　サードセクターの量的側面

　1990年代初頭までのイタリアには，サードセクターの規模や特徴についての統計はなく，それゆえに信頼できる分析もなかった．サードセクターは残余の部分に過ぎず，消滅の瀬戸際にあったため，研究者や統計機関の関心を引かなかったのは止むを得なかった．サードセクターないしは類似の組織集団（とくにボランタリー組織や社会的協同組合）に関する最初の研究，セクターの規模についての最初の評価は1990年代になって実施された．それ

---

7)　公益財の供給や非営利組織の発展に及ぼす中間票の役割についてはワイズブロッド（Weisbrod, 1977, 1988）で議論されている．また，キンマ（Kingma, 1997）を参照．

以降，研究者の関心やサードセクターの規模や特徴についての知識がたちまち膨れ上がった．

サードセクターの規模について，国民会計・国勢調査データに基づいた評価がはじめて試みられた（Borzaga, 1991）．結論をみると，1980年代末にはサードセクターで31万人が雇用され，全労働力の1.3%を占めていた．1980年から1998年までの間に，38.9%の雇用者の増加があった．これに対して，労働力全体では7.4%の伸びしかなかった．

サードセクターに関するはじめての直接的な調査（Barbetta, 1996）は，ジョンズ・ホプキンス大学がコーディネートしたプロジェクト（Salamon and Anheier, 1995）の一部として実施され，イタリアサードセクターの規模やそれが有する意味の評価を可能としたばかりでなく，他の先進国との比較も可能とした．この調査によれば，1990年代初期にはサードセクターでの雇用はフルタイム換算で418,128名（全労働力の1.8%）に達し，これに加えて，フルタイムで活動する302,950名のボランティアがいた．

国内総生産に占めるサードセクターの経常支出の割合は1.9%であった．部門ごとの分布をみると，雇用者の半分以上（61.9%）が社会サービス，教育，研究分野で働いていた．さらに，ボランティア全体の35.3%が社会サービスで活動していた．

国際比較でみれば，イタリアのサードセクターは雇用と付加価値のどちらにおいても比較的規模が小さかった．雇用と付加価値の点でみれば，イタリアはアメリカ，日本，西ヨーロッパ諸国の次に来る．

2000年になってやっと，イタリア統計研究所は非営利組織について最初の全国調査を実施した．それによれば，1999年末にはすでに活動している221,412のサードセクター組織が存在し，63万人の有給労働者（その内，約51,000人はパートタイマー）をスタッフとして抱え，320万人ものボランティアがいた[8]．総収入は380億ユーロであった．

---

8) これらの数字は1990年代初期のベルベッタ（Barbetta, 1996）による数字とは一致しない．ベルベッタの数字はフルタイム換算の有給労働者とボランティアを示しているが，中央統計研究所ISTATは雇用関係や週当たりのボランティア時間数とは無関係に雇用労働者の数を調査している．

調査された22万あまりの組織のうち,大多数がボランティアを利用しており,33,600 (15.2%) だけが有給の従業員を雇っていた.ほとんど (91.3%) がアソシエーションとして設立され,大半が法人格をもっていない.これに対して有給労働者の大半を雇っているのは,社会的協同組合,財団,修道会の運営する組織であった.とくに社会的協同組合は1990年代のはじめには約1,000を数えていたが,2,000年には全部で4,651となり,有給労働者の22%以上を雇用していた.

調査対象となった組織のうち63.1%が主として文化,スポーツ,レクリエーションの分野で,18.7%が社会サービスの分野で活動していた.しかし,この分布は有給労働者を考慮に入れるならば大幅に変わる.その場合,最大のウェイトをもつ分野が社会福祉で27.6%あり,次いで保健医療の22.8%,教育(私立学校)および研究が18.9%である.この3つの構成部分でサードセクター全体の収入の約60%を占めている.一般化していえば,調査された組織の87.1%が主に民間から資金を調達していた.これに対して,12.9%だけが公共機関から資金を得ていた.資金調達でも分野ごとの違いが著しい.前述のデータとも合致するが,社会的協同組合はほとんどすべてが社会福祉分野で活動しており,その58.8%が主として公共機関から資金を得ている.

最後に,この全国調査のデータによれば,サードセクターの弱点がイタリア南部にあることがはっきりしている.南部は全国調査での全組織数の27.7%に過ぎず,これに対して北部は51.1%である.南部では住民1,000人当たり29.4の組織があるが,北部では44,中部では42.3である.

7 結　論

イタリアにおけるサードセクターの進展にははっきりとした特徴があり,これらの組織なしに均衡のとれた社会はありえず,サードセクター組織を公共組織に置き換えようとするなら失敗に終わることにもなることを示している.とくに1980年代のイタリアでサードセクターが再登場したのは,公共福祉制度の硬直性と危機に対して市民社会が反発したからである.再登場が

あったとはいえ，はじめは敵対という状況，次いで疑問という状況のもとにおいてであった．というのは，サードセクターに対して，すべての政党と公共機関の大部分がそうした敵対や疑問の姿勢を示していたからである．

サードセクターの再登場がもつ政治的・文化的な意義は，サードセクター組織やその従業員数に関するデータが示唆するものに比べてはるかに大きなものがある．新しいサードセクター組織の活動がイタリアの福祉制度を変更する手助けとなり，社会サービスに資源を向け直し，1950年代から1970年代にかけてつくられてきた公共福祉制度が無視してきたニーズを認めさせた．社会サービスの供給とアドボカシーとを結合する努力が常に重ねられてきたために，1980年代から1990年代に生まれたサードセクター組織はいくつかの特徴を帯びるようになった．そのなかでも顕著なのが，ステークホルダーの参加や民主的管理の諸形態の強調である．こうした組織的な側面へのこだわりがサードセクターの刷新を助けたのであり，今日ではカトリック教会との関係も薄くなり，むしろ市民社会との関係がより密接になっている．サードセクターのコミュニタリアン［コミュニティ主義］的な側面がより以上に強調されている．また，サードセクターの資源の大部分が公共機関から出ていたとしても，サードセクター組織は同等の立場で政治に物を申し立てている．

それにもかかわらず，イタリアサードセクターの進展はまだ決して十分ではない．多くが変化の途上にあり，サードセクターが自治の一部を失い，行政による決定の執行者に終わってしまうような変化を排除しきれていない．こうした進展の結果がどうなるか，それは，政治勢力およびサードセクター組織のリーダーシップの成熟度や知恵しだいであろう．

参考文献

Allio, R. (2000), 'Le origini delle società di mutuo soccorso in Italia', in V. Zamagni (ed.), *Povertà e innovazioni istituzionali in Italia. Dal Medioevo ad oggi*, Bologna: Il Mulino.

Barbetta, G.P. (ed.) (1996), *Senza scopo di lucro. Dimensioni economiche, storia, legislazione e politiche del settore nonprofit in Italia*, Bologna: Il Mulino.

Borzaga, C. (1991), 'The Italian Nonprofit Sector. An Overview of an Undervalued

Reality', *Annals of Public and Cooperative Economics*, 62 (4).

Borzaga, C. and L. Mittone (1997), 'The Multi-stakeholders versus the Nonprofit Organisation', discussion paper no. 7, University of Trento.

Farrell-Vinay, G. (2000), 'Le legislazioni preunitarie sulle opere pie e la legge del 1862', in V. Zamagni (ed.), *Povertà e innovazioni istituzionali in Italia. Dal Medioevo ad oggi*, Bologna: Il Mulino.

Gheza Fabbri, L. (2000), 'Le società di mutuo soccorso italiane nel contesto europeo fra XIX e XX secolo', in V. Zamagni (ed.), *Povertà e innovazioni istituzionali in Italia. Dal Medioevo ad oggi*, Bologna: Il Mulino.

Hansmann, H. (1980) 'The Role of Nonprofit Enterprise', *The Yale Law Journal*, April.

ISTAT (2001), *Primo Censimento delle Istituzioni e imprese nonprofit*, Rome: Istituto Centrale di Statistica.

Kingma, B.R. (1997), 'Public Good Theories of the Non-profit Sector: Weisbrod revisited', *Voluntas*, 8 (2).

Ortmann, A. and M. Schlesinger (1997), 'Trust, Repute and the Role of Non-profit Enterprise', *Voluntas*, 8 (2).

Perlmutter, T. (1991), 'Italy: Why No Voluntary Sector?', in R. Wuthnow (ed.), *Between States and Markets. The Voluntary Sector in Comparative Perspective*, Princeton: Princeton University Press.

Preti, A. and C. Venturoli (2000), 'Fascismo e Stato sociale', in V. Zamagni (ed.), *Povertà e innovazioni istituzionali in Italia. Dal Medioevo ad oggi*, Bologna: Il Mulino.

Roberti, P. (2000), 'Analisi dei modelli ed obiettivi della politica sociale italiana attuale', in V. Zamagni (ed.), *Povertà e innovazioni istituzionali in Italia. Dal Medioevo ad oggi*, Bologna: Il Mulino.

Salamon, L.M. (1987), 'Of Market Failure, Voluntary Failure and Third-Party Government: Toward a New Theory of Government. Nonprofit Relations in the Modern Welfare State', *Journal of Voluntary Action Research*, 16 (1–2).

Salamon, L.M. and H.K. Anheier (1995), *The Emerging Sector: The Nonprofit Sector in Comparative Perspective. An Overview*, Baltimore: The Johns Hopkins University Institute for Policy Studies.

Weisbrod, B. (1977), *The Voluntary Nonprofit Sector*, Lexington, MA: D.C. Heath.

Weisbrod, B. (1988), *The Nonprofit Economy*, Cambridge, MA: Harvard University Press.

Young, D.R. (1983), *If Not For Profit, For What?*, Lexington, MA: D.C. Heath.

Zamagni, V. (ed.) (2000), *Povertà e innovazioni istituzionali in Italia. Dal Medioevo ad oggi*, Bologna: Il Mulino.

3
スウェーデン社会的経済の発展と未来

ヴィクトール・ペストフ

1 序　論

　本章は，ヨーロッパの社会的経済を定義し，その境界を確定しようとする共同の取り組みに対するスウェーデンからの寄稿である．スウェーデンは普遍主義的な福祉国家・社会民主主義的福祉レジームの国として，この共同の取り組みに参加する諸国のなかでは唯一の実例である．したがって，スウェーデンにはヨーロッパにおける社会的経済のなかの独特な特徴がいくつかある．たとえば大規模な公共セクターや強い国家主義の伝統などであり，そのなかには，まだ弱いが成長しつつあるものとして，サードセクターにおける対人社会サービス（対人介護サービス）の供給事業者も含まれる．しかしながら，スウェーデンには伸び盛りのサードセクターはないと間違って受け止められることも多い．しかし，これほど真実からかけ離れたこともないであろう．

　トクヴィル（Tocgueville［1832］1996）およびブライス（Bryce, 1888）の時代以降，アメリカ人たちは「ジョイナー［種々のクラブに加入することを好む人々］の国」としてのプライドをもち続けてきた（Key［1942］1958; Truman［1951］1971; Zetterberg, 1961; Lipset, 1963）．だが，1970年代にすでに明確になっていたことは，自発的なアソシエーションへの加入率が最も高いのが北アメリカではなく，スカンジナビア諸国，北欧諸国だったことである．1960年代から1970年代にかけてのさまざまな選挙研究の結果を比較すると，ボランタリーアソシエーションに最も参加する傾向の強い上位5

カ国は，スウェーデン，デンマーク，ノルウェー，カナダ，フィンランドであり，アメリカよりも上である（Pestoff, 1977, 表 6.1.A, p. 65）．1971 年時点で，スウェーデンの有権者の 5 分の 4 はボランタリーアソシエーションの 1 つ以上の会員になっていると語っている（ibid.）．約 30 年後の 2000 年では，スウェーデンの成人の 90％ が 1 つ以上の会員であると述べている．それでも 8 年前に比べると，若干ながら，2％ 減少している（SCB, 2001, 表 1）．このように，スウェーデンは真に「ジョイナーの国」なのである．

しかしながら，ボランタリーアソシエーションに関するアメリカの初期の研究では，教会のメンバーや労働組合員が除かれることも多かった．というのは，それらのメンバーが真に自発的ではないからである．つまり，「クローズドショップ」法によって会員制が生み出され強制される結果，このような組織に加入することもありうるからである（Babchuck and Edwards, 1965; Babchuck and Booth, 1969）．非営利セクターに関する最近のアメリカの研究では協同組合や共済組合などが除外されている．それは，これらの組合が剰余の一部をメンバーに分配しているからであり，利潤非分配制約に準じていないからである．このどちらの傾向によってもアメリカではメンバーが実際よりも少なく報告されてしまうことになる．しかしそれをヨーロッパに適用するとなると，多くの社会的経済組織が除かれてしまうことになるであろう．

さらに，国際比較を目的とした数量的な研究プロジェクトにおいては，どのような組織であれそれらを排除するとなると，組織構成の様相が歪められてしまい，偏った比較になってしまう．比較のポイントは国の間の類似性の発見と相違点の説明にある．したがって，ジョンズ・ホプキンス大学による NPO 比較研究プロジェクトでは，剰余をメンバーにまったく配分しない NPO のなかでも，スウェーデンの住宅協同組合，借家人協同組合などのように，いくつかの NPO は「比較可能性という理由」で除外された（Lundström and Wijkström, 1997）．だがその結果，スウェーデンの家族用集合住宅のほぼ 3 分の 1 が除外され，1925 年以来協同組合住宅に集う組合員と資源のすべてが除外されている．それは，教会と労働組合員を除外した初期の頃のアメリカでの研究のやり方と同様に疑問の多いものであり，信頼のおけ

る偏りのない比較の結果を生み出したことにはならない.

それにもかかわらず,メンバーシップ,活動,経済の点からみて,スウェーデンのボランタリーセクターは他の西側先進諸国で見出されるものと同じである (Salamon *et al.*, 1996). とはいっても,スウェーデンのボランタリーセクターは,他のほとんどの国と比べると,公的な支援への依存度が小さく,自立している (*ibid.*). スウェーデンが本当に違っているのはその独特な構造にある. それは,会員制によって民主的に統治される国民運動であり,スカンジナビア諸国にみられる独特な歴史的要素と政治的要素との組み合わせである. スウェーデンのボランタリーセクターは保健医療,高等教育,社会活動などの領域では弱く,スポーツ,レジャー,文化活動や成人教育では強い (Rothstein, 2001). 同様に,家族用集合住宅向け住宅協同組合や労働市場でも強い.

本章のはじめは,NPO,国民運動,社会的経済の展開をスウェーデンの視点から眺めたときの議論である (第2節). 次に考察するのは,福祉国家が直面する主要な課題についてである (第3節). 最後に,地域的にも地方的にも起こっている水面下での社会的経済の広がりをさらに推進するような最近の展開について多少触れる (第4節). 以上に基づいて,スウェーデンにおける社会的経済の未来について若干の結論を述べる (第5節).

2 ボランタリーアソシエーション・国民運動・社会的経済

ボランタリーアソシエーションや NPO という概念はスウェーデンや隣国のスカンジナビア諸国で広く使われているわけではない. むしろ国民運動 (*folkrörelse*) という概念が使われている. しかし,その概念はまったく異なった歴史的起源をもつ別の組織類型に当てはまる. 国民運動という概念は,歴史的なカテゴリーであり,法的地位はもたないものの,通常,会員制に基づいて民主的に統治される社会運動を意味している. しかしながら留意すべきことは,スウェーデンの非営利団体 (*ideell förening*) という概念は営利とは別の目的を追求する組織という法的地位に当てはまり,おそらくはアメリカ流の NPO 概念に最も近い. 多くの国民運動は非営利団体として登録され

る．これは，法人会社（aktiebolag）とも，協同組合が通常選択する形態としての経済アソシエーション（ekonomisk förening）とも異なる法的地位である．法人会社や経済アソシエーションは組織の負債に対する役員の個人的な経済的責任は伴わないが，非営利団体の役員はこのような負債に対する全面的な責任を負う．したがって財やサービスを生産する多くの国民運動は好んで協同組合の法的地位を選択するのに対して，限定的な商業活動を展開する国民運動は非営利団体の法的地位を選ぶ．

社会的経済という概念は，ヨーロッパで一般に使われ理解されているように，加入脱退の自由と民主的運営を原則とする組織を含んでいる．この組織のなかでの意思決定には1人1票の原則が使われている．通常，協同組合や共済組合，アソシエーションがこのカテゴリーに入る．また，社会的経済に属する既存の組織と新しい組織との間には違いもある．スウェーデンでは，消費協同組合，住宅協同組合，借家人協同組合，農業協同組合の運動が古いタイプの既存の社会的経済組織である．これらの組織は，新しいタイプの社会サービス協同組合運動に対して，散発的，断続的に支援しているに過ぎない．新しい支持者のなかには，きわめてわかりやすく社会的にも意味のある動機や目的をもってメンバーや特定の顧客グループにサービスを提供する人々も多い．また彼らは今では公共セクターが提供しなくなったニーズへの対応を担っており，たとえば協同組合による老親のデイケアサービスや高齢者介護などがそうである．

社会的経済は新しい概念であり，そのまま翻訳可能な言葉がスウェーデン語にはない．スウェーデンはEUへの新参者であり，社会的経済にかかわるEUの基金やプロジェクトに応募するうえで足場を固める必要から，政府もこの概念について議会や公式の場での検討を始めている．95頁に及ぶ議会内委員会の報告書では，この概念の使用についてのスウェーデンと世界の経験を要約して，「社会的経済」という用語に対するスウェーデンでの公式の定義を提案して結んでいる．現在，スウェーデンはEUのなかで，社会的経済について公式の定義をした最初の国となっている．この報告書では，社会的経済のさまざまな面が比較考量され，さまざまな断片に言及がなされている．しかし，この報告書での定義は「非営利組織」すなわちNPOというよ

りは,「非政府組織」すなわち NGO に近い.残念ながら,この定義は,こうした組織の活動における特定の経済的側面をうまく包摂できていない.とはいえ「社会的経済」という用語は,スウェーデンでは国民運動による経済的活動や社会的活動の両方あるいはどちらかと理解されることが多い.

スカンジナビアの国民運動はいくつかの点で,多くの国のボランタリーアソシエーションとは異なっている (Klausen and Selle, 1996; Rothstein, 2001).第 1 に,この運動は普通の市民にとっての民主的な組織としてつくられ運営されているのであって,富裕層の排他的なクラブとしてのそれではない.第 2 に,国民運動は強力で活動的な地域支部をもち,多くの人々が参加できるようにしており,この地域支部の活動を効果的に調整する全国的な運動でもある.第 3 は,国民運動が自らを,官僚や聖職者,貴族,資本家への抵抗運動と捉えていることである.これらの者たちは,19 世紀から 20 世紀初頭にかけてスウェーデンを支配していたからである.運動というまさにこの概念が下からの運動による社会変革を意味していた.第 4 に,国民運動とは単一の組織ではなく,諸組織のネットワーク全体である場合が多かった.したがって労働者運動とは,労働組合や社会民主党から成っているだけではなく,消費者協同組合や住宅・借家人協同組合,年金受給者,ボーイスカウト,成人教育なども含んでいた.同じような国民運動のネットワークが農村部の農民の間にも広がっていった.このなかには,独立の政党であるかつての農民党,現在の中央党のみならず,農業協同組合と銀行の広範囲にわたるネットワークや,農村部の人々の社会的・文化的な帰属意識を高めるための民衆高校なども含まれていた.

第 5 に,国民運動は現状に抵抗しただけでなく,自助をも高め,中産階級や上流階級による慈善団体と対立することも多かった.第 6 に,行政委員会に素人が代表として入るというコーポラティズム的な方式がすでに 20 世紀初頭に始まり,そのなかに多くの主要な国民運動の代表が組み込まれていた.その結果,意思決定への優先的アクセスのみならずエリートの目からみた妥当性をも得ることができただけでなく,普通選挙権への道を切り開くよりも先に,公共政策に対する国民の影響力を高めることができた.素人代表が出てくるこうしたコーポラティズム的な方式は 1990 年代初頭まで続いた.以

上のような優先的アクセス，正統性，影響力は翻って，国民運動と政府との関係が，他の多くの国でみられるような競争と対立の関係ではなく，協力と協調を基調とする関係になるための手助けとなった．最後に，スウェーデンの国民運動は民主主義と組織的訓練のための重要な学校，民主主義への移行を助長するものと考えられている．

スカンジナビアにおけるサードセクターの独自性は，政治的に重要な意味をもつ広義の社会運動からサードセクターが生まれ，社会運動の一部であったという歴史的なあり方と関係している．同時に，サードセクターは福祉国家の発展に組み込まれてその一部となり，それによって，スカンジナビア諸国を「国家と親和的」な社会の原型とさせることになった．スカンジナビア諸国に共通しているのは国民運動の隆盛であり，そのなかでもとくに労働運動と社会民主党，農民運動，農民政治同盟，中央党（旧農民党）である (Klausen and Selle, 1996)．スカンジナビア諸国でのサードセクターは，国の建設 (Rokkan [1967] 1970) と現代福祉国家の成長と発展にきわめて重要な役割を果たしてきた．したがって，19世紀半ばから現代までのスカンジナビア社会の発展は，社会運動やその周りに築かれたさまざまなアソシエーションの成長と密接に関係している．それゆえに，この期間はスカンジナビア史における「アソシエーションの時代」と呼ばれている (ibid.)．とくに，農民運動と労働運動の発展は，2つの明確に新しい社会階層の勃興と，その階層の社会への漸次的統合とに関係している．そしてこの2つの社会運動は，100年以上にもわたって，スカンジナビア諸国の政治，経済，社会，文化に大きな影響を与えてきた．

スカンジナビア諸国では農民運動の役割が独特である．というのも，農民運動は独立政党を通じて政治の発展に大きな影響を与えてきたからであり，また農業協同組合を通じた経済的な影響力，民衆高校を通じた社会的，文化的，イデオロギー的影響力があったからである．さらには，禁酒運動や宗教運動，スポーツ運動とも密接な関係を続けてきた．そのためにスカンジナビアにおける保守政党の基盤が弱まったことは明らかである．これらの農民政党が議会制民主主義を求める19世紀後半から20世紀初頭にかけての闘いに重要な役割を演じただけでなく，1930年代の社会民主党との「歴史的な和

解」にも重要な役割と果たした.その結果として,現代福祉国家の発展へとつながったのである(ibid., pp. 103-4).

第2の柱である労働運動は19世紀末から農民運動とともに歩んできた.運動の初期に大きな抵抗に遭遇した労働者たちはさまざまな組織をつくった.政党,労働組合,消費者協同組合,住宅・借家人協同組合,ボーイスカウトなど若者の運動,年金者組織等々である.また多くの文化アソシエーションをつくった.そのなかには禁酒組織,宗教組織,民衆高校,成人教育などが含まれ,葬祭共済,葬祭協同組合すらあった.20世紀になるとすべてのスカンジナビア諸国で労働者が事実上支配的な政治勢力となり,支配政党となった(ibid., p. 105).

加えて,他にもいくつか独特な歴史的・政治的要素があり,それらはスウェーデンにおける福祉国家の発展を理解するうえで重要であり,また福祉国家やそれとの国民運動およびボランタリーアソシエーションの関係を理解するためにも重要である.第1に,普遍主義的な福祉国家の形成期のほとんどの期間,社会民主党(SPD)が単独もしくは他の政党との連立によってスウェーデンを統治してきた.SPDが野党であったのは,第二次大戦後の2つの期間,すなわち1976年から1982年と,1991年から1994年までの間だけであった.SPDは他に例をみないような長い統治によって比肩するものがないほどの力をもつこととなり,スウェーデンタイプの福祉国家のあり方や,福祉国家と国民運動およびボランタリーアソシエーションとの関係に強い影響力をもった.第2に,スウェーデンにはカトリック教会のような独立した強力な宗教運動がなく,多くの大陸諸国にみられるような福祉国家の背骨を欠いている(Esping-Andersen, 1996).また,たとえばドイツにおいてきわめて重要な意味をもち,ボランタリーアソシエーションに明確な役割を割り当てる補完性原理という考えや制度も欠落している.第3に,スウェーデンのルター派教会は2001年に政府と決別したばかりである.

第4に,多くのヨーロッパ諸国とは異なって,スウェーデンにはつい最近までキリスト教民主主義の強力な運動も政党もなかった.事実,キリスト教民主党は1991年の総選挙までは議会政党として認められるうえで必要な最低4%の敷居値をクリアできなかった.以上を考え合わせてみると,これら

の独特な歴史的・政治的事情によって，他の多くのヨーロッパ諸国にみられるような，個人の慈善や慈善団体の活動を統轄する明確に独立した宗教団体が，それゆえにまた補完性原理が存在してこなかったということができる．したがって，第二次大戦後，国民運動や赤と緑の連立（SPD と農民党）が推進した普遍主義的で集団主義的なアプローチの支配に反対する有力な勢力が存在しなかった．むしろ，スウェーデン経営者連盟（SAF）が税を基盤とする普遍主義的な福祉国家の拡大に異議を唱える主要な勢力であった．彼らが反対したのは経済的理由からであり，1990 年代以降，民営化を求めることも多かった（Pestoff, 1995, 2001）．

3　ボランタリーアソシエーションや国民運動とスウェーデン福祉国家との関係の歴史

　ルンドストレムとヴィクストレム（Lundström and Wijkström, 1997）によると，スウェーデンにおけるボランタリーアソシエーションと国民運動の発展を大きく 4 期に分けることができる（筆者は急いで付け加えたいが，5 期，あるいは 6 期とさえいるかもしれない）．すなわち，(a)ボランタリーアソシエーションが登場する以前の段階（19 世紀初頭まで），(b)ボランタリーアソシエーションが登場した段階（1810-70 年），(c)工業化と国民運動の発展の段階（1870-1930 年代），(d)福祉国家登場の段階（1940-70 年）である．第 5 の段階は新しい社会運動が生まれ，福祉ミックスが広がる時期である（1970-2001 年）．そして現在，おそらく，第 6 の段階の開始，すなわち新しい（アメリカ型の）非営利組織を導入して医療と教育に対応する段階の始まりを目撃しているのであろう（2002- ？）．

　第 1 期では，宗教改革以前は，組織的な慈善事業と貧困救済が教会の仕事であった．宗教改革の際には教会に国民的関心が集まったものの，宗教改革後は，貧困救済の責任が教会領地の所有者に引き継がれ，スウェーデン国王の扱う事項となった．**第 2 期**の初期の「アソシエーション」は，まだ開放された民主的な組織ではなく，逆に勃興しつつある資本主義社会のエリートたちによる排他的な表現方法であった．その多くは社会クラブであり，慈善活

動を志向して地方貧困救済局と密接な連携をとることも少なくなかった．

　歴史的にみれば，貧困救済のような領域では，政府や地方自治体とボランタリーセクターとの境界線がはっきりしていなかった．むしろ，「親密度の高い共済協同組合」が19世紀初頭の都市プロレタリアの間で広まった貧困に対する闘いを最もよく表現している．後になると，自発的なソーシャルワークから専門性の高い官僚制的な様式への移行がみられ，それがしだいに自治体による社会福祉を特徴づけるようになった．その後，多くの自発的な慈善団体が縮小し影響力を失っていった．その主な理由は，慈善活動のための物的な基盤が根本的に変わったからである．都市プロレタリアをめぐる状況が徐々に改善されるにしたがって周期的な貧困化の波も小さくなり，その結果，慈善団体のサービスに対する需要も自然に小さくなり，慈善団体がかぎりなく縮小してしまったのである．同様にして，都市での貧困救済や児童福祉も専門的な自治体による公営事業となった（Lundström, 1996, p. 131）．

　スウェーデンは他の多くのヨーロッパ諸国に比べると工業化と民主化が遅れた．ただし後発ではあったものの，工業化は急速に進んだ．スウェーデンでは19世紀半ば（1846年）にギルド社会が解体し，10数年後（1864年）には結社の自由が認められた．この2つの展開が相互に絡み合い重なり合うことによって，資源や特権，権利などもなく，以前は自らを組織することもできなかった普通の市民が，集団的に一層奮闘するようになった．このようにして**第3期**では，19世紀後半になると，「国民運動」の高揚と発展がみられ，反体制を叫ぶことも多かった．労働組合と社会民主党を含む労働運動，禁酒運動，そしてプロテスタント教会すべてが体制派の特権のあれこれに反対した．多くの国民運動や民主運動と社会民主派との同盟は，貧困救済についての既成の考えを階級抑圧の表現と捉えて拒絶するとともに，環境条件が富裕層からの贈り物を受け取ることを貧困者に強制しているのであり，それが慈善だと受け止めるようになった．このような見方は現在でもスウェーデン社会の一部で強く支持されている．国民運動は慈善に頼るよりも，自助の考えを膨らませ実践に移してきた．この自助の理念は，数十年後には，健康保険，生命保険，失業保険などにみられるような，一般的な福祉国家プログラムの中心的な考えとなった．

国民運動はすべてが大衆組織であり，加入脱退の自由と民主的統制の考えに基づいていた．この国民運動は既成の社会に挑戦し，社会の民主化を促した．また，国民運動は初期の段階から多くの人々に正統性を認められ，今日でも依然としてスウェーデン民主化の同義語として受け止められている．国民運動を集産主義あるいは社会主義の表現と考えている人々も多少いる．普通選挙権のはるか以前から，国民運動は，増加の一途をたどる労働者階級の組織化，民主主義を訓練する学校として重要であった．国民運動はメンバーに対して読み書きを習うことを奨励しただけでなく，民主的に会議を運営し決議を記す方法，あるいは提言をめぐる民主的な議論の仕方や民主的に影響力を強める方法を教えた．多くの国民運動の指導者たちは20世紀への世紀転換期には地域，地方，全国の政治的リーダーとなった（Ambjörnsson, 1988）．新しい国民運動は旧来の国民運動のすぐ後に続いて成長し，加入脱退の自由や民主的な意思決定という従来の例を倣うことも多かった．新しい国民運動のなかには，消費者協同組合や住宅・借家人協同組合，農民協同組合，女性解放運動，ホワイトカラー労働組合，学位をもつ人々の労働組合，スポーツ運動，年金者運動，環境保護運動などが含まれていた．

　社会民主党と労働組合は，自由党からの支持を得て大きな政治勢力となり，普通選挙権の法案通過に努力し，保守党と使用者による権力の独占を打ち破った．スウェーデンでは，1921年の国政選挙のときにはすでにほぼ完全な普通選挙権を採用していた．1932年にはすでに社会民主党が最大政党となり，短期間ではあるが少数与党政権をつくった．その後，1936年に政権に返り咲いたとき，農民党（現中央党）と連立して赤と緑の連立といわれた．両党ともこれまで「国民運動の党」として通っている（Pestoff, 1977）．数十年もの間，両党とも労働組合運動および農業協同組合の一般組合員のなかに固い基盤をもっていた．両党とも1936年から1957年まで政権の座にあり，第二次大戦中の大連立の時には他の非共産主義政党とも連立した．このようにして，国民運動の2つの党はともにスウェーデン社会を根底から変え，福祉国家の計画を立案し展開する一助となった．この福祉国家により，スウェーデンは指導的国家の1つとなり，普遍的な社会サービスや社会保険を国籍と居住に基づいて提供している（Esping-Andersen, 1996; Stephens, 1996）．

第4期においては，赤と緑の連立期における中央政府による社会政策が国民運動の要求や活動，計画に依拠することも多かった．この時期は，大恐慌，第二次世界大戦，戦後復興による大欠乏の時代であった．何よりもまず，普通の市民の基本的なニーズを満たし市民に安全を保障する集団的な措置を推進したのが国民運動と政府であった．第二次世界大戦中の社会民主党・農民党連立政権の強い望みは，すべての市民に一定の基本的な社会サービスを提供し，病気や失業，老齢による経済的な損失を保障することであった．

　自助という労働運動のイデオロギーに依拠して，社会民主党は対等な人々の間での連帯に基づく社会保険の発展を支持した．1930年代の大恐慌と国会における赤と緑の議会内連立とが結びついた結果，社会問題や経済問題に政府が積極的に介入するという危機政策の基礎が築かれた．国民運動と非営利組織が多くの社会改革を促し，社会問題を全国的な協議事項にまで高めた．その結果，政府が解決の責任を引き受け，公共セクターが解決策を提供することになった．以前はボランタリーアソシエーションが活動していた多くの領域において，政府補助金が自治体によるサービスにとって唯一利用できるものとなった．このようなサービスは一般的な市民グループに広く向けられていた．政府介入の動機は次の点にあった．すなわち，社会サービス活動は重要であり，その執行が政府によって保証されている必要があること，こうした社会サービスは広く利用可能であること，そしてサービスの質と専門性とが公共セクターにおいてこそうまく管理できるということである．このようにして多くのサービスがほとんどの市民にとって権利となり，利用可能なものとなった．ボランタリーセクターはこうした展開に反対せず，逆に政府介入の拡大を支持し擁護することが多かった．ボランタリーセクターと公共セクターとの一体化や協力関係は19世紀早々に始まっていたが，政府の介入は両セクターが一体化する過程の延長線上にあると考えることができる．また，この2つのセクターの友好関係という強い伝統の反映でもある (Lundström, 1996, pp. 133-5)．

　そのため，福祉国家到来の前から，政府の介入は慈善事業を行う多くのボランタリーアソシエーションの目的や活動を凌駕してきた．しかしながら，ボランタリーアソシエーションのなかには今日でも依然としてサービスを提

供しているものもあり，公的資金を得ている場合もある．限られてはいるが，そのなかには，保健医療，教育，レクリエーション，レジャー，スポーツなどのアソシエーションもある．これらについては以下でもう少し詳しく議論する．この他にもスウェーデンにはさまざまな財団が存在している．しかしこの財団は，特定の目的を達成するために管理運営される単なる独立の資産からなる．したがって，この財団が福祉サービスにかかわることはほとんどない．一般的にいえば，ボランタリーアソシエーションと財団は普遍主義的な福祉国家の発展とともに極小化しただけでなく，福祉国家を推進した主要な人々や福祉国家と連携をとってきた国民運動から孤立することにもなった．

第5期になると，階級というよりむしろ，これまで満たされてこなかった新しい社会的ニーズ，アイデンティティ，社会化やレクリエーション等々を基礎とする新しい社会運動が生まれ，それがまた新しい運動や福祉ミックス発展の源となっている（Evers, 1995）．前述のように，歴史的・政治的理由から，国民運動は政府と密接に協力し，全国民のために普遍主義的な福祉受給権と福祉サービスを拡大した．この協調的な路線により，国民運動は影響力をもつようになり，社会サービス供給をめぐって政府と対立したり競争したりするのではなく，協力・協調することになった．社会サービスや保健医療の供給の点でいえば，政府による積極的なサービス供給によって，独立組織に残された活動領域が限定されるようになってきた．同時に，普遍的なサービス供給によって，慈善団体の必要性や役割もきわめて小さくなってきた．だが，いまなおボランタリーアソシエーションがサービス供給のうえで重要な役割を果たしている明白な領域もいくつかある．教育や保健医療，社会サービスがそれに該当する．教育に関していえば，成人教育やコミュニティカレッジ（folkhögskolo），あるいは学習サークルがその典型である．労働運動や農民運動，そしてスポーツ運動などを抱える国民運動のネットワークの一部となった全国的な教育組織もいくつか存在している．保健医療では，てんかんや結核，癌（Lundström and Wijkström, 1997），あるいは糖尿病（Werkö, 2002）などの小さなニッチ領域にボランタリーアソシエーションを見出すことができる．20世紀も末になると，新しい医療ニーズをもった患者組織，たとえばエイズ（HIV/AIDS）患者組織が広がり始めた（Walden Laing and Pestoff, 1997; Walden Laing, 2001).

　暴力にさらされている女性に助言したり，緊急避難のためのシェルターを提供したりするなど新しい社会的ニーズを満たすという観点でみると，1980年代にはさまざまな女性組織がその種のサービスを開始した．このようなグループはスウェーデンにはたいていどこにでもあり，今日ではほぼ半分の町で，こうした女性を援助する活動が組織されている．増える一方のホームレスに対するシェルターも，救世軍を含む多くの宗教グループの活動を通じて提供されている．アルコール中毒患者のケアなどのような昔からのニーズも新しい方法で充足されるようになっており，「匿名アルコール中毒患者グループ」などの広がりがそれに当たる．障害者組織も強力な顧客組織の例である．しかしこの組織は慈善事業には否定的な態度をとっており，どちらかといえば障害者の働く権利，住宅の権利，個人的支援の権利を強調している．こうした要求は公共セクターとサードセクターとの複合形，たとえば「自立生活運動」などによって満たされている．これらの例のなかには，アメリカで成功しているモデルが国際的に広がっていることを示すものもある．

　民間の保育サービスもまた，これまで満たされることのなかった新しい社会的ニーズの一例である．1970年代後半から1980年代初頭は保育サービス需要が長年続いた公的供給を大幅に上回った時期であり，社会民主党は，親たちが就学前保育協同組合を自前でつくり，費用の約85%に相当する公的補助を受け取る権利をしぶしぶながら認めた．これによって，保育協同組合は公営の保育サービスと経済的に同等の立場に立つことができた．次いで1991年には，就学前保育サービス供給者の法的地位に関する制限がすべて撤廃され，民間営利事業者もデイケアサービスに対する公的補助金を受け取ることができるようになった．今日では就学前児童の15%が民間のデイケア施設に登録している (Pestoff and Strandbrink, 2002). このようなサービスの主要な供給者は事実上，親たちによる協同組合 (parent cooperatives) である．他方，労働者協同組合やボランタリーアソシエーションもまた重要なサービス供給者となっている (Pestoff, 1998).

　しかしながら，福祉国家の発展に対するスタンスという点において，国民運動としての既存の協同組合運動や労働組合運動は現在では，新しい社会運

動や旧来のボランタリーアソシエーションとの共通項をほとんどもっていない．ボランタリーアソシエーションは一般に，膨張した福祉国家の積極的な擁護者でもなければ推進者でもないとみられている．他方，国民運動のなかには，時折であるとはいえ依然そうみられているものもある．とくに，全国労働組合連盟（*Landsorganisationen*［LO］）傘下のブルーカラー労働組合や公務員労働組合連盟（*Tjänstemannens Central Organisationen*［TCO］）傘下のホワイトカラー労働組合は双方ともに，普遍主義的な福祉国家を積極的に支持しており，1990年代に起きた社会的・人口統計的な大きな変化に福祉国家を合致させるよう改革を求めている．たとえばTCOは自らの新しい社会政策プログラム，「福祉国家，2.1 福祉の発展」のなかで，全国民の税金に依拠した福祉国家を強く支持している（TCO, 2001）．しかし同時に，福祉サービスの質と量について欠陥がいくつかあることにも注意を促している．とりわけ，1990年代の保健医療サービス支出の削減を指摘するとともに，1997年以降の予算作成の一要素となった公共支出シーリングについても指摘している．現在では，ある分野での増額が他の分野での減額によって埋め合わされなければならなくなっている．こうした予算のゼロサム・ゲームが通常の経済循環の上下変動幅を増幅させるだろうとOECDは警告を発してきた．全般的な福祉プログラムに対する高水準の公的支援が損なわれるかもしれないとTCOもまた警告している（*ibid.*）．

　運動の初期段階において社会民主党と連携していた国民運動のなかには，住宅協同組合や労働組合のように，メンバーの福祉にとって重要な経済的・社会的役割を演じ続けているものがある一方で，消費者協同組合や農業協同組合のようにビッグビジネスになったものもある．たとえば，20世紀初頭の消費者協同組合は重要な役割を演じて，工場を所有する地方の有力者たちによる日用品販売の支配を打破し，ときにはマーガリンなどのような必須食料品の独占的な生産を打破することさえあった．しかしながら，都市化や工業化の進展，国際競争の激化によって，一般市民の福祉のためのこうした諸活動の意義は小さくなってしまった．さらに，1960年代に大型合併が始まったため，消費者協同組合は官僚制的な大規模組織となり，一般組合員には手の届かないものとなってしまった（Pestoff, 1991）．

3 スウェーデン社会的経済の発展と未来

　スウェーデンの消費者協同組合運動は1992年に自らの法的地位を経済アソシエーションから有限会社に変更し，民主的管理の最後の拠り所も一掃してしまった．その結果，スウェーデンの消費者協同組合運動は通常の商業を行う卸売・小売チェーンと化した（Pestoff, 1999a）．次いで2001年には，デンマーク，ノルウェー，スウェーデンの消費者協同組合運動が合併してコープ・ノルデン（Co-op Norden）を結成した．その目的は，各国の市場シェアを外国の競争相手から守ることであった．農業協同組合もまた「ビックビジネス」となり，現在では近隣諸国との合併の途上にある．合併によって，EUで重要な役割を演ずる主体になろうとするためである．このようにして，この2つの国民運動は，いくつかの国では成功を収めているような巨大な商業コングロマリットへと転換されてきた．とはいえ，社会的な価値を追求し，民主的に運営するという国民運動の起源からははるかにかけ離れてしまった．

　2つの大規模な住宅・借家人協同組合である，住宅生協・借家人貯蓄住宅協同組合（HSB）と全国住宅建築協同組合（Riksbyggen）は，それぞれ1924年と1930年に設立され，重要な社会的役割を演じて，労働者階級のために低価格で高品質の住宅を建築した（Pestoff, 1991）．この協同組合はスウェーデンで起こった人口構成上の大きな変化と都市化により生まれた問題を解決するうえで役に立ち，1960年代から1970年代の大都市地域での都市再生にも貢献した．この協同組合は今日でも組合員による民主的運営が続き，規模を拡大している．ただし高品質の住宅を供給しているものの，それは必ずしも今日の若者の多くが望むほどの低価格ではない．HSBもまた全国民の税金に依拠した福祉国家を支持している．さらに近年では高齢者向けの在宅介護の領域に携わり，公共サービスおよび福祉国家の将来についての関心を表明するようにもなっている．それは，サービスの市場化がますます拡大して，サードセクターにも市場化が強要されるという脅威があるからである（*Dagens Nyheter*紙，2001年9月1日付）．

　労働組合もまた失業保険を提供するようになってから伝統的に重要な役割を演じてきたし，現在も演じ続けている．スウェーデンの失業保険は主として労働組合が組織し管理している．ただし別組織を通じてであり，それは公認失業基金（Eekänd arbetslöshetskassa）として知られている．被雇用者が

労働組合を脱退することがあるとしても，非組合員を公認失業基金から排除することはできない．労働組合が失業保険を管理運営することにより，新組合員を加入させる強力な論拠を組合に与えていると多くの人が考えている．実際，スウェーデンでの組合加入はきわめて高く，労働組合に所属するのは労働力のほぼ85%である．失業率が5%を上回りはじめた1990年代初頭に，政府が失業保険を引き継ぎ，労働組合と失業保険との不必要なつながりを絶つべきだと要求しはじめたグループもあった．とくに，使用者や使用者に近いグループがそのように要求した．妥協の産物として公的な失業保険が導入されはしたものの，それは，労働組合の管理する保険制度が適用されない人々しか対象としていなかった．

4　将来についての考察：スカンジナビアにおける福祉国家の転換と福祉ミックスへの移行

1990年代には，スウェーデン福祉国家は政治的・財政的な制約に見舞われており，政府と市民との関係も根底から変化することになった．この変化は，サードセクターや社会的経済の役割にとって重要な意味をもっている．ビルト連立政権（1991-94年）による政治の根本的な組み換えによる民営化や「選択の自由という革命」，そしてその後を継いだ社会民主主義政権（1994-99年）による緊縮政策の追求は，スウェーデン福祉国家の変化を一掃するという結果になった．福祉国家の現在の危機は，1990年代のスウェーデンに起こったイデオロギー的・政治的・財政的・経済的・人口統計的な広範囲にわたる変化に原因がある（Pestoff, 1999b）．さらにいえば，中央政府と，ストックホルム市およびストックホルム県内のいくつかの非社会主義的な自治体との政治的な対立が「良好は最善の敵である」という危険をよく描いている．公的な供給独占を支持する人々と可能なかぎり多くを迅速に民営化したい反対意見の人々との大闘争のなかにあっては，サードセクターや社会的経済は簡単に埋没してしまう．

　スウェーデン社会モデルの1つの重要な要素はこれまでのところ，その公共的な性格にあった．すなわち，社会的な連帯や結束を確立する責任が政府

にあり，公的基金，公共組織や官僚制度は，複雑な福祉国家組織の主柱である．しかしながら，1990年代の大量失業は，主要な社会サービスの公的供給を継続するうえで大きな経済的・財政的負担となっただけでなく，政治的にも社会的にも重荷となっている．また，そのことにより社会サービスの公的供給をめぐる正統性が疑われ，社会サービスの民営化，民間委託への道が開かれることにもなった．そこには，公共予算の急激な削減や多くの重要な領域における公共サービスの質の著しい低下が作用していた．したがって，公共機関による独占的な供給がサービスの中心領域において維持できるか否かを問い直す必要がある．あるいは，より以上に効果的な代替策がありうるのかどうかを問う必要もある．こうした深刻な問題は，変化する「福祉ミックス」という点をめぐって，社会政策にかかわるさまざまな領域や関係者——そこには，政府や市場だけではなく，スウェーデンの社会防衛の将来において主役を演じる領域であると多く人々が考えるサードセクターも含まれる——の間でしばしば議論されるところとなった．スウェーデン会社法の改正論議もこの反映である．

スウェーデン福祉国家が直面する 3 つの課題

　1990年代の変化の結果，スウェーデンの福祉国家は，対人社会サービスの公的供給を継続するうえで少なくとも3つの大きな課題に直面している．第1の課題は，供給されるサービスの質の低下という脅威であり，この種のサービス供給を担う最前線スタッフの仕事環境の急速な悪化にその主たる原因がある．それは，1990年代における公的資金の急激な削減や数多くの公共セクター組織の再編結果である．さらに，1990年代に経験した仕事不足がまもなく21世紀には熟練労働者の不足へと転化するであろう．労働者を求める競争が将来，スウェーデンにおける公共セクターと民間セクターとの間で起きるだけでなく，ほとんどのヨーロッパ諸国におけるあらゆるタイプの使用者間でも起こるであろう．第2は，福祉ミックスのなかでの変化，とくにサードセクターの役割の変化から生まれる課題である．民間委託の脅威はサードセクター組織を利害の代弁者あるいはサービスのイノベーターから

単なる専門的サービスの供給者へと転換させ,そのことによって組織内部の民主主義が後退することである.第3の課題は,1950年代から1970年代にかけての政治制度の基本的な変化と,1990年代における急速な経済的・政治的な国際化やグローバル化——これは,スウェーデンがEU加盟国となり,そして欧州通貨同盟（EMU）の加盟候補国となった結果である——から生じた民主主義の一層の後退である.民主主義の後退は,普遍主義的な福祉国家に対する国民の支持を蝕んでいる可能性もある.

[第1に,サービスの質の低下について.]病気休暇や身体障害に要する費用が1998年から1999年にかけて劇的に増大したため,政府は,きわめて悲観的なこうした事態に対するトップレベルでの調査を開始せざるを得なかった.最初の報告書が2000年の秋に提出された（Regeringskansliet, 2000）.この報告書は,1990年代における職業生活上のストレスに関する近年の事態について概観した後で,個人別ケアと教育について特別の章を割いている.この報告書には,ストレスと結びついた健康悪化が公共セクターにおいても政府の上から下まであらゆるレベルで存在していることが記されている.

これについては,主に,1990年代の広範囲にわたる予算削減とさまざまな組織再編の点から説明がなされている（ibid.）.

大幅な予算削減により,1990年代における県や市の財政は厳しく抑制された（ibid.）.たとえば,全国教育委員会は小学校の生徒1人当たりの費用が1991年から1998年の間に9%減少したと記している.1997年にはすでに教育のための財源が1991年の水準の80%に落ち込んでいた.たとえば,生徒100人当たりの教師比率は1991年の9.1人から1998年には7.5人に減少した（ibid., p. 65）.介護や教育の多くは労働集約的であり,省力化や組織再編がスタッフや労働環境に直接影響することになる（ibid., p. 61）.こうした雇用の領域では女性が多数派であり,後ろ向きの変更は女性の労働環境に特別の影響を与える.

対人社会サービス供給を担うスタッフの労働生活や労働環境が急速かつ劇的に改善されないかぎり,こうしたサービス需要の増大に対応できるようなやる気のある有能なスタッフを引き付けることは難しいであろう.その結果,品質意識の高い依頼客は公的に供給されるサービスを避け,代わって民間営

利のサービスを選択するであろう．なぜなら，顧客は営利サービスの場において，サービスをチェックすることによりサービスの最低限を底上げし，満足のいく水準を得ることができるからである．その際，良質のサービス等の供給にスタッフが意欲をもたないことがあるかもしれない．しかしながら，対人社会サービスの質を高め，将来にわたるサービス供給に必要な有能なスタッフを引き付けることができる1つの方法は，スタッフの職業生活を豊かなものにし，労働環境を改善することである．スウェーデンにおける社会的企業調査によれば，社会的企業のスタッフは労働条件の決定権を自らのものとし，手段としての報酬よりも労働条件の改善によって，より大きく動機づけられることが示されている (Pestoff, 1998)．

　第2に，［サードセクターの役割の変化について］サードセクター組織や社会的経済の存続を確実にする1つの方法は，多様な利害の代弁者としての役割や，現在公共セクターや市場では対応できない新しいサービスを供給するイノベーターとしての役割を高めることである．しかしながらこうした戦略的な目標は，公共財源に依拠した対人社会サービス供給において，より大きな役割をサードセクターや社会的経済に与えるという目的とは矛盾する．対人社会サービス供給のサードセクター組織への委託は，実際のところ，サードセクター組織をルーチン化したサービス供給事業者にしてしまうのである．この矛盾についてはさらに詳しく検討する必要がある．また，さまざまなサードセクター組織によるサービス供給への貢献を正確に評価するためには，その組織が現実にどのような社会的価値を高めているのかをよく知る必要がある．社会会計は，そうした理解を広めるための格好の道具である．

　第3に，［民主主義の後退について］スウェーデンではしだいに民主主義が後退しているため，大きな政治的プロジェクトや公共財源による対人社会サービスのための民主的な支援が蝕まれる恐れがある．1950年代と1970年代にスウェーデンが経験した二度の市町村合併の結果，その数はほぼ2,500から現在ではわずか290にまで減少した．これは中央政府のリードによるものであり，市民に対する社会サービス供給をさらに合理的に組織しようとする提案に依拠していた．だがしかし，より大きな単位の地方政府をつくり出したことによってパートタイムの素人政治家の多くを排除することになり，選

任された役人の数が1950年の20万人から合併過程の最終場面では5万人を切るところまで激減した．

　近年になると，地方でのサービス供給に市場モデルを一層活用するようになり，民主主義の後退がますます進んだ．この10年間でさらに9,000人の非専門的・非専従の政治家が職務を解かれ，決定権が地方官僚に委ねられるようになった．また，売り手・買い手モデルがますます公共サービスの一部に組み込まれ，民間営利のサービス供給事業者への外部委託が激増した．さらに公営の有限会社ができたことによって市民に対する説明責任が小さくなり，従業員が自社の業務について市民に情報を提供する可能性も制限されるようになった．したがって，市民が必要とする主要な対人社会サービスのいくつかについて，その共同生産者としての市民をエンパワーメントする［市民に権限を付与する］ことが，民主主義の後退を相殺し，社会的関係資本（ソーシャルキャピタル）のストック衰退を回復するのに役立つであろう．市民をエンパワーメントすることは，市民に対して，対人社会サービスの集団的な供給における明確な利害関係者としての立場を与え，さらにサービスの質を確保するための積極的な役割を与えるであろう．したがってまた，それによって，個人で対応する市場ルートを通じてではなく，集団的で政治的なルートを通じて対人社会サービス供給を継続することが正統化されるであろう．

　過去20年にわたって公共福祉プログラムに対する一般の人々の支援は根強く安定していた．しかし，対人社会サービスを供給する行政に対しては，彼らの態度は驚くほどに否定的であった（Rothstein, 2000）．「ソフトな」社会サービスすなわち対人社会サービスの外部委託については全般的な支持もあった．しかし，スウェーデンの一般国民は，他のサービスと比べてある種の対人社会サービスについては「選択の自由」の導入に賛成した．スタッフの労働環境を改善し，スタッフと依頼者との対話を豊かにすることは，対人社会サービス生産の選択肢を広げるという点で大衆的な支持を得る有力な方法である．このようなプログラムに対する公共財源が現在の水準で維持され，適用範囲も変わらず，さらにサービスの質が向上したならば，福祉ミックスの拡大やサードセクターの役割の強化に対する支持ももっと容易に得られた

であろう．

ストックホルムにおける最近の発展

　ストックホルム県諸島の農村地帯にある地方自治体ベルムド（Värmdö）では，非社会主義者が多数派を占めていたものの，2001年の春に解体した．代わって，社会民主党，中央党，キリスト教民主党，左翼党，環境党による虹の連合が成立した．この新しい連合は，連立して統合型の社会経済政策を取り入れるスウェーデンで最初の自治体になるとの意思を表明した．この連合は2001年10月末に，社会的経済をテーマとする参加しやすい半日の会議を組織し，多様な話題をもとにセミナーを開いた．セミナーのテーマとなったのは，余暇活動，若者，スポーツと健康，幼稚園と学校，中高齢者向けの活動，文化活動，ソーシャルケア，民間防衛などであった．このセミナーでは，これらの領域でのサービス供給や活動に地元の社会的経済を従事させることができるか否かが討議された．この会議が終わると，ベルムドでは，広範な領域にわたる住民向けのサービス——たとえば，図書館，保育，学校教育，高齢者介護，保健医療，文化などのサービス——の供給において，社会的経済組織に大きな役割を担わせようとの考えを実践に移すべく，その方法を探るのに忙殺された．ベルムドでは2002年に「アソシエーション委員会」を立ち上げ，町の政治的・社会的・経済的生活におけるサードセクターの役割を高めるための提案をした．

　ストックホルム県庁（Länsstyrelsen）は2001年に「アクションプログラム」を採択し，ストックホルム県の社会的経済を翌年以降に促進しようとした．そのアクションプログラムの実施のためには，住民へのサービス供給における社会的経済の役割を高め，県全体の経済発展を促進するといった，いくつかの段階が必要とされる．とくに指摘されているのが，社会的経済の一部として高齢者介護を発展させる必要性である．またこのプログラムでは，県のなかで最優秀の社会的経済組織に授与する年間品質賞の創設を計画している．ストックホルム県庁はまた，一定の品質を確保する対策として，同時に社会的経済における各関係者の正統性を担保する手段として，社会監査を

推進する手法を開発することの重要性を強調し，それとともに，それら関係者のマーケティング努力を後押しすることの重要性を強調している．県庁はさらに，サードセクターにおける女性起業家の小グループにとって必ずしも役に立つわけでもなければ十分でもない行政の支援サービスを改善するよう提案した（Länstyrelsen i Stockholms län, 2001）．

「ストックホルム県社会的経済促進のための開発パートナーシップ」は2002年6月に，欧州社会基金（ESF）の助成金に首尾よく申請できた．また，同様のプロジェクトについて，フィンランド，イタリア，ギリシャ，オランダとの多国間パートナーシップを形成した．各国は一緒になって，それぞれの国で2年間にわたって，サードセクターや社会的経済の役割を高めることになるであろう．ストックホルム社会的経済プロジェクトは現在，外国出身者向けに高齢者介護協同組合の設立促進に動くとともに，スウェーデンの労働市場に基盤のない外国籍の女性に教育を施し，彼女らが高齢者介護協同組合を創設するのに必要とするような援助に動いている．同プロジェクトはまた，ストックホルム県の対人社会サービス分野における協同組合開発を推進するうえで必要なインフラ整備を試みようとするであろうし，小規模な社会的企業向けの社会会計や社会監査と関連する手法を広めるための訓練コースも開始している．

5 結 論

スウェーデンの社会的経済は，たとえボランタリーアソシエーションを無視することができないとしても，それ以上に，国民運動とのより緊密な関係を結んでいる．ボランタリーアソシエーションと国民運動はいくつかの発展段階を経験してきただけでなく，政府との関係でもいくつかの段階を乗り越えてきた．スウェーデン福祉国家においては，その国家主義的な性格によって，対人社会サービスの生産におけるボランタリーアソシエーションや国民運動の役割および貢献が覆い隠されてもきた．スウェーデンにおける既存の社会的経済組織のなかには，全般的に税金に依拠する福祉国家に対していまだにリップサービスを弄するものもあり，福祉国家の発展や再生に積極的に

貢献するような組織はほとんどない．さまざまな対人社会サービス供給者としてのサードセクターの役割は限定されており，ヨーロッパ諸国におけるサードセクターの大幅な活用とはきわめて対照的である．とくにドイツやイギリスとは好対照をなしており，本書の各国章にそれがよく示されている．

筆者は，クラウセンとセーレの結論に賛成である．彼らによれば，サードセクターと政府との関係はスウェーデンをはじめとするスカンジナビア諸国での公共政策の策定に対するサードセクターの関与パターンの影響を受けている．そのパターンを政府との制度的協調関係と呼ぶこともできれば，公共政策策定への吸収と呼ぶこともできる．多くのサードセクター組織は，積極的に公開討論や政治過程に参加している．サードセクター組織は，政治や行政に対する圧力団体としての役割を伝統的にもっており，請願やデモ，行事を通じて，自らの実情を新聞や大衆的集会で主張している．このサードセクター組織がますます政府や政策形成過程に直接取り込まれるようになってきている．取り込まれるのは集中的なロビー活動や専門的なネットワーク形成を通じてであるけれども，何よりも，議会内委員会の法案準備作業にサードセクター組織が参加するからである．最後に，広範囲にわたる行政による外部コントロールや関与がなくとも，サードセクター組織はしばしば，公的資金の配分を監視したり，場合によってはそれを管理したりするのに役立ってきたことさえある．この意味で，サードセクター組織は公的な意思決定の準備作業に参加するとともに，その実施にも参加しているのであり，これは，コーポラティズムとして知られてきた現象である（Klausen and Selle, 1996, p. 117）．

今日のスウェーデン社会的経済においてもっともダイナミックであるのは，新しい社会的経済にみられる新しい国民運動や新しいボランタリーアソシエーションである．今日のスウェーデンを形づくっている都市化したポスト産業社会の広範な社会的・人口統計的な大きな変化に対応して，新しい国民運動や新しいボランタリーアソシエーションは積極的に福祉国家の発展と再生を促している．それらはまた，沈滞した公共セクターでの職業生活の刷新，公的資金による対人社会サービスの質の改善，対人社会サービスの共同生産者としての市民の参加，さらにスウェーデンにおける民主主義の後退のなか

で急速に縮小している社会的関係資本の再生等々を可能とするような多様な能力をもっているのである.

しかしながら,与党社会民主党と非社会主義政党の野党との間の二極化したイデオロギー対立のもとでは,サードセクターや社会的経済には活躍の余地がほとんど残されていない.野党は,1998年から2002年にかけて多くの地方自治体で政権を握り,2002年の選挙前までに可能なかぎり多くを民営化しようと決意していたかのようにみえる.したがって,サードセクターや社会的経済はほとんど無視されるか忘れ去られてしまい,さらに悪いことに,ストックホルムのような大都市圏では中央政府と地方自治体との権力闘争のなかで埋没してしまった.また,スウェーデンの組織や会社に対して非営利という法的地位を奨励するような新しい法律を導入しようとの意図が長期的にみて社会民主党にあるのかどうか明確ではない.そのことが,社会的企業にとって事態を混乱させるようなさらなるカテゴリーとなるのか,それともサードセクターや社会的経済を強化することになるのか,確実な予測はない.だが,過去の国家主義的な伝統が根強いこと,そして健全ではない公共サービスに対するオルタナティブな解決策への関心が希薄であることは,将来のサードセクターや社会的経済にとって好ましい兆候とはいえないだろう.とはいえ,ここで描き出した陰鬱な像にもいくらか光明が差している点には注意が必要である.それは,とりわけストックホルムの県行政やベルムドの自治体行政における最近の発展にみられるとおりであり,そこでは,社会的経済が未来のうねりだとみなされているのである.

参考文献

Ambjörnsson, Ronnie (1988), *Den skötsamma arbetaren*, Stockholm: Carlssons.

Babchuk, Nicholas and Alan Booth (1969), 'Voluntary Associations & the Integration Hypothesis', *Social Inquiry*, 35.

Babchuk, Nicholas and John N. Edwards (1965), 'Voluntary Association Membership: A Longitudinal Analysis', *American Sociological Review*, 34, 31-45.

Bryce, James (1888), *The American Commonwealth*, New York: Macmillian Co.

de Tocqueville, Alexis (1832), *Democracy in America*, reprinted 1956, New York: The New American Library, Mentor Book Edition, abridged by Richard D. Heffner; reprinted 1996, New York: Harper & Row.

Esping-Andersen, Gösta (ed.) (1996), *Welfare States in Transition. National Adaptations in Global Economies*, London, Thousand Oaks and New Delhi: Sage Publications.
Evers, Adalbert (1995), 'Part of the Welfare Mix: the Third Sector as an Intermediate Area', *Voluntas*, 6 (2), 159-82.
Key, Vladimir Orlando Jr. (1942), *Politics, Parties and Pressure Groups*, reprinted 1958 (4th edn), New York: Crowell.
Klausen, Kurt Klaudi and Per Selle (1996), 'The Third Sector in Scandinavia', *Voluntas*, 7 (2), 99-122.
Länsstyrelsen i Stockholms län (2001), *Handlingsplan för socialekonomin i Stockholms län*, Stockholm: Länsstyrelsen.
Lipset, Seymour Martin (1963), *Political Man*, New York: Doubleday Books and Anchor Books.
Lundström, Tommy (1996), 'The State and Voluntary Social Work in Sweden', *Voluntas*, 7 (2), 123-46.
Lundström, Tommy and Filip Wijkström (1997), *The Nonprofit Sector in Sweden*, Manchester: Manchester University Press.
Pestoff, Victor (1977), 'Voluntary Associations and Nordic Party Systems. A Study of Overlapping Memberships and Cross-Pressures in Finland, Norway and Sweden', Studies in Politics, No. 10, Stockholm.
Pestoff, Victor (1991), *Between Markets and Politics. Co-operatives in Sweden*, Frankfurt am Main, New York and Boulder, CO: Campus Verlag and Westview Press (republished in 1996).
Pestoff, Victor (1995), 'Towards a New Swedish Model of Collective Bargaining and Politics?', in Colin Crouch and Franz Traxler (eds), *Organized Industrial Relations in Europe: What Future?*, Aldershot, UK, Brookfield, USA, Hong Kong, Singapore and Sydney: Avebury.
Pestoff, Victor (1998), *Beyond the Market and State: Social Enterprises and Civil Democracy in a Welfare Society*, Aldershot, UK: Ashgate.
Pestoff, Victor (1999a), 'Konsumentkooperationens framtid i post-industriella samhällen', *Kooperatören*, and 'The Future of Consumer Cooperatives in Post-Industrial Societies', *Journal of Co-operative Studies*, 32 (3), 208-19.
Pestoff, Victor (1999b), 'Social Enterprises and Civil Democracy in Sweden: Developing a Participatory Welfare Society for the 21st Century', in William Halal and Kenneth Taylor (eds), *21st Century Economics. Perspectives of Socioeconomics for a Changing World*, New York: St Martin's Press.
Pestoff, Victor (2001), '*Globalization, Business Interest Associations and Swedish Exceptionalism in the 21st Century*', Conference paper, Florence.
Pestoff, Victor and Peter Strandbrink (2002), 'The Politics of Day Care in Sweden', CRIDA conference paper, Milan.

Regeringskansliet (2000), *Ett föränderligt arbetsliv på gott och ont*, Stockholm: Regeringskansliet.

Rokkan, Stein ([1967] 1970), 'Geography, Religion and Social Class: Crosscutting cleavages in Norwegian Politics', in Seymour M. Lipset and Stein Rokkan (eds), *Party Systems and Voter Alignments; Cross-National Perspectives*, New York and London: The Free Press and Collier-Macmillan Ltd.

Rothstein, Bo (2000), 'Future of the Universal Welfare State', in Stein Kuhnle (ed.), *Survival of the European Welfare State*, London: Routledge, pp. 217-34.

Rothstein, Bo (2001), 'Socialt kapilal i den socialdemokratiskastaten. Den svenska modellen och det civila samhället', *Arkiv*, 79, 1-55.

Salamon, Lester M., Helmut K. Anheier, S. Wojciech Sokolowski *et al.* (1996), *The Emerging Sector. A Statistical Supplement*, Baltimore: Johns Hopkins Institute for Policy Studies.

SCB (2001), Table 1, 'Medlemskap och aktiviteter i olika organisationer, 1992 & 2000', private communication.

Stephens, John D. (1996), 'The Scandinavian Welfare States: Achievements, Crisis and Prospects', in Gösta Esping-Andersen (ed.), *Welfare State in Transition. National Adaptations in Global Economies*, London, Thousand Oaks and New Delhi: Sage Publications.

TCO (2001), *Välfärdsstat 2.1. Utveckling välfärd*, Stockholm: TCO.

Truman, David (1951), *The Governmental Process*, reprinted 1971 (2nd edn), New York: Knopf.

Walden Laing, Dagmar (2001), *HIV/AIDS in Sweden and the United Kingdom Policy Networks 1982-1992*, Stockholm: Dept of Political Science.

Walden Laing, Dagmar and Victor Pestoff (1997), 'The Role of Nonprofit Organizations in Managing HIV/AIDS in Sweden', in Patrick Kenis and Bernd Marin (eds), *Managing AIDS: Organizational Responses in Six European Countries*, Aldershot, UK and Brookfield, USA; Ashgate.

Werkö, Sofie (2002), 'Patient Empowerment through Patient Organizations', seminar paper, School of Business, Stockholm.

Zetterberg, Hans (1961), 'National Pastime: Pursuit of Power', *Industria International, 1960-61*, Stockholm: Confederation of Swedish Employers.

4
フランス市民社会の経験
政治と経済のギャップを架橋する試み

フィリップ・シャニアル
ジャン-ルイ・ラヴィル

1 序　論

　19世紀以降，市場経済の拡大がもたらす，社会を衰弱させるような影響を抑え込もうとする努力が続けられてきたなかにあって，ヨーロッパでは連帯原則が大きな特徴となってきた．この連帯原則は，単なる博愛にとどまらず，自助と助け合いの組織に深く根差した習慣にその起源をもっていた．また市場経済の拡大を通じて，現代シティズンシップ［市民権］のあり方も，全人類の自由と平等という思想に立脚するものであるとはいえ，経済的資産という価値に容易に置き換えられてしまうことにもなった．

　産業革命や自由主義イデオロギーの勝利がさまざまな労働者組織に向けられた暴力と結合することによって連帯経済に対する信頼が大きく失われたにもかかわらず，自己組織化［自助と助け合い］に基盤を置くアソシエーションという連帯モデルは，19世紀半ばには市民的連帯経済の勃興に道を拓いた．とはいえ，連帯経済への信頼も今では，19世紀後半に設立されたさまざまな社会的経済組織のなかにわずかに見出せるに過ぎない．この社会的経済組織——資本主義的なアソシエーションとは法制度上は異なった存在であるものの——も市場経済と非市場経済との明確な区分を越えられないことが明らかとなった．その区分は，ヨーロッパ全体でみると，市場と福祉国家との競争として現れたり，あるいは協調として現れたりするものである．だが最近では，起業組織の増大という現象を伴って状況が変化してきた．20世紀最後の四半世紀に，自発的なシティズンシップ［市民としての行動］——

それは，連帯経済を熱望する心情のなかに存在している——の伝統を再生させようとするさまざまな試みがなされてきた．

　本章の目的は，フランスのアソシエーション主義の伝統に照らして理解することによって，連帯経済という「経済行動」パターンの複雑な歴史を詳述することにある（第2・3節）[1]．次いで，経済に対する民主的統制を要求する連帯経済という試みが発展モデル——市場の傲慢さ（Polanyi, 1944）に起因する脅威の増大に対して，市民社会の再生要求の対置をもってコーポレートガバナンスのヘゲモニーに挑戦するような発展モデル——へとどのように結びつくのかが示されるであろう（第4節）．本章の最後に，こうした努力が結局どういうものになるかについて問題提起がなされる（第5節）．

2　アソシエーション主義・経済・民主主義

　アソシエーションの歴史についてよく考えてみるならば，何よりもまず，人権と代議政体とが民主主義を語る最終的な言葉とはならないことが想起されるはずである．現代の民主主義を生み出した歴史過程は「個人主義に向かう運動」として単純に描きえるものではなく，おそらく，より的確にいえば，むしろ「アソシエーションに向かう運動」でもあったのであり，それは，デューイが熱心に主張したとおりである．17世紀から18世紀にかけてのいくつかの大革命が旧来のヒエラルキー型社会秩序を破壊するのに大きな効果を発揮したけれども，残存していた「社会的分子」（デューイ）も，新しい組織やアソシエーションの創設に直ちに動き出すことになった．こうした新しい諸組織はもはや，強制的で権威主義的な参加ではなく民主主義の理念に一致する自発的な加入脱退の自由に依拠していた．このように，民主化過程の

---

1)　アソシエーション主義の伝統という観点から歴史を詳述するとしても，それ以外の伝統が果たした特有の貢献を否定するものではない．明らかに，フランスのアソシエーション主義だけが市民的連帯経済というプロジェクトを案出したわけではないし，フランスのアソシエーション主義だけがそれを実験したわけでもない．しかし歴史学者たちは，民主共和主義運動ときわめて密接な関係にあった協同組合社会主義の伝統とそれが有している中心的な重要性を十分に理解してこなかったように思われる（Moss, 1980; Sewell, 1983; Chanial, 2001）．

全体は，政治，文化，科学など多様なアソシエーションの繁栄と切り離しえないほどに結びついていたのである．実際，アソシエーションそれ自体を，民主主義革命において忘れ去られた第2の触媒と考えるべきである．

しかし，アソシエーションと民主主義とのつながりはデューイが言うほどには明確でもなければ明快でもない（Cefaï and Chanial, 2000）．フランス革命前の1780年初頭には，無数のアソシエーションが18世紀ヨーロッパ啓蒙主義に合致する友愛主義や平等主義に基づく新しい社会体制の実践を始めた．明らかに，アソシエーションがフランス革命の成長・成熟の触媒となったのである．フランス革命はある程度まで政治アソシエーションの支配下にあった．だがきわめて矛盾したことではあるものの，最終的にはいくつものアソシエーションが公共の世界から一掃されてしまった．つまり，学会および婦人協会が1793年に禁止され，社交クラブも1795年に禁止となった．最も有名な例は，経済アソシエーションや職人アソシエーションがすべて1791年初頭に禁止されたことである．急進的革命主義者から保守的自由主義者までの全会一致をもって，アラール＝ル・シャペリエ法が可決されたのである．こうした全会一致の合意をみたのは，反民主主義的な匂いをもった旧式ギルドが再生するかもしれないという恐れが広く存在していたからである．つまり，人々が自由に集まって職業アソシエーションを創設する権利の否定，言い換えれば，憲法制定議会がかつて人権宣言という名のもとに付与した権利の否定である．多くのギルドが世俗主義や民主主義——新しい革命綱領と完全に一致する加入脱退の自由や代議制——の受け入れを決定していたにもかかわらず，個人の自由や主権の原則がまるでギルドの存続とは相容れないかのようであった（Sewell, 1983, p. 141）．

フランスの労働運動や社会主義運動が多様なアソシエーションモデルという装いで登場することになった背景には，取締りや弾圧——中断されることも幾度かあったものの——があったのである．

労働運動：アソシエーションの実験場

フーリエやサン・シモンなどのような人々が成し遂げた理論上の突破口と

はまったく異なって，労働者たちのアソシエーションの登場はゆっくりしたものであった．連帯という新しい概念は徐々に定まってきたのであり，しかもこの新しい概念によって民主的な社会関係と連帯とが融合した．かつてサン・シモンの信奉者であったルローも述べているように，「自然は一個の人間を単なる自己執着者に運命づけはしなかった．つまり，人間はお互いのために存在しており，互酬的連帯によって結びつけられている」(Leroux, 1997)．競争主義的個人主義と国家的権威主義とを避けるために，ルローは，アソシエーションや公共精神に富んだ新聞だけでなく，職場で育まれる連帯の輪にも期待を寄せている．これらの考えに則して，憲法に従った一群のプロジェクトが1830年代から1840年代にかけて計画され，そのすべてが「兄弟愛の」「連帯に基づく」経済モデルの構築をめざしていた．連帯という概念は，互酬関係と近代的公共領域とを結びつけるうえで理想的な方法だと受け取られた．連帯という原則は，社会的な交流がもっている相互依存の性格のみならず，アソシエーションや相互協力の実践のなかに包含されている積極的な自由を強調している．したがって，連帯という原則は，自由をめぐる理論的な枠組みを提示するものである．すなわち，連帯原則に基づいた理論的枠組みのなかでこそ，個人主義社会——消極的自由の擁護だけに依拠する社会——という自由主義的なプロジェクトや利害をすべて包含するようなパラダイムに対して，それに代わるオルタナティブも徹底して構想されうるのである［アイザィア・バーリンによれば，消極的自由とは，「ある個人の欲求，意図が実現される保証はないが，少なくともそれを妨害する外的な条件，特にそれを妨害する他人，ないしはそのような他人の行為は存在しない，という意味である」．これに対して積極的自由とは，「個人の自由をまさに，『消極的自由』論がその意義を否定した，その個人の欲求，意図が全面的に実現され」ている状態をさす．『事典哲学の木』講談社，2002年，503-4頁］．

　熟練労働者のつくりあげた労働者アソシエーションがコーポラティズムの体質から抜け出し始めたのは，こうした枠組みのなかにおいてである．ギルドや共済組合，生産アソシエーションなど，さまざまな出自のグループが確実に世俗主義や民主主義に加わりはじめた．これらのグループは，革命をめざすアソシエーションに依拠することによって，民主共和制の展望と不可分

の関係にあったアソシエーション主義的ユートピアの誕生を促したのである．

旧来型のギルドは 15, 16 世紀以降着実に成長し，きわめて厳しい弾圧法をかろうじてくぐり抜けた．このギルドは 1815 年から 1848 年の間に勢力の頂点に達し，自らを変革することができなかったにもかかわらず，寛容の時代の雰囲気から利益を得たのである．この期間，ルローやトリスタンなど多くの論者が声を上げ，ポストコーポラティズム体制にかぎらず熟練工ギルドすべてに新型「労働組合」への合流を強く求めた．なぜなら，この連合によって，すべての労働者が互いに闘うことを止めて合意に到達し，道徳の向上と経済的な防衛とを一体的に実施できる単一の計画に参加することができたからである．これらのギルドは，兄弟愛と共感という強い感情によって結びつけられた自由なアソシエーション，あるいは労働者 1 人ひとりがメンバーに加わって組織運営への貢献資格をもつ「団体」とみなされた．

宗教団体の継承者である共済組合に関していえば，不熟練労働者を新しいメンバーとして仲間に入れた．この共済組合は 1815 年以降，法定組織に組み替えようとする政府の意図に従うようになっていった．その目的は，国王と教会への忠誠が揺らぐ下層階級の意識を回復させることであった．だが，その策略は裏目に出た．すなわち，慈善事業への関与をまったく放棄することなく政治化した組合もいくつかあり，それは，失業手当を給付してさまざまなストライキを経済的に支援するようなものであった．このようにして共済組合は，抵抗運動のための公然と偽装された温床となり，自立した労働組合――そこでは，コーポラティズム，共済保険，共和主義的な考えが不可逆的に混合されることになる――への先駆けとなった．

1830 年代には，「アソシエーション」がもつさらにもう 1 つの意味がしだいに明らかになってきた．限定的に団結に関わることや共済保険を求める声を乗り越えて，アソシエーションはもっと広い図式をめざす傾向が出てきた．すなわち，労働運動の主要な目標を生産アソシエーションの構築に置き，そこで，アソシエーション自体を，賃金労働者として生きることを余儀なくされた状態からの解放のシンボルにしようとの傾向である．この理論についてはビュシェが詳細に説明している．彼は，1831 年当時の，労働者アソシエーション主義についての最初の理論家の 1 人であった．ビュシェ理論によれ

ば，今や唯一の富の創造者である労働者たちは，破棄されることのない共同の財産を築くために自らの道具と労働力を分有し，したがって誰に依存することもなく自分たち自身に依拠している．彼らは，権利と義務を平等に分有することによって，産業を自らの意志に服従させ，労働者間の競争を終焉させる能力を手に入れるであろう．労働者の実践的な経験から生まれたこのプロジェクトは，当時の共和主義者のみならず，さまざまなタイプのユートピア主義者たちによって熱狂的に歓迎された．新たに共有されるようになったこうしたアソシエーションのあり方はすべて，夢を共有しただけではなく，その繁栄の時代を迎えたのである．

1848年：労働者アソシエーションから労働者共和国へ

1848年の3月から6月にかけて，パリはアソシエーションで溢れていた．アソシエーションは総体的に社会を再組織化する理想的な方法であり，2つの意味をもっていると考えられていた．［第1に］普通選挙権であり，それは，政治アソシエーションにより国が統治されていることを意味していた．［第2に］労働問題をあらためて認識してその解決を考えようとの試みについていえば，それは，経済もまたアソシエーションによってコントロールされるべきことを意味していた．民主的共和制社会とは，このような二重の意味をもつものだったのである．ゴセ（Gossez, 1967）によれば，デロシュは，39の職種を取り上げ，そのどれもが，ユートピア理論の一部から着想を得ながら，自らのアソシエーション化プロジェクトをもっていた，と述べている．しかし，このアソシエーション化は実に危険な賭けであった．旧来の職人アソシエーションに新しい命を吹き込むとともに，労働組織の新しいあり方を探求することによって，労働者たちは，経済制度が生み出す社会的不平等と政治的平等原則との折り合いをつけようと努力した．彼らの意向がどうあれ，この試みには2つの明確な特徴があった．第1が自発的な会員制である．これは，宗教的であろうと世俗的であろうと，一定の経済活動によって基盤が強化されるようなコミュニティに属していたいという欲求に根ざしていた．第2は，その欲求に根ざした行動である．それは，民主的な社会の枠

組みのなかで起こったことであった．慎重ではあったものの，その行動の目的は政治的であった．

　1848年は，1830年代以降予想されていた瞬間，すなわち，労働世界の人々や社会主義のパイオニアたち，そして理想主義的共和主義の考案者たちがついに和解した瞬間としていつまでも記憶されるであろう．アソシエーションがその出会いの場を用意した．政治改革と社会改革とが手を携えて進んだ．産業秩序の奴隷であるかぎり，人々は政治の主人公にはなりえない．あるいは，ビュシェの信奉者であるコルボンが述べているように，「政治上の民主主義と経済上の専制とはもはや共存できるはずもない」のである．1848年のシンボルとなったのは政府が任命したリュクサンブール委員会であり，その任務は「労働組織」の取り扱いとそのルールの確立であった（Laville, 1999a, 1999b）．

　このようにしてリュクサンブール委員会の指導のもとで，数多くの旧型ギルドは組み替えられ，小規模な同業者組織となって普通選挙の統治下に入るとともに，アソシエーションの原則と一致する労働者主権のもとに置かれた．共通の利益（賃金，福利厚生，労働時間，失業防止，競争抑制など）を守り高めることを目的として，新しい統合の産物として労働組合が生まれるようになった（Gossez, 1967）．ほんの数カ月後には，これらさまざまなアソシエーションを1つに統合しようとする動きに弾みがついた．これらの小規模な共同組織を乗り越えていく動きが必要となった．労働者共和制の未来図，選ばれし者による産業統治の展望，労働者アソシエーションの伝統を受け継ぐ共和主義が台頭しはじめた．さまざまなプロジェクト（Leroux, 1997, pp. 440f; Proudhon, 1848）が目的としたのは，国会をあらゆる専門分野の労働者の議会に変革すること，あるいは大統領選挙人団を専門職業をベースとして組み替えることであった．つまり，新しい民主的な労働組織を通じて政治形態を再建することであった．

　これらのプロジェクトが明らかに失敗したにもかかわらず，アソシエーション主義者たちの1848年の着想は押しとどめられることもなく，政治的動機を高め，市民権，合法性，代表制，主権についての新しい意味の輪郭を描いていった．この「アソシエーション化政策」の目的は，共和主義的な理想

を経済の領域にまで拡大することによって公共心を復活させ民主主義を再生することであった．さまざまな姿をとったが，第三共和制の終わりまでに労働者の政治運動の方向性を決定したのが，1848年の遺産であった（Moss, 1980）．ナポレオン3世下での共済保険や協同組合の再生，1871年パリ・コンミューンの真の特徴，マルクスやゲーデの描いた中央集権制とは対抗的な都市社会主義（Brousse）や分権的民主主義的な集産主義の成熟（Jaurès, Malon, Fournière），フランス労働組合主義の連邦主義的な雰囲気，革命的労働組合主義の高揚と衰退，これらすべてが1848年の遺産の強靭さの証明である．アソシエーションはその後に起こった労働運動や社会主義的な政治運動の鋳型であったのであり，さまざまな進化を経たとはいえ，第三共和制の精神とは性分が合っていた（Chanial, 2001）．

市場・政府・社会的経済

19世紀後半を通じて，アソシエーション方式は，法的にさまざまな突破口を切り開くことになった．長年にわたる闘いの結果，ついに法的な妥協を生み出し，出資者の権限を制限する組織を承認させた．これらの組織はしだいに，社会的経済組織と呼称されるようになった．言い換えれば，社会的経済には営利の制限が規定されたすべての組織（協同組合，共済保険，アソシエーション）が含まれている．社会的経済というフランス語で語る伝統は，英語による定義から分かれたものである．最初の定義によれば，真の境界線は営利と非営利との間ではなく，社会的経済組織と資本主義的組織との間に引かれていた．それというのも，社会的経済の基本的な目標が，個々の株主への利益保証に対立するものとして代々受け継いできた共同財産の継承にあったからである．その基準は非営利でなく，資本が支配的にならないよう保証できる拘束力のある規則があるかないかであった（Bidet, 2000, p. 38）．
このようにして，アソシエーションに向かう元々の運動は，利害関係者の会員制と経済活動とを結びつける合法的な組織に行き着いたのであり，その組織のすべてを株主支配から解放することになったのである．
特有の組織構造に焦点を当てるものとはいえ，それでもやはり社会的経済

というアプローチでは，民間営利企業を含む市場志向の「経済」領域と政府公共機関が規制する「社会」領域とが制度的には分離を強制されていることに直面せざるをえない．両者の明確な区別は，そもそもはワルラスとともに始まった分析上の区別にある．ワルラスは，経済学を価値意識から自由な「純粋な」科学として，そして数学によってうまく経済法則が確定できる科学として定義しようとした．彼のこの試みは社会的経済に関する自らの定義——公正原則の尊重と社会問題の解決とを重視するものとしての社会的経済——と論理的につながっている．ワルラスの見解によれば，市場経済は財の生産を確実にするが，社会的経済は財の生産に依存している．というのは，社会的経済は財の再分配に専念するからである．社会的経済はこのようにして市場経済の「自然」法則に従属するものとして登場したのであり，社会的経済に唯一残された目標は市場の名のもとに犯される社会悪を償うことであった．

福祉国家の出現

上述したような出来事とは別に，連帯についての考えは進化してきた．1848年の出来事により抑圧の経験がトラウマとなったため，個人の権利と政府の責任との調和を可能とする共和主義的な方策として連帯が再登場したのは19世紀末であった．この新しい考えが数多くの政治家や法律家，そして社会学者たち（Bouglé, Bourgeois, Duguit, Durkheim and others）により推し進められ，もはや人類全体を包含するものとして理解されるのではなく，過去の世代と未来の世代の結合を強調するものとして理解されたのである．ブルジョワが述べているように，社会参加は良心が命ずるものではなく，権利であり法的義務である．この義務を無視することは公正さという明確なルールの侵害を意味する．政府は「必要ならば力によってでも」このルールを守らせるべきであり，それによって「労働と生産物の正当な分け前をすべての人に与えるべきである」（Bourgeois, 1992, pp. 22-3）．自由と平等という相対立する要求の調和を図るには，「連帯概念に融合した行政という理想形」と定義される「社会的なるもの」と経済とを機能的に分離することが必要で

ある。一般意志の表現としての民主主義国家は、任命を受けて公益の守護者となる。しかし、市場経済が富の創造において果たす広い役割も認めなければならない。代議制政治によって正統化される行政こそが、「中立」国家による国民への奉仕を可能とするのである。

連帯は社会を組織するための基軸的な考えではあったものの、19世紀末以降になると、市民同士の水平的な関係にはあまり妥当しなくなり、法律に基づく垂直的な関係、社会的国家を通じて市民を守るという縦の関係に妥当するようになった。その結果、社会の再編に介入できる政府の絶大な力が十分に認められている（Lafore, 1992, pp. 261-3）。政府の介入は法律にもとづいた一種の垂直的な連帯であり、「個人主義」や「集産主義」を避ける現実的な方法として歓迎されている。

この枠組みのなかでは、政府の介入は市場経済にとっての脅威ではなく、市場経済の当然の補完物と考えられている。第二次大戦が終わり国民の結束を育む必要が生まれた結果、この補完的な関係はなおさら切っても切れないものとなった。ケインズ主義は学問と介入という新しい手段を使って経済成長を管理しようとした。その間に、福祉国家はかつての社会的国家の方式を社会保障の領域に援用した。賃金収入によって実現したのは労働と保護との一体化されたあり方であり、先例のないものであった。この一体化は社会的統合のための主要な道具となり、それは、雇用保障と繰り返しの賃金交渉を可能とする高生産性の達成のおかげであった（Castel, 1995）。

要約すれば、19世紀前半から1960年代までアソシエーションに人々は殺到したが、それは市場の拡大による社会の崩壊に対する自然な反応であり、それがしだいに政府介入の道を整えたのである。政府は「社会的なもの」と呼ばれる特有の組織様式をつくり出した。この「社会的なるもの」によって、市場経済の存在と労働者のシティズンシップとの調和が可能となる。この「社会的なるもの」の存在が、市場経済と法定福祉とを分離させることにもなった。企業と福祉国家のなかでの労働者の権利について規定した多くの社会法は、市場経済が社会に負わせた傷を癒す必要から生まれた。

社会的経済の発展

数十年にわたる議論の末にようやく非営利アソシエーションの存在を法的に認知した，かの有名な 1901 年法［の有する意味］も，上述のような文脈のなかでこそ検討されなければならない．1901 年法，あるいはさらに一般的にいえば社会的経済を規制する規則すべてを，壮大な展望と大胆な試みの時代の終焉とみなすことができる．ついに法律的な成果が達成された結果，アソシエーションが英雄だった時代，すなわち，革命クラブや秘密結社，労働者協同組合がヒーローだった時代は終わったのである．

20 世紀を通じて，複雑な制度化や統合化による二重の影響が社会的経済を分散させてしまった．三種の法的地位，すなわち協同組合と共済組合とアソシエーションは，とくに市場経済と福祉国家との分離を通じて，自らもその重要な構成部分であるような社会と経済のあり方に依存するようになった．この枠組みのなかで，これら 3 つの組織すべてが制度的な同型化に服するようになっている．同型化とは，あるメンバーグループが，同じ制約に向き合わなければならない他のメンバーグループと同様の行動や外観を強いられる抑圧過程として定義される（DiMaggio and Powell, 1983, p. 150）．こうした同型化によって，これらの組織がなぜ「自らの経済行動の標準化を受け入れる」のかが説明できる（Vivet and Thiry, 2000）．

協同組合は市場経済の構成要素であり，さまざまな関係者が自分のために資源を動員することを認めている．ただし，彼らはその資源を必要としているが，従来型の出資者であれば避ける資源である．たとえ協同組合が政府の規制措置から利益を受けるとしても，その特徴は競争にある．このことは，生産集中という広義の論理が，その内部に違いを残しつつも，［事業の］専門化過程における先導役を務めてきたことを意味している．協同組合は，主として資本家の集中度の弱い領域で生き残っている．協同組合という事業体は自らの永久不滅を強く望んだために，本来もっていた戦闘的な政治的ビジョンを曖昧化させることになってしまった．

共済組合にとって，福祉国家の到来はその転換点となってきた．19 世紀

のほとんどを通じて,事故死や病気,老齢化の問題への取り組みが試みられてきた.これらの試みの基礎となったのが,同じ職業や職場におけるメンバー間の連帯であった.共済組合による経済活動の性質それ自体が第二次大戦後のさまざまな社会保障制度との協調を推し進めたのであり,共済保険も,選択の余地のないものとなった福祉国家に対する補完となった.社会政策の築いた枠組みがたとえ加入脱退自由の原則とたまたま抵触することになったとしても,共済保険は政府の決めたルールに適切に従った.フランスでは,この制度化過程において,ビスマルクが社会保険を賃金収入と結びつけて最初にはじめたコーポラティズム方式を採り入れた(Esping-Andersen, 1990).しかしながら,保険の分野で競争が厳しくなると,営利的な保険や共済保険のなかには苦境に陥るところも生まれた.

フランスで実施されたコーポラティズム型の福祉国家のもとでは,社会サービスを提供しようとする**アソシエーション**に活動の余地が多く残されている.これらのアソシエーションは,かつては未知の社会的ニーズの領域に入り込んでいった.その後,政府はこの遺産,つまりアソシエーションが存続し,良好な状態でいられるような法的・財政的フレームワークを整えた.政府はどの職業が含まれるべきかを指示したいわゆる保護規定を制定し,この規定が遵守されるかぎり,必要な財源を認め,予算を通じて支出した.このような規定により,教会,世俗を問わず,アソシエーションが全国的な大連合に統合することになった.政府とアソシエーションとの関係を詳しく吟味してみるならば,きわめて多くのアソシエーションが社会サービスの供給に参加しているという紛れもない状況が明らかになる.この行き着く最終的な帰結は,政府における強大な集権化であり,政府の財政的・法的な力へのアソシエーションの依存である(Laville, 2000).

共通のアイデンティティはどこに?

全体的にいえば,社会的経済の意義は20世紀初頭以降,経済の領域において着実に大きくなってきたとはいえ,政治の領域についてはそうではない.アソシエーションの活動とどういう関係をもっているかによって議員を選別

するようになったことにより，初期のアソシエーションが大いに頼りにしていた議員の帰属意識が大幅に薄れている．専門化，協同組合および共済保険とその他の会社との競争，政府の社会政策がアソシエーションに課す制約といった事柄が，社会的経済の領域においてよりテクニカルで新しい問題を引き起こしている．公の議論で及ぽすことができる影響力はせいぜい微々たるものであり，結局，アソシエーションは周知の大望を断念し，自己の経営課題や遵法という課題に専念している．

　以上のように，社会的経済のもっている政治的な側面がかなり忘れ去られている．政治のうえで失ったものは，社会的経済を構成するさまざまな要素がしだいにばらばらになっていくことによって明らかとなる．たとえば，一方で協同組合が自らを市場志向型企業と考えて行動し，他方ではアソシエーションが社会的領域の世界に貼り付いたままであるとすれば，協同組合とアソシエーションとの連携をつくるのはきわめて難しい．利潤を目的としない組織（not-for-profit organizations）として存在するだけでは，共通のアイデンティティや目的を生み出すうえで十分とはいえない．いわゆる「社会的経済セクター」内部での一貫性をある程度保持することさえ難しくなっている．これが，市場経済と社会政策との分離のうえに築かれる一般的なフレームワークのなかに社会的経済組織を統合した結果である．

3　社会的経済の限界

　社会的経済の実際の限界は，フランス語圏の伝統にみられる規範的な社会的経済アプローチに内在する理論的問題と関係している．とくに次の5点に注意が必要である．すなわち，①制度化の過程，②参照すべき社会的経済モデルの定義，③暗黙裡の功利主義，④民主主義の単純な見方，⑤発展のあり方，である．

　［第1に］規範的な社会的経済アプローチにおいては，制度化が，19世紀前半の先駆的なアソシエーション主義が切り開いた過程の当然の結果として単純に理解されている（Gueslin, 1989）．しかし「当然の結果」であったという以上に，この過程はかなり曖昧である．社会的経済の法的認知は，どの

社会的経済組織を選択するかということと密接に関係している．政府は 19 世紀後半を通じて，労働運動の脅威にさらされたこともあり，慈善活動に比べて自主組織の団体を差別的に扱った．相互扶助の組合は入念にチェックされ，地方のエリートの監督下に置かれた．労働者組織の抑圧やその結果起こった慈善活動の役割の増大，そして社会的経済の熱狂的な支持者たちが社会的経済の道徳的役割を強調し続けたという事実によって，社会的経済は「温情的」政治経済というあだ名をつけられ，労働運動の内部でも根本的な論争が巻き起こった．労働運動の内部では，マルクス主義とそのなかのアソシエーション懐疑派が着実に地歩を固めていた．マルクス自身も社会的経済を「通俗的な経済」として退けている．それは，社会的経済それ自体が社会体制と闘わず，貧困を減らすことで法と秩序を維持する道を探求するだけで満足していたという理由からであった．

　［第2に］フォーケ（Fauquet, 1965）とヴィネー（Vienney, 1981-82）によれば，協同組合モデルが社会的経済の基準になったとはいえ，協同組合モデルは，アソシエーションのなかでも恒常的な経済活動に深く携わる人々にとってみれば，社会的経済の幅を狭めるものであった．現在ではある種の経営課題を遂行している場合にしか，社会的経済組織は人々から認められていない．したがって，社会的経済組織による経済活動は単なる市場活動とみなされる傾向にあり，社会的経済組織と市場との関係も，社会的経済が経済に純粋に関わっていることを証明するために目立つように表現されるのである（Jeantet, 1999）．この点でいえば，社会的経済は，非資本主義的タイプの市場企業であることを超えて，それ以上のものになろうとはしなくなったのである．そして，同型化への疑問を抱いたり，社会的経済を非市場の経済部門とみなしたりすることが許されなくなって，社会的経済の成功の証明として市場活動への専念が歓迎されるようになった．こうなってしまうと，財政的な健全さが再分配やボランティアに大きく左右されるアソシエーションにとって，フランス社会的経済憲章を支持することは依然難しいことである．というのも，この憲章が，社会的経済組織は「市場経済のなかで生きるとともに，伝統的な市場経済が生み出すことができないような組織を発展させる」と宣言しているからである．

［第3に］社会的経済をこのように理解することは，社会的経済のプロセスに参加するアクターたちの合理的で功利主義的な行動には，上述のような経験的な事実がつねに付随するものだという前提を置くことに等しい．この分析では，合理的選択というプリズムを通してアクターたちを認識するけれども，「［合理的選択からすれば］何の魅力もなければ何の役にも立たないような動機の世界がまったく考慮されていない」(Evers, 1993)．合理的選択に焦点を合わせることは，心理的なプロセスを取るに足らない理由だとして片付け，さらにそれを戦略的な計算へと変形させることを意味している．しかし，社会的経済のプロセスに参加するアクターたちは特有の価値観の持ち主でもあり，自分たちの現実生活やその社会化様式を考慮することを望むものである．そしてその価値観ゆえにこそ，彼らの行動の象徴的な要素を無視することを許さないのである．要するに，「利潤」という狭隘なパラダイムに目を奪われるならば，社会的経済の理論は逆に，組織化された行動を支える主体間の関係という側面を剥ぎ取られることになるといえるだろう．さらにこの理論的枠組みによれば，協同組合，共済保険会社やアソシエーションの役割を認めるとしても，［メンバーたちがどれほどの経済的な成果を生み出すのかという点での］メンバーたちと経済的な成果との関係にかかわるかぎりでしかこの三者も評価されない．この三者がもっているより広い公共的な役割――そこには，将来の政策活動の基礎となるかもしれない共同活動が含まれる――は，社会的経済のプロセスのなかで忘れられてしまう．そうなると，たとえば，共済組合に端を発し，後の福祉制度に結実したようなやり方で引き起こされる制度的な変化がみえないままにされてしまう．したがって，共済組合の例にもみられるように，結果として生まれるイノベーションの衝撃がどれほど大きいものであったか――それは，市場経済という境界をはるかに越えるものである――を理解することもできなくなるであろう．

　［第4に］規範的な社会的経済アプローチにおいては，同時に，メンバー間の形式的な平等と民主主義の機能とがあまりにも安易に同一視されており，それは，メンバーへの形式的な地位の保証だけでは民主主義を機能させる保証にはならないと，すべての研究報告が指摘しているとおりである (Demoustier, 1984; Laville, 1994; Meister, 1974; Sainsaulieu *et al.*, 1983).

社会的経済組織間におけるさまざま論理や利害，グループの違いを認識することが重要である．メンバーへの形式的な地位の保証によって組織内民主主義を十分保証できるという想定はチェック・アンド・バランスの機能を妨げるだろうし，あるいはまた，労働組織や雇用条件の別のあり方を従業員のために探求することの妨げともなるだろう（Bidet, 2001, p. 101）．

　［第5として］最後に，社会的経済の理論は，現代の経済を市場と同一視することが陳腐な決まり文句であることを忘れてはならない．この点について，他の多くの論者たちの議論も考慮しなければならない（Boulding, 1973; Mauss, 1989; Perroux, 1960; Polanyi, 1944; Razeto Migliaro, 1988）．というのは，彼らは，過去の経済のみならず現在の経済をも活性化させるものとして財・サービスの3つの交換ルート——市場，再分配，互酬——を強調することによって論争を投げかけているからである．市場と政府との相乗効果に依拠する発展パターン——社会的経済もこの枠組みのなかで成長し成熟した——もしたがって，市場を主要な経済原則とし，社会的国家の組織する再分配を単なる補完に過ぎないものと位置づけるようなパターンとして描かれる．経済は市場経済として認識され，公共的な再分配が徐々に抽象的な連帯の表現となり，それゆえ連帯のもっている生き生きとした側面が忘れ去られてしまうのである（Gauchet, 1991, p. 170）．

　このような発展パターンによって，市場とも再分配とも異なる独立した原則としての互酬のきわめて不十分な定義さえ，その息の根を止められてしまうかもしれない．あるいは，互酬が認識される場合でも，それは残余の役割，すなわち「他の原理が満たしえない空白の充足に甘んじる従属的で副次的な役割」（Salamon, 1987）に限定されてしまう．すなわち，「互酬は，社会の基本的な原理に比べると，取るに足らない周辺的なものである」（Herman, 1984）．

　実際，社会的経済の組織的な側面に拘泥するならば，制度に関与する共同活動の側面を理解することができない．共同活動に参加する人々こそ，活動——制度に欠陥があるという感覚に端を発し，その途上で創り出した公益を守ることに最終的に行き着くような活動——を正統化する原則を生み出すのである．こうして，このような活動は，成熟した制度的な枠組みづくりに関

与している．事実，共同活動の制度的な側面は生産過程の管理にすべてを委ねるような組織のあり方を超えたところにあり，共同活動それ自体が求める正統性と関係しているだけでなく，社会的なアクターたちが自らの相互関係を規制する「ゲームのルール」を考え出すために合意した取り決めとも結びついている（Bélanger and Lévesque, 1990）．アソシエーションの多くは，制度の変革を目的とするプロジェクトを立案するものである．それによって，アソシエーションは自らのメンバーと公式制度との媒介項となる．市民社会の内部においてアソシエーションが占める公共領域としての［政治的な］側面（Evers, 1993）がアソシエーションの社会経済的な側面と同様に特有の意味をもつようになるのは，このような理由からである．

4 市民的連帯経済：長く忘れ去られていた展望の再生

1960年代以降，連帯の互酬的で再分配的な側面をあらためて明確にしようと試みる数多くの起業組織のなかに表示されてきたのは，何よりもまず，「オルタナティブな経済」（Lévesque et al., 1989）が有する上述のような政治的な側面である．

1960年代初期以降，人々の暮らしのなかに大変動が起こり，社会的な行動のさまざまな側面が大衆的に議論されるようになった．このような論議は，かつては大衆が触れることのできるものではなく，伝統に支配されてきた（Giddens, 1994, p. 120）．労働の領域でも消費の領域でも賃金所得者や消費者が自ら声を上げることができないという状況は，大量生産の商品や標準的サービスの供給増加によって進んだ需要の標準化過程に向けられた批判と同様の批判にさらされることになった．

生活をめぐる焦点が，生活の質の向上を求める要求，すなわち「量的な」成長よりも「質的な」成長を求める要求へと転換されるようになったのである．要するに，「生活水準」の政治学は「生活様式」の政治学に取って代わられるべきなのである（Roustang, 1987）．それは，社会生活で一定の役割を果たそうとするすべての人々のニーズ，すなわち，保全されるべき環境のためのニーズやジェンダー間および世代間の関係を変えるためのニーズを考

慮に入れるためである．こうした自省へと向かう運動は，フェミニズムやエコロジーのような新しい社会運動の形をとって現れてくるようになった．同時に，市場の欠陥を矯正すべき政府の能力への疑念についても，あちこちで関心をもたれるようになってきた．すなわち，政府の改革能力のなさが惰性や行き詰まり，えこひいきを生み出したことに気づくにつれて，さらに悪いことには，個々人の［ニーズの］相違を考慮できないために平等主義というベールに隠された大きな不平等が生まれていることに気づくにつれて，消費者たちも，再分配制度の官僚制的で集権主義的な傾向を批判し始めたのである．

他方で，新しい起業組織のなかには，経済的関心と社会変革の望みとを結びつけるものもあった．「自主的に管理される」「オルタナティブな」企業は，「組織を貫く民主主義」（Sainsaulieu et al., 1983）の実験を追求して自主管理をめざした．新しいタイプの知識集約型事業がその好例であり，そこでは，活力に満ちた参加が仕事に対する献身を育んでいた．マルシャ（Marchat, 2001）が述べるように，1960年代，1970年代以降のこの種のアクターは「社会問題への取り組みを可能とするような集団的管理の実験を創出する先駆けとなり，そのメンバーたちも専門知識による通常の実践を『批判的な』目をもって行うことを厭わなかった」．人々があらためてアソシエーションに殺到した時代として特徴づけられる1970年代は，商業的サービスから排除されるような顧客に対しても開放された，法律，経営管理，住宅の「専門店」が登場したり，さらに，社会的経済の法的な仕組みを利用したコンサルタント会社がいくつか開業したりする時代でもあった．他方，組織運営については，民主的で平等主義的なルールが要求されるようになった時代でもあった．こうした諸現象は，数多くの若年新卒者が直面した失業問題への対応としてのみならず，オルタナティブな職業モデルへの希求としても理解することができる．これと同じ傾向は，これまでのサービス供給へのオルタナティブなあり方をつくり出そうとしていた顧客の間にもあった．自らの手で保育施設をつくり始めた親たちはその実例であった．

これらの組織の多くも，イデオロギー対立の重みや経済的な圧力のもとで最終的には崩壊してしまったことは否定しようがない．それにもかかわらず，

それら組織の設立精神は，別の枠組みのなかで，あるいは別の社会集団によって再生されている．こうした背景が1980年代には決定的な影響力をもっていた．これが，市民的連帯経済の再登場を失業だけでは説明できない理由である．雇用問題は1980年代から1990年代にかけてますます重要になってきた．しかし，市民的連帯経済の展望が再び脚光を浴びたのはもっと以前のことであった．市民的連帯経済の復活は今日の3つの現象と相関的な関係があった．第1は，生産的活動におけるサードセクターの発展であり，保健医療，社会活動，対人サービス，家庭向けサービスなどといった関係サービスの台頭へとつながっている．第2は，人口の全般的な高齢化，家族構造の多様化，女性による活動の増加にみられるような社会人口統計上の傾向である．第3は，新自由主義的なグローバリゼーションが生み出す不平等の拡大である．

1980年代以降，市民的連帯を基盤とする起業組織は地域レベルに根を張って，新しいサービスの創出にエネルギーを集中してきた．あるいはまた，日常生活にかかわるサービスから文化環境の改善にいたるまでの既存サービスの整備，社会的に不利な立場にある人々や地域の通常の経済的枠組みへの統合に専念してきた（Jouen, 2000; Gardin and Laville, 1997）．市民的連帯組織のなかには，とりわけフェアトレードを通じて南の生産者と北の消費者との新しい絆を強固にしようと努めながら，グローバルな舞台へと活動領域を広げている組織もある．

社会的経済には実にさまざまな所有形態があり，その多様さが力説されてきた．こうした多様さは，株主が会社内で行使する途方もない影響力の強さに直面して，人々が感じる窮屈さの程度がしだいに大きくなっていることと関係している．しかしながら，社会的経済のなかで経験した変化は，単に「利潤を目的としない」という法的地位だけでは不十分なこと，さらに経済原理の多様性や多様な所有形態がもっているメリットの動員が必要なことを示している．市民的連帯経済という視点が力説するのは，経済原則と参加民主主義とのハイブリッド化という問題である．これは，特有の法的地位を与えるだけでは不十分であることを想起させる．すなわち，市場経済という全体的枠組みへの統合が同型化現象を生み出す傾向にあり，複数の経済原理

(市場,再分配,互酬)を組み合わせることによってしか,この同型化を避けることはできない.言い換えれば,連帯という側面は,それがボランタリーな参加――それ自体,シティズンシップと適切な公的規制の確立との互恵的な関係に依拠している――に根ざしていないかぎり,永続することはありえない.市民的連帯経済という視点は,とくに2つの問題を提起している.まず,非資本主義的法人のなかに参加民主主義を確立する最善の策は何か,という問題である.次に,どのようなタイプの公的規制が社会問題や環境問題を含め,持続的発展のパターンに最も好都合なのか,また,地方レベルでも国際レベルでも,現在の社会における市民の主張を取り上げることのできるのはどのような公的規制であるのか,という問題である.

歴史が社会的経済を社会運動から切り離してきた.しかし,連帯経済という視点と現在の状況とが,とりわけ反グローバリゼーション運動との対話を促している.この反グローバリゼーション運動は,これまでとは異なったグローバリゼーションのあり方を求める実践的な提起と活発な批判とを熱心に結合させようとしている(Ortiz & Muñoz, 1998; Passet, 1996).いくつかの出来事が示しているのは,[社会的経済と社会運動との]対話がその歴史上はじめて再開されている,という点である.国際的な反グローバリゼーション運動としてのATTAC (Association pour une Taxations des Transactions financièrs pour l'Aide aux Citoyens: Association for the Taxation of financial Transaction for the Aid of Citizens) が2001年の夏期大学で問題を提起した.もう1つの例が失業者の社会運動であり,それは,市民的連帯経済発展のための全国的なプロジェクトを構築した.最後に,労働組合もまた最近になって関心を示している.CFDT(フランス労働連合)は新しい形態の連帯に関心を移したと証言している(Joubert et al., 1998).CGT(労働総連合)も同じ方向に動いている(Le Duigou, 2001).

こうした変化を政府側も認識し始めている.その証拠が,2000年に行われた社会的連帯経済に関する地域協議に表れている(Lipietz, 2001).また,1901年法の100周年を祝う祝賀会もまたその一例である.それに加えて,市民的連帯経済担当国務大臣の創設を挙げなければならない.当大臣は,わけても,さまざまなネットワークをもつ市民的連帯経済と社会的経済との間

でヨーロッパレベルでの会議の開催に尽力した．とはいえ，こうした認識は全国レベルでは脆弱であり，それは，2002年に当該大臣ポストが廃止されたことによく表れている．だが，地方レベルでは事態が進行しており，2001年に選出された地方議会では，市民的連帯経済を代表する人々が数百人にも達している．

　制度化された社会的経済と，連帯経済という視点をもった起業組織との相互協力を強化することができるかどうか，そして，社会運動と公共機関との関係を改善できるかどうか，将来もおそらく，こうした点に大いに左右されることになるであろう．

5　結　論

　全般的にみれば，20世紀最後の四半世紀に生まれた起業組織は，連帯を通じた経済活動を主張する19世紀型のアソシエーションが再生された証拠である．社会的経済組織にかぎらず市民的連帯経済についても，経済の民主化に貢献する活動や市民社会における公共への参加から生じる活動のすべてを中心にすえる視点として，広義に定義することができる．一定の慈善活動を定義するための，「連帯」という用語の使用が与える印象とは対照的に，市民的連帯経済は，慈善活動に有利な政府の介入を廃止しようという規制緩和の要求とは何の関係もない．市民的連帯経済は本来，共同活動に起源をもつものであり，その共同活動とは，政府の規制とともに国際レベルや地方レベルでの規制の実施を目的としたり，あるいはまた，これらの規制が埋め切れない空白を満たすことを目的としたりする諸活動である．したがって，市民的連帯経済とは，連帯の再分配形態から互酬形態への転換を意味するものではなく，むしろ，社会の原子化状態——それは，日常生活の拝金主義化や商業化によってますます進行している——に抵抗するための社会の能力の強化を目的として，連帯の互酬的側面と再分配的側面との混合を意味するものである（Perret, 1999）．

　究極的には，市民的連帯経済は，「近接公共領域」（Eme and Laville, 1994）とでも呼びうる交換や対話の場の設定を通じて，顧客，労働者，ボラ

ンティア，生産者，消費者といった諸個人のとる行動から発生するものである．これらの諸活動は，諸資源（販売収入から生まれる市場資源，再分配から生まれる非市場的資源，ボランタリーな貢献から生まれる非貨幣的資源）の適切な組み合わせによって強固なものとなる．こうした事実が確立されていくにつれて，ハイブリッド化も，自らの永続化のための一般的な手段として一層推進されていくものと思われる．

　サードセクターに対するフランス型アプローチは一般に，社会的経済アプローチと受け止められている．しかし過去30年間のフランスの経験は，同じ1つの傘の下にさまざまな組織を結集させようとの試みを超えたところにあり，社会的経済の起源をめぐる議論の再解釈を通じて生まれてきた市民的連帯経済という視点によって特徴づけられてきた．この視点によれば，経済の政治的な性格という問題をもう一度提起しないかぎり，社会的経済もその正統性を保持し続けることはできないであろう．したがってこの問題提起の目的も，市場社会という支配的なコンセプトを多元的経済というコンセプトへと転換させることでなければならない (Passet, 1996; Aznar *et al*., 1997; OECD, 1996)．この多元的経済というコンセプトは，市場という領域を超えて，市場以外の柱を組み込んだ経済を意味している．市場社会という自由主義的ユートピアの再生が生み出した環境のなかにあって (Rosanvallon, 1989)，経済学と政治学とのバランスのとれた関係を発展させたいと望むならば，経済の多元的な側面にこそ力点を置くことが，公共機関にとっても市民社会のアクターにとってもキーポイントになるとされてきたのである．

参考文献
Aznar, G., A. Caillé, J.-L. Laville, J. Robin and R. Sue (1997), *Vers une économie plurielle*, Paris: Syros, Alternatives économiques.

Bélanger, P.R. and B. Lévesque (1990), *La théorie de la régulation, du rapport salarial au rapport de consommation*, Montreal: Université du Québec à Montréal.

Bidet, E. (2000), 'Economie sociale, nouvelle économie sociale et sociologie économique', in M. Lallement and J.-L. Laville (coord.), *Qu'est-ce que le tiers secteur? Associations, économie solidaire, économie sociale*, special issue of *Sociologie du Travail*, 4, Paris, 587-99.

Bidet, E. (2001), 'Economie sociale et tiers-secteur en Corée du Sud', thesis, Université Paris X - Nanterre.
Boulding, K. (1973), *La economia del amor y del temor*, Madrid: Alianza Editorial.
Bourgeois, L. (1992), *Solidarité*, Paris: Colin.
Caillé, A. (1993), *La dimension des clercs. La crise des sciences sociales et l'oubli du politique*, Paris: La Découverte.
Castel, R. (1995), *Les métamorphoses de la question sociale*, Paris: Fayard.
Cefaï, D. and P. Chanial (2000), 'Politiques de l'association. Une généalogie de l'associationnisme civique en France', *La revue du GERFA*, 1, 'L'économie solidaire', 203-24.
Chanial, P. (2001), *Justice, don et association. La délicate essence de la démocratie*, Paris: La Découverte/MAUSS.
Demoustier, D. (1984), *Les coopératives de production*, Paris: La Découverte.
DiMaggio, P.J. and W.W. Powell (1983), 'The Iron Cage Revisited: Institutional Isomorphism and Collective Rationality in Organizational Fields', *American Sociological Review*, 48 (April), 147-60.
Eme, B. and J.-L. Laville (1994), *Cohésion sociale et emploi*, Paris: Desclée de Brouwer.
Esping-Andersen, G. (1990), *The three worlds of welfare capitalism*, Cambridge, MA: Harvard University Press.
Evers, A. (1993), 'The welfare mix approach. Understanding the pluralism of welfare systems', in A. Evers and I. Svetlik (eds), *Balancing Pluralism. New Welfare Mixes in Care for the Elderly*, European Center Vienna and Aldershot: Avebury, pp. 3-31.
Fauquet, G. (1965), *Œuvres complètes*, Paris: Editions de l'Institut des études coopératives (1st edn 1935).
Gardin, L. and J.-L. Laville (1997), *Les initiatives locales en Europe. Bilan économique et social*, Paris: LSCI, CNRS.
Gauchet, M. (1991), 'La société d'insécurité', in J. Donzelot (ed.), *Face à l'exclusion*, Paris: Editions Esprit.
Giddens, A. (1994), *Beyond left and right. The future of radical politics*, Cambridge: Polity Press.
Gossez, R. (1967), 'Les ouvriers de Paris. L'organisation 1848-1851', Bibliothèque de la Révolution de 1848, vol. 24, La Roche-sur-Yon.
Gueslin, A. (1989), *L'invention de l'économie sociale*, Paris: Economica.
Herman, R.D. (1984), *Why is there a third sector? Bringing politics back in school of business and public affairs*, Kansas City: University of Missouri.
Jeantet, T. (1999), *L'économie sociale européenne*, Paris: Ciem.
Joubert, F., B. Quintreau and J. Renaud (1998), 'Syndicalisme et nouvelles solidarités', *La Revue de la CFDT*, 11 (June-July), 32-7.

Jouen, M. (2000), *Diversité européenne: mode d'emploi*, Paris: Descartes & Cie.
Lafore, R. (1992), 'Droit d'usage, droit des usagers: une problématique à dépasser', in M. Chauviere and J.T. Godbout (eds), *Les usagers entre marché et citoyenneté*, Paris: L'Harmattan, pp. 257-74.
Laville, J.-L. (1994), *Collectifs et coopératives de travail en Europe - éléments pour un bilan 1970-1990*, Paris: LSCI, CNRS.
Laville, J.-L. (1999a), *Une troisième voie pour le travail*, Paris: Desclée de Brouwer.
Laville, J.-L. (1999b), *The future of work. The debate in France, the Welfare Society in the 21st century*, Oslo: Institute for Applied Social Research.
Laville, J.-L. (2000), 'Le tiers secteur, un objet d'étude pour la sociologie économique', in M. Lallement and J.-L. Laville (coord.), *Qu'est-ce que le tiers secteur? Associations, économie solidaire, économie sociale*, special issue of *Sociologie du Travail*, 4, 531-50.
Le Duigou, J.C. (2001), 'Pour une possible convergence entre le syndicalisme et l'économie sociale et solidaire', in C. Fourel (ed.), *La nouvelle économie sociale*, Paris: Syros-Alternatives Economiques, pp. 79-95.
Leroux, P. (1997), *A la source perdue du socialisme français*, anthology collected and presented by B. Viard, Paris: Desclée de Brouwer.
Lévesque, B., A. Joyal and O. Chouinard (1989), *L'autre économie: une économie alternative?* Quebec: Presses Universitaires du Québec.
Lipietz, A. (2001), *Pour le tiers secteur - l'économie sociale et solidaire: pourquoi, comment?*, Paris: La Découverte/La Documentation Française.
Marchat, J.F. (2001), *Engagement(s) et intervention au CRIDA: recherche et espace public démocratique*, Paris: LSCI-CNRS.
Mauss, M. (1989), 'Essai sur le don', *Sociologie et anthropologie*, Paris: Presses Universitaires de France, pp. 145-279.
Meister, A. (1974), *La participation dans les associations*, Paris: Editions Ouvrières.
Moss, B.H. (1980), *The origins of the French labor movement, 1830-1914*, Los Angeles: University of California Press.
OECD (1996), *Reconciling economy and society. Towards a plural economy*, Paris: OECD.
Ortiz, H. and I. Muñoz (eds) (1998), *Globalización de la solidaridad. Un reto para todos*, Lima: Grupo Internacional Economía Solidaria-Centro de Estudios y Publicaciones.
Passet, R. (1996), *L'économique et le vivant*, Paris: Economica.
Perret, B. (1999), *Les nouvelles frontières de l'argent*, Paris: Le Seuil.
Perroux, F. (1960), *Economie et société, contrainte - échange - don*, Paris: Presses Universitaires de France.
Polanyi, K. (1944), *The Great Transformation*, New York: Rinehart & Company.
Proudhon, P.J. (1848), 'Programme révolutionnaire', *Le Représentant du Peuple*,

May/June.
Razeto Migliaro, L. (1988), *Economia de solidaridad y mercado democratico. Libro tercero. Fundamentos de una teoria economica compensiva*, Programa de Economia del Trabajo, Santiago de Chile.
Rosanvallon, P. (1989), *Le libéralisme économique: histoire de l'idée de marché*, Paris: Le Seuil.
Roustang, G. (1987), *L'emploi: un choix de société*, Paris: Syros.
Sainsaulieu, R., P.E. Tixier and M.O. Marty (1983), *La démocratie en organisation*, Paris: Librairie des Méridiens.
Salamon, L.M. (1987), 'Partners in public service: The scope and theory of govenment-nonprofit relations', in W.W. Powell (ed.), *The nonprofit sector: A research handbook*, New Haven: Yale University Press, pp. 99-117.
Sewell, W.H. (1983), *Gens de métier, gens de révolution*, Paris: Aubier.
Vienney, C. (1981-82), *Socio-économie des organisations coopératives*, 2 vols, Paris: Ciem.
Vivet, D. and B. Thiry (2000), 'Champ de l'étude, importance quantitative et acceptions nationales', *Les entreprises et organisations du troisième système. Un enjeu stratégique pour l'emploi*, action pilote 'Troisième système et emploi' de la Commission Européenne, Liège: CIRIEC, pp. 11-32.

5
ドイツサードセクターとその現代的課題
制度の固定化から企業家的な機動性へ？

インゴ・ボーデ
アダルベルト・エバース

1 序 論

　過去20年にわたって「サードセクター」という概念を経済学や社会科学に導入することがサクセスストーリーとなったのは疑いようもない．そして「サードセクター」は，理論や調査など幅広い領域での謳い文句となっている．しかしながら詳細にみれば，非営利組織が活動するさまざまな領域を形づくるにいたる経済的・社会政治的・文化的な論理が十分考察されているわけではない．とはいっても，この概念は長らく無視されていたアイディアに向かって進もうとする研究のシンボルではある．したがって，サードセクターは本章にとって有用な実践的な意味をもっている．

　もう少し理論的にみて，非営利組織の活動する領域を現代社会の「中間領域」として理解するならば，この領域を「サードセクター」と理解するためには都合がいい．サードセクターで活動する組織は市民活動にそもそも根づいている．それらが日常的に存在するからこそ，社会のあらゆる領域の論理的根拠が相互に絡み合って均衡していることが分かる．なぜなら，これらの論理的根拠のそれぞれが他のセクターの基本的な組織で支配的であっても，サードセクターではそれらが相互にさまざまに影響し合っているからである．したがって，サードセクター組織（TSO）は公益について解釈し詳しく説明しようとして政治の領域と関わることになる．同様に，TSOは政府の資源を利用している．さらに，市場サイドからの影響もある．つまり，多くのTSOは競争し，（たとえば剰余によって）経済的自立の獲得をめざす必要を

経験しており，一種の企業家的精神 (kind of entrepreneurial spirit) によって突き動かされている．最後に，TSO はコミュニティと結びついている．TSO は，組織の活動にとって重要な構成要素となる信頼，自発的参加，社会的支援と結びついた「社会的関係資本（ソーシャルキャピタル）」が扱われる場所でもある．それゆえに，サードセクターが「中間領域」であるとするならば，TSO を「ハイブリッドな」組織とみることができる (Evers, 2001; Evers et al., 2002)．

TSO を中間領域に所属するものとみることができるならば，TSO と民間企業との間の相互の移動や TSO と国営の公共財，公共サービスとの間の相互移動を想定することが可能となる．それだけでなく，TSO のきわめて多様な性格を理解することも可能となる．このセクターのなかでは，地域の小さな組織と全国的な大組織，世界的な大組織との間に違いがあるだけではない．TSO が何をつくるか，どのサービスを供給するかによっても違ってくる．TSO のなかには実際にサービスを供給しているところもあれば，単に（主に）世論形成に貢献しているだけのところもある．どちらも現代社会の組織に合致する価値をもっているけれども，これらの価値が具体的に表現されるか否かが重要である．さらにいえば，利他主義，連帯，慈善に立脚するアソシエーションがやっているように，活発な経済活動を展開している組織が直接的な所得再分配にかかわり，裕福な人々から集めたものを貧困者に与えることもありうる．あるいはこれらの組織が，市場企業や官僚制的な再分配の論理を超える「社会的経済」という改良主義的な考えをつくり出すことによって，ある種の経済組織を求める闘いとして自己規定する協同組合や共済組合のような組織を設立することもありうる．協同組合や共済組合をサードセクターに含めるとなると，アメリカでの議論，あるいはいわゆる「ジョンズ・ホプキンス大学プロジェクト」とは見解が分かれる (Salamon and Anheier, 1996)．

注意すべきもう1つの違いは，広義の経済活動に携わる組織と非政府組織 (NGO) などのような市民社会組織との違いである．というのは，後者はアドボカシーやロビー活動，世論形成にほぼ専ら活動の焦点を当てているからである．社会科学の観点からみると，合唱，住宅建設，労働組合，環境への関心を高めるアドボカシー，共済組合の会員などのような事柄からなる実に

さまざまな領域を理解することは明らかに難しい．

したがって以下では，本来的に利益集団か，もしくはコミュニティグループであるような組織については考慮せず，本章での分析を，中心的な目的が財の生産や実際のサービス供給にある組織に限定するつもりである．環境保全組織のような広義の TSO の大半を考慮せず，社会福祉の問題を主要な考察対象とするかぎりでは，分析の焦点がさらに狭まる．このような分析上の制限を念頭において，本章ではドイツのサードセクターの近年の展開をたどってみることにする．そこでは，戦後ドイツのサードセクターのなかで優位を占めていた組織が，政治的・社会文化的に大きな転換期に突入していることが示されるであろう．この変革には，ドイツサードセクターの先駆者たちがかつて経験した変化を想起させるところがいくつかある．

現在のドイツでみることができるサードセクターの歴史的な背景を示すことからはじめよう．それは，時間とともに主流から除外されるようになるセクターの一部（協同組合や共済健康保険会社）について考えることであり，あるいはまた伝統的な福祉アソシエーションがサードセクターの中心的な柱となった過程について考えることである（第2節）．第3節では，この中心的な柱が今日さまざまに疑問視されていることについて詳しくみることにする．もう少し具体的にいえば，全体としてのサードセクターも不安定な時代に入り，そのなかで政治的・文化的な進展が TSO を取り巻く環境を絶えず変化させていることが示されるであろう．それとともに，そうした変化によって，TSO も，創造的でもあれば破壊的でもあるような過程を通して再度自問するよう迫られていることが示されるであろう．要するに，制度が定着していく円環的な時期を過ぎた現在，企業家的な機動性がドイツサードセクターにおける組織的な発展にとって成功の鍵となっているのである．

2 歴史的な背景

市民社会形成におけるサードセクターの諸要素

他者と連帯する権利は近代自由思想の基本的な要素であり，それが市民社

会の形成に即した組織形態の確立を確実なものにした．こうした歴史過程の記述はあり余るほどある[1]．通常強調されるのは，教会や労働組合の影響力（両者ともドイツではたいへん重要）である．あるいはメンバーに自発的に福祉を提供するアソシエーションや他者（最底辺にいる集団）のニーズに目を向けるアソシエーションの役割が強調される．ドイツの場合，1つの歴史的な要因がとくに重要である．つまり，アソシエーションの創設者となった市民たちが帝国主義的な秩序に疑いをもてばもつほど，それだけますます，抽象的な言い方をすれば，自由に連帯する権利によって保証されていたものを創造することが困難になったという点である．したがって，こうした関係者たちは目的を達しようとして回り道を探し求めた．たとえば労働者たちの運動に関するかぎり，健康保険制度の自主管理への参加は，労働組合アソシエーションが禁じられた際に運動が生き残るのに役立った．市民社会の形成期には労働者たちのアソシエーションが直ちに労働組合になるとともに，行政や共済組合，サービスを供給する福祉アソシエーションに対する圧力団体となった．

今日サードセクターと呼ばれるものの基本的な構成要素を識別できるようになるには長い時間がかかった．サービス供給に向けて具体的な目標をもつ組織と，アドボカシーなどの問題とかかわって世論に影響を与えるそれ以外の組織とは区別されていた．もっとも，明確な境界線はなかったし，現在もない．教会が支援する大規模な福祉アソシエーションは，ほとんどがサービスを供給する地方的・地域的な組織の集合体であり，しかし同時に，アドボカシー組織，ロビー組織としても活動している．

これら2つのグループとは別に，ドイツのサードセクターにはもう1つ重要な要素がある．それが共済保険会社である．とくに共済健康保険会社であり，19世紀の終わりにはすでに加入脱退自由の自助アソシエーションから準政府組織へと発展した．ドイツ式の社会保障は保険制度の上に成り立っていて，公益的なものであるものの国有ではない．また政府規制を大きく受け

---

1) 本章では，ドイツのサードセクターが19世紀から20世紀にたどった歴史的な道筋の概略に限定する．詳細については，Anheier and Seibel（2001）を参照のこと．

るとしても,多くの点で分権化されており自主管理である.したがって,ドイツの社会保障は福祉国家制度の一部分というよりは市民社会を構成するアソシエーションの一部とみることができる.この点は,多くの職業別共済組合やその後の労働運動にとくによく当てはまる.ビスマルク法がその存続を許したものの,使用者との合同の基金拠出や管理については規定しなかった.政府は,これらの組織の活動を保険基金の管理に限定しようとした際には,また,社会政策の議論を含め,これらの組織が幅広い関心をもって活動することを阻止しようとした際には,相当な困難に長い間直面することになった.

具体的な財やサービスにかかわる組織についても,もう1つの区別が必要である.グループ内に別の経済活動を立ち上げる組織がある一方,連帯や慈善に動機づけられて別のグループに援助の手を差し伸べて社会的ニーズに取り組む組織もあった.この両者を明快に区分することはできないとはいえ,ドイツではその後すぐに,こうした2つのタイプの区分が制度化された.教会とブルジョア団体が社会的支援のためのアソシエーションを創設し,後のワイマール共和国のもとで,教会と結びついた「カリタス」や「デアコニー」などの全国規模の傘組織に合体した.これとは対照的に,労働運動や農民は経済の「下からの」改革を構想していた.こうしたビジョンは,組合員に奉仕する協同組合に結実した.とくに消費財や住宅,(農業での)製品流通の分野での協同組合であり,そして最終的には協同組合銀行の制度化による分離独立過程を通じた協同組合化であった.1920年代の後半になってようやく,ドイツの労働運動(この国の社会民主主義の大潮流)が自らの福祉アソシエーション,つまり労働者福祉アソシエーション(Workers Welfare Association)をつくりえた点には留意する必要がある.それまでの主な選択肢は,地方自治体によるサービスを創設して,保守的な顧客第一主義や伝統的な慈善活動に代わって政府ベースの権利を利用することであった.

ある点では,社会的な慈善目的をもって医療福祉分野で活動するアソシエーションというサブセクターが教会やブルジョアの潮流によって左右される一方,労働運動,とくにそのなかの社会民主主義は,協同組合や共済保険会社というサブセクターで優位を占めたといえるかもしれない.多くの住宅協同組合がもともとそうであったように,とくにライファイゼン協同組合によ

る広範囲な農村運動は，社会的には「下層」階級によって，政治的には「上流」階級によって取り組まれた．

影響力の維持と意味の喪失：社会的経済の伝統と運命

短期に終わったワイマール共和国のもとでも，財やサービスの生産に携わるサードセクターの2つの基本的な要素，つまり一方での社会的経済と他方での福祉・慈善アソシエーションが増えたのは明らかであった．後者は，保険金や公共予算からの資金提供によって社会サービスが確立されてはじめて，個々の自治体の特権的なパートナーとしての役割を公式のものとすることができた[2]．しかし，社会的経済の展開はいくぶん違っていた．社会的経済の仕組みにおける重要な2本の柱，つまり協同組合と健康保険共済組合については以下で議論することにする．

20世紀初頭には協同組合が劇的に拡大した．第1に，中産階級の協同組合運動があった．小経営の熟練職人，農民，商店主，中産階級および労働者階級のなかの比較的豊かな層に対する住宅協同組合がそれである．信用，購買，流通のための協同組合は個々の主体の市場での経済的立場を改善するうえで優れた手段であることが分かった．市場経済のなかでの協同組合の役割は，社会的・経済的な状態を改善するうえで必要な組織的な手段を組合員に提供することであった．なぜならば，組合員自身が不利な立場にあると考えていたからである．またその役割は，組合員が他者と対等な立場で市場経済に参加することを可能にすることでもあった．この運動は大きな成功を収めた．ワイマール共和国のもとで拡大し，第三帝国（1933-45）の期間にも存続した[3]．協同組合運動の特定の部分がファシズム終焉後にかなり回復した．それは，協同組合が，保守的で市場と親和的な志向と軌を一にして，1960

---

2) もちろん福祉アソシエーションそれ自体からの少額の資金投入が常に存在した．
3) これらの組織は政治的には従順であり，第三帝国の間に実施された変革にもかかわらず，ほとんど問題なく存続できた．その変革とは，細分化し地域化していた協同組合の領域を中央集権化し統合することやナチ国家の命令に服従させることであった．

年代末までのドイツの風潮を形成していたからである．今日でも熟練職人や商人の大半や農民のほとんどが，「信用組合（Volksbank）」もしくは「ライファイゼン農業信用金庫（Raifeisenbank）」（協同組合銀行）のどちらかの株主であり続けている．ほとんどの穀物や牛乳もまた協同組合を通じて流通している．こうした協同組合は市場のアクターである．しかし，この協同組合的な要素が重要である．ドイツの小経営者たちは巨大な競争的市場の一員であり，彼らの市場での立場も協同組合組織なしにはきわめて弱いといえる．

協同組合運動の第2の波を担った人々は，協同組合を組織するという問題をより広い視点でラディカルに理解した．この第2のうねりを牛耳ったのは，文化アソシエーションや労働組合の社会民主主義者グループであり，また社会民主党それ自身でもあった．1920年代の第2の波の主要な分野は，1930年代に400万の組合員を抱えることになった強力な消費者協同組合と並んで住宅協同組合であった．この住宅協同組合が標準化の推進と技術開発を通じてコスト削減を可能にしていた．住宅協同組合は，建築における進歩的な機能主義の流れに合流することによって，労働者階級の経済組織としてはきわめて珍しい一例を提供することになった．なぜなら，進歩的な近代性の基準を他に先んじて規定することができたからである．協同組合運動は多くの市町村から支持された．多くの市町村では，公営の組織と協同組合組織とから構成される「公共経済（Gemeinwirtschaft）」（公益のための経済）セクターの拡大を望んでいたからである．この運動は同時に，勢力の強い労働者階級の「利己的経済（Eigenwirtschaft）」をつくろうとする労働組合の支持も引き付けた．ファシズムはこの協同組合運動の波に対して有害であったし，新ドイツ連邦共和国の精神的風土も好意的ではなかった（この協同組合運動の波とその歴史については，Novy（1985）を参照のこと）．

協同組合運動のなかの明確な部分である消費者協同組合や住宅協同組合にとって，その仲間たちがめざす方向性を育みながら具体化していくことを可能とさせてきたような結合や合意，文化といった支援ネットワークがあったにもかかわらず，そうした運動は，協同組合やそれ以外の労働者組織を禁ずる法律を制定したファシズム体制によって破壊されてしまった．

後にドイツ連邦共和国で協同組合運動が再組織され，広範囲にわたる社会

民主主義組織のグループ化の一部とされたが，ワイマール共和制の時代にはあった支援環境にもはや頼ることができなかった．社会民主主義者の目からすれば，経済改革，福祉改革は政府の仕事であった．新しい消費文化のもとでは，福祉の意味も変化した．生き残ることのできた協同組合のほとんど，とくに住宅セクターの協同組合は，かつての社会的資源や道徳的資源を失い，巨大化・官僚制化し，汚職とスキャンダルとによってずだずだにされてしまった（Weinert, 1994）．そのスキャンダルのなかでも最も有名なのが労働組合所有の住宅会社「ノエ・ハイマト（Neue Heimat）」（新しい故郷）に関するものであり，社会民主主義的な改良概念の明瞭な部分であった「公共経済」および「協同組合（Genossenschaften）」の終焉を意味していた．

協同組合は現在，社会改良の活動主体，社会性を志向する製品やサービスのための主体としてはほぼ死に絶えており，技術や文化の上での新しい方向性を決めるパイオニアとしても廃れてしまった．協同組合の事業は市場経済を構成する特殊な部分として標準化されてしまった．さらには，最近まで，経済的な相互作用を社会的に埋め込むことについて，経済学の観点から考慮されることもほとんどなかった．したがって，協同組合の理念は何十年にもわたって経済学の思考のなかでは無関係なものと受け止められてきたし，それゆえに社会政策学が協同組合理念を強調することもなかった．その結果，経済とは，（政府の規制や公企業・公共予算の経済によって支えられたり制限されたりする）市場経済である，という現在のドイツにおける考えがまったく強固なものとなっているのは明らかである．したがって，サードセクターの構成要素だと考えられているもの——たとえば，社会的アソシエーションや福祉アソシエーション——は，それ自身の固有の経済学をもっていないとみなされている．それによってさらに，経済すなわち「経済的な思考」をそこに注入しなければならないという，現在の議論の仕方に特徴的な見解も強化されるのである[4]．

社会的経済のもう1つの重要な部門が健康保険共済であった[5]．19世紀末

---

4) これこそがまさに「新しい企業経営的行政」のメッセージである．Clarke and Newman (1997), Young (1998), Wex (2003) を参照のこと．
5) イギリスでは「友愛組合」として，フランスでは「共済組合」として知られて

にはこれらの組織の経済力がかなり強くなった．一見したところ，この共済の特殊な性格は，福祉国家の健康保険が公共セクターの準構成要素となったときにはそのほとんどが吸収されて薄らいでしまった（Tennstedt, 1976; Tauchnitz, 1999）．ビスマルクが健康保険への労働者や使用者の分担金拠出を強制する以前は，さまざまな保険が発展して具体化され，そのほとんどが連帯に基づいたコーポラティズムモデル——たとえば工場や支店ごとの会員制に立脚する専門技術者の保険アソシエーションのように——をとっていた．1883年の福祉改革によってこれらの組織には公共的な地位が与えられるとともに，それら以外にも，地域や地方自治体に限定された共済組合もそこに加えられた．この新しい保険は政府が規制する強制的な制度の一部となり，低所得や中程度の所得の労働者，従業員すべてに適用された．政府は，適用される保険がそれぞれに異なる医療サービスについて詳細なカタログを用意した．すべての共済組合は，同じ水準の金銭的保証と同じ範囲のサービスを提供するよう義務づけられ，それができないようであれば，払い戻しの請求も可能であった．

しかしながら，かつての多元主義も生き残ってきた．現在でも，社会法が適用され，保険料率や管理構造がそれぞれに異なる健康保険会社がまだ350社ほどある[6]．さらに共済組合は依然として，個人会員を代表する役員会によって統治されている．これらの共済組合の多くにおいては，使用者団体や労働組合など利害関係組織から代表者が送り込まれている．とくに労働組合は，新しい組織を，公衆衛生増進の手段としたり社会政策理念の実現の基盤とすることに熱心であった．こうして，共済健康保険会社は，ドイツのコーポラティズム型福祉国家の強力なシンボルとなってきた（Bode, 2003a）．それらは，政府の官僚制機構に組み込まれることなしに政府との協力関係を築く市民社会の主要な力となっている．共済組合も，こうした組織的な支えに

いる．
6) 加えて，社会的経済にルーツがある別の部門の保険制度が存在している．すなわち，アソシエーションの会員に保険金を支払う任意共済である（ただし，追加的サービスあるいは法定の制度に加入する必要のない高額所得者に限られる）．しかしながら，これらは現在の私的な保険にきわめて近い（Greisler [1997] を参照のこと）．

よって，**制度として固定化された**のである．この共済組合は，公共政策の実施にとって専門的な道具として役立ってきた．他方，管理運営に携わる集団的な関係者には，公共政策について交渉する権能が与えられた．こうしてみると，ドイツの健康保険会社はこれまで，福祉国家とサードセクターとの交差点となってきたのである．

福祉アソシエーションと社会サービス供給のコーポラティズムモデルの登場

すでに触れたように，伝統的な社会的経済のなかでもサードセクターとしてかなりの自治を維持してきた部分だけが自主的な福祉アソシエーション（いわゆる Wohlfahrtswerbände）を構成した．特別な法的地位のおかげで，この福祉アソシエーションは今日まで続く戦後ドイツの制度的な枠組みのなかで自らを再建することができた．社会的経済の「生産的な」領域は地方の関係者と非営利企業から構成されており，その両者とも管理と計画立案に関しては自律的である．さらにいえば，調整機能やロビー機能をもつ緊密なネットワークは地域レベルだけでなく，いわゆる「中央組織」('Spitzenverbände') の形態をとった全国レベルの組織も存在する．こうして20世紀を通じて，福祉アソシエーションは全国規模の存在となった．今日では6つの全国組織の福祉連合会がある．そのうち2つが教会と結びついている．さらに1つが社会民主党と結びつき，もう1つは独立系である．残りの2つは赤十字と小さなユダヤ系機関と結びついている（Boeßenecker, 1998）．

1996年の段階では，100万人以上の人々（被雇用者総数の約3％）がこれらの自主的な福祉組織や福祉企業で雇用されていた．さらに公式の統計では，これらのアソシエーションで働くボランティアが250万人から300万人いると推定されている．福祉アソシエーションの活動は幅広く多様である．つまり，高齢者，障害者用の住居全体のほぼ3分の2の責任を負っているだけでなく，若者支援の領域におけるサービスの約50％，全病院の約40％に責任をもっている．これらの組織が供給するほとんどのサービスの費用は，政府と地方自治体，および社会保険制度のどれか1つからの支払いを受けている．政府行政との契約による収入と社会保険制度からのサービスへの報酬支払い

による収入が全収入の約 8 割を占めており,追加的な公的補助金がさらに 10% を占めている (1996 年のデータ.BAGfW, 1997).この部門では政府はサービス供給はしないが,経済的な責任の重要な部分を担っている.したがってドイツでは,主要な非営利組織は「福祉の専門家」となっている.

福祉アソシエーションのなかでは経済的説明責任を求める声が弱かった.むしろ,福祉アソシエーションは公的資源を動員するための認可を受けて,自ら発見してきたニーズを充足してきた.この福祉アソシエーションは二層の福祉コーポラティズムとも呼べるものの一部であった (Seibel, 1992; Zimmer, 1999; Bode, 2003a).現在までのところ,このアソシエーションの資金の大半がコーポラティズムに基づく保険制度から出ている.資金提供,協力関係,サービス供給をめぐる条件は,政府と地方および地域レベルのアソシエーションとの間で交渉されてきた.これがコーポラティズムの第 2 の層となっている.

これまで,2 つの要素にもとづいて公的規制が行われてきた.1 つがいわゆる「補完性原理」であり,もう 1 つが「みなし公益」である (Daum, 1998).政府とパートナーとしての中間組織との間で交わされる政治的なやりとりの中心には,コーポラティズム的なパートナーシップの「みなし公益」の側面があっただけでなく,その側面によって福祉アソシエーションに対する特別の財政措置(免税による補助金)(公益権 Gemeinnützigkeitsrecht) が正統化されてきた.これまでのところ,福祉アソシエーションは説明責任なしに(可能なかぎり)普遍的なサービスを提供するものと考えられてきた.福祉アソシエーションは「補完性原理」を通じてほとんどの社会サービスの独占を享受してきたのである.

事態に変化が生じ始めているとしても,社会サービスの運営責任を非政府で非営利の組織に好んで委ねることは,ドイツの伝統的な福祉制度の特徴であることにかわりはない (Bönker and Wollmann, 1996, pp. 445ff).家族へのアドバイス,特別な障害を抱えた若者支援,最近では,3～6 歳児向けの保育施設でのスペースの確保(幼稚園 Kindergarten)など,多くの福祉分野に対して,地方自治体が基本的なサービス供給を保証する大きな責任をもっている.しかし,TSO にその仕事を委ねることがきわめて多い.たとえ

ば，地方自治体は地元の非営利のサービス供給事業者と協力して若者支援のプランを策定しなければならないと社会法に明記されている．このため，地方の既存 TSO は若者向けの社会サービスの設計に大きな影響を与えてきた．地方の社会サービス局は保険金支払請求のできないサービスを必要としている人々のために支出しなければならない，という点が重要である（たとえば，日常生活のために社会的支援が必要であるのに保険には未加入の人々に対して，医療サービスに関する支払いをしなければならない）．このように，この種のサービスを供給するサードセクターに対してかなりの経済的な保証が与えられている（保育や高齢者介護の分野における政府・サードセクター間関係の歴史についての詳細は Evers and Sachße, 2003 を参照のこと）．

　このような福祉文化が強力な公的「保護」の伝統を特徴としてもっているにもかかわらず，今日まで，政府は福祉アソシエーションの社会的基盤を廃止しなかった．こうしたアソシエーションのなかでは，法定に基づく福祉官僚制の「哲学」とは多くの点で異なった，特有の道義的・専門的な倫理観が発達してきた．さらにこれらのアソシエーションはもともとの後援者との関係を維持しており，アソシエーションが受け取る自発的な寄付がかなりの額に達していることがその証しである．この追加的な資金提供を構成するのは教会からの補助金や個人の寄付であり，福祉アソシエーションの予算全体の約 5％ になる．全体の額は減りつつあるものの，こうした資金の流入は現在も続いている．ボランタリー労働もいまもって決定的な重要性をもっており，ボランタリー労働がもたらす経済的効果は寄付の効果の 2 倍に当たると評価されている．

　福祉アソシエーションは政治的にも埋め込まれたままであった．福祉アソシエーションは，地域および地方のレベルで，行政や他の福祉アソシエーションのみならず政党とも固い連携を保っている．とくにカトリック教会と労働運動においては，福祉アソシエーションが文化的に深く根をおろしており，それが福祉アソシエーションの埋め込みを確かなものとしている．繰り返しになるが，**制度的な固定化**がみられたのである．政治制度は，民間事業者にもかなりの責任を与えており，協調関係の状態にあるとはいえないまでも，民間事業者との緊密な関係を築いている．公民のパートナーシップは決して

「トップダウン」の過程として機能してきたわけではなく，アソシエーションに集う「福祉専門家」が影響力を行使できる余地を残してきた．同様に，政府は常にサービスの普遍化を促進する力として動いてきた．かつてこの種のサービスはばらばらであり，不均一に広がっていた．それは，アソシエーションだけがサービス供給に責任を負っていたからである．だが，戦後ドイツの長い歴史のなかで，上述のような福祉組織の社会的・政治的な埋め込みもしだいに弱体化してきた．階層化されたステークホルダーと行政関係者（政府や地方自治体）とのインフォーマルな関係にみられるように，福祉組織と行政との関係もますます間接なものになってきた．福祉サービスも，雇われた有給の専門家——彼らは，かつては，宗教的・イデオロギー的関係からはしばしば距離を置いていた——が供給するようになったのである．とくに1970年代においては，福祉アソシエーションは，自らの活動の点でも組織的な資源（スタッフやインフラ）の点でもかなりの拡大をみた．この間，福祉アソシエーションは「黄金期」を享受し，この時期には，福祉アソシエーションの制度上の［優位な］立場も当然のことと考えられていた．

3 新しい課題と福祉ミックスの再編

新自由主義の挑戦：社会福祉における規制緩和

1980年代に始まった経済的自由主義の復活は，今では国際的な潮流となり，ばらつきはあるものの，西側世界の福祉制度に大きな影響を与えてきた．(Pinch, 1997; Taylor-Gooby, 2001)．ここでは，この変遷の理由を議論するのではなく，むしろドイツのサードセクターにどのような結果をもたらしたかを考えてみたい．一般的にいえば，コーポラティズム・モデルに対する圧力が強まり，政財界の一部勢力から異議が出されていた．彼らは，（その実質的な影響や制度上の重みが第二次大戦後大きくなった）福祉制度をもはや維持できないと主張した．この勢力は，巨大化した福祉国家パートナーの相対的な自律性や官僚制的構造に反対した．また，サービスの契約化や準市場化，公的補助金カットの工夫によって節約することを求める圧力が強まって

いた（Bönker and Wollmann, 1996; Evers and Strünck, 2002）。しかし，復活した新自由主義は社会サービス供給の短期的な合理化を超えるものであった．経済の規制緩和はもう1つの顔をもっており，TSO の公共的な地位が疑問視されるようになった．つまり，一方での市場組織と他方での政府に保護された TSO との組織的な違いが新しい焦点となっているのである．

社会政策のさまざまな改革によって短期的な合理化が推し進められ，この改革が TSO にとって深刻な課題となってきた．つまり，コーポラティズムの時代には資産であったもの，すなわち TSO を強力に福祉国家に組み込んだあり方が問題視されるようになった．政府は，一種の「管理国家」に自ら変身することによって，TSO にとっての［単なる］有力なパートナーに転換してしまったのである[7]．事実，新しい規制を通じて，公共機関から任意のサービス供給事業者ないしはサービス管理事業者へと公的資源を移転するという従来の方法が変更された．福祉アソシエーションも，新しい「契約文化」に直面するようになってきた．こうした「契約文化」は，長期的な「柔軟な対応」という戦略を要求することによって，福祉アソシエーションに対して業務直結型で時限的な協定を公共機関と結ぶようますます強制するものである（Bode, 2003b; Evers and Strünck, 2002）．一般的な傾向として，地方自治体は補助金を削減している．さらには，公的資金の移転の計算が難しくなっている．それは，緊縮財政の下で，予想以上に予算が削減されているからである．要するに，公的な資金提供に安定性が欠けてきている．他国と同様に，「居心地のよい『パートナーシップ』協定のもとで手を伸ばせば届く補助金の援助や政府からの直接の資金提供は，もはや単に申し出ればいいというものではない」（Perri 6, 1997）．代わって，サービス供給は契約に基づいて管理されることが多くなり，かつて非営利組織が利用できた制度上の甘さはほとんど排除されてしまっている．

たとえば若者支援の場合，公的資金の移転はこれまで以上に選別的になっている．地方によっては特定のプロジェクトに対する公開入札があり，綿密に計算された投入産出基準に基づく契約になるところもある．地方自治体予

---

7) Clarke and Newman (1997) の表現．彼らはこの表現を使ってイギリスの輪郭を描いている．

算の歳入不足により，多くの機関では施設の削減が必要となっている．経済的説明責任に対する要求の高さや計画の評価，行政上求められる追加的な文書の提出により，TSO は価値観に基づく使命から経済主導の管理へと変化を余儀なくされている．さらに組織再編の例を挙げるならば，高齢者介護のケースがあり，民間企業によるサービス供給が認められている (Evers, 1998)．高齢者介護セクター全体が社会的介護保険の創設によって拡大しているとしても[8]，もはや福祉アソシエーションがサービス独占からの恩恵を得ることはできない．資金提供が介護活動の認定リストに限定されるため，非営利のサービス供給事業者はその活動を料金負担機関による報酬支払いがなされる領域に集中してしまうことになる．行政からの補助金やアソシエーションのネットワークからの助成金はかつてほどには簡単に手に入らない．追加的なサービスについては，利用者が個人的に料金を負担しなければならなくなっている．しかしながら，そうなると非営利という地位が危うくなる恐れも出てくる．

このような展開は変化の第2の流れを反映しているのであり，この変化のもとで社会政策のアクターたちは，営利的な供給事業者であろうがサードセクター事業者であろうが，大規模福祉アソシエーションのロビー活動とは無関係の独立した新しいパートナーを受け入れる方向に傾くのである．したがって伝統的な補完性原理はすでに修正されているのであり，そのかぎりでは，福祉アソシエーションの排他的な責任が当然だとはもはや考えられていない．さらには，サービス供給事業者が多元的に登場し，その結果，社会サービス分野における制度の固定化状態が緩んできていると同時に，サービス供給事業者としての非営利の地位に対する攻撃も起こっている．全国的には1994年にこれが問題となった．この年に介護保険が導入され，民間事業者が「平等の権利」をもつ契約上のパートナーとして受け入れられた．福祉アソシエ

---

[8] 長期介護保険基金がさまざまな健康保険会社の組織的な「傘」のもとで運営されているため，すべての健康保険会社が介護保険部門をもっている．社会サービスとして会員に提供されるサービスについては会員が契約を結んでいる組織が料金を支払う．これらの組織は，病院や介護サービスセンター，老人ホームを運営するが，営利組織の場合もあれば非営利組織の場合もある．これらのサービスは，介護保険が適用されるサービスのカタログに従って提供されている．

ーションの公共的な地位についてはまだ最終的な結論には至っていないものの，EU レベルでも同様に異議が唱えられている．現在のドイツの法律が社会サービスの供給事業者に与えているような「公益」を担うものとしての地位に対して，それがどのようのものであっても，反対する強い勢力が存在している[9]．法律が認知した 2 種類のサービス機関，すなわち政府と営利，非営利を問わないその他の組織ということだけを考慮に入れるならば，むしろ民間事業者とサードセクター事業者が同じ地位を与えられることになるであろう．このようにして，政治上の組織的なアドボカシーやボランティアや専門家の参加などの社会的関係資本の調達とサービス供給とを組み合わせる TSO の役割は，もはや認識されていないかのようにみえる．

新自由主義の復活は，ドイツの福祉コーポラティズムのもう 1 つの柱である**健康保険共済組合**にも同様の影響を与えている．第 1 に，この健康保険が半官半民の地位に置かれてきたため，EU の主要閣僚が擁護する，政府と民間という 2 つのセクターしか考慮しない上述のような論理とはうまく合致しない．その結果，この分野には法律面でかなり不安定なところがある．第 2 に，国全体としての政策改革が制度上の規制緩和をもたらしている（Busse et al., 2000）．とはいえ，この規制緩和の衝撃は，ボランタリーな福祉組織に対するものとはやや異なっていた．健康保険共済組合は，経済的な自律性を部分的にもち続けてきた．この共済組合は現在では，自由市場で新しい参加者として競争したり，顧客に新しいサービスを提供したり，あるいは医療サービス供給事業者との契約について交渉したりしている．同時に，共済組合運動の発生時には存在していた社会と専門家との結びつきも確実に失われている．たとえば，専門職業と健康保険共済組合との間の特別なつながりはもはや存在しない．結果的に，過去において健康保険共済組合を社会文化的に埋め込んできていたものも完全に消え失せてしまったのである．

この分野での経済的規制緩和にも限界があったことはもちろんである．健康保険共済組合ではすべての会員間の連帯を認める規則が一定の範囲でまだ

---

9) この点の議論についてはランゲ（Lange, 2001）を参照のこと．ヨーロッパの権力のなかには財政の規制をこのような方向に若干修正するところもあることに留意のこと．

存在している[10]．それに加えて，たとえば慢性病患者のために保健医療を調整できる新しい仕組みを展開することを通じて公共保健を守るという使命を再活性化することが，現在，社会政策から健康保険共済組合に求められている（Bode, 2000）[11]．しかしながら，健康保険部門でのドイツの共済組合の新しい経済戦略を検討するならば，相対的な費用に応じてリスクを選択することが共済組合にとって収益を上げやすくなるのは明らかである．経験的にみても，共済組合の多くが被保険リスクの構造を組み替え直すのに忙殺されてきた（Daubenbüchel, 2001）．共済組合は特別のサービスを提供することによって若者を引き付け，損害の発生率が高いと思われる人々の加入を抑制し，グッドリスク（good risks）を集中しつつ保険料率を引き下げることによって新しい下位組織を立ち上げている（この点は2000年まで，会社関係の共済組合にとっては可能であった）．全体としての目標は魅力ある保険条件を提示することであり，「グッドリスク」の典型である会員のために可能なかぎり保険条件を保持することではない．

---

10) 実際，市場への強度の規制が残存してきた．この分野は，全国一律の償還制度に準拠してサービス供給事業者に支払いを行う保険者に限定されている．これらの保険者は，加入希望者全員を受け入れなければならない．さらに，法定の部門横断的補助金制度によって，「グッドリスク（good risks）」を多くもつ基金は「バッドリスク（bad risks）」をもつ競争相手を支援している．それにもかかわらず，横断的補助金導入後も，健康保険基金間でのリスク構造は同じにはなっていない．

11) 健康保険の共済事業者のなかには品質管理について新しいコンセプトをつくってきたところもある．たとえば，共済保険代理店が会員と接触したうえで，一種の症例管理を導入し，治療のプロセスを改善することをめざしている．健康保険基金でも，一般開業医によるサービス供給ネットワークを築こうとしている．というのは，開業医は治療の最初の対応者であり，治療過程で求められるすべての診断や治療を管理しているからである．それは，開業医（特に専門医）や病院による不必要な医療介入を避けることによって効率を高めるためである．健康保険基金の管理者が特別のリスクをもつ人々を選び出し，基金の従業員や医療専門家がその相談に乗ることも多い．さらにいえば，特殊な病気の管理プログラムに患者を組み込んだり，あるいはどこに行って治療を受けるべきか，その方法についてのアドバイスを患者に与えたりしている．Niedermeier (2001) を参照．

物語のもう1つの側面：社会文化的な課題と下からの規制緩和

　一見したところ，新自由主義がサードセクターにおける制度上の変化の背後で決定的な力をふるっているかのようにみえる．しかしながら，この文脈であまり理解されていないのは，新自由主義的な問題解決のための一連の手順には社会文化的な課題が伴っているという点である．こうした社会文化的な課題は，戦後ドイツの福祉モデルがもっていた正統性の危機から生まれてきたものであり（Mayer and Roth, 1995; Offe, 1996, pp. 147ff; Anheier and Seibel, 2001, pp. 4f），正統性の危機のなかで福祉制度の主要な構造が疑問視されるようになっているのである．この展開の基礎となっているのが社会福祉に対する政府の中央集権的・普遍主義的アプローチの崩壊であり，それとともに小規模な新しい連帯が出現して自治権を強調していることである．このような課題に対応するものとしての「下からの」規制緩和が起こってきた．新しい社会運動は「旧来の」制度に異議を唱えるとともに，その制度によるサービス供給方法にも疑問を投げかけた．最も重要なのは，20世紀初頭の数十年間に形を整えた「旧来の」サードセクターがいろいろな点で集団主義的な理念に基づいていたのに対して，新たに生まれた起業組織はより個人主義に近いアプローチをとっているという点であった．教育水準の高いアカデミックなミドルクラスに主としてみられるこうした個人主義的な福祉文化の登場は，コーポラティズムモデルを衰退させる第2の推進力になった．

　伝統的な福祉アソシエーションは1970年代以降，深刻な問題に直面していた．福祉アソシエーションへの個人の寄付が徐々に減っていったのである．大教会から離れる人がしだいに増えていき，その結果，教会も，寄付による経済的支援，とくに教会税からの財政支援を失った．それに加えて，生涯にわたって行われる慎ましやかなボランティアという「旧来の」モデルが，以前ほどには多くの（若い）人々を魅了しなくなった．同時に，伝統的な福祉アソシエーションは草の根からの現実的な競争に直面している．新しい起業組織が出現し，個人の参加や「共同生産者」としての個人の役割のための新しい領域を切り開こうとしていた．新しい自助の方向性が生まれ，ボランテ

ィアの参加と民主主義に基づく小規模なサービス供給形態とを結びつけた．多くの起業組織がさまざまな種類のフォーマル組織へと急速に発展し，ドイツのサードセクターを多彩なものにしている．こうした新しい組織は資金集めの特別なテクニックを使い，個人の寄付と販売とが多くのプロジェクトの重要な追加的資金源となっている．

新しい連帯に基づく行動主義の1つの流れが「自助グループ」という名で捉えられてきた[12]．このグループは協力するメンバーの大半が素人であり，ボランタリーベースで従事することを共通項としている[13]．有償労働や専門的要素の意義はまったく小さい．こうした組織が扱う最も頻度の高い事項は健康問題（たとえば身体障害や慢性病）であり，その次が社会心理の事項，社会的に話題となる事柄である．こうした事項にかかわるグループは，専門的な社会医療制度に対する市民の懐疑心が大きくなっていることを映し出している．

保健政策がこうした展開に気づき始め，上記のような組織を支援し始めたことは注目に値する．2000年以降，健康保険共済組合は，これらの組織に多少の資金を与えることを法律によって強制されている．

この動きのなかで興味深いもう1つの要素が保育である（Becker & Bode, 2000）．公共の保育園と並んでサービス供給者であった教会や大規模福祉アソシエーションは，供給独占の地位を失っていった．1970年代以降，

---

12) ある省の研究（Bundesministerium für Familie, Senioren, Frauen und Jugend, 1997）での推定によれば，1997年の時点で約7万の自助グループ，起業組織があり，約265万人の人々が自身のため他者のために関わっていた．きわめて多様な集団活動形態を自助グループという呼称のなかに組み込んでしまうのがドイツでは普通である点に注意が必要である（Thiel, 1998）．少なくとも2つのサブセクターがある．(a)規模の小さな自助グループで，半ばインフォーマルであるとともに，主に，直接のメンバーに対して心情的な相互支援をするために存在している．(b)外に向いたグループであり，非会員にも同様にサービスを提供している（たとえば，癌にかかった子供の親を集めるアソシエーション）．それはまた，より広い公益の役割を演じている．

13) 地域のグループ全体の約3分の1が地域ないしは全国レベルの傘となる組織の会員である．残り3分の1が福祉アソシエーションの会員であり，主として非伝統的なドイツ福祉連盟DPWV（Deutscher Paritätischer Wohlfahrtsverband）に加盟している．

ますます多くの親たちが，伝統的な保育哲学に反対し，多かれ少なかれ経験主義をベースとして保育サービスを定着させ運営してきたアソシエーションに自分たちが権威主義的教育だと考えていたものが合流したことに不満をつのらせていった．

初発の起業組織の多くが長くは存続できなかったけれども，この運動はドイツの保育政策に新鮮な衝撃を与えた．この運動の結果として，（学校関係やミドルクラスの）親たちのアソシエーションが増え始めた．彼らは個別のニーズに従った保育サービスをつくりあげた．多くの場合，こうした個別ニーズは働く母親の生活を手助けするフルタイム保育を意味していた．公的規制のための法制度がこの新しい福祉多元主義を考慮に入れたため，新しい形態の民間保育に対する行政の資金援助が認められた．このような親たちによるアソシエーションの多くが既存の福祉連合体（基本的にはDPWV）に加盟した．それは，連合体による専門的な支援が存続を容易にしたからである．それにもかかわらず，こうしたアソシエーションは独立性を維持した．

これらの例が示すように，ドイツ福祉制度の規制緩和と，TSO が福祉ミックスのなかで果たし始めた新しい役割が，個別の小規模グループの自治を求める運動と並行しているだけでなく，それらから支持される場合すらあった．しかしながらこの運動は，つぎはぎのサービス体制が普遍的なサービスの適用とは程遠いという事実にあまり関心をもっていなかった．重要な点は以下に示すように，非営利分野における文化の転換がサードセクター関係者の自己認識に大きな影響を与えたことである．経済的な自由主義と文化的な自由主義はサードセクターにおける企業家的な思考の登場を伴っていたのであり，その思考によって，社会福祉の質と構造についての両義的な帰結も生じることになったのである．

企業家的機動性とその多様な意味

上述した課題は，官僚制的な行動からの脱却を求めてきた．というのは，この官僚制的行動は過去数十年にわたって強い勢力をもっていた専門家的精神文化の支持を受けることが一部あったからである．こうした官僚制的行

動からの脱却要求は、企業家的な機動性を強化することになった。われわれはこの言葉を意識的に使用してきた。というのは、一方で、今日の TSO が「リスクの引き受け」、「組織管理」、「最善の方法の追求」という問題によって方向づけられているのが一般的であり、企業家的な機動性という言葉がそれを示しているからである。他方で、「企業家的」という言葉が、環境の変化によって、市場重視の価値観の影響をますます認める方向に転換していることを示しており、市場重視のこの価値観が、外部の経済的な制約に迅速かつ幅広く適応するという観点から機動性を強調するものだからである。

変化する環境のもとで船を操るという企業家に求められる一般的課題に対処する方法は、それぞれの組織の歴史やサービス業務の状態、組織が置かれた背景によって異なる。多様な企業家的志向性を大まかに把握するために、以下では3つのバージョンを提示する[14]。

福祉ビジネス「正常化」の構成要素としての企業家活動

営利的に活動する主体が強く、どちらかといえば個々の業務が標準化・ルーティン化し、十分に確立している部門がある。たとえば、老人ホームや病院、職業訓練、健康保険である。このように整った市場セクターに目を向けるならば、大規模な福祉アソシエーションが自らとは間接的な関係しかもたないビジネス部門（'Ausgründungen'）を次々とつくり始めている。このビジネス部門は基本的に一般のビジネスと同じような経営がなされているけれども[15]、「公益のための」組織であることによって免税の利益を享受している。この種の事業体がそれぞれの市場の関連構造に「埋め込まれること」によって、相談業務などを通じて追加的支援のできる大規模福祉アソシエーション

---

14) 実際のタイプが反映されるようなやり方で理念型的タイプを以下に提示する。同時に、現在のドイツサードセクター全体をみれば、現実的な戦略もきわめて多様であることを提示する。

15) このビジネス部門は普通の商品ではなく、人の介護や継続治療、ニーズ志向のコンサルタント業などの「組織的な約束」を提示することが多いため、この「社会的市場」は他の市場とは異なっている。ハンスマンの非営利セクター論が予測するように、非営利のサービス供給事業者は営利企業に比べ有利なこともある（Hansman, 1986）。

5 ドイツサードセクターとその現代的課題　　155

の傘下にある組織は優位に立つことになる．ドイツでは，民間資本流入の続く競争的市場の構築例として介護の領域がよく引き合いに出される．ますます多くのサービス領域がヨーロッパレベルにおける公開市場での出資に左右されるようになり，非営利のサービス供給事業者も同様の競争者とみなされることは予想に難くないであろう．

社会的企業家になること

すでに述べたように，数多くの組織が，地方への関心，あるいはエイズ患者や障害者，失業者，特別の文化的関心をもった人々等々特定グループへの関心から生まれてくるサービス供給を発展させてきた．連帯や評判をつくり出すこと，信頼や個人的コネクションを築くこと，社会的な支援を提供することなどがここではきわめて重要である．さらには，積極的なネットワーク化が求められる．つまり，少なくともスタート時には，行政による制度的な支援の申請や社会的な目標をめざすキャンペーン，自らを周知させること等々が重要である．これらはスポンサーへ接近するための重要な前提条件であり，長期的にみれば，標準的なサービス供給者として認知される前提でもある．当該の社会的企業家は，社会的関心事について公共志向タイプの「注目度の高い戦略」づくりに奮闘しなければならない．ここでは企業家的な志向性は単純な（営利的）賃料亡者からは程遠いものと想定されている．剰余が出れば，それをリスク管理や再投資のために使うことは間違いないであろう．最も重要なことは「ローカルな埋め込み」である．すなわち，それぞれの組織は鍵となるアクターを知り，彼らの信頼を獲得しなければならない．このようなタイプの社会的企業家活動に対応する「社会的企業」(Evers, 2001) は，行政の目標や資源，経営や市場志向の要素との結びつきを促進し，ネットワーク化や地方への埋め込みから生まれるさまざまな形態の社会的関係資本の利用を促してもいるのである．

多様な企業家活動の結合

さまざまな市場や種々のサードセクター的倫理観と結びついた組織的な文脈のなかに，サードセクターの戦略も見出される．福祉アソシエーションの

なかにサードセクターと市場とのこうした混合をみることができる．上述のように，福祉アソシエーションは地方，連邦，中央のレベルで組織され，管理スタイルや「市場」参加のあり方はきわめて多様である．その結果，リスクシェアリングの内部メカニズムの可能性や補助金の複合化の可能性が生まれる[16]．将来を見据えた企業家的見通しのなかでは，さまざまな分野のさまざまな組織の連合を利用して1つの分野でのマーケットシェアを維持し，同時に他分野で新しい選択肢をつくり出すことも可能である．つまり，傘となる組織が，さまざまなサービスセクターや政治的環境のなかで行われるさまざまなスタイルの企業家活動を支援することもありうる．たとえば，病院ビジネスでの経営スタイルが，同一の福祉アソシエーションの傘のもとで近隣再開発を行うローカルセンターにおいて，コミュニティ建設志向の柔軟な活動スタイルと共存することも可能である．

4 結　論：サードセクターは存続するか？

おもしろいことに，ドイツのサードセクターの中心部分について上述した傾向のなかには，協同組合の歴史を思い出させるものがいくつかある．近い将来，福祉アソシエーションの傘組織は，協同組合セクターの上部が今日果たしているものと同じ役割を演じるかもしれない．つまり，社会サービス組織や社会保険業界とサービス購入者や規制者（行政）との結節環として役立つことである．このようにして傘組織は，自らがもっている特別のネットワーク形成能力を上手に利用するかぎりにおいて，通常のビジネスとは別物になりうる．こうした傘組織は，単独のTSOではなく，強力な基盤に支えら

[16) 一例だけをあげるならば，失業中の人々に対する雇用と職業訓練を求める地方組織の傘のもとで，剰余を生み出す企業（たとえば，はじめに公共の雇用対策の支援を受けて設立された会社で繁盛しているもの）と，赤字の新参弱小組織（たとえば，資格等のない若者を支援する組織）とが並んで活動していることもありうる．両者間での再分配の仕組みがありうるし，それは，いい理由でも悪い理由でも生まれうる．肯定的な場合には組織間の連帯とみなされるし，否定的な場合には単なる「ボランタリーの失敗」の例になりうる．この失敗では，地方での傘組織のさまざまな資源が経営の悪い部門（たとえば，純粋に政治的理由で放棄できない部門）を維持するためだけにあてがわれている．

れた TSO を競争的市場に送り込むであろう．このことによって，送り込まれた TSO も，**市場セクターとは異なる**セクターを構成することによってではなく，広範で多様な市場分野の**内部における**異種組織として，通常の市場組織とはまったく異なったものとなりうる．そうなると，企業家活動という概念は，リスクの引き受けやイノベーションと関連しているだけでなく，「自分自身のビジネスに配慮すること」とも関連しているといえるだろう．

しかしながら一般に，他の市場アクターとは異なるものとして組織が認識され，その組織が「**社会的**企業家」組織であるとされるその程度に応じて，サードセクターの将来的な影響力に関する予測も楽観的になるであろう．今日では，公益志向の事柄や，販売および政府支援に加えて社会的関係資本の活用や動員が，非営利組織の地盤，目標，資源の中心的要素であり続けると考えられている．だが，将来これらの要素の多くをつくり出すためには，以下の4つの決定的な問題を考えておかなければならない．

第1は**サービスをめぐる文化**である．アメリカでのコンピュータ監視による治療や老人ホームの全国チェーンなどのように高度に標準化された製品としてサービスを考えるようになればなるほど，サービス供給はますます全国化，あるいは欧州レベル化するであろう．そうなれば，地方で自主生産されるサービスの役割は小さくなり，市民社会の積極的な参加も特定の問題についての世論の覚醒やマスコミを通じて消費者の批判を広める力などに限定されるであろう．もっとも，批判を広めるとはいっても，それはもはや社会的な協力関係を通じてのものではないであろう．標準や手順から外れるサービスも許容され，しかもそのサービスが地方の環境条件にかなりの程度合致している場合には，このサービスは利用者と地方の人々によって共同生産されるものとみなされうる．このような環境のもとでは，サービスの「ローカル」経済――このローカル経済における公的所有，民間所有，サードセクター所有の組み合わせはさまざまでありうる――も保持されることになるだろう．しかしながら，特定タイプのサービスコンセプトがどの程度まで特定の制度的解決策を組み込んでいるかという問題は未解決のままである．多くのサービスが営利事業者によって営まれうると想定できるとしても，営利企業がたとえば，コミュニティ志向の病院のために奮闘すると想像するのは依然

として難しい．

　第2は**サービス業務の組み立て**である．一方には定着したサービス分野があって消費文化にとって日常的なものになりつつあるとしても，他方にはかなり不均等で多面的なサービス分野もある．たとえば，都市再開発は市場・TSO・行政間の複合的な相互作用を必要とする仕事である．したがって，公益（都市部での生活条件や労働条件）という考えは実に複雑なものであり，公益とは，基本的に疑問の余地のないサービスに誰でもアクセスできるよう公的資金の正しい投入方法を規定する問題だと単純にいうことはできない．このようなパートナーシップのなかでTSOが影響力のある役割を演じられる特別な機会はあるのだろうか．

　第3の決定的な問題は**市民的・倫理的参加の役割**である．これまでサードセクターでの実践はボランティアや専門家による市民的・倫理的参加によって形づくられてきた．ボランタリー活動は長期にわたるものであり信頼できるものと考えられてきたし，「社会的経済の経営者」は非経済的な目的によって動機づけられていると想定されていた．サードセクターを支えてきたこのどちらにも，現在では圧力がかかっている．ボランタリー活動がますます不安定化し維持するのも難しくなるにつれて，サードセクター内での経済競争の激化によって，社会的管理や政治的活動の指針としての倫理的価値観の支配が弱まる傾向にある．こうした展開を考えるとき，市民的・倫理的参加はサードセクターにおける活動の推進力であり続けられるであろうか．

　最後に第4の決定的な問題は**行政の戦略**である．政府や行政の役割を，サービス――もはや政府自ら供給すべきではなく，現在の条件下では「民間」組織が供給すべきだとされるサービス――をめぐる規制・品質管理・資金提供としてとらえようとの強い傾向がある．なるほど，TSOが営利企業の供給するサービスを提供することは**可能**である．とはいえ，原理からいえば，TSOが必要とされているわけではない．TSOの必要性は，その特別の貢献という基盤――たとえば，行政や市場アクターの関心を（まだ）引いていないようなセクターや領域における新しい需要やサービスが確認される場合など――の上でしか議論されえないのである．TSOのもう1つの特別な「存在理由」は，特定バージョンの公共サービスを創出することによって，公益

5 ドイツサードセクターとその現代的課題

の性格を定義するような政治的プロセスに TSO が貢献することにあるといえるかもしれない．このような競合のプロセス——それは，市民社会，政府や市場というさまざまなセクターから出てくるアクターを結びつける政策ネットワークによって部分的に形成される——によって，一方での市場や消費者と他方での行政とに社会福祉の定義を完全に委ねてしまうことも避けられるであろう．しかしながら現在，福祉やガバナンスの構築のための特別な一部分としての特有の地位を TSO に与えないまま，ドイツの公共政策は TSO を（単に存在しているという理由で）きわめて実用主義的に利用しているように思われる．

参考文献

6, Perri (1997), 'The New Politics of Welfare Contracting', in P. 6 and J. Kendall (eds), *The Contract Culture in Public Services. Studies from Britain, Europe and the USA*, Aldershot: Ashgate, pp. 181-92.

Anheier, H.K. and W. Seibel (2001), *The Nonprofit Sector in Germany, Between State, Economy and Society*, Manchester: Manchester University Press.

Aschhoff, G. and E. Henningsen (1996), *The German Cooperative System. Its History, Structure and Strength*, Frankfurt/Main: Fritz Knapp Verlag.

BAGfW (Bundesarbeitsgemeinschaft der Freien Wohlfahrtspflege e.V.) (1997), *Gesamtstatistik der Einrichtungen der Freien Wohlfahrtpflege 1996*, Bonn.

Becker, A. and I. Bode (2000), 'Nonprofits for the Youngest. The Social Economy of Childcare Services in the German Third Sector and its Evolution', ISTR Dublin Conference Papers (http://www.jhu.edu/(istr).

Bode, I. (2000), 'De la solidarité au marché. En France et en Allemagne, nouveaux défis pour les organismes d'assurance maladie à but non lucratif', *Revue Internationale de l'Economie Sociale* (Revue des Études Coopératives, Mutualistes et Associatives), 79 (278), 67-79.

Bode, I. (2003a), 'The Welfare State in Germany', in Christian Aspalter (ed.), *Welfare Capitalism Around the World*, Hongkong and Taipeh: Casa Verde Publishing.

Bode, I. (2003b), 'Flexible Response in Changing Environments. The German Third Sector in Transition', *Nonprofit and Voluntary Sector Quarterly*, 33 (2).

Bönker, F. and H. Wollmann (1996), 'Incrementalism and Reform Waves: The Case of Social Service Reform in the Federal Republic of Germany', *Journal of European Public Policy*, 3 (3), 441-60.

Boeßenecker, K.-H. (1998), *Spitzenverbände der Wohlfahrtspflege in der BRD. Eine*

Einführung in Organisationsstruktur und Handlungsfelder, 2nd edn, Münster: Votum.

Bundesministerium für Familie, Senioren, Frauen und Jugend (Ministry of Family Affairs) (ed.) (1997), *Selbsthilfe und Selbsthilfeunterstützung in der Bundesrepublik Deutschland*, Stuttgart: Verlag W. Kohlhammer.

Busse, R., N. Goodwin and E. Mossialos (2000), *The German Health Care System*, Aldershot: Ashgate.

Clarke, J. and J. Newman (1997), *The Managerial State. Power, Politics and Ideology in the Remaking of Social Welfare*, London: Sage.

Daubenbüchel, R. (2001), 'Die Krankenkassen im Spannungsfeld zwischen Wettbewerb und staatlicher Aufsicht', in A. Alexander and T. Rath (eds), *Krankenkassen im Wandel. Organisationsentwicklung als Herausforderung*, Wiesbaden: Gabler, pp. 77–87.

Daum, R. (1998), 'Zur Situation der Vereine in Deutschland. Materialien für eine europäische Studie über das Vereinswesen am Beispiel der Freien Wohlfahrtspflege', special number of *Zeitschrift für öffentliche und gemeinwirtschaftliche Unternehmen*, 23.

Evers, A. (1998), 'The New Long-Term Care Insurance Program in Germany', *Journal of Ageing & Social Policy*, 18 (1), 77–98.

Evers, A. (2001), 'The Significance of Social Capital in the Multiple Goal and Resource Structure of Social Enterprises', in C. Borzaga and J. Defourny (eds), *The Emergence of Social Enterprise*, London: Routledge, pp. 298–311.

Evers, A. and C. Sachße (2003), 'Social Care Services for Children and Older People in Germany: Distinct and Separate Histories', in A. Anttonen, J. Baldock and J. Sipilä (eds), *The Young, the Old and the State: Social Care Systems in Five Industrial Nations*, Cheltenham, UK and Northampton, MA, USA: Edward Elgar, pp. 55–80.

Evers, A. and C. Strünck (2002), 'Answers Without Questions? The Changing Contract Culture in Germany and the Future of a Mixed Welfare System', in U. Ascoli and C. Ranci (eds), *Dilemmas of the Welfare Mix. The Privatisation of Social Care in Europe*, New York: Plenum, pp. 165–96.

Evers, A., U. Rauch and U. Stitz (2002), *Von öffentlichen Einrichtungen zu sozialen Unternehmen. Hybride Organisationsformen im Bereich sozialer Dienstleistungen*, Berlin: Sigma Verlag.

Greisler, P. (1997), 'system- und Selbstverständnis des Versicherungsvereins auf Gegenseitigkeit. eine europäische Herausforderung', in R.H. Jung, H.M. Schäfer and F.W. Seibel (eds), *Économie Sociale: Fakten und Standpunkte zu einem solidarwirtschaftlichen Konzept*, Frankfurt: IKO Verlag, pp. 128–49.

Hansman, H.B. (1986), 'The Role of Nonprofit Enterprise', in Susan Rose-Ackerman (ed.), *The Economics of Nonprofit Institutions. Studies in structure and policy*, New York: Oxford University Press, pp. 57-84.

Lange, C. (2001), *Freie Wohlfahrtspflege und europäische Integration. Zwischen Marktangleichung und sozialer Verantwortung*, Frankfurt: Eigenverlag des DVfÖPF.

Mayer, M. and R. Roth (1995), 'New Social Movements and the Transformation to Post-Fordist Society', in M. Darnowski, B. Epstein and R. Flacks (eds), *Cultural Politics and Social Movements*, Philadelphia: Temple University Press, pp. 299-319.

Niedermeier, R. (2001), *Von der Krankheitsverwaltung zur Gesundheitsgestaltung? Organisationale Lernprozesse in der Gesetzlichen Krankenversicherung*, Bremerhaven: Wirtschaftsverlag NW.

Novy, K. (1985), 'Vorwärts immer, rückwärts nimmer: Historische Anmerkungen zu einem aktuellen Problem', in H. Bierbaum and M. Riege (eds), *Die neue Genossenschaftsbewegung. Initiativen in der BRD und in Westeuropa*, Hamburg: VSA, pp. 124-41.

Offe, C. (1996), *Modernity and the State. East, West*, Cambridge: Polity Press.

Pinch, S.P. (1997), *Worlds of Welfare. Understanding the Changing Geographies for Social Welfare Provision*, London: Routledge.

Salamon, L.M. and H.K. Anheier (1996), *The Emerging Nonprofit Sector - An Overview*, Manchester and New York: Manchester University Press.

Seibel, W. (1992), 'Government-Nonprofit Relationship: Styles and Linkage Patterns in France and Germany', in S. Kuhnle and P. Selle (eds), *Government and Voluntary Organizations. A Relational Perspective*, Aldershot: Avebury, pp. 53-70.

Tauchnitz, T. (1999), *Krankenkassen - Fluch oder Segen? Organisationsgeschichte des deutschen Krankenkassenwesens im 'langen' 19. Jahrhundert*, Opladen: Leske & Budrich.

Taylor-Gooby, P. (ed.) (2001), *Welfare States Under Pressure*, London: Routledge.

Tennstedt, F. (1976), 'Sozialgeschichte der Sozialversicherung', in M. Blohmke, C. V. Ferber, K.P. Kisker and H. Schäfer (eds), *Handbuch der Sozialmedizin*, Stuttgart: Enke, pp. 385-492.

Thiel, W. (1998), 'Selbsthilfe als Fremdhilfe. Über Struktur und Bedeutung der Arbeit von Selbsthilfegruppen', in R. Strachwitz (ed.), *Dritter Sektor - Dritte Kraft. Versuch einer Standortbestimmung*, Düsseldorf: Raabe, pp. 327-47.

Weinert, R. (1994), *Das Ende der Gemeinwirtschaft. Gewerkschaften und gemeinwirtschaftliche Unternehmen im Nachkriegsdeutschland*, Frankfurt/New York: Campus.

Wex, T. (2003), 'Die Strategie erwerbswirtschaftlicher Ökonomisierung. Eine Kritik und ein Plädoyer für eine genuine Nonprofit-Ökonomik', forthcoming in Arbeitskreis Nonprofit-Organisationen (ed.), *Mission impossible? Strategie im*

Dritten Sektor, Frankfurt: Eigenverlag des DVÖPF.

Young, D.R. (1998), 'Commercialism in Nonprofit Social Service Associations. Its Character, Significance, and Rationale', in B.A. Weisbrod (ed.), *To Profit or Not to Profit. The Commercial Transformation of the Nonprofit Sector*, New York: Cambridge University Press.

Zimmer, A. (1999), 'Corporatism Revisited - The Legacy of History and the German Nonprofit-Sector', *Voluntas*, 10 (1), 37-49.

6
イギリスの福祉ミックス

マリリン・テーラー

1 序　論

　ごく最近まで，イギリスの「サードセクター」を描くために使われた共通の言葉は，「ボランタリーアクション」や「ボランタリーセクター」であり，「チャリティ」であった[1]。「非営利」セクターないしは「営利を目的としない」セクターという言葉は，福祉に市場アプローチを取り入れたことによって一層なじみ深いものとなっている．しかしながら，ほとんどの公式文書ではまだ，ボランタリーセクターという言葉が使われ続けている（Commission on the Future of the Voluntary Sector, 1996; Home Office, 1998; HM Treasury, 2002）．

　ボランタリーセクターはよく知られているという利点をもっているにもかかわらず，使い続けるのがますます難しくなっている言葉である．第1に，独立したセクターという考え全体に異議をさしはさむ人もいるからである．このセクターと他のセクターとの境界もますます曖昧になっているように思われる．その理由の第1が民営化の開始であり，最近ではニューレイバーを掲げる労働党政権が強調するパートナーシップである．第2に，ボランタリーセクター内部でますます区分がなされるようになってきているからである．

---

1) 本章の歴史部分については J. ケンドル（Jeremy Kendall）と協力して作成した資料を参考としている．ただし，それはまだ未公刊である．この資料を利用する責任は筆者のみにあるが，これまでのケンドルの仕事に多くを負っていることに感謝したい．

とくに，政府との契約に基づいてサービスを供給することも多い専門化された大規模組織と，協同の草の根の近くにあり地域コミュニティや利益コミュニティと密着している組織との区別がはっきりしてきている．「ボランタリーセクター」という言葉についての第3の問題は，最近の政府報告書（Cabinet Office, 2002, p. 14）で議論されているように，セクター内のさまざまな組織を包摂できない点である．

> このセクターはますます企業家的になっており，ボランタリーセクターという言葉はその活動の1つの要素をつかまえているに過ぎない．この用語が協同組合や社会的企業とどのように関連しているのかを把握するのが一層困難になっている．なぜなら，これらの事業組織はボランタリーなインプットがない場合も多いからである．

この報告書では，補助金や寄付に頼るよりも自ら収入を生み出す社会的企業として多くの慈善団体を描くのがより適切であろうと論じている．

ニューレイバーの労働党が1997年にはじめて政権の座についたとき，公共政策に「第三の道」という考えを採り入れた．この考えによれば，政府支配による福祉と市場という両極間にコースが描かれることになる．この「第三の道」はボランタリー組織やコミュニティ組織が演じる役割に注意を引きつけただけでなく，共済組合への関心をもよみがえらせた（Leadbeater and Christie, 1999）．共済組合はイギリスの伝統の重要な部分でありながら，サードセクターをめぐる諸問題の分析や促進においては無視されることもある．市場や政府の外側にある別個の領域としての「市民社会」という概念ももう1つの考えとして，イギリスでは優勢になっている．とはいえ，この言葉は，発展途上国や中央ヨーロッパ，東ヨーロッパ，あるいはアメリカ合衆国ほどに広く使われているわけではない．

本章ではまず，近年，イギリスのサードセクターにまとわりついている定義の問題について若干考察する（第2節）．次に，とくに政府との境界線にかかわってサードセクター領域内の主要な部分がたどった歴史的展開を跡づける（第3節）．本章の最後では，サードセクター組織が直面している現在

の課題を考察し,「福祉ミックス」分析がこの課題の理解と取り組みに対して何を提起しているのかを評価する(第4節).

2 サードセクターの定義

　サードセクターを定義する場合の最も普通のやり方の筆頭に来るのは法律の定義(慈善団体の法的地位の定義)に依拠することである.もっとも,ケンドルとナップ(Kendall and Knapp, 1996)が思い出させてくれるように,ボランタリー組織それ自体には法の定義はなく,また必ずしもすべてのボランタリー組織が慈善団体というわけではない.慈善団体の地位の規定は依然として1601年制定の慈善信託法にあり,4つの目的に適用される.すなわち,貧困救済,教育の促進,宗教の奨励,およびコミュニティにとって利益となるその他の目的という4つである.しかしチェスターマンが指摘しているように(Chesterman, 1979, pp. 174-88),これらの目的を遂行する組織の多くが慈善団体の法的地位から明確に除外されている.それは,それらの組織が政治活動に携わっているからであり,あるいは,慈善団体の関係者たちが個人的にはそのサービスや利益の分配を受けられないからである.この「非分配制約」によって一般に共済組合やその他の社会的企業が締め出されているのは,構成メンバーがそこから実質的に利益を得るからである.またこの制約のために,ユーザーが理事会での多数派になることを望む自助組織などにとって登記の問題が発生する.

　慈善事業は,とりわけ税の恩恵や世間での評判が高まるという利益をもたらすだけでなく,寄付を守るための法的な地位である.しかしこの慈善事業は会社形態ではないし,資源の動員や資産の管理に必要な法人格が慈善団体に与えられているわけでもない.多くの自助組織や小さな慈善団体はスタッフや資産もなく,法人格のないアソシエーションにとどまっている.だが,会社化を必要とする人々は有限責任保証会社という形態を採用するのが普通である.この会社形態によって法人格が与えられ,他方では関係者の経済的責任も制限される.しかしながら,会社という「ブランド」は営利と結びついており,慈善団体の特定のニーズを予定しているわけではない.イギリス

の共済組合が伝統的にとってきた法人形態は産業共済組合法に基づいている．とはいえ，この法律は時代遅れであり硬直している．

慈善団体法の見直しを求める声が大きくなるにつれて（たとえば，1996年のボランタリーセクターの将来に関する委員会），最近では政府の見直し作業でも注意が払われている（Cabinet Office, 2002）．そこで政府が提案しているのは，これまでの4つの目的を10項目に拡大すること，サードセクター組織の必要に応える新しい法人形態をつくること，行き過ぎた規定をつくらずに説明責任を高めること，産業共済組合法の規定を改正することである．これらの提案については本章の最後に立ち戻ることにする．

ボランタリーセクターの規模を測定し，イギリスの福祉ミックスに対するボランタリーセクターの貢献を説明したい人々にとって，慈善事業の法的地位は必要であるものの十分な定義ではない．ケンドルとナップ（1996）は彼らの研究のなかに出てくるほとんどの慈善団体をボランタリーセクターに組み入れただけでなく，住宅アソシエーション，自助グループ，労働組合，職業アソシエーション，レクリエーション組織，その他多くのコミュニティビジネスをも組み入れている．しかし彼らはボランタリーセクターを「狭義」と「広義」に区分した．狭義のボランタリーセクターからは，レクリエーション組織，寄付で運営される私立学校，高等教育，労働組合，職業アソシエーションが排除されている．それは，大方の理解では，これらの組織がイギリスの「ボランタリーセクター」の特徴をもっていないという理由による．広義のボランタリーセクターの1995年の支出は国内総生産の6.6%，狭義のボランタリーセクターのそれは2.2%と推定された．

しかしながら，ペリ6とリート（Perri 6 and Leat, 1997）によれば，「ボランタリーセクター」という概念はイギリスでは比較的新しいものである．彼らが思い出させてくれたのは，ボランタリー組織の傘となる主要な全国組織であるボランタリー組織全国協議会（NCVO）がこの名を冠したのはつい1981年だったことである（それ以前は社会サービス全国協議会（NCSS）として知られていた）．彼らは，「ボランタリーセクター」を定義して促進する際の暗黙の想定には批判的である．すなわち，ボランタリーセクターは，明確に区別されたセクターであって，福祉ミックスに（柔軟性や顧客との親密

性などの）ある特定の性格規定を付与するものであるという想定である．実際のところ，ボランタリーセクターにおける大規模組織はセクターとしての属性をしだいに主張しなくなり，同様に，一層専門化するのみならずさらにアソシエーションらしさを失い，法律が認める営利組織のようになっていると議論する批評家も増えている（たとえば，Knight, 1993）．年間売上げが数百万ポンドにも上り，専門的スタッフに高給を支払い，寄付を受けるために市場で競争するような組織は「ボランタリー」とも「非営利」とも規定できないという批判である．

このような批判に映し出されているのは，「ボランタリー・コミュニティセクター」というフレーズを共通に使ってイギリスのボランタリーセクターを描くことが多くなっているという事態である[2]．［ボランタリーセクターにおける大規模組織とコミュニティレベルでの小規模組織という］両者の区分はコミュニティセクター連合（CSC）が奨励しているものである．この連合は，規模が小さくアソシエーションの色彩を色濃くもっている組織の利益が，大規模で専門化の進んだ公式の「非営利」組織の利益によって締め出されてしまわないようにするために設立されたものである．また，政府その他では信仰組織に言及する傾向もますます強まっている．

しかしながら，ボランタリーセクターの内部でさらに独自な**セクター**を定義しようとすれば，固有の問題とぶつかる．［セクター内部にもう１つのセクターを位置づけるという］こうした区分は，セクター内部における真の多様性を映し出すものではないし，政府や民間企業の外部における諸活動に共通している利害を反映するものでもないからである．そこでペリ６とリート（1997）は，［セクター内部におけるもう］１つのセクターの「発明」を，ボランタリーな活動を「スタイル」や「原則」の問題として定義する初期の緩やかな定義と比較対照するのである．またフィンレイソン（Finlayson, 1994,

---

2) コミュニティセクター連合は，専門職ボランタリーセクターとコミュニティに基礎を置くグループとを分けて区別している．前者は，有給の職員を雇い，地方自治体や中央政府との契約に基づいてサービスを供給することも多い．後者は，きわめて小規模で，基金もなく専門的な職員もいない場合が多い（Taylor and Lansley, 2000）．しかしながら，この言葉はルーズな使われ方をすることも多い．

p. 8）によれば，ボランタリズムとは，「個々人の創意工夫の能力や選択から湧き出てくる活動であり，少なくともある程度，参加する人々の努力によって表現され支持される活動であり，さらには一定程度のアイデンティティや独立性を保持している活動である」と定義される．このようなアプローチによってこそ，イギリスのボランタリーセクターのなかにある伝統をいくつか包含することもできるのである．たとえば，自助，自己改善，慈善，フィランソロピー（Harrison, 1987）などがそうであり，社会的企業もまたそうである．

3 福祉ミックスにおけるサードセクター

エスピン-アンデルセン（Esping Andersen, 1990）は，イギリスが自由主義的福祉レジームの国であり，オーストラリア，アメリカ合衆国，カナダと共通すると説明している．彼が描くこの自由主義的レジームでは，「適格性の範囲を狭める」モデルに基づいて所得支援が行われ，民間形態の福祉を奨励しながら，市場の論理が支配している．エスピン-アンデルセンはボランタリーセクターをこのモデルの要素としては組み込まなかったけれども，レスター・サラモンとヘルムート・アンハイアーはエスピン-アンデルセンによるモデルを非営利セクターの国際比較研究に応用し，福祉への政府支出が少なくボランタリー活動の比重が高いレジームとしてイギリスとアメリカは並ぶ国だという，同様の結論にたどり着いた．すなわち，そのレジームでは，政府の存在が限定されることによって非営利セクターに成長の余地を与えてきたというのである（Salamon and Anheier, 1998）．

実際には，イギリスについてのこの分類は多くの特徴を見逃している．何よりもまず自由主義哲学についていえば，それはイギリス史を通じて明瞭に存在してきたとはいえ，他の潮流がこの哲学を抑制したり，ときには重なり合ったりすることもあった．バグリー（Bagguley, 1994）によれば，エスピン-アンデルセンモデルの限界をイギリスが明らかにしたのであり，そのモデルに代わって，現在のイギリスの福祉を形づくっている［欧州に］共通の歴史的伝統を認めるような分類法が必要なのである．

それでは，共通の伝統とは何か．イギリスの福祉ミックスをみると，事態の進展は概略次のように描くことができる．つまり，中世における教会と政府との緊密な関係の解体に始まり，18世紀における個人の自由意識の高まりや19世紀における自由放任の時代を経て，20世紀における政府の漸進的な参入や全面的な福祉国家の導入へと展開してきた．しかし，20世紀の後半になると，福祉における市場メカニズム活用への急速な傾斜，個人や家族の責任の強調，可能なかぎり人々を労働市場に「駆り立て」るための福祉給付予算の厳しい引き締め等によって，福祉国家それ自体も解体し始めた．これは明らかに自由主義レジームに合致している．しかしこうした政府参入や福祉国家というあり方を構成する諸要素自体は，21世紀まで存続してきた．自由主義レジームであるにもかかわらず，政府とサードセクターとの相互関係は現在の政策のなかにもみられるのである．こうした点は，イギリスがヨーロッパの近隣諸国や同胞であるアメリカとの中間に位置するレジームにあることを示している．その証拠となるような社会意識調査もある．すなわち，福祉，とりわけ健康や教育について，その主要な責任を政府が果たすべきだとする考えをイギリス大衆が保持しているという社会意識調査である．所得維持に対するイギリス大衆の態度——エスピン-アンデルセンの分析にとって中心をなしている——も，多分に両義的なのである．

政府と慈善団体との分離

　イギリスのボランタリーセクターの歴史は，他国と同様に，宗教や商業と政府との妥協を反映している．16世紀の宗教改革以前はカトリック教会が支配的な組織であり，社会的ニーズを満たし社会的な統制を行っていた．また，教会はインフォーマルセクターや封建的支援機構と絡み合い，都市ギルドの活動に補完されていた．宗教改革がこのような調和をひっくり返し，イギリス国教会が支配的エリートによる組織化された宗教として18世紀まで社会生活や市民社会を牛耳り続けた．現代の大方の欧州社会とは異なって，国の役割は最小限で調整役であるべきであり，地主エリートは中世国家機構の介入を受けることなく思うように土地を使用することができる，というの

が政府の見解であった (Perkin, 1989, p. 5).

1601年の慈善信託法には政府と慈善団体との分業が述べられており，その分業にしたがって地方のエリートが地元民の福祉に取り組むことを期待されていた．しかしながら，この取り組みは自発的になされるべきであり，課税を最低限に抑えることが想定されていた．地方国家はその他残余の役割を果たし，雇用可能な貧困者のコントロールを担当した．はじめは救済であったが，時間がたつとともに，救貧院および救貧法の抑止力を通じた統制となった．

イギリス国教会の管理組織および教会と地元の固い結びつきが，宗教裁判所を使い「道徳の警察官」として振る舞う能力を教会に与えただけでなく，学校の運営や地域で寄贈された慈善基金や先駆的な社会保険制度を管理する能力，あるいは「貧困者に教育を施す義務のほぼ唯一の担い手となる」能力をも教会に与えた (Brown, 1991, pp. 100-1)．しかし，18世紀には組織化や一般化の進んだ慈善事業の形態が登場し，オーウェンはそれを株式会社の成長と並行して進む「アソシエーション型の慈善事業」と呼んでいる (Owen, 1964, p. 3)．

> 18世紀も時代が進み，「慈善家が独力で最大のニーズの原因を探り出し，それに精通するようになることは，彼らがどんなにその気になってもしだいに不可能になった」(Owen, 1964, p. 92) ため，その他さまざまな組合やアソシエーションが形成され，寄贈者と受益者との媒介役として活動するようになった．これらの組合は寄付の上に成り立っており，寄付をする人々には力があって，寄付の受託者を推薦して後援することも多かった．また，寄付は社会的名声への確かな道であり，常に慈善の内的な動因となっていた (Kendall & Knapp, 1996, p. 35)．

多くの著者たちが19世紀の慈善事業拡大の様子を文書に残している (Davis Smith, 1995; Kendall and Knapp, 1996)．道義をわきまえた企業家精神のもとで，さまざまな宗教グループが貧困層の心を求めて競い合った．プロチャスカ (Prochaska, 1988, p. 24) はこれを「不信心者や困窮者を求め

る争い」としている．それぞれの宗派は組織によって完全に補完されていた．とくに教育と若者の啓発とがそうであった (Owen, 1964, p. 94; Cahill and Jowett, 1980, p. 364)．無差別の慈善に危機感が生まれ，合理的で調和のとれた「科学的な」アプローチを採り入れるために，1869年に全国慈善組織協会が設立された (Lewis, 1995)．同協会は貧困救済のための枠組みとして「相互に排他的な領域」という考えをかたくなに守り，政府に対しては1601年法の精神にある残余の抑止的な役割を割り当てようとした．

たとえ組織化された宗教の影響力が小さくなっていくとしても，福祉を実施しつつ民主社会を統制するには地域ごとの慈善事業が適切な方法であるという信念が20世紀初頭までそのまま続いていた．他のヨーロッパ諸国と比べてみると，19世紀のイギリスは，中央政府レベルでの強力な官僚制機構を強い関心をもって発展させようとはしなかった．反対に，イギリスにはアソシエーションの自由という根強い伝統もあり，それが侵されたのは18世紀から19世紀への世紀転換期のごく短期間（約20年）だけであった．セインが述べているように (Thane, 1982, p. 1)，1750年から1914年までの期間における「主要な想定」は，中央政府の役割はただ単に，「社会がそれ自体おおむね立ち行くような，しっかりと確立され明確に理解されうる枠組みを提供すること」という点にあった．そして，その枠組みを可能にするものとして，自主管理する市民グループ，すなわち地方自治体のさまざまな機関もしくはボランタリーアソシエーションが想定されていたのである．

共済主義の成長

重要なのは，この時期を通じて慈善事業がボランタリズムの一要素に過ぎなかったことを認識することである．共済主義も同じように強い伝統をもっていた．しかし実は，アントニー・ブラック (Black, 1984, pp. 178-9) によれば，労働者階級の生活を特徴づける「兄弟愛，友情，相互扶助」といった諸価値が理念史において無視されることがしばしばであった．というのは，それらの諸価値が「慈善を施す階級」の経験外の世界に存在しているからである．メンバー間の平等や満場一致による自主管理，普通選挙といった伝統

は，中世のギルドに起源をもっている．後世になって労働者階級の組織がそれを受け継いだのであり，この伝統は数世紀にわたって共済主義発展の基礎を提供しただけでなく，地方政府機構の発展の基礎ともなった (*ibid.*, p. 11).

ブラックが示唆しているように (*ibid.*, p. 172)，中央ヨーロッパと比べると比較的早くギルド制が崩壊する一方で，アソシエーションの自由という伝統がほぼ壊れることなく続いたために，イギリスでは労働組合と友愛組合とが早くに発達するという展開をみせ，それらが労働者階級の組織的な中心となったのである (*ibid.*)．ブラックは「萌芽的労働組合」の証拠を17世紀に見出した．そして18世紀になると，参政権を求める闘いに乗り出し，資産と政治的権利との結びつきを断ち切ることを目的として類似の組合がつくられた．他方では，17世紀以降の友愛組合の成長が17世紀以前の職人ギルドと近代の労働組合運動との連続性を準備することになった．この近代の労働組合運動は，リスクの共有，失業や疾病への保険，貯蓄のための手段であった．協同組合運動も同じように強力であった．そのリード役が消費者協同組合であり，労働者階級が安全で購入しやすい食料を手に入れられるようにすることが目的であった．この協同組合運動は新しい形態の会員制を主張し，それは，上流階級や意欲的な中産階級に会員を限定せずに新興の私的資本主義に対するオルタナティブを提示するものであった．すなわち，「こうした新しい形態のアソシエーションにとって，その狙いは，自ら規範となって経済や社会のルールを定めること，つまり，実践のなかで，組合共和国，組合国家，自由なアソシエーション，新しい道徳世界等の意味を明らかにする点にあった」(Yeo, 2001, p. 10).

数多くの労働者階級の組織を通じて共済主義が広がっていった．たとえば，住宅金融組合，消費者協同組合，生産者協同組合，友愛組合，住宅協同組合などである．また，この相互扶助という考えは18世紀後半から19世紀にかけてしだいに労働者階級の文化の重要な部分となった．その力の源泉は，ロンドンやイギリス国教会，中央政府からは遠いところにあって，それらと対立していた北の地方にあった．その組織原則や価値観の多くは，非国教徒，とくにメソジスト教徒の復活に負っていた．メソジスト派に加えて，さらに

相互扶助の精神が労働者階級の堅固な一体性を形成するうえで決定的に重要であった (Black, 1984; Harrison, 1987, p. 9)．

共済主義は，保険や生産・分配手段の所有を通じて経済的なリスクを共同負担する機会を提供した．また，社会的・政治的に相互に触れ合う機会を提供することによって，自己啓発や教育の点でも大きな助けとなった．1841年に設立され，協同組合運動の創設者と目されているロッチデール先駆者組合は，図書室や新聞閲覧室をもっていた．成人教育も労働者階級の共済主義にとって不可欠の要素となり，結果的に1903年の労働者教育協会設立につながった．

共済組合は，有限責任を含めて，1843年および1862年の産業共済組合法によって強力な法的枠組みを与えられた．しかし，19世紀における組織化された相互扶助にも限界がみられた．第1に，共済組合は職人層──労働者階級のなかの富裕層──のための有力な手段であり，政治エリートからも支援されていた．政治エリートたちは，共済組合を通じて，現状維持のための物質的な援助が潜在的な革命家たちに与えられているかぎり，熟練労働者階級を真に貧しい者たちから切り離しておくことができると考えていたのである．またこの共済組合は，基本的には男性労働者のための手段であり，ほとんどは女性や子供のための手段を用意することができなかった．しかしながら，女性協同ギルドは，協同がもたらす利益を貧困層にも拡大することを求めて，多くの女性たちを地方政府や公的生活の場に引き出した (Kendall and Knapp, 1996)．

第2に，19世紀半ば頃になると，共済組合はすでに，地方主義，より正確にいえば非公式な組織化スタイルの限界を克服し始める途上にあった．フィンレイソン (1994) によれば，地方の友愛組合は，規模の経済に基づく安定性を確保するために全国民と提携し始めつつあった．他方で労働組合は，1850年代までには完全に中央集権化されていった．住宅金融組合は，組合員による経営の程度をしだいに低下させていき，ますます商業的になった──1871年頃には，投資家により多くの金銭を渡すために借り手の金利が引き上げられ，相互扶助が利潤に取って代わられることとなった．友愛組合は，平均寿命が伸びたことで耐え難い負担が課せられるようになり，組合員

獲得競争のためには保険料を上げることもできなくなった．また，1880年にピークに達した労働者協同組合も，1880年代半ばの不況によって大きな打撃を受けた．エオ（2001）によれば，それでもやはり，独自の文化的な存在感や「別世界」を構築する潜在力という観点からみれば，協同組合や共済組合のピークは1890年から1910年の間にあったのである．

政府の参入

20世紀への世紀転換期に至ると，福祉ミックスにおけるバランスは政府に傾き始めた．イギリスは最初に産業革命を成し遂げた国であったとはいえ，その優位性はすでに失われていた．またちょうど，2つの大戦争——ボーア戦争と第一次世界大戦——の間の時期でもあった．イギリスは経済の前線と軍事的な前線での競争力を確保するために労働力と軍事力を有する必要があった．しかし，そのどちらももっていないことがしだいにはっきりしてきた．慈善や相互扶助といった自発的な活動も不十分であることがしだいに明らかとなってきた．

政府へのバランスの移行は徐々に進んでいった．最初は規制，次に資金提供，そして最後になって供給責任の引き受けとなったものの，変化のペースは政策分野ごとにさまざまであった．福祉への政府参入については主として中産階級が支持した．19世紀後半における地方政府の官僚制機構の拡大は，拡張を求める政府の内部に新しい専門家が生まれたことを意味していた（Perkin, 1989）．政府に対する労働者階級の疑念はますます深まりつつあった．彼らは依然として救貧法の過酷さと政府とを結び付けて考えていたのである（Dearlove and Saunders, 1991）．それゆえ，彼らは完全雇用につながる改革には賛成したとはいえ，「奴隷化や官僚国家」（Thane, 1982, p. 292）という考えには反対した．だが，19世紀末以降の労働党の伸張によって，組織労働者にとっても新しい回路が体制内に——まずは地方自治体において，そして最終的には中央政府において——開かれることになった．

すでにみたように，健康と安心に対する地方レベルでの労働者階級のニーズを満たすことができるような相互扶助の可能性は20世紀への世紀転換期

に厳しいプレッシャーに晒された．1900年代初頭になると，友愛組合といえども政府の年金制度の優位性を理解しはじめたのである．とはいっても，友愛組合に取って代わるというよりも，友愛組合によるサービスの補完とみなしていたに過ぎない（Finlayson, 1994）．引き続き若干の抵抗はあったものの，政府の参入が友愛組合に命綱を与えたように思われる．友愛組合と労働組合とが，1911年の国民保険法のもとで健康保険の管理者として認可された．しかしながら，医療専門家の反対もあり，組合の役割が大幅に制限された．さらには，1930年代の不況が組合による健康保険の役割に新しいプレッシャーを与えたし，何よりも失業保険にとって致命的であった．フィンレイソンによれば，労働組合は組合員を失い，多くの組合にとって保険金が負担となり過ぎた．労働組合はしだいに，貯蓄にではなく交渉に自らの未来をみるようになった（*ibid.*, p. 212）．

生き残ることができたのは保険料徴収に特化した集権化された組合や商業化した保険組織であった．エオによれば，1940年代の後半には，友愛組合，住宅金融組合，協同組合，教育アソシエーション，クラブ，研究所は「きわめて大きな組織となっていた．それは単にそれぞれの権利という点だけでなく，それぞれの仕事の領域，すなわち保険，住宅ローン，小売，成人教育，社交，製品製造での市場に対する影響力という点からみても大きかったのである」（Yeo, 2001, p. 21）．しかしながら，ベヴァリッジは自らの歴史研究である『ボランタリーアクション』のなかで，組合は「ますます役所化し個人対応の程度を薄めた．すなわち，保険機関としての程度は高まったが，社会機関としての程度は低くくなった」（Beveridge, 1948, pp. 78-9）と述べている．労働者階級が共済組合を利用して老後に備えて貯蓄するという習慣が薄まり，第二次大戦の終わりにはすでに共済組合の組合員もほとんど躍動感を失っていた．D. スミス（Davis Smith, 1995, p. 34）がいうように，「本当の悲劇は……1911年の政府による責任引き受けではなく，初期の組合の中心的な特徴であった相互扶助の精神や組合員による管理が衰退したことであった」．

相互扶助の伝統は，イギリス労働党の登場にとって決定的な基本要素であった．しかし，労働党の登場によって政治過程への正規のアクセスが可能と

なり，共済主義がもつ政治的・文化的エネルギーも新しい回路へと向かうことになったのだとする議論もある（Yeo, 2001）．一旦，労働組合の役割が保険から離れて政治的なものへと再定義されるようになると，共済主義に政治的回路が開かれたことは労働組合にとっても有利なことであった．だが，労働党と労働組合とが力を得るにつれて地方共済の伝統がゆらぎ，党自身も中央集権的・国家主義的なイデオロギーを求めて自らのローカルな協同の根を見捨てた（Brenton, 1985）．労働党の中心的な創設者であったウェッブ夫妻は共同所有を相互所有ではなく国家所有と定義した．こうした背景のもと，協同組合事業や共済事業が実質的な事業規模の点で1950年代にもまだピークを維持しえていたとはいえ，政治的・経済的なオルタナティブとしての，あるいは社会変革のための共同運動としてのアイデンティティを失ったことはおそらく驚くには当たらないであろう（Yeo, 2001）．

しかしながら，協同組合運動の影響力を過小評価すべきではない．協同組合運動は1917年に自らの政党をつくり協同組合主義の影響力を高め，1918年には初の国会議員を送り込んだ．その議員と後継者たちは労働党の院内幹事を引き受けてきた．協同党は所属国会議員（ウェブサイトによれば現在29人）と地方議員（700人）を抱えている．労働党の党内党として大きな影響力をもっていると論ずる人もいる（Jim Brown（蔵相）との個人的会話）．

福祉国家から市場へ

1942年から1948年にかけて，福祉ミックスの中心に政府を据えるような法律が怒濤のように成立した．慈善や共済を担うサードセクターは「福祉会社の部下」（Owen, 1964）へと降格された．それにもかかわらず，伝統的なボランタリー組織は1950年代から1960年代にかけて回復力を示し，ある領域では専門家的な役割を維持し，政府が優先事項とみなさなかった領域でのサービス供給を続けるとともに，その他の分野でも補完的な役割を展開した．また，協同組合事業や共済事業も実質的な規模でみて1950年代にピークを迎えていた．そして協同組合運動――小売協同組合に常にリードされてきた

——の持続力は，イギリス消費生活協同組合連合会（Cooperative Society）が1968年に小売業のマーケットリーダーになったという事実にも表れている．しかしながら運動の価値は失われ，さまざまな協同組合運動や共済事業運動の間にはほとんど交流がなかった，とエオは述べている．

政府による福祉への不満が1960年代から1970年代に強まるにつれて，ボランタリー活動の新しい波が大きくなり，1960年代には市民権運動や社会運動を世界中で奮い立たせた．政府介入の，まさにその大きさが反発を招いたのである．貧困，ホームレス，平和や環境をめぐって，その解決を求める一連の社会運動が登場した．アドバイス組織が政府官僚制の複雑さや時には鈍感さに風穴を開けるための道を切り開いた．そして，よりよい商品やサービスを求める組織化された福祉消費者として，新しい形態の共済主義も登場した．すなわち，福祉給付の請求者たちが，自分たち自身が必要とするアドバイスサービスやその請求キャンペーンに取り組み始めた．あるいは，親たちが自分の子供のための保育園を立ち上げた．また，慢性病患者たちが自助グループを組織し，障害者たちは，従属を強いる医療のあり方の変革をめざして自らを組織した．さらには黒人や少数民族の組織が団結して根強い人種差別と格闘し，自らに必要なサービスや施設を求める闘いに取り組んだ．そして，公営住宅の住民は団結して貧弱なサービスに対抗するとともに，自分たちのコミュニティを壊していると感じられる大規模住宅開発にも抵抗した．

また，社会的企業にとっての新しい推進力もあった．1971年の産業共同所有運動（ICOM）の設立や，その後同じ1970年代に制定された，共同所有，住宅協同組合，クレジットユニオン（信用組合）を奨励するための法律である．1979年に，政府は全国協同組合振興機関（NCDA）を立ち上げた．増加する失業に取り組もうとする政府の計画がコミュニティ活動に新たに資金を提供し，新しい形態のコミュニティ企業を育てる苗床の役割を果たした．だがしかし，これらのコミュニティビジネスが大きな存在感をもったのはスコットランドとウェールズだけであった（Pearce, 1993）．

これらの運動のなかには，性格的にみて，新しい反資本主義的な組織方法や新しい政治スタイルを推進するような「オルタナティブな」運動もあった．だが，政府から責任を引き継ぐことができると思われるものは新しい福祉組

織のなかにはほとんどなかった．これらの組織の目的は政府の補完であり，また政府の政策やサービスを改善させるための監視人として活動することであった（Brenton, 1985）．それにもかかわらず，主流のボランタリーセクターは変化を求め続けた．1970年代の末になると，社会サービス全国協議会NCSS（現在は，ボランタリー組織全国協議会NCVO）や影響力のある支持団体が「サードセクター」のためのナショナルセンターの役割を主張するようになっている（Gladstone, 1979; Hadley & Hatch, 1981）．独立した資金から援助を受けて作成されたボランタリー組織の将来に関する報告書（Wolfenden, 1978）にならって，これらの団体も「福祉多元主義」を主張した．この福祉多元主義とは，政府が資金提供を続ける一方で，ボランタリーセクターがサービス供給を行うというものである．

　しかしながらニコラス・ディーキン（Deakin, 1995, p. 54）も述べているように，政府による福祉体制を手直しできる時はすでに過ぎ去っており，政府による福祉に対する国民の幻滅はきわめて大きくなっていた．「福祉多元主義」は，より根本的な新しい方針に取って代わられようとしていた．1979年，政府による福祉の最前線を後退させることに執着する保守党政権が選出されたことによって，ニューライトや福祉市場の促進を準備する段階へと移行したのである．主要都市部の労働党政権がしばらくの間，この新しい指針に抵抗し続け，市場に抵抗するための「虹の連合」の一部として，コミュニティベースの自助活動を支援した．だが1980年代の後半になると，戦後福祉国家にとって不吉な前兆が現れるようになり，福祉サービスの一部民営化や他のサービス領域への内部市場の導入を認めるさまざまな法律が制定されるようになった．この頃には，社会的介護の分野で商業セクターがすでに確立されて重要な役割を果たすようになっており，政府の政策も，財政負担を政府から民間保険に転換する方途を求めていた．保守党政府もまた，福祉の責任を福祉ミックス三角形のもう1つの極——家族——に転嫁することを望み，個人や家族による介護責任をあらためて強調した．

　民営化は，サードセクターのサービス供給機関に対して福祉ミックスにおける大きな役割を与えるものでもあった．この点は，とくに公営住宅や社会サービスの分野について当てはまる．というのは，この分野では，サービ

供給をボランタリーセクターや営利セクターに移管しようとの意図が明らかだったからである．ボランタリー組織への資金援助が1979年から1987年の間に2倍以上になっただけでなく，途中若干の中断の後，1990年代初頭には再び急増した．地方自治体の公営住宅が売却されたり財政難に陥ったりしたことによって，住宅アソシエーションは否応なく低家賃住宅の中心的な供給者となった．

だが，こうした変化に対するサードセクター内部の関心もさまざまであった．ボランタリー組織は，パートナーというより政府の一機関とさせられてしまい，自らの組織目標や運営上の価値基準が政府という購入者によって歪められてしまうのではないかと懸念した．この恐れは前例のないことではなかった．ベヴァリッジがボランタリー活動に関する1948年の論評のなかでこの傾向についてすでに批判していたし，オーウェンの1966年の歴史書にも同じ懸念が述べられている．1990年代の福祉市場では，ボランタリー組織もまた，より「自然な」受益者のために福祉市場が準備されるにつれて，自らが商業セクターのための隠れ蓑になってしまうのではないかと恐れていた．

初期の調査では，それは過剰反応だったとされている．すなわち，とくに大規模組織は購買者としての小さな地方自治体との交渉では大きな力をもつことになり，予想されたほどには歪められることもないことが示唆されている．しかしながら，変化の影響は多様であり，長期の影響についてはまだ不分明である．多くの組織は影響が多少なりとも及んでいると感じており，NCVOの一連の調査によれば，中規模組織が不安定な資金準備の点でとくに弱い場合がありうる（Passey et al., 2000）．これらの調査は次のような点も示唆している．すなわち，1990年代初頭にはサードセクターへの政府資金が全般的に膨大な増加をみたとはいえ，現在は横ばい状態にあり，サードセクターの役割，とくにその多様な貢献が，福祉市場が拡大するにつれてどの程度持続可能でありうるかが依然不明だという点である．

しかしながら，1980年代から1990年代の市場志向の精神文化の帰結として，これとは別の傾向も生まれている．たとえば，とくに大規模な慈善団体が資金的な圧力に反応してしだいに企業家的となり，資金調達市場に積極的

に接近したり，あるいは，政府との契約であろうと財・サービスの販売であろうと，商業部門を展開して所得を生み出したりしている．並行して，共済組合のなかにも同じ展開が起こっている．伝統的なボランタリーセクターにおける会員組織の数多くのメンバーとともに，労働組合員の数も減少している．住宅アソシエーションと同様に，ボランタリーセクターとしてのアイデンティティを失っているところもある．住宅金融組合や保険アソシエーションでも脱共済化の進むところが増えている．

同時に，古くからの協同組合事業や共済事業には目的の復活や再発見がある，とエオ（Yeo, 2001）は指摘している．1872年に設立された協同組合銀行は，1990年にはどん底まで落ちたかにみえた．しかし協同組合運動それ自体としても驚くべきことに，「倫理銀行（'ethical bank'）」として自らを再ブランド化することによって方向転換し，1990年代後半には，協同組合銀行を乗っ取って脱共済化を図ろうとする企てを首尾よく回避した．その間に，新しい形態の相互扶助が政府の関心を引きつけ始めていた．なぜなら，政府は，21世紀における福祉サービス供給の新しい形態や，イギリス国内での特定集団に対する根深い社会的排除をめぐる持続可能な解決策を求めていたからである．

皮肉なことに，以上の点は，消費者を重視する市場イデオロギーによって助けられている．というのは，サービスのあり方に影響を与え，場合によっては管理さえしようと望むサービス利用者たちに対して，福祉市場はそのための新しい機会をもたらしたからである．1990年代が進むにつれて，たとえば，低家賃住宅において住民による管理組織の設立が積極的に奨励されたり，学校管理が地方自治体機関に任されたりした．もっとも，学校管理の場合，中央政府の厳格な統制下に置かれてはいた．障害者組織も介護計画立案や政策決定の過程に参加するようになり，障害者組織のなかには，サービス供給をめぐって抜本的に新しいアプローチ——サービス利用者に対して，共同生産者としてのより強力な権限を与えるようなアプローチ——を展開し始める組織もあった（たとえば，Lindow, 1994）．さらに黒人組織や少数民族組織が，彼らの文化的伝統やニーズにより敏感なサービスを展開した．しかしながら，これらの組織は，行政や伝統的なボランタリー組織がもっている

温情主義の姿勢や利用者および周辺化されたコミュニティのニーズに対する鈍感さを批判しているという点において，行政にも伝統的なボランタリー組織にも批判的であることを併せて指摘しておかなければならない．

舞台に新たに登場した役者もいた．リードビーターとクリスティは，1999年の研究のなかで次のような成長分野に注目した．

- 親たちの運営する保育園（1998年に18,000団体あり，5歳児未満の19%に当たる）．
- クレジットユニオン（1999年に665組合）およびコミュニティ・ローン基金（5基金）．
- 第三年代（高齢者）大学（365支部）．
- 住宅協同組合（低家賃の登記家主の12%で，約1万の住居を扱う住宅協会に登録された259の完全共済型の協同組合を含む．協同組合住宅はとくにスコットランドで強い）．
- コミュニティ基金（ローカルな寄付を使ってローカルな活動に資金提供する154の助成金団体）．

コミュニティ開発トラストが恵まれない近隣地域に設立され，コミュニティの資産を開発から守ったり回復させて利用したり，コミュニティの資産が地方の雇用や富を生み出せるようにしたりした．リードビーターとクリスティ（Leadbeater and Christie, 1999）の主張によれば，こうした組織がイギリスには1999年に139団体存在し，土地，建物，職場，サービス供給の周辺につくられている．彼らはさらに，革新的な金融共済，社会的投資組織，協同組合型のインターネット・ソフトウェア会社等々，さまざまな事例を提示している．彼らはまた，たとえば，544の協同組合型もしくは共同管理型の農業ビジネスがあり，食料雑貨市場の6%を占めていること，小売業市場全体の4%が協同組合型の小売業が占めていることといった事例をあげながら，ビジネスの世界のなかにも協同組合主義の健全さが残っていることを証明している．イギリスの労働者協同組合市場は欧州大陸のいくつかの地域と比べればたいへん小規模ではあるものの，リードビーターとクリスティによ

れば，1999年には，雇用総数約15,000人を数える1,550の労働者協同組合が存在していた．

第三の道？

1997年にはすでに，イギリス国民は市場の行き過ぎに失望するようになっていた．ちょうど1979年に政府に失望したのと同じである．1997年に選出されたニューレイバー政権は市場と政府との間に「第三の道」を探し求めた（Blair, 1998; Giddens, 1998）．この探求のなかで鍵となった要素は契約文化ではなくパートナーシップへの参加であり，社会的排除の問題への関与，企業が前向きになれる雰囲気，権利と責任の旗印のもとでの市民やコミュニティの動員であった．驚くことではないが，「第三の道」は「サードセクター」に新たな機会を提供し，サードセクターは新政権下で存在感の高まりを享受することになった．この点は，ボランタリー・コミュニティセクターとの「コンパクト」（協定）によって優先権が与えられたこと（Home Office, 1998），またかつて政府内に設けられていたボランタリー・コミュニティユニット（アクティブ・コミュニティユニットに改称）に高い評価を与えて資金を追加したことによく表れている．同時に，中央政府の地方公共団体への要請によってもこの点は強化された．というのは，サービスを提供する場合や，公共サービスが従うべき「最大価値」[3]の枠組みを定める場合には，ボランタリー組織，コミュニティやサービス利用者（およびその他の利害関係者）と協議することを中央政府が地方自治体に求めたからである．「第三の道」という用語はしだいに使われなくなってきたとはいえ，「第三の道」には鍵となるテーマが2つあり，それがイギリスの福祉ミックスに特別の影響を与えたように思われる．第1に，パートナーシップの強調である．かつての保守党政権では市場やサードセクターを政府によるコントロールに代わるものとみなしていた．対照的に，ニューレイバー政権ではパートナーシップ

---

3) 最大価値というこうした考え方を新政府が導入し，前政権の強制競争入札を停止した．競争はまだ新政策の1つの要素ではあったものの，価格に基づいた競争はもはや「価値」の主要な定義づけではなくなった．

を中心テーマと考え,「支配」よりも「統治」を力説した.

パートナーシップは政策領域にはこだわらず,とくに地域ごとの社会的排除への取り組みに対する政府の関与を大きな課題としている.政府の全国近隣再開発戦略（Social Exclusion Unit, 2000）は,最悪の影響を受けた地域の経済的再生やコミュニティ再生を図ったり,サービスを向上させたりするための新しい方法を見出そうと専心している.この新戦略は,サービス供給の新しい形態を奨励しており,すべての機関（公共,ボランタリー,営利）を近隣レベルで束ねて,各地域が経験した問題に対する「合同の」解決策を見出そうとしている.この戦略の鍵となっているのは,住民が対等のパートナーとなって共同で管理しているローカルレベルにサービス予算を委譲するという提案である.

この戦略はまた,地方行政レベルでの新しいローカルパートナーシップ戦略（LSP）を立ち上げてきた.複数機関の間における新しいパートナーシップは近隣再開発戦略の展開に責任をもち,政府資金を得て戦略を遂行している.また,このパートナーシップが地方自治体と一緒になって働き,地方の福祉を高めるための幅広いコミュニティ戦略を展開することが期待されている.

LSP戦略ならびにその近隣版（まだ普遍的とは言い難いものの）の展開は新しい制度を創造する潜在的な力をもっている.この新しい制度こそ,セクター間の壁を乗り越えて,社会的排除という問題に取り組むための最適な「組み合わせ」を用意するのである.こうした新しいハイブリッドの制度的諸形態は,図1.1が描く三角形の中心に位置する緊張感の伴う領域で明示的に機能することによってこの三角形をおそらくは変形させながら,政府やボランタリーセクターおよびコミュニティと,民間セクターにおける主体との関係を組み替えていく可能性があるだろう.しかしながら逆に,政府と市場の双方に関係している諸制度を中心領域に引き入れることによって,こうしたパートナーシップは,説明責任,役割や構成が不鮮明で曖昧であるような領域に置かれていることに自ら気づくことになるであろう.この点については,本章の最後でも立ち返る予定である.

第2に,「第三の道」の探求には,パートナーシップの推進と同様に,社

会的企業や社会的経済[4]という言葉も含まれていた．この言葉は，「社会的結束への可能性と市場経済の枠内における自己組織化とを結合する」こと，そしてまた「公共サービスの温情主義および市場の個人中心主義の両者に対するオルタナティブを提供する」ことを意味している（Leadbeater & Christie, 1999, p. 10）．18の政策アクションチーム（PAT）の1つが，企業と社会的排除とに焦点をすえた全国近隣再開発戦略を展開している．またそれにならって政府も，クレジットユニオンやコミュニティビジネス，コミュニティ開発トラスト，社会的協同組合などの社会的企業を奨励している．政府は，在宅介護や保育，安全確保，成人教育，住宅，近隣環境改善，地元商店，文化活動・余暇活動，オーディオ・ビジュアルサービス，新しいIT，ごみ処理，リサイクル活動といった領域ですでに事業を展開している企業に注目している．そして，約150万人の人々がローカルコミュニティの経済組織に常用雇用されていると見積もられている．

> 社会的経済は，民間セクターにとっては魅力もなくふさわしくもないサービスや，公共セクターでは効果的に提供できないサービスを展開する場合に有効である．社会的経済は，公共機関では難しい方法で地方の人々を経済活動に従事させる場合にもその価値を発揮できる．社会的経済は，市場の失敗が避けられなかった実際の仕事やサービスに代わって，その代替物をただ単に提供しているわけではなく，コミュニティ意識を強化するためにも有効なのである（HM Treasury, 1999, p. 14）．

LSP戦略と近隣管理委員会は，コミュニティの優先事項やニーズに敏感になれるように主軸サービスの予算を組み替える努力をするであろう．だが，社会的経済を活性化するうえで，政府は社会的投資を高める方法の検討を迫られている．政策アクションチームのリポートは，補助金からローンへの「文化的な変化」をボランタリーセクターや社会的企業セクターに求めると

---

4) 社会的経済という言葉は，サードセクター全体を包含するものとして使用することが可能である．しかし社会的経済という言葉は，イギリスでは，共済組織やコミュニティに基礎を置く組織，さらには社会的目的と経済的目的とを結合する組織ととくに結びついて使用されてきた．

ともに,社会的企業の成長を支えるために最近設立されたローンや投資基金の例をあげている (HM Treasury, 1999). また,同リポートは,スモールビジネスにとって有効な支援を社会的企業セクターにまで拡大するよう求めている. これが現在,政府が取り組み始めたアジェンダである.

4 イギリスサードセクターの未来

上述してきたイギリスサードセクターの発展についての説明をみれば,福祉ミックスというコンセプトは分析ツールとして有効であり,他のモデルと比べても,セクター内で求められている多様性と,社会におけるさまざまな主体間の相互関係を正確に映し出すものであることがわかる.

第1に,福祉ミックスモデルは,あるセクターが別のセクターよりも優れていると当然のように考える分析から,相互依存関係の理解へと考え方を転換させる. 第2に,コミュニティに基礎を置く小規模な組織の価値と大規模な慈善団体の選択とを比較対照しながら,サード「セクター」を2つの主要部分に単純に分解してしまうやり方を福祉ミックスモデルは否定している. それに代わって,このモデルによれば,サードセクター内部における組織間の多様性,それぞれの組織が直面するさまざまなプレッシャー,さらには時間の経過とともにそれぞれの組織が展開する方法について,分析をより精緻化することができる. 第3に,福祉ミックスモデルは,相互扶助と連帯の福祉ミックスに対する貢献,すなわち,一部の人々には無視されてきたとしても現在ではしだいに関心を引くようになっているこの貢献を強調するものである. 第4に,このモデルによって,伝統的に政府や市場と結びついてきた諸制度が緊張感の伴う変革の中心的な場面へと自らを移行させていくそのやり方に,人々の関心も向かうようになる. この点には,政策にとって数多くの含意がある.

法的・制度的な問題

「福祉国家の未来は,公共でもなければ民間でもないような制度の発明に

ある」と，マーティン・レインが 1989 年に述べていた（Rein, 1989, p. 70）．イギリスで影響力のあるシンクタンクであるデモス（Demos）も最近，イギリスが「静かな革命を起こしており，組織の新しい形態や社会の新しい運営方法を編み出している」と状況を説明している（cited in Yeo, 2001, pp. 2-3）．しかしながら現在までのところ，こうしたイノベーションを支持する合憲的なツールを欠いたままである．その結果，とくに共済組合や社会的企業にとって多くの問題が発生した．第 1 に，社会的企業やそれに類似する活動に不都合な［法人］形態を強いることは，イノベーションを奨励するのではなく断念させてしまうことである．第 2 に，商取引や投資に対する制約が依然として残っており，社会的企業が自ら潜在力を発揮できないようになっている．第 3 に，共済法人設立の最も普通の形態である産業共済組合を緊急に改革する必要がある．

　政府も，包括的な見直しのなかで上述した諸問題を把握している．その見直しの目的は，慈善事業の地位と法律を近代化するとともに，利用可能な法人形態の範囲を改善して公正でバランスのとれた規制の枠内での説明責任を高めることである．2002 年 9 月に公表された討議文書のなかで，この見直し（Cabinet Office, 2002）は，明確に公益に的を絞った企業家活動を奨励したうえで，慈善目的の更新や拡大を提起している．この文書は，社会的企業のための新しい法人形態――コミュニティ利益会社（Community Interest Company）――を提案している．おそらくこの法人格は，金融へのアクセスを改善し，脱共済化に抵抗して，社会的目的のためだけに資産や利益を保全することになるであろう．同文書はまた，産業共済組合法の近代化と，慈善法人組織（Charitable Incorporated Organisation）と呼ばれる慈善活動のための新しい法人形態の導入を提起している．この慈善法人組織は「有限保証会社」という現在のルートよりは適切であろう．これらの提案がどのように展開するかによって事態は大きく変わりうるとしても，これらの提案は，これまで 400 年間変わらなかった慈善事業の法的地位に関するはじめての大きな見直しとして，きわめて重要な突破口となりうるだろう．

特有のアプローチの維持

　支配から「統治」へと状況が動いていることや多様な諸主体間のセクター横断的なパートナーシップが広がりをみせていることは，図 1.1 における三角形の中心に位置する緊張感の伴う領域がますます複雑な様相を帯びるようになっていることを意味している．このようなパートナーシップを，イギリスにおける市民参加のための新しい空間とみる人もいる．慈善団体の地位をもつ有限保証会社として自らを組織するパートナーシップもあり，その意味ではこのパートナーシップがサードセクター組織そのものとみなされるかもしれない．またこのパートナーシップが目には見えない，政府による新しい統治形態であり，市民やサービス利用者への説明責任がしだいに曖昧になるとみなす人もいる．既存のサードセクター組織が政策の立案や実施の中心により近づいていく新しい役割と，自らの自治や特有の貢献，さらには批判の自由を守る必要性とのバランスを保とうとするときには，既存のサードセクター組織にとっても，支配から統治への動きは新しい課題を突きつけるものとなるだろう．

成長なき成長

　現在，相互扶助の再活性化によって社会的経済におけるイノベーションの機会がかなり生まれている．政府による法案提出がなしえるのは［間接的な］支援だけである．だが，古い歴史をもつ共済組合が経験した脱共済化は，［相互扶助の精神を忘れてしまえば］共済事業が民主的な基盤を失い，したがって地域経済への長期間にわたる特有の貢献も失ってしまうという危険に対する十分な警告になっている．（共済組合として登記される傾向にある）多くの住宅アソシエーションでは，金融市場において有効に競争するために合併へと拍車がかかっている．サービス供給組織，とくに行政との契約から資金を得る組織がアソシエーションの性格を失っているとの批判も広義のサードセクターのなかには数多くある．同時に，資金調達に対する積極果敢な

「商業的」アプローチが大衆の信頼を失う結果となるという恐れもある．

リードビーターとクリスティ（1999）の議論にもあるように，共済組合の経営がうまくいき，当該市場の必要を満たす「適正規模」である場合に，相互扶助が最も長続きするようである．しかし，この「適正規模」とはどのようなものか，あるいは，どのように持続可能なのか．組織のライフサイクルについてはまだよくわからないし，アソシエーション特有の性格を失うことなく成長できる道筋についてもよくわかっていない．伝統的なボランタリーセクターにおいてユーザー志向の組織間でつくられた連合モデルが前例となっているものの，そのモデルが十分に概念化されているとはいえないし，また十分に検討されてもいない（Taylor & Lansley, 2000）．仮に社会的企業を含むサードセクター組織が規模の経済の利益を手に入れ，しかもその立場をあまり崩すべきではないとすれば，こうした連合モデルからもっと学ぶ必要がある．それだけでなく，分権化方針に沿って自己を組織化している最先端のビジネスや他国の共済組合からも学ぶ必要がある．

資金の手当て

イギリスにおけるサードセクターの収入は全般的に上向きの傾向を示しており，助成金や贈与による寄付収入から契約やその他の商取引および投資収益で得る収入へと変化している．つまり，本章冒頭で引用した内閣府の報告書で言及されている社会的企業への移行である．しかしながら，サードセクターの所得は大規模組織に集中しており，約10％の組織が全所得の約90％を占めている．

このなかには，前向きの傾向と潜在的に後向きの傾向とがある．第1に，前向きの傾向のなかでも重要なのが，サードセクターのインフラに資金を投入する必要性を政府が認めている点である．サービス供給におけるボランタリー・コミュニティセクターが果たす役割についての最近の全般的な見直しによって，ボランタリー・コミュニティセクターの基盤整備に投資すること，そしてこのセクターの組織がサービス供給だけでなくサービス計画の立案にも寄与するうえでも必要な援助を得られるようにすることが強調されるよう

になった (HM Treasury, 2002). 政府は, すでに共同募金ならびにコミュニティエンパワーメント基金を通じて近隣地域に直接資金を投下するとともに, 新しい LSP においてコミュニティの利益が適切に表現されるよう配慮している.

前向きの傾向の第2は, 政府が社会的投資を促進させる圧力に応えようとしていることである (Mayo, et al., 1998; Mulgan and Landry, 1995). その方法は, 数多くの起業組織を促して社会的企業への投資を推進すること, 小規模ビジネスに長く役立つような支援を社会的企業にも拡大すること, さらに小企業のニーズに合ったベンチャー資本基金を発展させること等である.

慈善法の改正提案によって生まれる機会とともに, 上述の2つの展開は, サードセクターに対する新しい投資志向アプローチを発展させるのに役立つであろう. 1990年代半ばのナショナルロッタリー [全国宝くじ基金] ならびに同基金慈善事業委員会の登場によって, 補助金助成に建設的な展開があった. というのは, その登場によってそれ以降, さまざまな助成プログラムが展開されてきたからである. しかしながら, この新しい資金提供の流れも問題がなかったわけではない. 当初は, 宝くじが慈善の贈与にマイナスの影響を与えるかもしれないとの懸念があった. 宝くじ助成に対する政府の審査が厳しくなっていることもあって, 最近では, 宝くじの売上げ減によって基金の意思決定の独立性にどのような影響が出るのか, 関心が高まっている.

後向きの傾向としては, サービスを供給するサードセクター組織に対する資金供給が大幅に増えたとはいえ, 本章でもすでに指摘したように, 資金供給が横ばいになり始めたために, サードセクターの貢献がどの程度持続するかといった疑問が生じている. とくに, 節約を期待する公共セクター側の購買者との契約に基づく質の高いサービスを維持できる能力が小規模組織にあるのかという懸念がある. 仮にサードセクターが福祉供給に大きな責任を負うことになるとすれば, とくにサービスを新規に効果的に展開するとすれば, 資金手当てが適切になされなければならない.

新規に生まれている社会的企業が福祉市場にアクセスできるとすれば, 投資はとくに重要になるであろう. 介護協同組合や開発トラストのようなサードセクター組織が政府との契約を獲得しているけれども, 拡大の余地はまだ

大きい．なぜなら，協同組合や類似の組織が欧州諸国に比べてイギリス市場ではまだ小さな存在だからである．

　もう1つの関心は，単一地域再生予算の段階的な廃止である．この予算は，イギリス全土の，とくに不利な条件にあるコミュニティにおけるサードセクター組織にとって重要な収入源である．同予算は目下，経済的・社会的再生を支援するための地域開発機関（RDA）に付けられた「シングルポット」財源に取って代わられつつある．社会の再生やコミュニティ経済へのサードセクターの貢献に関心が払われることなく，この予算が大規模経済開発で使われてしまうのではないかとの恐れがある．宝くじ基金と同様に，他の補助金の財源は短期的なものであり，ギャップを埋めるには不十分のように思われる．

　最後に，社会的企業を取り巻く財政的環境が現在変化しつつあり，社会的投資の可能性も高まっているとはいえ，まだその道のりは遠い．イギリスの銀行業の構造は5大銀行に力が集中しており，リスクの高い事業への社会的・地方的投資には役立っていないし，かなりの説得と教育がまだ必要である．イギリスの多くの組織が政府に対するロビー活動を続け，アメリカと同様のコミュニティ再投資法（Community Reinvestment Act）の導入を考えるよう求めている．同法は不利な条件にある近隣地域への投資決定の透明性を高めるものではあるものの，この国の政府や金融機関はこの改革に好意を寄せているわけではない．確かに，福祉手当を利用して失業者を支援し，彼らが自分の事業を展開できるようにする方法についての議論もある．しかし，政治的にはきわめて難しい領域であり，個々ばらばらの実験以上には進展がほとんどみられなかった．

　さて結論的にいえば，ニューレイバーが1997年に政権について以降，サードセクターへの注目が着実に高まってきた．サードセクターに高い関心を寄せたのは戦後の政権のなかでこれがはじめてではないとしても，重要なことは，現政権下で，サードセクターの幅の広さについての理解のみならず，社会的経済の重要性やサードセクターが活躍できるような新しい制度形態についての理解も高まっている点である．このような新しい関心の高まりによって，チャンスも課題も相当に生まれており，サードセクターが活躍できる

環境も提供されるようになっている．ただし，それも次の2つの事柄しだいである．第1は，サードセクター自身が新しいチャンスをつかむとともに，セクター特有の貢献を維持する意思と能力である．第2は，多様性をもったサードセクターが首尾よく遂行している事柄を支援し，サードセクターを営利事業や公共セクターの貧弱な模倣として再編するようなことはしないという，政府やその他のパートナーの意思と能力である．

参考文献

6, Perri and Diana Leat (1997), 'Inventing the British voluntary sector by committee', *Non-Profit Studies*, 1 (2), 33-45.

Bagguley, Paul (1994), 'Prisoners of the Beveridge dream? The political mobilization of the poor against contemporary welfare regimes', in Roger Burrows and Brian Loader (eds), *Towards a Post-Fordist Welfare State*, London and New York: Routledge.

Beveridge, William (1948), *Voluntary Action*, London: George Allen and Unwin.

Black, Antony (1984), *Guilds and Civil Society in European Political Thought from the Twelfth Century to the Present*, London: Methuen.

Blair, Tony (1998), *The Third Way*, London: Fabian Society.

Brenton, Maria (1985), *The Voluntary Sector in British Social Services*, Harlow: Longman.

Brown, Richard (1991), *Church and State in Modern Britain*, London and New York: Routledge.

Cabinet Offece (2002), *Private Action, Public Benefit: a Review of Charities and the Wider Not-for-Profit Sector*, London: Cabinet Office.

Cahill, Michael and Tony Jowitt (1980), 'The new philanthropy: the emergence of the Bradford City Guild of Help', *Journal of Social Policy*, 9 (3), 359-82.

Chesterman, Michael (1979), *Charities, Trusts and Social Welfare*, London: Weidenfeld and Nicolson.

Commission on the Future of the Voluntary Sector (1996), *Meeting the Challenge of Change: Voluntary Action into the 21st Century*, London: NCVO.

Davis Smith, Justin (1995), 'The voluntary tradition: philanthropy and self-help in Britain 1500-1945', in Justin Davis Smith, Colin Rochester and Rodney Hedley (eds), *An Introduction to the Voluntary Sector*, London and New York: Routledge.

Deakin, Nicholas (1995), 'The perils of partnership: the voluntary sector and the state, 1945-1992', in Justin Davis Smith, Colin Rochester and Rodney Hedley (eds), *An Introduction to the Voluntary Sector*, London and New York:

Routledge.
Dearlove, John and Peter Saunders (1991), *An Introduction to British Politics*, Cambridge: Polity Press.
Esping Andersen, Gosta (1990), *The Three Worlds of Welfare Capitalism*, Cambridge: Polity Press.
Finlayson, Geoffrey (1994), *Citizen, State and Social Welfare in Britain 1830-1990*, Oxford: Clarendon Press.
Giddens, Anthony (1998), *The Third way: the renewal of social democracy*, Cambridge: Polity Press.
Gladstone, Francis (1979), *Voluntary Action in a Changing World*, London: Bedford Square Press.
Hadley, Roger and Stephen Hatch (1981), *Social Welfare and the Failure of the State: Centralized Social Services and Participatory Alternatives*, London: George Allen and Unwin.
Harrison, Brian (1987), 'Historical perspectives', in National Council for Voluntary Organisations, *Voluntary Organisations and Democracy*, London: NCVO.
HM Treasury (1999), *Enterprise and Social Exclusion*, Report of National Strategy for Neighbourhood Renewal Policy Action Team 3, London: HM Treasury.
HM Treasury (2002), *The Role of the Voluntary and Community Sector in Service Delivery: a Cross-cutting Review*, London: HM Treasury.
Home Office (1998), *Getting It Right Together*, London: Home Office.
Kendall, Jeremy and Martin Knapp (1996), *The Voluntary Sector in the UK*, Manchester and New York: Manchester University Press.
Knight, Barry (1993), *Voluntary Action*, London: The Home Office.
Leadbeater, Charles and Ian Christie (1999), *To Our Mutual Advantage*, London: Demos.
Lewis, Jane (1995), *The Voluntary Sector, the State and Social Work in Britain*, Aldershot, UK and Brookfield, US: Edward Elgar.
Lindow, Vivien (1994), *Self-Help Alternatives to Mental Health Services*, London: MIND.
Mayo, Ed, Thomas Fisher, Pat Conaty, John Doling and Andy Mullineux (1998), *Small is Bankable: community reinvestment in the UK*, York: Joseph Rowntree Foundation.
Mulgan, Geoff and Charles Landry (1995), *The Other Invisible Hand*, London: Demos
Owen, David (1964), *English Philanthropy 1660-1960*, London: Oxford University Press.
Passey, Andrew, Leslie Hems and Pauline Jas (2000), *The UK Voluntary Sector Almanac 2000*, London: NCVO.
Pearce, John (1993), *At the Heart of the Community Economy: community enter-

6 イギリスの福祉ミックス   193

prise in a changing world, London: Calouste Gulbenkian Foundation.
Perkin, Harold (1989), *The Rise of Professional Society*, London: Routledge.
Prochaska, Frank (1988), *The Voluntary Impulse*, London: Faber and Faber.
Rein, Martin (1989) 'The social structure of institutions: neither public nor private', in Ben Gidron, Ralph Kramer and Lester Salamon (eds), *Government and the Third Sector: emerging relationships in welfare states*, San Francisco: Jossey-Bass.
Salamon, Lester and Helmut Anheier (1998), 'Social origins of civil society: explaining the nonprofit sector cross-nationally', *Voluntas*, 9 (3), 213-48.
Social Exclusion Unit (2000), *A National Strategy for Neighbourhood Renewal: a consultation document*, London: The Stationery Office.
Taylor, Marilyn and John Lansley (2000), 'Relating the central and the local: options for organizational structure', *Nonprofit Management and Leadership*, 10 (4), 421-33.
Taylor, Marilyn and Joan Langan and Paul Hoggett (1995), *Encouraging Diversity: Voluntary and Private Organisations in Community Care*, Aldershot: Arena.
Thane, Pat (1982), *The Foundations of the Welfare State*, Harlow: Longman.
Wolfenden, John (1978), *The Future of Voluntary Organisations*, Report of the Wolfenden, Committee, London: Croom Helm.
Yeo, Stephen (2001), 'Co-operative and mutual enterprises in Britain: a usable past for a modern future' (*s.yeo@pop3.poptel.org.uk*) and summarized in Stephen Yeo (2001), 'Making membership meaningful: the case of older co-operative and mutual enterprises (CMEs) in Britain', in Nicholas Deakin (ed.) *Membership and Mutuality*, Report no. 3, London: Centre for Civil Society.

7
オランダ
民間イニシアティブから非営利ハイブリッド組織へ，
そして民間イニシアティブへの回帰？

ポール・デッカー

1　序　論

　民間非営利組織は，オランダ社会では経済的にも文化的にも有力な存在であり，国民のアイデンティティの具体化とみられている．すなわち，公益に対する民間の責任，宗教的な多元主義，非権威主義的な国家――パートナーシップを社会のなかでも実用的に追求する国家――といったオランダの典型的な伝統としてイメージされるものを代表するとみられている．しかしながらオランダでは，民間非営利組織の領域が「サードセクター」もしくは「非営利セクター」として国際的に共通に理解されている言葉で表現されることはほとんどない．オランダの人々は，政府機関と営利企業との間にある領域の組織について語るにあたって，経済的な用語とは別の用語を使用している．つまり，「民間イニシアティブ」と「社会的中間領域」である．

　最も古い用語が民間イニシアティブ（*particulier initiatief*）であって，多くの組織の起源を表現するために使われている．たとえば，ボランタリーアソシエーションにおける市民グループや個人の利害では処理できないような問題を追求する集団である．1990年代までこの言葉は「het PI」という略語で使用され，民間イニシアティブの後継（しかし，既得権保有者となってしまった）である非営利のサービス供給事業者の領域を示していた．今日では，この略語が使われることはめったになく，「民間イニシアティブ」という言葉それ自体もいくぶん曖昧になっている．というのも，現在，この言葉は民間の営利的なイニシアティブをも意味するからである．

「社会的中間領域」(maatschappelijk middenveld) という用語が 1970 年代に使用されるようになり，主として市民個々人と国との間のみならず社会のなかのグループ間を媒介する組織としての機能に焦点が当てられている．一方では，中間領域にある組織が特定グループの利益を行政レベルで代表し，公共政策の立案に影響を与えようとしている．他方でこの中間組織の多くは，たとえば政策の実施や監視を通じて行政に貢献している．この用語は基本的には利益組織，アドボカシー組織，政治組織を表現している．しかし社会的中間領域という用語の使用法においては，通常，ボランタリーアソシエーションや非営利のあらゆるサービス供給組織も含まれる．この用語法では，中間組織としての役割を果たすかぎりにおいて公共サービスの供給者さえ社会的中間領域に包含される．その役割とは，中間組織が顧客グループを社会に統合したり政治その他に結びつけたりするために価値観を表明したり顧客の利益を代弁したりする際に果たす役割である．社会的中間領域の焦点はバーガーとネハス (Berger and Neuhaus, [1966] 1977) がいう「仲介機構」のそれと類似している．しかし，そこでは，彼らが包含している家族や近隣といったインフォーマルな要素は欠けており，逆に，相互に絡み合う組織による制度的なクラスターへの示唆が含まれている．社会的中間領域という用語は，はじめから，幼稚園から政党まで，同じ呼称，同じイデオロギーをもった組織を包摂する「系列化された柱」(以下参照) の存在と結びついていた．

1990 年代になると (英語でいう)「市民社会」が「社会的中間領域」に代わる現代的な国際語として歓迎されるようになった[1]．現在では，この 2 つは多かれ少なかれ同じ意味の言葉として使われている．しかしさらに考えてみれば，この 2 つの言葉はしばしば，同一組織の別々の側面――(市民－政府間を) 垂直的に，そして (市民－市民間を) 水平的に，それぞれ媒介する役割――を強調するものである．

---

[1] この言葉は，世俗の進歩的な人々には人気がある．彼らは，(柱状化された，主に同じ呼称の)「社会的中間領域」を政権の座にあるキリスト教民主党の権力基盤ならび活動領域と考えた．1994 年の選挙で同党が敗北した後に (2002 年選挙での復帰まで長きにわたって)，また新しい社会自由連合 (1994-2002 年) による中間組織の再発見の後，「中間領域」という言葉が再び復活した．

「民間イニシアティブ」「社会的中間領域」あるいは「市民社会」という言葉は，オランダでは共通の意味をもった言葉であり，経済的な意味合いよりも社会的・政治的な意味合いの方が色濃い．「非営利」という言葉は利潤を目的としない民間組織や公共組織を特徴づけるために使用され，「非営利セクター」という言葉もこれらの組織すべてを一括するために使用されている．経済学者も国民大衆も，人々がなぜ民間非営利セクターと政府・公共セクターとを区別したがるのか，疑問を抱いているだろう．日常生活ではしばしば，公共施設と民間施設の違いをみつけるのは難しい．というは，規制はほとんど両者に適用されるし，政策論議も両者を対象とする教育や保健医療，福祉，公共住宅といった単一の政策領域に関してであって，民間非営利組織一般についての議論ではないからである．

　「サードセクター」や「社会的経済」といった近隣諸国で現在使われている言葉もオランダで使われることはほとんどない．オランダ語での「ソーシャルエコノミー（sociale economie）」や「共済（mutualiteit）」もほぼもっぱらフランダース地方で使われているだけである．しかし，協同組合や共済組合がオランダでは重要でないということではない[2]．協同組合や共済組合という形態のメリットやデメリットが「通常の」ビジネス形態との比較で議論されているのであって，営利を目的としない民間組織の枠組みやオルタナティブな社会的経済に関する論議のなかで議論されているわけではないことが重要なのである．

　本章では非営利という語彙にこだわる．民間非営利セクターという概念に対してオランダにおける議論では何らの反応もない（Dekker, 2002a）．しかし，もし国際的な用語を選択しなければならないとすれば，民間非営利セクターという経済用語がオランダにおける「民間イニシアティブ」の後継の大半が共通にもっているものに最も近い．社会的経済については，本章の最

---

[2] 正反対である．（かつての）共済組合は保険業で勢力が強く（だがしだいに営利に統合され区別がつかなくなっている），農業，食品業では依然として協同組合が多い（とくに大規模な数組合）．また 400 の地域ラボバンク協同組合（ドイツの行政長官，フリードリッヒ・ウィルヘルム・ライファイゼンが 1850 年頃に創ったイニシアティブの後継）や，その「娘」にあたるラボバンク・オランダが一番大きい商業銀行を設立している．

後で簡単に立ち戻ることにする．

　本章でははじめに，第二次世界大戦の前後におけるオランダのパートナーシップの歴史をスケッチする．オランダのサードセクターの現況については概略を描いた後，公共および民間非営利組織と営利組織との境界線の曖昧化やハイブリッド化の傾向について詳細に述べる．そしてサードセクターの消滅について考察し，非営利組織が本物の企業になるのかそれとも市民社会に復帰するのかという戦略的な選択について議論した後に，現代福祉国家において非営利組織を独立した組織形態として維持する理由について見解を述べるとともに，専門職の自治の見通しについても意見を述べたうえで，本章を結ぶ．

2　柱状化と和解

　オランダ福祉国家の特徴は，共同の財源に基づくサービスが民間非営利というレベルで供給される，その程度が高いことである．教育分野では，小学生，中学生の約70％が私立学校での教育を受けている．この私立学校は，公立学校と同じ財政制度にしたがって政府から資金を得ている．この状況を説明するためには，少なくとも，19世紀後半に起こった柱状化に戻る必要がある．もちろん他国と同様に，非営利のルーツはもっと早い時期のギルドやキリスト教会に遡ることができるものの，現在の状況を理解するうえではあまり重要なことではない．

　柱状化（*Verzuiling*）とは，宗教や政治方針に沿ってさまざまな民衆グループが縦割りになっていることである．それは19世紀後半以降の「ボトムアップ」と「トップダウン」によるアソシエーション設立の結果であり，既成組織をブロック化した結果でもある．少なくとも2つの系列化された柱があり，あえて数をあげれば5つある．カトリック組織が最も包括的で均質な柱を形成してきたのは明らかである．プロテスタントないしカルビン派の柱についてもほとんど争いの余地はない．しかしこの柱は多種多様である．おそらくその理由は，位階的な単一の教会による統制がまったくなかったことによる．したがって個々ばらばらのネットワーク組織が発達し，緩やかな自

由主義プロテスタントから厳格な正統派の集団まである．自由主義者や社会主義者が自らの柱を形成しているか否かは依然決着のついていない問題である．これらのグループはあまりにも小さな領域にごく限られた数の組織をつくっているだけで，柱と呼びうるほどの価値もないと主張する人もいる[3]．柱状化は 1920 年から 1960 年までの間，社会に対して最も強い影響力をもっていた．

このような柱の存在がのちに非営利セクターと呼ばれることになるものの発展を刺激した．それぞれの柱は自らの病院や埋葬基金，新聞，財界組織，ラジオをもち，その後テレビ，女性組織，合唱団，サッカークラブをもった．カルビン派とカトリックも自らの学校をもっていた．社会主義者や自由主義者は公立学校で満足していた．

政府と特定宗派との関係の展開のうえで画期的であったのは，特定宗派の経営する学校への政府資金の供与であった（Bax, 1988; Burger and Veldheer, 2001）．私立学校は柱状化のはるか以前に，教会にかぎらず財界人や賢明な富裕市民によっても設立されていた．18 世紀以降，政府がますます関与するようになり，地方自治体が公立学校を開設し始めた．19 世紀前半には，公立学校がキリスト教の一般的な性格をもつべきだと政府が主張した．しかし，とくにカトリック教会はこの主張に反対した．政府は徐々に公立学校への支援を増やしていった．しかし，私立学校には財源を提供しなかった．その結果として，カトリックやカルビン派からの反対を招いた．彼らは公立学校のための税金を納めることを望まなかったばかりか，自分たちの私立学校のための納税も望まなかった．彼らは公立と私立の平等な扱いを求めて奮闘した．この闘いは当初，わずかな成功しか収めなかった．彼らの学校が完

---

[3] 社会主義者や自由主義者の柱は実際には柱ではない．それは，社会主義者が上流階級を欠き，自由主義者は下層階級を引き付けることに失敗しているからだということができる．とくに自由主義者の組織はそもそも非宗教的な場合が多い．これらは選抜的な会員制を通じて柱状化したのであって，積極的なイデオロギー上のアイデンティティのゆえではない．多くの分野でのセクト的な分離があったために，社会主義組織や自由主義組織も支持層をつなぎとめるために柱として機能せざるをえなかったといえる．こうした議論や柱状化の原因に関する理論についてはバック（Bax, 1988）を参照のこと．

全に認知されるのは，1917 年の自由主義政党と宗教政党との歴史的な妥協においてであった．それは，「和解」もしくは「協調」と呼ばれている．1920 年憲法において，自由主義者は普通選挙権を獲得し，宗教政党は完全な承認と私立学校に対する財政的な平等の権利を獲得した．

　この和解の意義は，強調しても強調し過ぎることはない．その和解の副産物として，政府と柱状化された民間イニシアティブとが公益に対する責任を分有するという考えが最も有力になり，第二次大戦後に拡大し続けた福祉国家が新しい政策を策定するうえでのモデルとなった．

　カトリックの補完性原理とカルビン派の集団主権原理とは，それぞれの哲学からみれば，政府と市民社会との関係についての考え方が異なっていた（プロテスタントはロックの社会至上主義に強い共感を覚え，カトリックはモンテスキューの政治権力承認論に近かった）．だが，両者は，現実の政治においては，政府に対して小さな役割しか認めず，民間アクターに対しては大きな公的責任を与えるという点で一致していた．カルビン派の集団主権原理には，基本的に社会のなかでの集団の独立と自己決定に対する強い願望がある．家族や事業体，教育，芸術，教会といった社会の主要な集団は，国家権力に従属すべきではなく，自己統治すべきである．その結果，政府の役割は可能なかぎり小さく，集団の役割は可能なかぎり大きくなる．カトリックの補完性原理は，社会が有機的であるという考えのなかに埋め込まれている．社会のなかでより上位の機関は下位の機関や個人のできることをしてはならず，反対に，上位の機関は，分権化や下位への責任委譲を決定しなければならない．それは，下位レベルの自然の権利ではない[4]．

　オランダの自由主義者や社会民主主義者はどちらもこの見解に従い，強い政府や非連帯的行動に取って代わるものとして公共－民間の強力な関係を支持した．柱状化の遺産として受け継がれたのは，民間の活動がしばしば公的な資金提供を受けて行われることがごく普通のこととして受け入れられてき

---

4) イデオロギーの違いは宗教宗派立の学校法人のもとで今でも認められている．カトリックのほとんどの学校は財団である（神父の序列を反映し，役員会に司教の代表が入る）．プロテスタントのほとんどの学校がアソシエーションであり，親たちが根幹となっている．

た，という点である．

3 福祉国家における公民パートナーシップ

　第二次世界大戦後の福祉国家の発展によって，公設民営の福祉国家サービスが拡大した．民間の主に特定宗派の組織を完全に承認して公的に経費を負担するという制度が，保健医療や福祉労働，住宅，マスコミなど，数多くのサービスのために採択された．しかし，教育の場合だけは，公立と私立とによる教育サービスを財政的に平等に取り扱うことが憲法のなかで規定されている．柱状化が福祉国家の発展に組織的な枠組みを与え，「和解の政治学」(Lijphart, 1968) が福祉国家運営にとって不可欠のガイドラインとなった．たとえば，柱状化組織による活動の自由の拡大を受け入れたり，柱間において施設を配分する際や，国民間の個々のグループに給付金を配分するにあたっては比例代表を原理とすることである．しかしながら，発展する福祉国家との連携がうまくいけば，それだけ，柱状化組織の機能や性格にも影響を与えないわけにはいかなかった．これらの組織はサービス産業として，近代化するとともに規模を拡大しつつ専門化した．イデオロギーや宗派性はますます無関係となり，柱状化のネットワークも崩壊した[5]．1970年代後半から1980年代初頭の財政危機が多くの柱状化組織の大規模合併や消滅につながった．

　1970年代半ば以降の「福祉国家改革」は多岐にわたり，非営利セクターにとって神の恩恵であった．改革の方向は，公共支出の削減，行政サービスのスリム化，地方分権化，機能上の分権化，民営化，規制緩和であった．多くの非営利組織は，政府資金の供給水準が低下した結果として，組織再編，規模縮小，商業化の必要を感じていた（あるいは余儀なくされていた）．加えて，規制緩和はある領域での非営利による独占に終わりを告げ，かつて非営利組織が支配していた領域に参入する機会を新参者に与えた．一方で，非

---

[5] 政治的にみた脱柱状化の最終段階は，1970年代半ばのカトリックと社会主義派労働組合との合併であり，さらにはカトリックと二大プロテスタント党とが1980年にキリスト教民主党として合体したことであった．

営利組織は政府の直接介入の後退と独立性の高まりを経験した．他方では仕事や資源を失い，自分たちの領域に商業主義の新参者を受け入れざるを得なかった．民営化もまた非営利活動を刺激した（Kramer *et al.*, 1993）．この「民営化」という言葉は民間営利セクターとしばしば結びついている．しかし，たとえば保健医療や住宅などのように政府機関が民間非営利セクターに席を譲ることもあった．非営利領域に席を譲った政府機関の顕著な例をあげれば，地方公営の住宅機関，政府の保健医療機関，国立博物館がある．

　21世紀冒頭の時点で次のような結論を引き出すことができる．すなわち，非営利セクターにとっての民営化の全般的な帰結が「マーケットシェア」の喪失にあったというよりむしろ，非営利組織の行動に市場的な対応を強力に組み込むところにあった，という点である．企業家活動，マーケティングやニッチ市場といった用語の使用が，この数年間に，柱状化されたかつての民間イニシアティブの後継の間ではすっかり普通になってきた．機能上の分権化の結果として公共セクターの周りに新しいサービス供給事業者が増え，それが文化の変化にとって強い刺激にもなってきた．これらの組織の新しい経営管理者は自治を望んで官僚制を批判したとはいえ，同時に，政府からの資金的な保障やその他の安全策をも望んでいた．その点は，かつての特定宗派の組織のリーダーたちとほとんど変わらない．民営化は，公共サービスを民間で供給するというかつての柱状化の伝統を持続させているといえるのかもしれない[6]．

　すでに示したように，補完性原理が政治や政策策定の指導原理となってきた．市場（自由主義）か政府（社会民主主義）か，あるいは非営利セクター（キリスト教民主主義）かという伝統的な選択肢はもはや完全に曖昧になっている．多くの政党はこの問題についてはむしろ現実主義に立っており，政府（常に連立）だけがやや異なっている．非営利組織に対する政府の姿勢全体を制約するのは難しい．それは，非営利組織の（法的）地位がさほど重要な問題ではないからである．通常，非営利組織に対するスタンスは，法的地

---

[6]　グレン（Glenn, 2000）を参照．彼は，オランダ（およびドイツ）における政治や政府をめぐる実際的な態度や現実主義を，アメリカにおける「信条に基づく」組織と政府との関係をめぐる根本的な議論と対比している．

位というよりむしろ，非営利組織の活動領域やその活動領域に対する政府の姿勢のあり方しだいなのである．

国民の態度に関していえば，重要なのは，ある組織が純粋な公共なのか，それとも「民間および公共」なのかをしばしば知らないこと，また実際に知るのも難しいことである．というのは，多くの「公共図書館」や「地域病院」が民間財団であったりするからである．これらの組織がさまざまな宗教的背景や非宗教的な哲学をもった民間組織の合併の結果であることも多く，現在ではすべての人のための，したがって公共の組織となっている．学校に関していえば，宗教系の学校とそうではない学校との違いはあるものの，多くの人にとって，現実の公立（地方行政）の学校と「一般の」私立学校との間に違いはない．民間非営利組織はほとんどの場合，特別の部類の機関とはみなされていない．長いリストに載っている民間組織や公共機関を「信じる」か「信じないか」について世論調査した際の評価をみれば，オランダの世論が非営利組織にとくに好意的なわけではないことが分かって興味深い．組織に対する信頼についてのユーロバロメーターのデータによれば，慈善事業に従事するボランタリー組織や非政府組織（NGO）の相対的な地位は，オランダにおいて例外的に高いわけでは必ずしもない．イタリアやフランス，ベルギーでは社会全体の信頼レベルが低く，逆に非営利組織の立場は相対的に良好である．このように，オランダでは非営利組織がうまく受け入れられているとはいえ，他国と比較して国民からとくに高い信頼を得ているわけではない（Dekker, 2002b）．

4　数字でみた現在の状況

オランダの非営利セクターは国際水準からみればきわめて大きい[7]．1995年の農業を除く有給雇用をフルタイム換算（FTE）のパーセンテージでみてみると，ジョンズ・ホプキンス大学「非営利セクター比較研究プロジェク

7）オランダのデータはSCPでの前同僚のA. バーガー（Ary Burger）が集めたものである．本章の他の部分でも，彼との共同作業から引用がなされている（Burger *et al.*, 2000）．

表 7.1 非営利セクターにおける国別，活動分野別雇用（1995 年）

	非営利セクターの規模[a]	非営利セクターの 3 領域[b]			3 領域での非営利組織[c]		
		保健医療	社会サービス	教育研究	保健医療	社会サービス	教育研究
オランダ	12.9	42	19	27	70	71	65
アイルランド	11.5	28	5	54	41	100	72
ベルギー	10.5	30	14	39	—	—	—
イスラエル	9.2	27	11	50	44	29	37
アメリカ	7.8	46	14	21	47	54	22
オーストラリア	7.2	19	20	23	17	61	21
イギリス	6.2	4	13	41	4	22	36
ドイツ	4.9	31	39	12	23	55	10
フランス	4.9	15	40	21	12	41	12
スペイン	4.5	12	32	25	10	84	17
オーストリア	4.5	12	64	9	15	62	6
日本	3.5	47	17	22	60	56	25
フィンランド	3.0	23	18	25	12	13	15

注：a 非営利（フルタイム換算有給）雇用―農業を除く雇用総数に占めるパーセント
 b 非営利雇用―非営利雇用総数に占めるパーセント
 c 非営利雇用―活動分野別（公共・非営利・営利）雇用総数に占めるパーセント
資料：ジョンズ・ホプキンス大学非営利セクター比較研究プロジェクト．

ト」第二次調査での 22 カ国中，オランダは最大の非営利セクターとなっている[8]．表 7.1 は，第二次プロジェクトで調査された OECD 加盟 13 カ国の国際比較データである．最初の縦の欄が示しているように，オランダ，ベルギー，アイルランドでは雇用に占める非営利セクターの割合が 10％ を超え

---

8) このプロジェクトでは，以下の条件を満たすものが非営利組織として規定された．すなわち，組織であること（組織的な存在，組織的な機構をもっていること），民間であること（制度的に政府から分離していること），利潤分配をしないこと（経営者や「所有者」集団に利益を戻さないこと），自治的であること（基本的には自らの業務を統制していること），ボランタリーであること（これらの組織には会員制が法律上求められていないが，ある程度時間ないしは金銭での自発的な貢献を引き付けていること），である（Salamon *et al*., 1999, pp. 3f）．もちろん，実際には，これらの基準を当てはめるのが難しい場合もある．類似の組織を集計できるようにするためには基準設定のための多く議論が必要である．とくに最後の 2 つの基準が難しい．「基本的に」とは何か，「ある程度」とは何か．これらの点からみれば，オランダでは，福祉国家のサービスを供給する多くの既存非営利組織がボーダーライン上にあると思われる．

ており，明らかに西ヨーロッパの他の諸国を上回っている（メキシコの0.4%からアルゼンチンの3.7%まで幅はあるが，このプロジェクトが対象とした非OECD諸国をはるかに上回っている）．

また表7.1は，このプロジェクトの22カ国すべてにおける非営利組織の3つの主要な活動領域について，非営利セクターの構造にかかわる情報を示している．つまり，一国の全体としての非営利セクターにおいて，3つの領域での非営利組織のシェアはどの程度か，また，活動領域ごとにみて，公共サービスや営利組織との比較で非営利組織がどの程度重要なのか，といった点である[9]．

オランダでは，保健医療，社会サービス，研究教育が非営利部門での雇用のほぼ90%を占めている．これは最も高いシェアを示す数字であるものの，例外的ではない．もっと目立つのはイギリスのシェアの小ささである（国民保健医療サービス（NHS）のゆえである）．オランダについてもっと驚くことは，保健医療分野でのシェアの大きさである．アメリカや日本に比べれば小さいとはいえ，他の欧州諸国での非営利セクターにおける保健医療部門のシェアよりははるかに上である．これは驚きである．というのは，オランダの非営利セクターの歴史や憲法のもとでの私立学校の保護を考えれば，教育分野が筆頭に来ると予想されるからである．全雇用数に占める活動分野ごとの非営利組織のシェアを後の3つの縦の欄でみると，オランダの非営利組織は教育分野ではアイルランドに次いで大きなシェアをもっている[10]．社会サービスの分野におけるシェアは，アイルランドとスペインがオランダの上をいく．しかし，全体をみれば，オランダの非営利組織が雇用シェアについては群を抜いているようにみえる．

表7.1の数字はすべて有給雇用についてである．非営利セクターは無償のボランタリー労働を引き寄せてもいる．ボランティアの測定は有償労働の測

---

9) 非営利組織の国際分類に従った組織の分類についてはSalamon *et al.* (1999)を参照のこと．
10) 雇用以外の指標をあげると，オランダでは小学生，中学生の75%が非営利の私立学校に通っている．アイルランドではこの比率が83%となっている（日本は69%，ベルギーは61%，その他の国では5〜29%である）．

定に比べると信頼性が低いけれども，オランダにおけるボランティアをフルタイム換算でみれば，農業を除く有給雇用全体の約6.1%であり，その数字は他の国々よりもかなり高い[11]．確実にいえることは，ジョンズ・ホプキンス大学プロジェクト第二次調査の対象となった22カ国中でどちらも最も高いレベルにある有償労働と無償労働とを結びつけている点である．（有給雇用の点で）大きな割合の非営利セクターをもつ国々ではボランティアの投入量はかなり小さい．アイルランドでは2.6%であり，ベルギーの2.5%，イスラエルの1.8%となっている．

　税金（私的健康保険を含む）がオランダ非営利セクターの収入の59%を占め，料金および手数料が38%であり，民間からの寄付は3%だけである．スペインを除けば，民間の寄付はヨーロッパでは小さな収入源に過ぎない．スペインでは，民間の寄付が（比較的小規模な）非営利セクターの収入の19%を占めている（次いで高いのがアメリカの13%である）．規模の大きい非営利セクターをもつ他の諸国に比べると，オランダの非営利セクターは料金と手数料に比較的強く依存している（ベルギーの19%，アイルランドの16%に対して38%である）．ベルギーやアイルランドの公的資金への依存度の高さ（両国とも77%）はオランダでの議論にとって興味深いものである．というのは，オランダにおいては，民間イニシアティブの後継の助成金漬けがはなはだしいと思われることが多いからである．

　比較分析の結果分かった事実は，オランダの非営利セクターは「最大」ではあるが極端に大きいわけではないこと，ボランタリー労働が有給の専門家によって脇に追いやられているわけではないこと，教育がオランダの非営利セクターにおいて最大の活動領域ではないこと，公的資金への依存がかなり高いものの大規模な非営利セクターを抱える他国に比べると小さいこと，である．こうした諸点は，民間イニシアティブや社会的中間領域の議論にとっ

---

11) フランスが第2番目の4.7%であり，その後にイギリスの4.4%，アメリカの4.0%が続いている．スウェーデンはジョンズ・ホプキンス大学による第二次調査には入っていないものの，1990年で7.4%あった．人口統計に従ってボランティアの数をみれば，スウェーデンとオランダはおおよそ同じ水準であり，アメリカよりは高い．

表 7.2 オランダ非営利セクターの構造 (1995 年)

(%)

	雇用（フルタイム換算）		支出	収入[a]		
	有給	無給		公的資金	料金	寄付
保健医療	42	7	28	96	3	1
教育研究	27	14	20	91	8	1
社会サービス	19	21	13	66	31	3
住宅・開発	2	0	23	7	93	0
小 計（福祉国家サービス）	90	42	84	66	33	1
文化・レクリエーション	4	37	7	27	65	8
経済的利益組織	2	1	2	0	100	0
国際	1	2	2	45	20	35
環境	1	4	2	23	60	16
法律・アドボカシー・政治	1	6	1	4	85	11
慈善・ボランタリズム	0	0	1	0	94	3
宗教	1	8	1	0	18	82
小 計（その他の分野）	10	58	16	19	65	16
非営利セクター総計	100	100	100	59	38	3

注：a 収入総額のパーセント：公的資金とは税金および社会保険料（私的健康保険を含む）であり，料金とは料金，手数料，会費である．寄付とは民間の寄付である．
資料：SCP（Ary Burger）／ジョンズ・ホプキンス大学非営利セクター比較研究プロジェクト．

て有益な情報である．独特な概念によって国の歴史を語ることは，何がオランダに典型的であるのか，何が一般的傾向なのかについて神話を簡単につくってしまうことにつながる．単純な量的比較分析には多くの欠陥があるとしても，これらの神話を疑ってみるには十分に役に立つ．

　表 7.2 は，オランダにおける非営利セクターの構造についてさらに多くの情報を提供している．公的資金が非営利セクターの収入の最大の割合（59%）を占めている．民間からの収入（顧客の支払いや会費など）は 2 番目に重要な資金源であり 38% を占める．民間からの寄付は非営利セクターの収入のわずか 3% に過ぎない．有償労働と無償労働の割合や資金源がどのように分かれているのかは，非営利セクター内部の領域ごとに大きく違っている．オランダでは他国と同じように（Van Til, 2000），「福祉国家型サービス」分野（表 7.1 の 3 つの主要領域——保健医療・社会サービス・研究教育——，および公共住宅のような資本集約的領域）と「その他」との間にはっきりと

線引きができる．後者の「その他」には，市民社会という考えに通常結びつく組織よりも，会員制組織やアドボカシー組織がより多く含まれる[12]．

「福祉国家」型非営利サービスがオランダの非営利セクターを支配している．支出総額の 84%，有給雇用全体の 90% を占めている．このグループが支配的であるため，その収入源が非営利セクター全体の収入構造をかなりの程度決定することになる．民間の寄付は，これらのサービスでは重要ではなく，シェアは 1% に過ぎない．ジョンズ・ホプキンス大学による調査の対象となった他国をまとめてみても，民間の寄付は 17% にとどまっている．

5 境界線の曖昧化とハイブリッド化

1995 年の数字についてはこのくらいにしておこう．公的資金を得て公的に規制される福祉サービス——たとえば，教育，保健医療や社会サービス——の領域では，非営利組織と公共機関とが長期間にわたって収斂化の道をたどってきた．公的資金に伴う規制によって，民間組織も公共セクターに相当するとされてきたのである．しかし，規制以外に作用する力もある．初等教育と公共住宅の領域において政府機関と非営利組織とを何が区別するかに関する研究のなかで，フープとメイジス（Hupe & Meijs, 2000）は違いがほとんどないことを発見するとともに，収斂化について確認した．彼らは，組織が同じようにみえる理由を説明するディマジオとパウエル（DiMaggio and Powell, 1983）の同型化アプローチに触れている．そのアプローチによれば，組織間の同質化は政治的影響ならびに規制（強制的同型化）や専門化

---

[12] もちろん，これは非営利セクターのかなり大雑把な分け方である．ほとんどの組織が官僚制的な政府依存型のサービス供給事業者でもなければ自律的な市民起業組織でもなく，その両者の混合体であるという事実に加えて，単純なセクター分割には当てはまらない事例について述べることも簡単である．保健医療の領域には自助組織があり，文化・レクリエーション分野には専門家のフルオーケストラを抱える補助金漬けのコンサートホールがある．また，国際分野には NGO があり，政府の開発政策の実施に相当のエネルギーを注いでいる．しかしこれらは量的にみればささやかな例外であり，上記の大雑把な分け方の方がオランダの非営利セクターの多様さを理解するうえでは役に立つ．

(規範的同型化)によって大きな影響を受ける．きわめて類似した目標，法的枠組みや財政構造とともに，互いの実践や製品をコピーしあう傾向(模倣的同型化)によっても収斂化が進む．

このようなメカニズムは，政府と非営利組織とに当てはまるだけでなく，同じ領域における非営利組織と営利組織にも当てはまる．営利的なやり方が非営利組織に導入されたのは，政府の政策が競争を積極的に奨励したからであり，また今日の専門的な水準がビジネスライクな経営スタイルや経理手続きを求めたからである．いくつかの領域では，非営利組織が新たな商業主義企業との競争に直面しなければならなくなっている．オランダ福祉国家の発展における長期間にわたる「公共で行く」とする段階を経て，今日では，「民間で行く」(Hupe and Meijs, 2000)という段階，あるいは市場での所得をより増やそうとする段階にある．

ソーシャルワークの最近の歴史をみれば，上述の点と関連する政策上の変化が鮮明に描かれている．今日，ほとんどのソーシャルワークは地方自治体の資金援助を受けた地元の非営利組織が担っている．これらの非営利組織は，通常，実にさまざまな活動(デイケア，青少年支援活動，一般的なソーシャルワーク，社会文化活動，少数民族支援活動，アクティビティ・プログラムなど)を1つの組織で行っている．こうした非営利組織の多くが10年ほど前から存在するようになっている．それは，たとえば，デイケアとか高齢者介護といった特定の活動向けの組織間で(必ずしも自発的ではない)合併が行われた後でのことである．さまざまなソーシャルワーク組織は自らの大口融資者であり最高権威者でもある地方自治体との緊密な関係をもっている．この領域への競争の導入は，これらの多様な組織との関係を再定義する機会を地方自治体に与えている．

地方自治体は，契約を主要な形態としながら，これによってサービス供給事業者間の競争を促している．1つのサービスもしくは活動全体に対して1つの外部委託契約が出されるのであり，地元の組織は仕事を続けるために応募しなければならない．比較的新しい展開となっているのが入札方式であり，ある種の社会サービスや長期失業者に関する社会保障の手配(「社会的統合コース」)に対してこの方式が実施されている．競争が仕掛けられるのは，

町や地方の他の地域の非営利組織や営利的供給事業者からである．現在こうしたやり方が広がっていないのは，地方行政当局がまだ地元の事業者を手元に置いておきたがっているためである．とはいえ，競争や競争入札への傾斜は明らかである．政府の計画に従って，2001年以降，地方自治体は，今まで以上の資金や失業政策を決定する自由を受け取ってきた．ただし，地方自治体自ら失業政策を実施しないという条件付きである．というのは，必ずしも競争入札を通じて組織を選別するわけではないとしても，失業政策には，（営利あるいは非営利にかかわらず）民間組織を巻き込まなければならないからである．

　営利的な経営スタイルの導入や商業主義的な仕事倫理の広がりはさておき，非営利組織もまた商業活動に取り組み始めている．たとえば，商業的な要素と非営利的な要素との組み合わせとしての「ハイブリッド化」が公共住宅の分野で顕著になっている．地方行政組織の民営化や非営利組織に対する補助金の停止に伴って，政府の役割が住宅組織の社会的機能の監督に限定されるようになった．もちろん，非営利組織は依然として十分な量の住宅供給というもともとの目標をもち続けている．この社会的機能を果たすためにこそ，住宅組織は今では，営利的な活動にも従事しているのである．

　放送も，ハイブリッドな組み合わせのもう1つの例であろう．オランダの公共テレビは基本的には，非営利アソシエーションによって放映されている．これらの非営利組織のほとんどは，柱状化された背景——その意義は小さくなっているとはいえ——を背負っている．これらのアソシエーションにはそれぞれの会員数に応じて公的資金と放送時間とが割り当てられる．同時に，商業活動からの資金調達も認められている．最近まで非営利組織は週間放送番組表の発行に関して一種の独占状態にあり，そのラジオ・テレビガイドは会員にとって強い動機づけとなった．オランダでは，判決によってこの独占が制限されるようになった．オランダにおける「民間および公共」対商業的という放送体制がヨーロッパの競争ルールに長く耐えうるのかどうかについては疑問がありそうである[13]．

---

13) 一般に，公共でもなければ民間でもないというあり方は，ヨーロッパ流の考えに照らせば明らかに弱点である．ヨーロッパルールと国内的なあり方との摩擦が

ハイブリッド化については，さらに2つの事例をあげれば十分であろう．1つの例が小学校である．1920年以来，オランダ憲法は公立および私立による非営利教育という二重制度を定めてきた．宗教からの分離や専門的レベルの平準化によって，教室ではこの2種類の学校の違いがすでにほとんど消え去っている．1990年代になると，両者が融合して学校のガバナンスにあたるという状況もみられるようになった．多くの地方自治体では，公立学校の管理上の自律性を高めようとしている．1966年以降，公立学校は，親による役員会をもつ独立機関か，もしくは財団による完全民営化のどちらかを選択できるようになっている．1998年以降は，公共的でもあり民間的でもある教育を提供する「パートナーシップ学校」さえ認められるようになっている．この法律の改正についてはまだ若干の議論が残っており，官僚制組織の障壁も数多く残っている．しかし，準公立の自律的な学校の成長が明確な傾向になっているように思われる．最近，1つの学校が公共的でもあり民間的でもある教育を実施する可能性を公式に認知するために，つまり憲法上の2つのタイプを真に合同させるために，法案が議会に上程された．

　もう1つの例が高齢者介護である．高齢者介護はそもそも民間イニシアティブによって始まったものであり，1980年代にはすでに在宅看護サービスが「横断的アソシエーション」のなかに組織されていた．このようなアソシエーションは，カトリック系やプロテスタント系，そして中立系の「系列化された柱」をなす地元勢力と連携しつつ，それぞれの地方自治体にいくつか存在していることが多い．小さな「横断的アソシエーション」が他の機関と合併して大きな地方組織になり（全国に130存在する），今では会員への説明責任をもたず，基本的には社会保障の資金が支払われる企業として行動している．その経営者たちは有給であることを望み，本来の実業家のように行動することを望んでいる．たとえば，看護師に対する営利的な職業紹介や依頼客への営利的な上乗せサービスを子会社として導入するなどがその例である．現在，在宅介護組織の仕事については多くの不満があり，この組織を介護という「中核ビジネス」に限定しようとする試みもなされている．だが長

起こるのは，オランダ非営利セクターに特有の公設民営の領域のようである．

期的にみれば，在宅介護市場への完全なる商業主義企業の参入を避けることができる（あるいは，避けるべきである）とはいえそうにない．

6 展　望

脱柱状化や民営化とによって，オランダ非営利セクターの主要部分は社会のなかの独立した領域としては目にみえにくいものとなってきた．他国でもそうであるように (Evers et al., 2002; Laville and Nyssens, 2001; Van Til, 2000)，非営利セクターの周りの境界線が曖昧になってきており，また，公共と民間，非商業主義と商業主義というサービス供給のハイブリッド化によって，非営利という考えが組織単体のレベルでは障害にさえなっているかもしれない．さまざまな展開を通じて，セクターという点ではもともと区別されていたはずの多岐にわたる領域が境界の曖昧なサービス供給事業者に開放されるという帰結が生まれた．例をあげれば，公立学校と私立学校を合同の建物に統合すること，住宅会社や保険会社において営利的な仕事と社会的な任務とを組み合わせること，病院や社会福祉財団——新しい市場を探し臨時の仕事の紹介所を設立する——に新しい商業活動を組み込むこと，そして，旧来の民間イニシアティブの内部全体を近代化してビジネスライクな組織に組み替えること等である．

図 7.1 は 20 世紀末の非営利セクターを描いている．それは，旧来の民間イニシアティブから境界の曖昧な営利／非営利によるサービス供給セクターへと展開する長期傾向の一段階にある．こうしたサービス供給セクターでは，提供されるサービスの種類，専門化の基準や顧客の特徴がおそらく重要となり，関与する組織の法人格や経済的背景はあまり問題とならないであろう．政策決定の展望を特徴づけるのは，政策決定指針を見直す研究を求めるような数多くの新しい傾向であろう．品質管理や財政上の説明責任，ユーザーの権利，サービスクラスターの透明性などが新しい規制を求めている．だが，政策というものは，多くの場合，組織の違いを区別するものではないであろう．人々は，特定のサービスに応じてではなく，ニーズに応じて引換券や現金を受け取ることになるであろう．専門化の基準は従業員がどこで働こうと

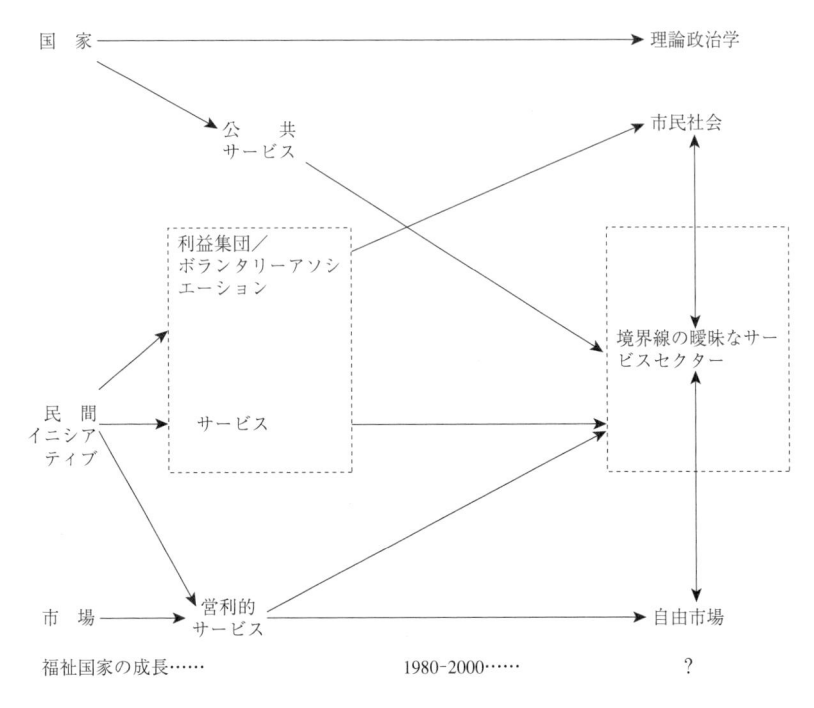

```
国家 ─────────────────────────────→ 理論政治学
  │
  ↓
 公共
 サービス ──────────┐          市民社会
                   │         ↗       ↕
         ┌─────────┼────────┘
         │利益集団/│
         │ボランタ │
         │リーアソ │
         │エーショ │        境界線の曖昧なサービ
         │ン      │         スセクター
民間  ──→│        │              ↕
イニシア  │サービス │─────────→
ティブ    └────────┘
         │
         ↓
市場 ──→ 営利的 ──────────────→ 自由市場
         サービス

福祉国家の成長……         1980-2000……         ?
```

図7.1 オランダにおける非営利セクターの展開と展望

も適用されるであろうし，患者はどこで診療を受けてもいいという権利をもつことになるであろう．どこでサービスが提供されようとも，保険制度はサービスに対する払い出しのルールを適用するであろう．また政府は，（予算措置によって）サービスの全量や個人の消費（基本サービスや引換券）に関与するのであって，個々の組織の成功や失敗にはかかわらないであろう．

　非営利セクターをめぐる境界線の希薄化や非営利組織のハイブリッド化が他国との比較でも論じられている（Anheier and Kendall, 2001）．このセクターは「危険な状態にある」と考えられており，その再生戦略が議論されている．（主に表7.2の「福祉国家のサービス」における）非営利のサービス供給事業者の可能性についてのオランダでの議論においては，基本的に2つの戦略的な選択肢があるように思われる．1つが「市民社会」という選択肢であり，非営利セクター組織のルーツに戻る道を見つけ出そうとすること，

あるいは市民を再び参加させることである．もう1つが「社会的企業」であり，社会的企業がサービス経済の一端を占めるのを認めるという選択肢である．

市民社会という選択肢は多くの非営利セクター支持者にとって都合のいいものである．確かに，市民社会の基礎となる理念の多く（市民参加，公開討論，自立，ボランタリー活動）は，非営利セクターで強い伝統をもっており，地元の多くのクラブやアソシエーションの目標や活動のなかに今でもなお認められるものである．それは，オランダでのその他の非営利セクターにおける大規模な会員組織やアドボカシー組織のなかでも見いだすことができるのと同様である（表7.2）．しかしながら，この選択肢が福祉国家の専門的な大規模サービス供給事業者にどのように適用できるのかをイメージするのは難しい．さらに重要なことは，市民社会と非営利セクターという理念とのあまりにも緊密な関係は，非営利セクターという理念が社会のそれ以外の部分とはほとんど関係がないことを物語っている．市民社会が非営利組織にとっての憩いの場となってしまっている．しかし，市民社会においては自発的な活動，市民権（シティズンシップ）や連帯という古い夢が市民社会では真実ではあっても，その他のところではそうではないはずである．

非営利セクターの擁護者たちに市民社会という理念への熱狂があっても，それが，非営利組織の市民社会への貢献の方法に関する真剣な議論に結びつくことはまれである．市民社会は変化の中心ではなく，「私たちこそ市民社会だ（そして，あなた方は官僚だ）」という具合に何とも幸せな発見として賛美されている．アメリカの組織論研究者であるチャールズ・ペロー（Perrow, 2001, p. 34）は，さらにそれ以上のことを述べ，非営利組織が市民社会に貢献しているかどうかの判断基準について「あまり重要ではなくなっているが」としつつ次のように語っている．「大量の**ボランティアによる労働**を使い，**組織的な関係ではない社会的なふれあい**のためのスペースを利用して公共益（public, collective good）をつくり出しているとはいえ，そこでは**市場以下の賃金**しか支払われていない」．

こうした観点からいえば，「公共益」は組織の外側にある関連グループすべてに向けて設計されているのであり，組織のメンバーもしくは特定のサブ

グループに向けられた共通益（collective good）よりも上位にある．ボランティアによる労働という基準は，かりにボランティアのほぼ半分が活動を止めれば組織の目標や活動を変更しなければならない（そして実際，ボランティア退出への脅威によって目標と活動が変更されることもありうる）ことを意味している．自由な社会的交流とは，組織のメンバーが個人として交流することであって，組織の利害によって制約を受ける従業員として触れ合うことではない．従業員に対する市場以下の賃金支払いもありうることである．なぜなら，公益（common good）への貢献を楽しむことや高い質の社会的な交流などの満足感が報酬ともなるからである．これらの基準の達成度に従って，「よい」非営利，「ほどほどの」非営利，「悪い」非営利についてペローは論じている．彼の基準については議論の余地があるとしても，私見では，このような明快な規範的アプローチは，非営利組織が市民社会の一部であると主張することに代わって非営利組織の目標設定についての意味を議論しつつ研究するための優れた出発点となる．

　「社会的企業という選択肢」については，ヨーロッパでは近年，「社会的企業」という考えがさまざまな伝統や制度のもとで議論されるようになってきた（Defourny, 2001; Laville and Nyssens, 2001）．オランダでは，社会的企業（*maatschappelijke onderneming*）は既存の非営利サービス供給事業者を改革する概念であり，オルタナティブな経済，あるいは新しい経済開発というほどのものではない．社会的企業は，経営者や所有者，株主（公開有限会社，株式会社）あるいは組合員（協同組合）に利益を配分せず，組織目標への資金供給に利用するという点を除けば，通常の企業と類似している[14]．社会的企業がとる法人格はアソシエーションもしくは財団である．研究者間では，社会的企業の目標がどの程度まで理想的ないし「社会的」であるべきなのかについて意見の一致はない．しかし，非営利という法的地位を理由に，社会的企業は政府による権利や特権の保護を受けるべきではなく，営利企業を当

---

14) オランダでは，社会的企業はそもそも 1990 年代に，非営利コンサルタントのスティーブ・デ・ワール（Steve de Waal）やキリスト教民主党系の研究者・政治家（なかでもとくに，2002 年の選挙後に首相となったヤン・ペーター・バルケネンデ（Jan Peter Balkenende））によって開発された．

然に含む自由市場で活動しなければならないという点については一致している[15]．特定の目的をもった非営利組織としての社会的企業は，政府が公益と考える事柄を遂行するための税制上の特権や補助金を受けることはできる．だが，それは，多かれ少なかれ契約ベースでなされるべきであり，官民の濃密な関係は避けるべきである．加えて，社会的企業を本物の企業として行動させるためには，サービス供給事業者を支援するよりも消費者を支援する方がいいと一般に考えられている．消費者は，自らの自己認識や営利組織への不信感，あるいは品質（非営利組織は，ボランティアや個人の寄付を引き付けるから）などを理由として，非営利組織を選ぶこともあれば選ばないこともある．領域によっては営利企業が勝つ場合もあり，別の領域では営利企業が押し出されることもある．また，消費者に購買力がなく，営利企業がはじめから競争できないこともある．

　（特定宗派の）民間非営利組織を守るというキリスト教民主主義の伝統からみると，企業家活動，競争や消費者主権を現代的に融合した考えはきわめて革命的に響く．しかし，「市民社会という選択肢」と比べると，こうした融合した考えが，非営利組織の生き残りにとってより現実的な展望を与えていることは確かである．

　社会的企業というコンセプトは市民社会への願望を排除するものではない．顧客やボランティア，外部のステークホルダーに大きな発言力を与えること，顧客の市民としての能力を開発すること，コミュニティ建設，近隣地域における自発的なアソシエーションの支援等々，これらは剰余を使うための使命や目標の一部となりうる．しかしながらすでに指摘したように，今日では社会的企業のような組織の多くをそれと同等の公共や民間の組織と識別することが困難になっていることを考えれば，市民社会への願望は民間非営利組織にしか当てはまらないとする明確な理由などない．非営利組織が変わってきたとはいえ，公共組織や営利組織も非営利組織が元来もっている特徴を組み

---

15) 自由な企業家活動を強調するのは，おそらくいくつか理由があるからである．たとえば，現在の官僚制的な規制の問題や EU の自由競争政策を遵守する必要性，「すべてがビジネス人であり，非営利組織人はわずかである」という文化への広範な転換などである（Van Til, 2000, pp. 111f）．

込んで状況に適応している．非営利の学校が官僚制化されてきたとはいえ，公立学校は自発的な活動や自治という非営利の遺産を多く採用している．もし，非営利の学校が親の参加について今でもなおうまくいっているとすれば，それを非営利の強みとして磨くのではなく，公立学校の改善を求める理由とすべきなのである．最近では，社会サービスの供給事業者がこれまで以上にビジネスライクに仕事をしている．しかし，食料雑貨のチェーン店は，地域社会に顔を向け，恵まれないグループに雇用機会を与えるよう強制されていると感じている．とはいえ，非営利組織を大規模な準政府的・準営利的なサービス供給ネットワークに統合することは，市民社会的な非営利の目的を広げていく基盤となってきたのである．

　市民社会への願望という視点は非営利組織に限定されるべきものではないけれども，そのようなものとしての非営利形態の保護についてはまだ議論もある．ここでは簡単に，[非営利組織と市民社会への願望との関連について]現在考えられる3つの理由について考えてみよう．第1に，公共のサービス供給者に比べると，民間事業者は人々の文化的な多様性にうまく対処できている，という点である．この意味でとくに顕著なのは，たとえば子供の教育や老人ホーム，その他の長期的な完全介護や心の問題への支援などといったサービスであり，それらは，民間イニシアティブにとっての伝統的な領域であった．かつての宗教やイデオロギーの分裂は自らの重要性をしばしば失ってきたけれども，民間組織の方がうまくいくという議論は，多文化社会における新しいグループにも当てはまるかもしれない．たとえばオランダ社会における一例として，イスラム系学校の「新しい柱状化」の展開がある[16]．こうした新しい非営利組織を優遇することについては，オランダ語の学習や移民の統合にとってマイナスの影響がありうるという理由から議論の的になってはいるものの，しかし一般的にいえば，非営利組織は，市民間の平等性と，生徒としての，あるいは患者しての，さらには問題を抱えている人間としての，それぞれがもっている特性との緊張関係を積極的に和らげることを可能

---

16) 最初のイスラム小学校は1988年に創設された．2002年にはすでに35校あり，9,000人が学んでいる．需要は大きくなっているものの，教師の不足や学校設立割り当て資金をめぐる競争によって教育サービス供給は限られている．

とするものなのである．

　第2の理由は，非営利組織は，他の組織よりもボランタリーな諸資源を依然としてうまく引き付けることができる，という点である．非営利組織は，宗教的な義務や集団への忠誠心，コミュニティ感覚に訴えかけることができる．すなわち，非営利組織にとっては，規模の小ささや社会的な地位の高さ，リーダーの直接的な説明責任によって信頼を得ることは容易であろう．あるいは，潜在的なボランティアや慈善家のなかにあるアイデンティティや排他性に対する実に多様な要求にもうまく応えることができるだろう．

　第3の理由は，「購買力の余剰」である．市民は時として，想定以上に，あるいは許容範囲を超えて，集合的サービスにお金を使うことを望むこともある．しかし平等性という理由によって，子供の通う公立学校や親のための公設老人ホームに規定以上のお金を投ずることは難しい．その結果，[公共・社会サービスのような]価値財に対してではなく私的財に対して，人々は余力があるかぎり何にでもお金を費やすことができたり，あるいは，貧弱な公共サービスか純粋に民間営利サービスかいずれかを選択しなければならなくなったりといった実に馬鹿げた状態も生まれてくる．非営利組織は，福祉国家による大規模な連帯と市場への個人的な逃避との中間にあるような集団的連帯を組織することができる．繰り返しになるが，非営利組織は，市民の平等性と，小さな市民グループの利益のために追加的に支出できる財力や意思という点での市民の個別性との間の緊張関係を緩和することができるのである．政治的にみて，この点は，オランダではたいへんな論争を招く議論である．つまり，基本的な支出が公金で賄われる（そもそも公金で賄われるべき）小学校において，親の寄付はどの程度まで受け入れ可能なのか，また，すべての市民にとっての基本施設であるはずの小学校間で，親の寄付額の差によって生じる不平等がどの程度まで受け入れ可能であるのか，といった問題である．表7.3が示すように，ヨーロッパの人々は，基礎的な社会サービス領域において，所得の不平等に基づく不平等な結果を簡単には受け入れはしないし，オランダの人々も，イギリスだけでなく，ドイツやスウェーデンの人々に比べても，平等意識がはるかに強いようである．

　平等やサービスの社会的供給の最低限基準という問題は，今後数年間のう

表7.3 EU諸国における不平等についての意識（19～79歳人口に占める割合）
(%)

高所得者が以下について可能なのは正当か不当か（正しいか間違いか）		イギリス	デンマーク	スウェーデン	ノルウェー	スペイン	フランス
低所得者よりも上等な保健医療の購入は	正当	42	11	11	10	9	2
	不当	38	74	75	84	84	87
上等な子供教育の購入は	正当	44	11	11	7	8	6
	不当	38	72	73	85	84	84

注：「どちらでもない」「分からない」を含めると上記の数値は100%となる．
資料：国際社会調査プログラム（1999年，調整値）．

ちにおそらく重要な問題となるであろう．すなわち，われわれは，質の高い一般公共サービスに誰でもアクセスできるような（「社会民主主義的」）モデルに固執するのか，あるいは，公共サービスを最低限のサービスとし，恵まれた人々はよりよいサービス供給手段を市場で探すという考えを（「自由に」）受け入れるのか，さらには，すべての人々のために集団的な連帯を活用しようとする（「コミュニタリアン」的な）方法を見出すことができるのか，という問題である．

7 結 論

オランダの非営利セクターにおける組織の現状と諸関係を明確にするために，本章では，19世紀後半と1917年の「和解」から議論を始め，第二次大戦後の福祉国家における公共と民間とが選択したパートナーシップに至るまでの柱状化の歴史を簡単にみてきた．このような「柱状化」のすべての遺産を引き継いだのが，ジョンズ・ホプキンス大学による非営利セクター比較研究プロジェクトの数字や公共領域における民間イニシアティブの確固たる受容に示されているような巨大な非営利セクターであった．しかしながら，現在の展開や不透明な見通しは，多くの非営利組織にとっては深刻な心配の種となっている．長い間，サービス供給者が公共であるか民間非営利組織であ

るかについて語るのは難しかった．しかし，最近ではこの状況がますます複雑化され不透明になっている．かつての政府機関が非営利組織に発展し，営利組織が非営利組織の地盤に喰い込み，さらに，非営利組織が商業活動を始めたりハイブリッド組織がいたるところで発展したりしている．オランダ経済における制度的なクラスターとしてみれば，非営利セクターは溶解過程にある．こうした事態の展開に対して，市民社会や社会的企業家活動についての現在の議論がどの程度まで影響を与えるかはまだ不明である．市民が動かす市民社会組織という考えは，非営利のサービス産業が抱えている経済的・官僚制的な現実からはおそらくあまりにもかけ離れているであろう．同じことはおそらく，輸入されたものとしての社会的経済という考えについても当てはまるであろう[17]．社会的企業の現実主義的なオランダ版こそが，こうした環境に適応する最も容易なアイディアである．組織の非営利としての法的地位を守るための形態を見つけ出すことは有益ではある．しかしそれは，非営利組織のアジェンダに新しい積極的な目標を加えることにはならないし，非営利セクターが「脱柱状化」という共通のアイデンティティを引き出すことに役立つわけでもない．

　ジョンズ・ホプキンス大学比較研究プロジェクトの結果をめぐるオランダでの議論のなかでも，また，同プロジェクトの続編としての非営利セクター

---

17) もちろんこの点は，知的刺激に富んだヨーロッパでの議論や経済的に魅力のあるEUのイニシアティブによって変わることもある．しかし，非営利セクターをめぐる歴史的・社会政治的な枠組みや非営利社会的企業および市民社会をめぐる現在の見通しをみれば，「社会的経済」という別の全般的な概念が成立する余地はほとんどない．こうして，オランダの現実からははるかに遠い「社会的経済」というコンセプトは，社会的統合や代替的雇用の創出をめざす少数の（EU資金もしくはEU評価の）プロジェクトのための呼称に過ぎないのであって，オランダの非営利組織の大半にとって実際的な価値をもつものではない．非営利組織は長期失業者の「社会的活性化」のために補助金付きの雇用や無償労働を提供しているものの，公共機関も同様に対応している．非営利組織が調達する通常のボランタリー労働は労働市場問題からは切り離されている．労働市場の状態は2002年以降変わってきているとはいえ，オランダの非営利セクターにとっての主要な問題は，失業者向けに新しい雇用をいかに創出するかにはなく，いかにして使用者としていっそう魅力的になるかにある（Dekker, 2004）．教師や看護師，その他の職にまだ膨大な不足がある．

の未来に関する著作への寄稿のなかでも，非営利という語彙は，あまりに経済学的であまりに消極的なものであるとして明瞭に拒絶された（Dekker, 2002a）．「市民社会」や「社会的企業」とは別に，多様なイデオロギー的スタンスや政治的立場に立った著者たちが，官僚制化され商業主義化されたオランダの非営利セクターをめぐって議論した際に，2つの概念が登場することになった．すなわち，「民間イニシアティブ」と「専門家による自治」である．新しい民間イニシアティブを求める声は，公益のための自発的な活動や組織におけるボランティアの優勢という市民社会の理念に従って非営利セクターを再モデル化しようとする強い願望と同じ方向に向かうものである（Perrow, 2001）．これまで以上に専門家による自治を求める願望，あるいはサービス供給組織における市井の専門家に活躍の余地を与え彼らに対する尊敬を求める願望が，政府官僚や市場志向の経営者に対して向けられている．こうした願望は，学校や病院，老人ホーム，ソーシャルワーク組織にも当てはまるのであり，それらの経済的な性格とは関係がない．もはや非営利組織対公共組織・商業主義組織という問題ではなく，官僚制的で経済主義的な脅威に対して組織を防衛するためには専門家的精神を強化しなければならないという問題なのである．公共領域における特別な組織として民間非営利組織を保護したいとする十分な理由が依然として存在するとはいえ，［非営利組織対公共組織・商業主義組織というテーゼに対する］専門家主義対政府・市場というアンチテーゼこそ，オランダにおける市民社会と福祉国家の未来にとって，これまで以上に重要な問題となるというべきなのであろう．

参考文献

Anheier, H. and J. Kendall (eds) (2001), *Third sector policy at the crossroads*, London: Routledge.

Bax, E.H. (1988), *Modernisation and cleavage in Dutch society*, Groningen, NL: Universiteitsdrukkerij.

Berger, P. and R. Neuhaus ([1966] 1977), *To empower people*, 20th anniversary edn, ed. Michael Novak, Washington: AEI Press.

Burger, A. and V. Veldheer (2001), 'The growth of the non-profit sector in the Netherlands', *Non-profit and Voluntary Sector Quarterly*, 30 (2), 221-46.

Burger, A. and P. Dekker, with T. van der Ploeg and W. van Veen (2000), 'The non-profit sector in the Netherlands', Working Paper no. 70, SCP, The Hague (available from *www.scp.nl*).

Defourny, J. (2001), 'Introductuon', in C. Borzaga and J. Defourny (eds.), *The emergence of social enterprise*, London and New York: Routledge, pp. 1-28.

Dekker, P. (ed.) (2002a), *Particulier initiatief en publiek belang* (Private initiative and public interest), The Hague: SCP (available from *www.scp.nl*).

Dekker, P. (2002b), 'On the prospects of volunteering in civil society', *Voluntary Action*, 4 (3), 31-48.

Dekker, P. (2004), 'The role of the third sector in the Netherlands', in A. Zimmer and C. Stecker (eds), *Strategy mix: Social and labour-market integration* (in press).

DiMaggio, P.J. and W.W. Powell (1983), 'The iron cage revisited', *American Sociological Review*, 48, April, 147-60.

Evers, A., U. Rauch and U. Stitz (2002), *Von öffentlichen Einrichtungen zu sozialen Unternehmen* (From public service to social enterprise), Berlin: Sigma.

Glenn, Ch. L. (2000), *The ambiguous embrace*, Princeton: Princeton University Press.

Hupe, P.L. and L.C.P.M. Meijs, with M.H. Vorthoren (2000), 'Hybrid governance', Working Paper no. 65, SCP, The Hague (available from *www.scp.nl*).

Kramer, R.M., H. Lorentzen, W.B. Melief and S. Pasquinelli (1993), *Privatization in four European countries*, New York: M.E. Sharpe.

Laville, J. and M. Nyssens (2001), 'The social enterprise', in C. Borzaga and J. Defourny (eds), *The emergence of social enterprise*, London and New York: Routledge, pp. 312-32.

Lijphart, A.J. (1968), *The politics of accommodation*, Berkeley: University of California Press.

Perrow, C. (2001), 'The rise of non-profits and the decline of civil society', in H.K. Anheier (ed.), *Organisational theory and the non-profit form*, London: Centre for Civil Society/LSE, pp. 33-44.

Salamon, L.M., H.K. Anheier, R. List, S. Toepler, S.W. Sokolowski and Associates (1999), *Global civil society*, Baltimore: The Johns Hopkins Center for Civil Society Studies, Johns Hopkins University.

Van Til, J. (2000), *Growing civil society*, Bloomington: Indiana University Press.

III　欧州サードセクター：
　　一国レベルと EU レベル

8

現代福祉国家における政府とサードセクター
自立性・道具性・パートナーシップ

ジェーン・ルイス

1 序　論

　社会福祉制度には政府による給付以上のものが包含されているという考えが 20 世紀第 4 四半期に再発見され，研究史においても今では確立されている．とはいえ，「福祉ミックス (welfare mixes)」(Evers and Svetlik 1993) へのアプローチについては，相当に異なった立場が学界でいくつもみられる．英語圏の文献でいえば，「福祉の混合経済 (mixed *economy* of welfare)」という概念が最も広く共有されてきた．「福祉の混合経済」論は第 1 に，福祉の社会的供給の担い手（政府，市場，事業者，家族，サードセクター）の広がりを強調し，第 2 に，社会的供給のための財源の一層の多元化を強調する（たとえば，Johnson, 1998）．しかし「福祉ミックス」に関するエバースの最初の定式化では，政治やガバナンスの問題も中心的な位置を占めていた．福祉の混合経済アプローチは，担い手や財源の多元化が**オルタナティブな現象**であるという前提をまさに強調することによって，どのような要素が社会的供給のある特定のあり方を決定するのかを明確にしようとする．とはいえ他方でイギリスでは，保健医療・教育・年金にかかわる財源や供給の公民混合（すなわち，政府と市場）の性格を正確に分類することはきわめて難しいとの認識も広がっている（たとえば，Burchardt *et al.*, 1999 を参照）．

　しかしながら政治問題が加わると，福祉ミックスを構成する多様な活動主体をそれぞれ独立した領域のなかに位置づけたままでは，多様な活動主体をオルタナティブなサービス供給者や資金供給者として維持するのは一層困難

になる．たとえば，サードセクターについていえば，政府に対してどのような位置を占めるのかというサードセクター全体にかかわる問題がより複雑になる．ディーキン（Deakin, 2001, p. 110）がすでに提起してきたように，次のような問題がある．すなわち，自由なアソシエーションの存在にとって民主主義国家は必須条件なのか，あるいは，法や市民権という枠組みがなければアソシエーションは生き残ることができないのか，また逆に，民主主義はアソシエーションを必要としているのかといった問いである．もちろん，サードセクターを構成するアソシエーションは単なるサービス供給者以上の存在である．市民社会の一構成部分として，アソシエーションは，政府や市場というサードセクター以外の公共領域の構成部分から独立するというより，政府や市場に埋め込まれたり政府や市場との相互依存関係に置かれたりすることの方が顕著になっている．それでもやはり，財政的支援やガバナンスの点からみて，アソシエーションが**自立的な**存在でなければ学界や政策立案者の関心を引きつけることはない，という前提は残ったままである．

　社会福祉制度に関する比較研究のなかで最も影響力をもってきたのは「福祉レジーム」（Esping-Andersen, 1990）というコンセプトであった．福祉レジームは，福祉をめぐる社会的諸関係，とりわけ福祉受給の社会的資格と労働市場との関係に焦点を当てるものである．エバースとスベトリックが政府および市場とサードセクターとの関係に焦点を当てていたのに対し，エスピン-アンデルセンは政府および市場と家族との関係に焦点を当てた．近年こうした議論はフェミニスト分析によって念入りに練り上げられ（Lewis, 1992; Orloff, 1993），最近になってやっと，主要な研究潮流でもより重要な場所を占めるようになってきた（Esping-Andersen, 1999; Myles and Quadagno, 2002）．とはいえ福祉レジームに関する研究は，サードセクターへの言及がないという点で顕著である．これは部分的には，福祉国家の比較分析において保健医療や教育のようなサービス供給より現金給付——そこでは，有償労働と政府の現金給付との関係はきわめて直接的である——により大きな比重がかけられていたためである．福祉国家の比較分析においてサードセクターへの言及がないことはしかし，サードセクターが重要な分析対象とはされてこなかったことにその主要な理由がある．そして，サードセクタ

ーにおける財源の大部分が政府提供によるものであり——イギリスでは，稼得収入の65%，補助金収入の40%に当たる（NCVO and CCS, 2001, p. 18）——，それが，サードセクターを政府に組み込まれたものとみなすのを正当化することにもなった．繰り返していえば，[福祉レジーム論がサードセクター分析をあまり重視してこなかったのは] サードセクターによるサービス供給が政府や市場に対するオルタナティブとして明確に区分されえるものではない以上，サードセクターによるサービス供給が独立した検討対象として関心を引きつけることはないという前提があるからである．

確かに，サードセクターと政府との関係はきわめて曖昧であり，それゆえに関心と議論を呼び起こす．しかし，福祉国家成長の時代（Skocpol, 1992），「縮小」の時代（Pierson, 1994, 2001），「再構築」の時代（Ferrera and Rhodes, 2000; Scharpf and Schmidt, 2000）のいずれにあっても，サードセクターの役割を消去してしまうことは難しい．実際，福祉国家の成長期には，家族におけるジェンダー役割がボランタリーアソシエーションの果たす重要な役割と深く結びついている．概していえば，適切な雇用機会から遠ざけられていたとくに中産階級の女性たちが「公共を家庭に適応させる」（Baker, 1984; Lewis, 1991; Skocpol, 1992; Koven and Michel, 1993）ために自らの介護役割を拡張したのである．それは，政府による福祉拡大の重要性を弱化させるようなものでもあった．しかし，このようにボランタリーアソシエーションの機能と家族とをリンクさせてとらえることの重要性が20世紀後半になって再認識されたのである．この重要性を指摘したのは，ボランタリーアソシエーションと家族の双方には社会的関係資本（ソーシャルキャピタル）の構築能力が備わっていると考える理論家たちであった．

20世紀初頭のボランタリーアソシエーションは財政的には，政府から自立しようとする傾向がかなり強かった．とはいえ，自由なアソシエーションは歴史的にみれば，市民権（citezenship）の概念化や社会連帯および集合行動の概念化のためには**不可欠の**ものであった（Harris, 1990; Lewis, 1995）．こうした分析においては，サードセクターと政府との相互依存関係は，欧州福祉レジームの性格を理解するのに決定的な意味をもっている．合衆国では，社会政策展開の初期においてアソシエーションが重要な役割を演じ，（退職

者年金という形態や出産・育児の福祉政策という形態での）［福祉国家としての］端緒事業が全国民を対象として一般化していくことはなかったのに対し，多くのヨーロッパ諸国では，「共済組合」[1]が果たしたきわめて重要な貢献によって，現代ヨーロッパ型の社会的供給や社会保険の新しい中核プログラムが形成されてきたのである（イギリスでは 20 世紀中葉には，共済組合の役割が主として住宅購入のための資金供給に限定されるようになったとはいえ，上述の点は第一次世界大戦以前のイギリスにも当てはまる事実であった）．

福祉国家の再構築（welfare state restructuring）という，より最近の時期になって，サードセクター組織は，政府に対するオルタナティブな福祉の潜在的な雇用者であり供給者としてふたたび前面に登場するようになった．ケンドルとナップ（Kendall and Knapp, 2000）によると，高齢者への介護サービスについていえば，たとえばサードセクターによるサービス供給の拡大が重要な役割を果たすことによって，政府による福祉給付も再構築されうるようになってきた（ピアソン（Pierson, 2001）の言葉によれば，福祉給付の再構築とは給付を「再調整する」ことである）．この 10 年におけるサードセクター像として復活が強調されるものの，サードセクターはいまだに，政府を補完するセクターとして，そして実際上政府の道具とされるセクターとして描かれる傾向にある．すなわち，こうしたサードセクター像は，政府の支配下で，またしばしば政府との契約下でサービスを供給する非営利組織の 1 つのあり方を主として示している．

しかしボランタリーアソシエーションは，福祉の観点からみれば，サービス供給者としてばかりでなく運動団体としても重要な役割を果たしてきた．また，ボランタリーアソシエーションはこれまでもずっと，自由で民主的な国家を構成する要素としてみなされてきた．主要な問題は，ボランタリーアソシエーションがどれほど政府から自立的であるかにある．仮に，ボランタリーアソシエーションの仕事がきわめて特殊な契約のもとで行われ，政府

---

[1] サードセクター研究の分野におけるパイオニアとなったジョンズ・ホプキンス大学「非営利セクター比較研究プロジェクト」では，共済組合は包含されなかった．これは，サードセクターのアソシエーションと政府との関係をめぐる性格をヨーロッパ的な文脈で理解するためには大きな難点である．

がその資金提供者になるとすれば，アメリカの多くの研究者（たとえば，Wolfe, 1989; Olavsky, 1992）が奨励するやり方で社会的なサービス供給をサードセクターに任せることは，ボランタリーアソシエーションを自立的なサービス供給者にすることに必ずしもつながるものではない．ボランタリーアソシエーションが福祉のオルタナティブな供給者になるということは，サービス供給者としての役割を超える［運動団体としての］役割がほとんど認知されないまま，政府にとっては何よりもまず道具でしかないような関係のあり方を示唆しているのかもしれない．

21世紀初頭のヨーロッパにおける福祉再構築の性格は，行政に対するアソシエーションの戦略的な重要性はもちろんのこと，政治や民主主義からみたアソシエーションの重要性という，明らかに相互に関連する新しい認識につながっている．もちろん，政府の側にも政府へ依存する側にも道具主義の発生という危険性がいつでも存在しているとしても，である．福祉の再構築が新しい認識を導いていることを示唆する証拠は，一国レベルでもEUレベルでも政策文書のなかに見出すことができる．すなわち，政策文書を通じて，政府と政府からの自立性を期待されるサードセクターとのパートナーシップの重要性が明示的に議論されていると同時に，サードセクターの自立性を担保しうるような形態と実質を付与しようとの努力もなされている．政府によるボランタリーアソシエーションの道具主義的な利用が「明白で現実的な危険性」を引きずっているとしても，危険性の存在は政治的な議論を通じてしだいに認識されるようになっており，また，欧州福祉国家の再構築という特有の文脈においてその危険性の解消措置もしだいに明らかにされるようになっている．

2　サードセクターをめぐる説明と実証的観察

サードセクターの存在とその性格についてはこれまで経済学者が中心となって説明を与えてきた．彼らは，たとえばマイノリティグループのニーズを充足しようとする際の市場の失敗や政府の失敗という考えに基づいてサードセクターの持続性を説明しようと試みてきた（Weisbrod, 1988）．それに加

えてハンスマン (Hansmann, 1987) は，情報の非対称性が存在するところでは契約の失敗も発生することを示唆してきた．すなわち，市場メカニズムは生産者を監視する適切な手段をサービス消費者へ提供することに失敗する可能性があり，それゆえ，消費者がサービスの質を評価できずに生産者による消費者保護が必要となる場合には非営利組織が相対的に信頼に足る存在として登場してくる，というものである．この種の説明は政府，市場，サードセクターをそれぞれ独立の領域として位置づける傾向にあり，その結果，とりわけ政府とサードセクターとの関係がせいぜい補完的な関係にされてしまうか，あるいはしばしばあるように，代替的で対立的な関係にされてしまう．また，アソシエーションを政府組織の一部分として概念化すること――実証的な歴史研究が提示してきたように，19世紀のイギリス (Harris, 1990; Lewis, 1995) やノルウェー (Kuhnle and Selle, 1992) ではおそらく事実であろう――は現代ではほとんど当てはまるものではない．

　サラモン (Salamon, 1987) もまた，政府とサードセクターとの対立関係よりもむしろ，ボランタリーの失敗から生まれてくる相互依存とパートナーシップの関係を強調してきた．彼は，一定の条件下で，非営利セクターと政府との（財政的・政治的な）協力関係が社会問題への対応をめぐって徐々に進みうる，と主張した．こうしたことは，政府活動を監視しようとの抵抗が強く，それにもかかわらず政府に対する特定の社会的・経済的な保護の要求が存在する場合に，言い換えれば，非営利セクターからの協力を得る方が政府にとって得策だと考えられる場合に起こりうることである．こうしてサラモンは両者による協力の可能性を認識していた．しかし，ヨーロッパ諸国のいくつかについて政府（むしろ，限定的な政府の系論というべきかもしれない (Thane, 1990 を参照)）というものを概念化するにあたってアソシエーションがどの程度**不可欠**なのかを認識していたわけではなかった．

　近年では，サードセクターの規模と財源構造が「福祉レジーム」(Esping-Andersen (1990) の類型化による) の性格によって説明されることをサラモンとアンハイアー (Salamon and Anheier, 1998) およびアンハイアー (Anheier, 2001) が示唆している．すなわち，いわゆる「自由主義的レジーム」では，政府の社会福祉支出が低水準に抑えられていることが相対的に大

規模な非営利セクターの存在と表裏の関係にある（合衆国およびイギリス）．社会民主主義的レジーム（スウェーデン）では，政府の社会福祉支出の比重が高く，（雇用量ベースでの）非営利セクターは相対的に規模が小さい．したがって，以上2つのモデルにおいては，サービス供給に関する政府と非営利セクターとの関係は「代替的」とみなされる．さらにコーポラティズム的モデルでは，高水準の福祉支出と大規模な非営利セクターとが並存している（フランスおよびドイツ）．というのは，政府とサードセクターは，相互に代替的なサービス供給者というよりむしろサービス供給の相互協力者と考えられているからである．このモデルでは，アソシエーションがコーポラティズムの福祉国家に合体されてきたため，前近代の社会関係における中軸的な要素として描かれている（Crouch, 1999も参照）．こうして「社会的起源」アプローチという説明モデルに依拠すれば，サードセクターによるサービス供給を政府に対する代替的なものとして位置づけたり，あるいは補完的なものと位置づけたりすることが可能となる．概略的にいえば，「社会的起源」アプローチという説明モデルが経済的な変数だけではなく政治的な変数にもより大きな注意を向けるのはこのためである．しかしながら，セクターのなかでのアソシエーションの測定はこれまでのところ規模と財源にとどまっており，それは，サードセクターの複雑な性格を明らかにすることにとって1つの課題である．

　実際，サードセクターの「拠り所」（Anheier, 2001）に関する観察によれば，とりわけボランタリーセクターのどの分野が成長してきたのか，さらになぜそうなったかについて本質的な精査が必要である．イギリスでは，かなり大規模な非営利セクターが20世紀初頭における福祉ミックスの構成要素となっていた（医療分野を含めれば，非営利セクターの規模は政府よりもむしろ大きかった）．しかし20世紀になって70年代半ば頃までの期間を通じて，非営利セクターの規模も相対的な重要性もしだいに小さくなっていった．非営利セクターの比重低下は，「古典的な福祉国家」（1960年代および70年代）の時代にとくに顕著であった．すなわち，イギリスにおける（課税レベルではなく）社会的供給レベルがアメリカのそれよりもスウェーデンのそれに，より近かった時代である（Titmuss, 1974）．イギリスでは第二次大戦後

数十年間,「オールドレフト」が「慈善によるサービス供給」を,政府によるサービス給付より劣った本来的に望ましくないものとみなしていた.他方,1980年代の「ニューライト」は,政府あるいは非営利セクターによるサービス供給よりも市場によるサービス供給の方を好ましいものとしてきた(Giddens, 1999).戦後イギリスにおける福祉レジームをめぐる性格の劇的な転換は他のヨーロッパ諸国とはその様相を著しく異にしていた.しかし興味深いのは,サッチャー政権の前でも後でも,福祉ミックスにおけるサードセクターに一定の優先順位が与えられることはなかった点である.

アソシエーションは1980年代までは概して,政府を補足・補完するものとみなされていた(Kramer, 1981).その後実際にも,契約に基づくオルタナティブな福祉サービス供給者として扱われる傾向がしだいに強くなり,言い換えれば,アソシエーションは(市場とサードセクターを包含する)「独立セクター」と(当初は,多分にイデオロギー的な理由から)[2]名づけられた領域における政府に準じる団体として扱われるようになった.そしてボランタリーアソシエーションは,契約に基づくサービスの対価として補助金を受け取るようになるにつれて,運動団体としての活動を維持するのが難しくなっていった.政府とボランタリーアソシエーションとの関係の性格も労働党が政権を握った1997年の選挙以降,再び変化することになった.すなわち,政府とサードセクターを結びつける多くの仕組み——とりわけ契約関係——が継続されていたにもかかわらず,包括的な政策目標のレベルでも,そしてますます地方レベルでも「パートナーシップ」が明示的に位置づけられるようになってきたのである.

スウェーデンの場合,サードセクターに埋め込まれた性格をどう理解するかについては,サードセクターの規模を測定する,その測定の仕方しだいである.全体としてみればサードセクターの規模は相対的に小さいとしても,アンハイアー(Anheier, 2001)が指摘しているように,会員資格と雇用とが別物であるため(Rothstein, 2002 も参照),サードセクターにおけるサー

---

2) ステファンら(Stephen *et al*., 1999)が,イギリスとニュージーランドだけは1980年代において,福祉国家の変容がイデオロギー的に推し進められたと指摘している.

ビス供給以外の要素がスウェーデンではきわめて大きい．したがって，福祉のための政府による豊富なサービス給付とその財源はボランタリーアソシエーションの大きな成長と並行して進んできたということができる．そして，ボランタリーアソシエーションはその大部分が政府から自立しており（スウェーデンでは，アソシエーションの主たる関心がレジャーや文化活動に向けられている），しかも社会的関係資本の形成ときわめて強く結びついている．以上を言い換えてみれば，こうしたイギリスとスウェーデンという2つのケースを概観するだけでもわかるように，ごく限られた断面的な変数に基づいて，政府とサードセクター組織との関係を道具主義的だとかパートナーシップ的だとか，あるいは自立的だとか性格づけるのはいまだ尚早だというべきであろう．

3 サードセクターのもつ重要性の再発見

サードセクターと社会的関係資本

　ボランタリーアソシエーションはこれまでずっと，現代民主国家にとって決定的に重要なものだと考えられてきた．また第二次世界大戦期には，西洋民主主義において市民社会が果たした役割の重要性が全体主義体制との対比で強調された（たとえば，Lindsay, 1945; Beverige, 1948）．最近ではパトナム（Putnam, 1993）が，政府の良好なパフォーマンス，究極的には民主主義そのものにとって重要な意味をもつ社会的相互行為（social interactions）の特有の側面に焦点を当ててきた．パトナムはイタリアの20地域を対象とする研究において，一般化された互酬や信頼の規範さらに市民参加のネットワークとして社会的関係資本を定義したうえで，地方政府のパフォーマンスに影響を与える社会的関係資本の効果を提示してみせた．この議論においては，アソシエーションやボランタリー組織は市民ネットワークの構成部分をなすものであり，互酬や信頼という規範を浸透させるのに役立つものとされる．トクヴィルによれば，アソシエーションとは「民主主義の学校」として機能するものであり，したがって社会的関係資本の創造者とみなされるもの

である.

　社会的関係資本という概念は，最初は合理的個人の行為パラダイムへの挑戦（Coleman, 1988）として1980年代のアメリカで取り上げられ展開されてきた．社会的関係資本への注目によって，誰もが「困難のない自分自身」（Sandel, 1996）ではありえないということに関して，その範囲が広く解釈されるようになり，人と人との相互依存，したがってまた人々が相互に果たさなければならない義務が強調されるようにもなった．歴史的にみても政府から独立した空間にアソシエーションが位置しており，「利己的な個人主義」（古典的には，Bellah *et al*., 1985を参照）の台頭が大きな関心事とされてきた国であるアメリカにおいて，社会的関係資本という概念が精緻化されてきたことは重要な意味をもっている．こうした「利己的な個人主義」は家族やコミュニティという社会基盤を脅かすと考えられてきたのであり，自由な市場民主主義でさえその基盤上で成り立つものであったのである（Fukuyama, 1999も参照）．

　社会的関係資本は，協力を可能とし信頼を育むような一連のインフォーマルな価値や規範として概念化された．信頼と協力は，家族という私的領域や市民社会の自由なアソシエーションのなかで学習されるものとして，またパトナムの定式化（Putnam, 1993）によれば，さらに政治という公共領域や市場へも一般化されうるものとして把握されてきた．イギリス政府PIU（Performance and Innovation Unit）が近年発行した社会的関係資本に関するディスカッションペーパー（Cabinet Office Performance and Innovation Unit, 2002）においては，社会的関係資本の構築がもたらしうる経済領域への効用が政治領域におけるそれとほぼ同程度の頁を割いて検討されている．しかしながら，社会的関係資本の構築は，政府の外側でなされるものであるかのように扱われている．実際にも，社会的関係資本形成の主要な手段となってきたのはボランタリーアソシエーションの会員制度であった．言い換えれば，高潔な因果律は，ボランタリーアソシエーションからより広い行政組織へと，1つの方向でしか作用しないというのである．しかし，高潔な因果律は一方向にしか作用しないと考えることは，人をより信頼する人々がアソシエーションのメンバーにより容易に加わりやすいのに対し，人をあまり信

頼しない人々がアソシエーションに最初に参加することはないかもしれないというかぎりでの問題把握でしかない (Stolle and Rochon, 1998). 加えて，ボランタリーアソシエーションが育む社会的関係資本には「架橋」や「結びつけ」という[正の]機能があるとの想定については，これまでも疑問視されてきた．アソシエーションは「架橋」という[正の]手段となるばかりではなく，[負の]「絆」(極端な例として通常あげられるのはマフィアである) の手段ともなりうるからである．

社会のなかで人と人とを結びつける「接着剤」がますます欠落してきたといわれるなかで，「接着剤」としての社会的関係資本という概念は，イギリス保守党政権の継続を通じて市場個人主義の重要性が強調された時期にも取り上げられたことがある．しかしながら，ホール (Hall, 1999) によれば，社会的関係資本の衰退がアメリカに匹敵するほどにイギリスでもみられたといういかなる証拠も存在しない (Putnam (2000)『1人でボーリングをする (Bowling Alone)』での要約). ホールはこの点について，さまざまな要因に理由を求めている．その要因には以下のものが含まれる．すなわち，労働市場への女性たちの参加がパートタイムであること (合衆国ではフルタイムでの参加が多い)，階級構造の転換とともに教育改革が進んだこと (アソシエーションへの参加率がより高い社会階級やより高い学歴と結びついている)，政府によるサービス給付と並んでボランタリー活動を受け入れること，である．しかし，たとえアソシエーションへの参加が大きく後退したという兆候がなくとも，社会的な信頼の低下についてはいくらか証拠もある．1990年から1995年までの間に，他人を信頼するという人の割合がイギリスでは44％から30％へと低下した (NCVO and CCS, 2001). さらに1996年には，教師や警察，BBCを信頼するという人よりもチャリティを信頼するという人の方が少なかった．それは同時に，信頼構築におけるアソシエーションの価値それ自体に疑問が投げかけられていることの表れでもある．とはいえ，2001年版イギリスHOCS (Home Office Citizenship Survey) によれば，76％以上の人々が近隣住民の一部または多くを信頼できると回答していた (誰も信頼できないと答えたのはわずか2％に過ぎなかった) (Prime et al., 2002).

こうした証拠は，政府からのアソシエーションの独立の重要性を強調し，社会的関係資本の構築手段を「自発的な再規範化」(Fukuyama, 1999) プロセスと考える論者の考えを支えるものと解釈できるかもしれない．そもそも，イギリスにおける一部の大規模な慈善団体は初期の段階では政府活動の手段となっていた (Ware, 1989)．他方，1980年代および90年代を通じて契約にもとづくサービス供給事業者となったその他の慈善団体もあり，そうしたサービス供給事業者の登場は，政府不信の大衆的な増大と軌を一にしていた．サードセクター組織への信頼を問う世論調査が，より自立的でしばしば小規模でもあるアソシエーションをどうみるかを問うというより，むしろ量的にも質的にも福祉供給──福祉供給にはボランタリー組織の多くがかかわっていた──の削減について反対の態度を引き出すものになったのも当然であった．

しかし最終的には，以上のことは，アソシエーションへの信頼よりも政府への信頼についてより多く語られるものであること，またスウェーデンのケースが示しているとおり (Rothstein, 1998, 2002)，「公正な制度」は創造可能であること，そして公正な制度は，ひるがえって広範な平等を達成するためには政府関与もありうるという信念を生み出しながら，強固で自立したボランタリー組織の発展と並行して進行すること (OECD, 2001 も参照) を意味している．一般的なレベルでみた信頼は，スカンジナビア諸国で最も高いとみられ，しかもずっと維持されてきた．それに対してアメリカ合衆国では，信頼の一般的レベルが著しく後退した (Putnam, 2000)．レビ (Levi, 1998) によれば，政府それ自体を信頼するに足るものだと市民が考えるのでなければ，信頼を生み出す能力を政府が発揮することはできない．ジェンダー視点からみれば，労働や政治という公共領域への女性たちの参加を明示的に意図するスカンジナビア諸国の家族政策は，政府による制度や政策があってこそ女性たちの能力も発達するという信頼を説明するための重要な要素である (Stolle and Lewis, 2002)．このような政治的・制度的な信頼に基づいて，女性たちもまた他の市民をより広い範囲にわたって信頼することができる．ヨーロッパ大陸のコーポラティズム諸国における福祉政治においては，とりわけ保健医療・社会的介護・教育といった現代国家の主要な社会サービス供

給や合意形成へのコミットメントという点についてのサードセクター組織と政府との強固なつながりによって,サードセクター組織を包含する協定の基準が保証されているのである.

　以上述べたことは,社会的関係資本を豊かにするためには,社会的関係資本がフォーマルな政治的諸制度に埋め込まれてその制度と結合されなければならないことを示唆している (Levi, 1998; Skocpol, 1996; Tarrow, 1996).こうして社会的関係資本は,市民社会という領域で独立して存在するものではないと把握される.それは同時に,協力の結び目を育もうとする市民の力量も政府の政策によって影響されうることを意味している.そして以上の点が正しければ,政府も社会的関係資本を醸成する役割を果たすことが可能である.こうしてわれわれは,政府とアソシエーションとの関係は自立か代替かというより,むしろ相互依存関係であるという考えに到達するのである.確かにパトナム (Putnam, 2000) による最近の研究をみても,アメリカ合衆国で社会的関係資本の水準を回復するためには雇用主,マスメディア,ボランタリーアソシエーション,自立的個人および政府等々の相互の努力が必要であることが示されている.社会的関係資本が個人的な福祉にとっても(たとえば,雇用先を見つけるためには社会的ネットワークが重要となる),社会的な安定・結束・繁栄にとっても重要であるとするならば,さらに社会的関係資本が平等に分配されるものではないとするならば,そのような場合には,社会的関係資本構築の役割を政府が果たすことは説得力のあることであろう.

福祉国家の再構築とサードセクター

　1990年代を通じて,欧州福祉国家は押しなべて再構築の過程に入った.そうならざるを得ない多くの圧力が存在し,その圧力がもつそれぞれの重要性と影響に関する現実的な議論もある.しかしながら,世紀転換期に明らかになったのは,より「グローバル」化した競争やとりわけ人口高齢化への対応を原因とする共通の圧力に直面して,欧州社会モデルの維持をEUメンバー諸国が明白に決定したことである.実際,福祉国家の「分解」(Pierson,

1994）という問題である以上に福祉国家の「再調整」(Pierson, 2001) という問題として事態を特徴づけることができる．再構築の過程には，特有の原則を新たに強調することが含まれていた．その原則とは，権利に対する責任，結果ではなく機会の均等である．この両者はともに，最終的には人々が労働に就くことを焦点とするものであり，たとえば年金でいえば自らの責任である程度充足するよう要請するものである．こうしたことは通常，「能動的な」福祉国家への転換といわれており，ワーク・ウェルフェア関係（work/welfare relationship）という新しい概念に依拠している．

　「市場化」という用語で表現される事柄に関しても，一層強調されるようになってきた．ここで「市場化」とは，（たとえば年金給付についていえば，民間給付が占める割合は，スウェーデンでの近年の改革結果としての2％からイギリスでの40％まで大きく異なっているものの）福祉の混合経済のより一層の進展および，そしてより重要な点として，公共セクターへの市場原理の導入という**両者**を意味している．その結果イギリスでは，財源や供給について公民の境界がますます曖昧になってきた(Burchardt *et al.*, 1999)．サードセクター組織がとりわけ活発であるサービス供給の分野では，アソシエーションが「契約文化」の要請に対応するよう期待されている．「契約文化」とは，公共サービスに市場原理が導入されてきた際の「ニューパブリックマネジメント」という考え方を主導する仕組みである．しかし最近，本章次節でみるように，各国レベルやEUレベルで強調されているのは政府・市場・ボランタリーアソシエーション間の新しいパートナーシップをめぐる取り決めである．それは，古典的な福祉国家における陳腐化したヒエラルキー的原則および純粋な契約文化——市場やサードセクターを政府に対するオルタナティブにしようと目論む文化——という両者に取って代わるための取り決めである．さらにパートナーシップという概念には，サードセクターのもつ経済的・政治的な重要性への認識も含まれている．

　グローバリゼーションを唱導する理論家たちは，より開放された経済とは必然的に競争を促進して労働という社会的コストを圧縮するものだと予言していた．したがってこの予言は，社会的供給をめぐる「最低限への削減競争」をも想定している．ところが近年の研究をみても，1980年代のイギリ

スについてさえ,劇的な供給削減が明確に説明されてきたわけではない (Hills, 1990, 1995; Glennerster and Hills, 1998).実際,証拠が示すところによれば,必ずしも福祉のすべての領域ではないとしても,ほとんどの領域で供給の膨張が終わったにもかかわらず,「最低限への削減競争」の兆候はほとんどみられなかった (Stephens et al., 1999; Castles, 2001).しかし,ヨーロッパおよびアメリカ合衆国の将来を予見しながら,アルバーとスタンディング (Alber and Standing, 2000) は,一定水準の富と比較して社会的支出が低水準であることをこれまで検証してきたにもかかわらず,グローバリゼーションを唱導する見解を再び強化しようと試みてきた.

とはいえ,グローバリゼーションは,より実証的に測定可能な,現象と不可分のいかなる動因と比べても重要なものである.ワシントンコンセンサスという新自由主義的な処方箋は,金融・財政政策の場合と同様にそれにふさわしい社会政策のあり方について新しい思考枠組みを構築してきた.すなわち,公的給付より民間供給を,ニーズに基づく配分より市場を通じた配分を,普遍的な給付より選択的な供給を,税をベースとする財源より料金徴収による財源を,中央集権的な計画より分権化を,それぞれ重視する枠組みである.以上の諸点は,たとえば訓練や就業を受給資格条件とすることで責任強化への要請を正当化しながら,福祉国家の変容パターンに影響を与えてきた.重要な点は,グローバリゼーションの言説が政府の注意を労働市場や競争に向けさせていることである.またアトキンソン (Atkinson, 1999) も指摘していたように,たとえば再分配を行う政治的な**意志**(どの程度,政治的な意志によってソーシャルプログラム,雇用,未熟練労働者の費用削減ができるかにかかわらず) に関して,政府の姿勢や規範を変更させようとするこの言説の影響力は過小評価されるべきではない.「最低限への削減競争」がない場合でさえ,政府が注意深いアプローチをとったり,労働市場への参入にあたって個々人が負わなければならない義務が新たに強調されたりするのは,その影響力の現れである.確かに欧州委員会は,労働市場の競争性を強化するために成熟した参入の仕方が重要だと強調してきた (CEC, 1993, 1995, 2000a, 2000b). EC (CEC, 2000a) も OECD (OECD, 2000) もともに,「仕事で支払わせる」政策の重要性や,EC の表現でいえば「生産要素としての社会

政策の役割」(CEC, 2000b, p. 2) の強化を強調してきた.

少子高齢化という形態をとった人口統計上の国内的課題が世代間対立へとつながるのを危惧する議論もまた，こうした [競争重視と社会政策を結びつける] アプローチを促すのに利用されてきた (Thomson, 1991; Kotlikoff, 1992).「世代間収支」をめぐる研究から得られる結論によれば，年金についてはとりわけ，現在の社会的給付水準を維持するのは不可能であり，したがって民営化（プライバタイゼーション）も正当化され，個々人の年金のかなりの部分が自己責任に帰せられるようになるということである．それに対して，福祉国家の「構造」を描き直そうとする EU ベルギー本部の文書によれば，とりわけ大陸ヨーロッパ諸国のうちキリスト教民主主義に基づくコーポラティズム的福祉国家では，課税対象を広げるために女性雇用の促進が強調されている (Esping-Anderson *et al.*, 2001). ヨーロッパの全般的な文脈でみると，労働市場「活性化」のための政策や，「社会的投資」という保護のもとで正当化されうる，とりわけ教育や保健・医療といったサービスのための政策が競争力アジェンダによって促進されてきた．グッディン (Goodin, 2001) やギルバート (Gilbert, 2002) が観察してきたように，西ヨーロッパの福祉国家間には，「受動的な」福祉[3]よりいわゆる「能動的な」福祉の重要性，およびそこで「なしうる」政府の役割の重要性を強調するというある種の収斂傾向がみられる．

社会的供給に対するこうした [競争重視の] アプローチはサードセクター組織にとっても大きな意味をもっている．というのは，サードセクター組織は結果として，「付加価値」の提示も含めてサービス供給においてより大きな役割を果たすよう期待され，さらに雇用の提供者としての役割や「積極的なボランティア活動」を媒介とする労働市場へ橋渡しの役割を一層果たすことが期待されているからである．欧州委員会社会的経済部局（2000年に欧州委員会の組織再編がなされるまで機能していた）は，サードセクターへの企業論的アプローチを積極的に促進しようとしていた．その際，コミュニティの再生，社会サービスの供給，社会的排除に晒される人々の訓練等におい

---

3) 能動的／受動的という二分法については，Sinfield (2001) を参照．

て，ボランタリー組織は中心的なプレーヤーと位置づけられていた．この企業論的アプローチは，社会的排除と闘うという決意をもって労働と福祉の新しい関係［ワーク・ウェルフェア関係］を促進しようとの熱意をももたらすことになった．

以上述べてきた諸点を考え合わせてみると，過去10年以上にわたる欧州福祉国家の再構築が社会的結束の推進や欧州社会モデルの維持を目的としてなされてきたことがよくわかる．欧州福祉国家の再構築における政策意図はこれまでずっと社会的連帯の強化であった．これは大部分，トーフィング（Torfing, 1999）が「ワークフェア」のデンマーク版を「攻勢的な」改革戦略として描いたこと，逆にティモネン（Timonen, 2001）がフィンランドやスウェーデンの変容を「防衛的」な改革戦略として提示したことでもある．イギリスにおいてさえ，政策意図はもはや，「政府の役割を後退させる」手段として「独立セクター」（すなわち，市場とサードセクター）を奨励するところには置かれていない．むしろ，サードセクターがそれ自体でなさねばならないことは何かの見直しが進んでいる．他方では，1997年における労働党政権の成立以降，「福祉国家」の魅力が疑問視されることはなくなってきた（もっとも，1980年代を通じて90年代初頭までイギリスで掲げられてきた低賃金・低技能の生産主義的福祉国家モデルを前提としていえば，ウェルフェア・トゥ・ワークや労働市場の活性化そして社会的投資戦略は必然的に大陸ヨーロッパ諸国のそれとは実際上異なってはいるけれども）．

EU加盟諸国におけるサービスの社会的供給への「維持を目的とする変容」アプローチの根拠となったのは，経費節減政治の性格に関するピアソン（Pierson, 1994）の議論である．ピアソンは，「［一旦つくられた制度は簡単にはなくせないという］制度上の粘着性」という問題と政策のあり方が政治のあり方を生み出すという事実に議論の焦点を当てた．すなわち，政策こそがその支持者を創り出してきたのであり，たとえば年金を受給する高齢者たちは，自分たちにとって重要な政策ならばそれを守ろうといつでも立ち上がってきたのである．その結果，「経費節減」をめざす政治家たちは「非難回避」策をも探しておかなければならなかった．しかし，経費節減に責任を負う政治家たちは，政策に対する特定の支持者の自己利害だけによって積極的に活

動できるものではなかった．未知の人々に対する現金やサービスの給付である福祉はその条件をめぐる議論と常に一体であったため，福祉をめぐる議論には常にモラルの側面が伴ってきた．このモラルの側面は，福祉は荒廃であるとの先入観が根強いこともあって，英語圏諸国で最も強いものとしばしば考えられてきた．しかしスカンジナビア諸国では，モラルの側面がむしろ異なった方向での大きな推進力にもなった．ローズスタイン (Rothstein, 1998) によれば，スカンジナビア諸国における「公正な制度」の創出は平等や政府への信頼に対する高い関心を育んできたのであり，同時にそれが高い課税水準を可能とする決定的な前提条件でもあった．いずれにしても，「福祉国家改革とは大規模でなくともそもそも不評を買うものであり，モラル面での適否という根本的な定義の変更にも成功するのでなければ，中期的にも成功させることはできない」というシュミットのコメント (Shumidt, 2000, p. 231) は，政治家や一般の人々がまさに福祉の目的として理解していることに依拠して福祉国家改革がなされるということに配慮しながらも，重く受け止めなければならない．

1990年代を通じてほとんどの大陸ヨーロッパ諸国では，福祉制度の抜本的な変更ではなく経費節減を目的として，同時に社会的連帯の維持・促進を目的として福祉改革が実行されてきた．1997年以前のイギリスを別とすれば，政府に代替するオルタナティブなサービス供給者としての市場やサードセクター組織の推進を明示的な目的とはしてこなかった．歴史的にみればサードセクターは，ヨーロッパにおける行政のあり方やサービスの社会的供給にとって不可欠だと考えられてきた．したがって福祉国家の再構築は，パートナーシップという考えを再検討して再定式化することにつながっていた．そこには，サードセクターが競争力の拡大や社会的排除との闘争手段として，仕事に就く責任を奨励し活力ある福祉国家を創造するための決定力の一部になりうるという信念が伴っていた．こうした考え方に危険がないわけではない．とりわけボランタリーアソシエーションは，サービス供給の条件や雇用創出への政府の期待という点において，政府による道具主義な扱いから逃れることが難しくなるかもしれない．各国レベルでもEUレベルでも，パートナーシップという新しい言説や実践がサードセクターの周辺化という事態を

避けるのに十分な潜在力をもっているのかどうか，さらには活力ある市民社会の創造ための新しいコミットメントのあり方を促進するのにどこまで役立つのかといった点はいまだ不分明のままである．

4 新しいパートナーシップ

2000年に行われた「市民社会」と題する賢人講義において，イギリス財務相のゴードン・ブラウンは「利己的な個人主義もアソシエーションや共同の努力に対する政府の権力も拒絶しながら」(Brown, 2000, p. 6)，個人の自由を包含するものとして市民社会の像を描いてみせた．政府とサードセクターとのパートナーシップはこうして，社会的参加や倫理的国家に向かう新しいコミットメントのあり方を示す一側面として描かれた．このようなパートナーシップの基盤には，モラルを基盤とし国内的にも支持を得た「誓約 (covenant)」が据えられた．その「誓約」は「契約 (contract)」という市場原理ではなく，価値観の共有，共通の目的および相互の責任を含意するものである．しかし「ボランタリーセクターへの疑問」と題する翌年の賢人講義において，ラルフ・ダーレンドルフがパートナーシップの可能性に対して疑問を呈した．ダーレンドルフによれば，サードセクターは政府活動と結びつけられるべきではないし，政府がやり残した欠落を埋めるべきでもない．さらに，サービスのオルタナティブな供給者，それゆえに準政府組織として振る舞うべきでもない．続けてダーレンドルフは，「政府とボランタリーセクターとの抱擁は，とくに恋愛関係における弱い側つまりボランタリーセクターにとって1つの脅威なのではないだろうか．あるいは，自立性に問題が出てこないのだろうか．自立性は慈善活動の活力源であり，政治権力との浮気によってそれが抑制されることはないのだろうか」(Dahrendorf, 2001, p. 8)とも主張した．サードセクターにおけるアソシエーションの自立的——足枷がない，という意味での——活動の場へのダーレンドルフの関心は多くの人に共通するものである (Lewis, 1999)[4]．しかし，世紀転換期における「パ

---

4) しかしながら，「パートナーシップ」への親近性は近年劇的な増加を示してきた．「パートナーシップ」という用語は1989年のイギリス下院で38回使用されたのに

ートナーシップ」へのコミットメントは，各国レベルでも EU レベルでも，こうした問題への注意を顕著に払うようになってきた．パートナーシップという考えは決して新しいものではない．しかし近年では，強調すべき重要な変化を経験してきた．

イギリスでは，1997 年の労働党による文書が，「ボランタリーセクターとのコンパクト協定（Compact）の確立」を約束し，「契約文化」を「パートナーシップ文化」へと置き換えつつボランタリーセクターの自立性を保証すると宣言した．そこでは，ボランタリーセクターとのパートナーシップが「一国社会の社会的結束を達成するための労働党の中心的な政策」と位置づけられている（Labour Party, 1997, p. 1）．政府とボランタリーセクターとが交わした 1998 年コンパクト（イングランド，ウェールズ，スコットランドを対象とする）では，「ボランタリーセクターの自立性を認知して支援すること，そこには，資金調達関係がいかなるものであるかにかかわりなく，ボランタリーセクターの運動，ボランタリーセクターによる政府の政策へのコメント，およびその政策への取り組み等を法律に基づく権利とすることが含まれる」（Home Office, 1998）と明記された．

サービスの契約者にとどまらない役割をもつ存在としてボランタリー組織を認知する政府の政策は，1980 年代後半から 90 年代初頭におけるそれと比べればまさに対照的である．サードセクターの自立性の認知に加えて，全国版コンパクト（national Compacts）では，戦略的な資金調達，コンサルティングの適切な実施，パートナーシップ関係の良好な機能がサードセクターにとって必要であることに注意を払うよう約束された．サードセクター組織の側でも，高水準での資金調達や説明責任を維持し，構成メンバーや利用者，支援者に対する情報提供やコンサルティングを行って，さらに良質の実践活動を促進するよう約束した（*http://www.thecompact.org.uk/*）．

イギリスには現在，社会サービス供給を目的とするきわめて多数のローカルパートナーシップ協定がある．それらの社会サービス供給は，「失業者のためのニューディール（New Deal for the employed）」「教育活動ゾーン

対し，1998 年には 6,000 回も使用されていた（NCVO and CCS, 2001, p. 19）．

(Education Action Zones)」「保健医療活動ゾーン (Health Action Zones)」「[若者のための]ニュースタート (New Start)」「コミュニティのためのニューディール (New Deal for Community)」「地域再生のための新しいコミットメント (New Commitment to Regeneration)」「シュアスタート (Sure Start: programmes for under-fives：5歳以下の子どものためのプログラム)」に関連するものである．こうしたローカルコンパクトは2001年の段階でイングランドの3分の1をカバーしており，2004年までにはイングランドの全地方自治体でローカルコンパクトが実施される予定となっている．ボランタリー組織にとっての効果は明白であった（Balloch and Talor, 2001; Glendinning et al., 2002）．他方，社会問題解決へのアプローチとしてのパートナーシップの効果については功罪入り混じっている（たとえば，Geddes and Bennington, 2001を参照）．2001年にはフランスのコンパクト（政府とアソシエーションとの相互協力憲章）が調印された．同年，欧州委員会（EC）も「NGOとの関係」と題するディスカッションペーパーを刊行して，「市民社会の構成要素」（CEC, 2000a）としてのNGOの重要性を強調すると同時に，すでになじみのある労働組合・雇用主・政府間の「社会的対話 (social dialogue)」と並んで「市民的対話 (civic dialogue)」を推進する必要性を指摘した．この文書では，参加型民主主義を構築すること，特定市民グループの意見を代表すること，政策形成やプロジェクト運営に貢献すること，さらに将来におけるEUの拡大と統合といった諸点とかかわって，サードセクター組織の役割が認知されていた．

　ニューパブリックマネジメントへの要請や高度に細分化された説明責任を必要とする契約文化と，信頼構築に依拠する新しいパートナーシップの強調との間には根本的な緊張感も残っている．イングランドにおけるローカルコンパクトの研究では，たとえばクレイグら（Craig et al., 2002）がパートナー間の力関係が不平等であることを明らかにしてきた．彼らは力関係の不平等の観察に基づいて，ローカルコンパクトの行く末について可能性のある4つのシナリオを示唆している．すなわち，(a)ボランタリー組織がローカルレベルで行政とまさに対等のパートナーとなる，(b)ボランタリー組織が行政と「合体され」，事実上その自立性を喪失する，(c)ボランタリー組織が地

方自治体から距離を置いたところで力を得て，ボランタリーなコミュニティセクター組織へと転換する，(d)コンパクトが，さまざまな地域環境のもとでのパートナー間の交渉という複雑な課題とは無関係となる，という4つのシナリオである．ローカルコンパクトの帰結が今後どうなるかは予測が難しい．また新しいパートナーシップに伴う多くの面倒な性格は，1980年代および90年代の「契約文化」において確認されてきた諸問題ともたいへん似通っている．しかし新しいコンパクトは，非営利組織の本来の性質や目的，そして市民社会にとっての非営利組織の重要性を明示的に認識させてくれるものである．この点こそ，コンパクトがボランタリーセクターになぜ受け容れられてきたのかを説明する主要な理由である．

コンパクトはいったん同意されると，コンサルティング過程や資金調達協定をチェックするための原則を提供する潜在力をもち，行政とボランタリーセクターとのパートナーシップ改定の枠組みとして機能する（Craig, 2001）．確かに，サードセクターと行政とのパートナーシップを政治学者（たとえば，Rhodes, 1997; Geddes and Bennington, 2001）らが論じる「新しいガバナンス」の構成要素と認識することが重要である．全国レベルでいえば，イギリスのコンパクトは道具性と自立性とのバランスの矯正手段を提供するに過ぎないかもしれない．しかしその効果はローカルレベルでのそれに比べればはるかに大きい．それは，イギリスの地方政府が相対的に弱い立場にあるという理由によるのではまったくない．ローカルレベルで機能する純粋なパートナーシップにはさらなるチャンスがあり，それを活かすことが「コミュニティ・ガバナンス」へ向けての重要な転換となりうるからである．

ディーキン（Deakin, 2001）が指摘してきたように，政府・サードセクター間のパートナーシップへのコミットメントはアメリカ合衆国の企業フィランソロピーとはまったく異なっている．EU加盟諸国の福祉政治は，市民的文化の遺産，地方に基盤を置く専門家，公益といった倫理に依拠しているのである（Paterson, 2000）．

5 結　論

　ヨーロッパ諸国は社会福祉の分野から撤退してきたわけではない．というよりむしろ，規制とサービス供給の新しいパターンを採用してきたのである．サードセクター組織はこうした戦略——「第三の道」ともいいうる——にとって決定的に重要な存在である（Blair and Schröder, 1999）．新しいパートナーシップのあり方が1980年代の「契約文化」にみられた「同型化現象」（行政に代わってサービスを供給することによって，ボランタリー組織が行政の官僚制としだいに類似していくようになること）を帰結するのか，あるいは，新しいパートナーシップのあり方が社会問題に取り組む効果的な方法という点と同程度かそれ以上にガバナンスという点でどこまでこれまでとは違うものを創造できるのかについてはいまだ定かではない．サードセクターは平均以上の失業率に喘ぐ諸国ではとくに，とりわけ潜在的な雇用創出組織という点で評価されるかもしれない．それは，社会政策を「生産要因」の1つと考える欧州委員会の中心的な考え方と一致する．あるいは，サードセクターは契約メカニズムに基づくサービス供給の一層のコスト抑制手段として評価されるかもしれない．そのいずれにあっても，政府に対するオルタナティブなサービス供給者としてのサードセクターの経済的役割を強調するに過ぎなかったり，真に多元的な福祉ミックスにおける構成要素としての，さらには民主主義社会を強化する役割としての，サードセクターの地位を不幸にも掘り崩したりするものであろう．しかしながら，政府が促進しサードセクター組織も進んで受け入れるパートナーシップへの新しいコミットメントのあり方は，非営利組織の政治的・道徳的な側面を明確に認知し，その尊重を約束している．この新しいコミットメントは，もし首尾よく進展するならば，新しい市民文化の構築に貢献しうるであろう．

参考文献

Alber, J. and G. Standing (2000), 'Social dumping, catch-up, or convergence? Europe in a comparative global context', *Journal of European Social Policy*, 10

(2), 99-119.

Anheier, H. (2001), 'Dimensions of the third sector: comparative perspectives on structure and change', working paper, London School of Economics: Centre for Civil Society, London.

Atkinson, A.B. (1999), 'Is rising inequality inevitable? A critique of the transatlantic consensus', UN University World Institute for Development Economics Research Paper.

Baker, P. (1984), 'The domestication of politics: women in American political society, 1780-1920', *American Historical Review*, LXXXIX (June), 620-47.

Balloch, S. and M. Taylor (eds) (2001), *Partnership Working*, Bristol: Policy Press.

Bellah, R., R. Madsen, W. Sullivan, A. Swidler and S.M. Tipton (1985), *Habits of the Heart: Middle America Observed*, Berkeley: University of California Press.

Beveridge, W. (1948), *Voluntary Action. A Report on Methods of Social Advance*, London: Allen and Unwin.

Blair, T. and G. Schröder (1999), *Europe: The Third Way - die Neue Mitte*, London: Labour Party and SPD.

Brown, G. (2000), 'Civic society in modern Britain', Arnold Goodman Charity Lecture, 20 July.

Burchardt, T., J. Hills and C. Propper (1999), *Private Welfare and Public Policy*, York: Joseph Rowntree Foundation.

Cabinet Office Performance and Innovation Unit (2002), 'Social Capital: A Discussion Paper', April (http://www.cabinet-office.gov.uk/innovation/2001/futures/attachments/socialcapital.pdf).

Castles, F. (2001), 'The dog that didn't bark: economic development and the postwar welfare state', in S. Leibfried (ed.), *Welfare State Futures*, Cambridge: Cambridge University Press.

Coleman, J.S. (1988), 'Social capital in the creation of human capital', *American Journal of Sociology*, 94 (Suppl.), 95-120.

Commission of the European Communities (CEC) (1993), *Growth, Competitiveness and Employment - The Challenges and Ways Forward into the 21st Century*, Luxembourg: CEC.

Commission of the European Communities (CEC) (1995), *Equal Opportunities for Women and Men - Follow-up to the White Paper on Growth, Competitiveness and Employment*, Brussels: DGV.

Commission of the European Communities (CEC) (2000a), *Report on Social Protection in Europe 1999*, Com (2000) 163 final, Brussels: CEC.

Commission of the European Communities (CEC) (2000b), *Communication from the Commission to the Council, the European Parliament, the Economic and Social Committee and the Committee of the Regions: Social Policy Agenda*,

Brussels: CEC.
Craig, G. (2001), *Evaluating the Significance of Local Compacts*, York: Joseph Rowntree Foundation.
Craig, G., M. Taylor, M. Wilkinson and K. Bloor, with S. Monro and A. Syed (2002), *Contract or Trust? The Role of Compacts in Local Governance*, Bristol: Policy Press.
Crouch, C. (1999), *Social Changer in Western Europe*, Oxford: Oxford University Press.
Dahrendorf, R. (2001), 'Challenges to the voluntary sector', Arnold Goodman Charity Lecture, July.
Deakin, N. (2001), *In Search of Civil Society*, Basingstoke: Palgrave.
EC (2000), 'The Commission and non-governmental organisations: building a stronger partnership', Discussion Paper, EC, Brussels.
Esping-Andersen, G. (1990), *The Three Worlds of Welfare Capitalism*, Cambridge: Polity Press.
Esping-Andersen, G. (1999), *Social Foundations of Post-Industrial Economies*, Oxford: Oxford University Press.
Esping-Andersen, G., D. Gallie, A. Hemerijck and J. Myles (2001), *A New Welfare Architecture for Europe? Report to the Belgian Presidency of the EU*, Brussels: CEC.
Evers, A. and I. Svetlik (eds) (1993), *Balancing Pluralism. New Welfare Mixes in Care for the Elderly*, Avebury: Aldershot.
Ferrera, M. and M. Rhodes (eds) (2000), *Recasting European Welfare States*, London: Frank Cass.
Fukuyama, F. (1999), *The Great Disruption: Human Nature and the Reconstitution of Social Order*, London: Profile Books.
Geddes, M. and J. Bennington (eds) (2001), *Local Partnerships and Social Exclusion in the EU*, London: Routledge.
Giddens, A. (1999), 'The role of the voluntary sector in the third way', Arnold Goodman Charity Lecture, 15 June.
Gilbert, N. (2002), *The Silent Surrender of Public Responsibility*, Oxford: Oxford University Press.
Glendinning, C., M. Powell and K. Rummery (eds) (2002), *Partnerships, New Labour and the Governance of Welfare*, Bristol: Policy Press.
Glennerster, H. and J. Hills (eds) (1998), *The State of Welfare*, Oxford: Oxford University Press.
Goodin, R.E. (2001), 'Work and welfare: towards a post-productivist welfare regime', *British Journal of Political Science*, 31, 13–39.
Hall, P.A. (1993), 'Policy paradigms, social learning and the state: the case of economic policy-making in Britain', *Comparative Politics*, 25 (3), 275–96.

Hall, P.A. (1999), 'Social capital in Britain', *British Journal of Political Science*, 29 (3), 417-61.
Hansmann, H. (1987), 'Economic theories of non profit organisations', in W.W. Powell (ed.), *The Non-Profit Sector. A Research Handbook*, New Haven: Yale University Press.
Harris, J. (1990), 'Society and the state in twentieth century Britain', in F.M.L. Thompson (ed.), *The Cambridge Social History of Britain 1750-1950*, vol. 3, Cambridge: Cambridge University Press.
Hills, J. (ed.) (1990), *The State of Welfare*, Oxford: Oxford University Press.
Hills, J. (1995), *Income and Wealth*, vols 1 and 2, York: Joseph Rowntree Foundation.
Home Office (1998), *Getting it Right Together: Compact on Relations between Government and the Voluntary and Community Sector in England*, Cmnd 4100, London: The Stationery Office.
Johnson, N. (1998), *Mixed Economies of Welfare: A Comparative Perspective*, London: Prentice-Hall Europe.
Kendall, J. and M. Knapp (2000), 'The third sector and welfare state modernisation: inputs, activities and comparative performance', working paper 14, London School of Economics, Centre for Civil Society.
Kotlikoff, L. (1992), *Generational Accounting. Knowing Who Pays, and When, for What We Spend*, New York: Free Press.
Koven, S. and S. Michel (eds) (1993), *Mothers of a New World. Maternalist Politics and the Origins of Welfare States*, London and New York: Routledge.
Kramer, R. (1981), *Voluntary Agencies in the Welfare State*, Berkeley: UCLA Press.
Kuhnle, S. and P. Selle (1992), 'Government and voluntary organisations - a relational perspective', in S. Kuhnle and P. Selle (eds), *Government and Voluntary Organisations*, Aldershot: Avebury.
Labour Party (1997), *Building the Future Together: Labour's Policies for Partnership between Government and the Voluntary Sector*, London: Labour Party.
Levi, M. (1998), 'A state of trust', in V. Braithwaite and M. Levi (eds), *Trust and Governance*, New York: Russell Sage Foundation.
Lewis, J. (1992), 'Gender and the development of welfare regimes', *Journal of European Social Policy*, 3, 159-73.
Lewis, J. (1995), *The Voluntary Sector, the State and Social Work in Britain*, Aldershot, UK and Brookfield, US: Edward Elgar.
Lewis, J. (1996), 'The boundary between voluntary and statutory social service in the late nineteenth and early twentieth centuries', *The Historical Journal*, 39 (1), 155-77.
Lewis, J. (1999), 'Reviewing the relationship between the voluntary sector and the

state in Britain in the 1990s', *Voluntas*, 10 (3), 255-70.
Lindsay, A.D. (1945), 'Conclusion', in A.F.C. Bourdillon (ed.), *Voluntary Social Services. Their Place in the Modern State*, London: Methuen.
Myles, J. and J. Quadagno (2002), 'Political theories of the welfare state', *Social Service Review*, (March), 34-57.
NCVO and CCS (2001), *Research Quarterly*, no. 11, December.
OECD (2000), *Economic Studies*, no 31, 2000/2, Paris: OECD.
OECD (2001), *The Well-being of Nations: The Role of Social and Human Capital*, Paris: OECD.
Olavsky, M. (1992), *The Tragedy of American Compassion*, Washington, DC: Regnery Pubs.
Orloff, A. (1993), 'Gender and the social rights of citizenship. State policies and gender relations in comparative research', *American Sociological Review*, 58 (3), 303-28.
Paterson, L. (2000), 'Civil society and democratic renewal', in S. Baron, J. Field and T. Schuller (eds), *Social Capital: Critical Perspectives*, Oxford: Oxford University Press.
Pierson, P. (1994), *Dismantling the Welfare State? Reagan, Thatcher and the Politics of Retrenchment*, Cambridge: Cambridge University Press.
Pierson, P. (ed.) (2001), *The New Politics of the Welfare State*, Oxford: Oxford University Press.
Prime, D., M. Zimmeck and A. Zurawan (2002), *Active Communities: Initial Findings from the 2001 Home Office Citizenship Survey*, London: Home Office.
Putnam, R.D. (1993), *Making Democracy Work: Civic Traditions in Modern Italy*, Princeton: Princeton University Press.
Putnam, R.D. (2000), *Bowling Alone: The Collapse and Revival of American Community*, New York: Simon and Schuster.
Rhodes, R. (1997), *Understanding Governance*, Buckingham: Open University Press.
Rothstein, B. (1998), *Just Institutions Matter. The Moral and Political Logic of the Universal Welfare State*, Cambridge: Cambridge University Press.
Rothstein, B. (2002), 'Sweden: Social capital and the social democratic state', in R. D. Putnam (ed.), *Democracies in Flux: The Evolution of Social Capital in Contemporary Society*, Oxford: Oxford University Press.
Salamon, L. (1987), 'Partners in public service: The scope and theory of government-nonprofit relations', in W.W. Powell (ed.), *The Non-Profit Sector. A Research Handbook*, New Haven: Yale University Press.
Salamon, L. and H. Anheier (1998), 'The social origins of civil society: Explaining the nonprofit sector cross-nationally', *Voluntas*, 9, 213-48.
Sandel, M. (1996), *Democracy's Discontents: America in Search of a Public Philoso-*

phy, Cambridge, Mass: Harvard University Press.
Scharpf, F.W. and V.A. Schmidt (eds) (2000), *Welfare and Work in the Open Economy*, vols I and II, Oxford: Oxford University Press.
Schmidt, V.A. (2000), 'Values and discourses in the politics of adjustment', in F. W. Scharpf and V.A. Schmidt (eds), *Welfare and Work in the Open Economy*, vol. I, *From Vulnerability to Competitiveness*, Oxford: Oxford University Press.
Sinfield, A. (2001), 'Managing social security for what?, in D. Pieters (ed.), *Confidence and Changes: Managing Social Protection in the New Millennium*, Amsterdam: Kluwer Academic.
Skocpol, T. (1992), *Protecting Soldiers and Mothers. The Political Origins of Social Policy in the United States*, Cambridge, Mass: Harvard University Press.
Skocpol, T. (1996), 'Unravelling from above', *American Prospect*, 25, 20–25.
Stephens, J.D., E. Huber and L. Ray (1999), 'The welfare state in hard times', in H. Kitscheldt, P. Lange, G. Marks and J.D. Stephens (eds), *Continuity and Change in Contemporaty Capitalism*, Cambridge: Cambridge University Press.
Stolle, D. and J. Lewis (2002), 'Social capital – an emerging concept', in B. Hobson, J. Lewis and B. Siim (eds), *Contested Concepts in Gender and Social Politics*, Cheltenham, UK and Northampton, MA, USA: Edward Elgar.
Stolle, D. and R. Rochon (1998), 'Are all associations alike? Member diversity, associational type and the creation of social capital', *American Behavioral Scientist*, 42 (1), 47–65.
Tarrow, S. (1996), 'Making social science work across space and time: A critical reflection on Robert Putnam's *Making Democracy Work*', *American Political Science Review*, 90, 389–97.
Thane, P. (1990), 'Government and society in England and Wales, 1750–1914', in F. M.L. Thompson (ed.), *The Cambridge Social History of Britain, 1750–1950*, vol. 3, Cambridge: Cambridge University Press.
Thomson, D. (1991), *Selfish Generations? How Welfare States Grow Old*, Wellington: Bridget Williams Books.
Timonen, V. (2001), 'In defence of the welfare state: Social policy restructuring in Finland and Sweden in the 1990s', unpublished D. Phil thesis, University of Oxford.
Titmuss, R.M. (1974), *Social Policy*, London: Allen and Unwin.
Torfing, J. (1999), 'Workfare with welfare: Recent reforms of the Danish welfare state', *Journal of European Social Policy*, 9 (1), 5–28.
Ware, A. (1989), *Between Profit and State. Intermediate Organisations in Britain and the US*, Cambridge: Polity Press.
Weisbrod, B.A. (1988), *The Nonprofit Economy*, Cambridge, Mass: Harvard University Press.
Wolfe, A. (1989), *Whose Keeper? Social Science and Moral Obligation*, Berkeley:

University of California Press.

9
EUの政策プログラムとサードシステム

ピーター・ロイド

1 序　論

　サードシステムというアイディアに対する政策コミュニティの関心に点火する火種の1つとなったのが，あまり知られてはいないけれども，1998年に提出された欧州委員会の内部文書（後に第5総局として知られるようになった部署による文書）であった．『サードシステムと雇用——1つの意見 (*The Third System and Employment - A Reflection*)』（おそらく最初は，「サードシステム」という呼称は学問的な，というより実務上の呼称として流布されていた）というタイトルのこの文書には，以下のような宣言が盛り込まれていた．

> 社会的経済および，市場によっては充足されないニーズを解決する諸活動は，ローカルレベルにおける経済的・社会的発展にとってとりわけ重要な新しい意味での企業家活動 (new sense of entrepreneurship) の発展をもたらすことができる．この意味での企業家活動は利潤の獲得を求めず，むしろ社会的に有用な活動や雇用の促進を求める人々の熱望や価値観により親和的である．このような形態をとった企業家活動には，社会的結束と経済的なローカルパフォーマ（ママ）ンスを奨励する有効な役割がある (CEC, 1998d, p. 4)．

　この宣言は，さまざまな熱望や価値観と結びつきながら経済的・社会的発展に貢献しうるオルタナティブな企業形態が存在しており，こうした熱望や

9 EU の政策プログラムとサードシステム　　　　255

価値観がいわゆる「サードシステム」と呼ばれるものと結びついているという考えを導入するものであった．欧州委員会の内外で，サードシステムをどう定義するか，またサードシステムは1つの政策手段としてどの程度有効かをめぐって一連の包括的な論争が起こり始めたのは，［熱望や価値観をベースとする企業形態とサードシステムとの結びつきという］上述のような「意見」やヨーロッパ議会におけるイタリア主導の議論に依拠してのことであった．以下に述べることは，いくつかの論争やEUのサードシステムプログラムへ参加してきた筆者の経験に基づく，それ自体1つの「意見」である．本章では，ある特有の文脈，すなわち，サードシステムという概念がEUの政策ポートフォリオの展開においてどのように登場してきたのかを概観するところから出発する．その作業を通じて，サードシステムという概念それ自体の性格を確認し，サードシステムを政策のメインストリームへと取り入れる**現実的な政策**を探求する．ここで基本的に取り上げる議論は，［第1に］ヨーロッパの政策論争の中心でサードシステムが一時的には順調に扱われてきたこと，［第2に］しかしミクロ政策というよりマクロ政策のメインストリームにおいては，サードシステムが全般的に採用される可能性はいまのところほとんどないこと，である．

　本章では，これまでEUで議論が交わされてきたサードシステムに関する以下の諸点を提示する．すなわち，(a)合意可能なサードシステムの定義をめぐる論争，(b)それぞれ独自のアジェンダと結びつけるために政策展開の進行へ影響を行使しようとするさまざまな観点があり，観点の違いによる利害に競合があること，(c)地方での雇用を創出するための活動手段が数多くあるなかで，サードシステムを中心的手段とみなす解決策，という3点である．本章の最後では，構造基金プログラム（2000-06年）の現行規則やいくつかの特別なパイロットアクションのなかにサードシステムの確かな足跡を見出すことは可能だとしても，政策役割の最も狭義の定義を超えたところでサードシステムが位置づけられるべきだとするような，サードシステムにとっての現実的な基盤はいまだ形成されているわけではないことを検討する．

2 社会的結束を伴う競争力：政策プラットホーム

　後の議論の文脈を明確にするために，経済発展に対するEUのアプローチについて手短であれ説明が必要だろう．EUのアプローチは，社会的結束を伴う競争力の追求が必要であることをその出発点に位置づけている．ここでは，社会的結束は競争力と同等の目標であり，競争力より後回しにされることはない．EUのアプローチは，グローバル競争で通用する競争力を確実にすることと並行して，社会的包摂への道筋の提供をめざしてデザインされたモデルである（CEC, 1994a, 1994b）．このアプローチが成功かどうかは，経済進歩の指標や雇用創出の実績によって判断される．このアプローチに従って，EUの反貧困・反社会的排除をめざす全般的な政策もまた，雇用促進と労働市場への再統合を軸に転回するようになってきた[1]．実際にも，1997年の欧州委員会報告書『アジェンダ2000』は，経済的・社会的統合を促進する第1の方法が構造基金による，雇用創出戦略や社会的に排除された人々の労働市場への編入戦略にあると宣言した．社会的目的と経済的目的との同時追求が可能であり，社会的目的の追求も事業を手段とすることで可能となるというEUの考えは，サードシステムにとって，実験と政策形成のための潜在的に豊かな活動分野を提供してくれるものである．

　サードシステムアプローチのためのプラットホームは，過去10年以上にわたるEU 15カ国での手に負えないほどの失業規模によっても，また2004年までに予定されている新たな10カ国——1人当たりGDPが低く高失業率に喘ぐ諸国——の加盟から生じる圧力によっても影響を受ける．確かに，雇用創出の新しい芽や社会的に排除された人々の労働市場への編入を提起する新しいアプローチは，それが何であれ積極的に考慮される必要があるだろう．より正確にいえば，現行（2000-06年）構造基金プログラムのための諸政策が実施されてきた期間に，それが依拠する雇用牽引モデルが直面した問題は1600万人に及ぶ失業者の存在であり，高成長を遂げた年であっても就

---

[1] 1994年の第4次反貧困プログラムに続くもの．

業希望者を雇用へと結びつけることの困難性であった．経済的グローバリゼーションという条件下での競争上の成功がより高い生産性を必要とし，逆に多くのセクターでの雇用については生産性より緩やかにしか増大しないという点を考慮するならば，課題は明らかに深刻であった．新しい加盟諸国が増えるたびに，雇用創出／労働市場編入モデルに対する関心が一層高まっていくというのが常であった．それは，加盟国の増加がEU全体の失業を直ちに悪化させ，既存地域への構造基金援助の現行割り当てを新しい加盟国をも含めて見直すという事態をもたらすからである．雇用問題が1990年代後半の国際会議やサミットにおいて中心議題となったり，アムステルダム条約に明確に盛り込まれたりしたことは少しも不思議なことではなかった（CEC, 1998a）．

アムステルダム条約に従って，失業や社会的排除に対する最新の政策サイクルの期間におけるEUの対応は以下の3つの主要なレベルで機能するようデザインされた．すなわち，

- マクロ経済レベル．ここでは，欧州単一市場や欧州通貨同盟（EMU）によってグローバル競争で通用する競争力の強化を生み出すためのプラットホームを提供し，新規開業と事業拡大につれて創出されるはずの雇用によってEUのマーケットシェアを高める．
- 構造調整レベル．ここでは，雇用可能性［雇用に結びつく可能性，エンプロイアビリティ］，適応性，企業家活動および機会均等（Employment Guidelines 雇用ガイドライン，CEC, 1998b）のためのサプライサイドの諸手段を，柔軟性や全般的な労働力の質を引き上げるための「国内行動計画（National Action Plan）」と結びつける．
- 地域レベル．ここでは，「地方開発と雇用イニシアティブ（Local Development and Employment Initiative）」（CEC, 1995, 1996, 1998c）や「地域雇用協定（Territorial Employment Pacts）」（CEC, 2000a）を通じて雇用の新しい芽に十分に資金を回す新しいアプローチによって構造基金を強化し，それを通じて地域開発に焦点を当てる．

ごく最近になって，EMUがユーロ圏12カ国の創出によってその絶頂に向かうにつれて，市場の一層の開放で悪化すると予想される地域的・社会的な不平等を監視しようとの関心もしだいに大きくなってきた．この点で，最小の公共支出で雇用の新しい芽を創出するという奇跡——失業を吸収し，しかも解雇や不公正な競争という問題を引き起こすことなく，民間企業がグローバル競争で通用する競争力のための推進力に焦点を当てるのに有効な奇跡——を達成できるような何らかの新しい政策手段が探求されるようになってきた．オーソドックスな解決法が中小企業の全般的な拡大に大きく依拠しているとみられているけれども，「見果てぬ夢」のための政策手段の探求というごく最近の政策表明はサードセクターにおいても大きな関心事となってきた．とりわけ，「利潤を追求しない組織」，社会的経済組織，あるいはサードセクター組織（TSO）と呼称される活動領域のポテンシャルが特別の関心を集めるようになってきている．これらはすべて，とりわけローカルレベルで，新しい，より経済的な多元主義への門戸開放のためのパートナーシップの新しい諸形態を創設するという目的をもって，EUレベルでの全般的な動きのなかで，そして多くの加盟諸国のなかで起こっていることである．

3　サードシステム：呼称と定義

総称的な呼称としてのサードシステム

サードシステムや社会的経済を政策のメインストリームに取り入れようとする試みのなかで，その性格が最も興味深く，しかし理解するのが最も難しいことの1つが定義や呼称——諸活動の全般的なポートフォリオがある呼称のもとに置かれる場合，どのような呼称が簡潔で受け入れられ易いのかという問題——をめぐる論争であった．とはいえ，サードシステムや社会的経済アプローチを構成する個々の組織——社会的コミュニティ企業，協同組合，コミュニティ開発金融機関（CDFI），労働市場統合企業［社会的排除に晒される人々を労働市場へ統合する企業］（労働編入企業），媒介労働市場組織（ILM），クレジットユニオン等々——も比較的よく理解されるようになって，

多くの EU 加盟諸国における国内政策ポートフォリオの構成部分として登場するようになっている。しかしまだ，これらの組織の諸活動やこれらに類似する諸活動を包含し，1つのスローガンのもとに集約する総称的・包括的な呼称があるわけではない。本章ではこれ以降，民間営利セクターにも政府セクターにも帰属せず，しかし現代経済におけるある種第三の構成要素を代表する諸活動を括るための包括的なエンブレム（フォーマルに定義されたカテゴリーではないとしても）としての1つの総称的な呼称――サードシステム――の生成と衰退（少なくとも一時的には）について取り上げる。サードシステムという呼称には，あまりに限定的であるような定義にこだわらないという点で，柔軟で包括的に諸活動を括ることができるという利点がある。1つのスローガンとしてのサードシステムにはもちろん，**あまりに包括的であまりに柔軟に過ぎるとみなされてしまうかもしれないという弱点もある**。

相互に連結している諸定義：サードシステム・社会的企業・社会的経済

本書において他の著者たちもすでに述べているように，サードシステム (CEC, 1998d) は，（利潤分配を第一義とする）民間営利企業と経済の公共・政府セクターとの中間に位置づけられる。サードシステムは公式的にはそのどちらでもないけれども，経済的目的と社会的目的との結合に明確に焦点を据えるというそれ自身の内的な規範をもっている。しかしながらサードシステムは，サードシステム内部からだけではなく，他の2つのセクターと密接にかかわる過程からも自らの使命を実現するための多くの力を引き出すことができる。社会的目的を第一義に掲げる組織が公共セクターや民間セクターとのかかわりを通じて利益を得る場合，1つのアイディアとしてのサードシステムが他から識別されたり使命実現のための力を得たりするのは（いわば，社会的経済とは対照的である），こうした開放性ゆえである。取引事業方法やオルタナティブな価値体系による組み合わせと同様に，パートナーシップ，ステークホールディング，ジョイントベンチャリングの複雑な組み合わせを通じて，会社と社会的組織との両方向で，ハイブリッド化への可能性に道が開かれている[2]。しかし残念ながら，すべてのハイブリッド組織が

そうであるように，サードシステムにも成り立ちにどこかはっきりしないところがある．この曖昧さのために，進んで支持しようとする強い声を聞き損なったり，逆に，いつでも忌憚なく強くものを言う人々やサードシステムとは何かを**正確**に知りたがる人々からの批判に安易に応えようとしてしまったりすることがある[3]．

われわれも以前指摘したように，サードシステムの鍵をなす構成要素の明確化によって，サードシステムというアイディアを擁護することは決して難しいことではない．サードシステムの「基盤的な分子」は**社会的企業**である（また，社会的企業を支持しようとする積極的な声も高まりつつある）．社会的企業は，実にさまざまなハイブリッドの形態や新しい種類の現象の創出を目的とする，別種の「分子」（民間企業，公共機関，ローカルパートナーシップ，慈善団体等々）との結合物として描くことができるだろう．そして，さまざまなハイブリッドの形態や新しい現象とは，市場の失敗に取り組むための雇用や機会の探求に対して，より広い意味での社会的価値を付与するものである．これこそが，サードシステムアプローチの本質をなしている．

ラヴィルとニッセンズ（Laville and Nyssens, 2001）によれば，最も広義の社会的企業は以下のように定義される．すなわち，社会的企業とは「より広範なサービスとコミュニティに対するさらなる開放性の提供をめざして市民グループが運営する企業であり，自立性と経済的なリスクの引き受けを重視する企業」である．またエバース（Evers, 2001）は，彼の主張する**市民資本**を通じて社会的企業がなしうる広い意味での社会的貢献を明らかにしている．市民資本とは「信頼と民主化」に貢献する１つの資源であり，社会的企業はそれを，自らのコミュニティのなかで創出することも可能であるし，自らの内部に秘めた財産としてコミュニティに提供することも可能である．この市民資本に依拠するならば，以下のように考えることができるだろう．すなわち，サードシステムは社会的企業の諸形態を絶えず進化させることに

---

2) ハイブリッド化は，Peck and Tickell（1995）が「制度的な発見」過程として描き出したことの１つの特徴的な要素とみなすことができる．
3) この点で，「第三の道」というアンソニー・ギデンズのアイディア（Giddens, 1998）についても同様の悩みが伴う．

よって，人々に力を与えつつ人々を統合し，取引コストを縮減するために信頼を活用し，さらには人々の善意や費用のかからないボランティアの労働を動員する条件を生み出すといったポテンシャルをもっている，と．結局のところ，社会的企業の有する特別の財産とは，「サービスをコミュニティへと統合する互酬関係を通じて」（Laville and Nyssens, 2001）社会的関係資本（ソーシャルキャピタル）を動員するその能力にある．同時に，もし社会的企業のいくつかが市場の失敗に対応して質の高いローカルサービスを供給することができ，しかも雇用の新しい源泉を創出できるのならば，そのときにはおそらく社会的企業に対する現在の関心も完全に失われることはないであろう．

　繰り返しになるものの，概念としてのサードシステム――サードシステムを明確なものとみることを正当化するために，ラヴィルとニッセンズ（Laville and Nyssens, 2001）が「社会的企業の新しい原動力」と呼ぶものに依拠している――に込められているのは開放性と流動性である．そこでは**サードシステム**は，動態的な過程あるいは運動中の過程と考えることができる．サードシステムの中核には，これまでとは異なる新興の経済，すなわち，その活動主体，価値観，最終的な目標が通常いわれるオーソドックスなものとは異なった**社会的経済**が位置づけられる．境界面では，サードシステムは民間営利セクターや政府セクターとも接触する．対照的に，サード**セクター**は構造的／政治的な実体である．そこでは，セクターとしての境界をどう画定するか，サードセクターの正統なメンバー資格は何か，既存の権力構造との関係でどう位置づけられるか等々が問題とされる．サードセクターの中核的な活動主体がサードシステムを特徴づける特有の価値のほとんどを主張することは疑いない．とはいえ，サード**セクター**に加えて，サード**システム**というアイディアを十分に理解することはより多くのものをもたらす．サードシステムというアイディアは新しい原動力，開放性，ハイブリッド化といった点への議論の集中，そして議論の終結ではなく絶えざる議論の変化を許容するものであり，さらに，「どのような活動主体がシステムの内部にあり，どのような活動主体が外部にあるのか」，「利潤を目的としないということで十分なのか」，「連帯という純粋なエートスは必ず必要なのか」といった疑問

にも言及しながらサードシステムの境界を画定しようとの議論をも許容するものである．これらはすべて疑いもなく，きわめて重要で興味深い問題である．そして，サードシステムがどのような行程を辿って実際に展開してきたのかについていえば，サードシステムを創出する機会のあり方が国ごとに異なっているため，その行程も国ごとにさまざまな形をとってきた．続いて本章では，「動態的な過程」としてのサードシステムの登場という現実に直面して，EU がその政策枠組みのなかでサードシステムをどう理解し，どう活用しようとしてきたのかについて検討する．

競争的な領域としてのサードシステム

（すでに述べてきたとおり，たとえ，規範的に定義されうるとしても）定義が明確であるということによって，サードシステムが実際に位置づけられる競争的な領域について現実的なヒントが得られるわけではない．しかしながら定義をめぐる議論は，サードシステムにかかわるヨーロッパの政策がどのように登場してきたのかを理解するためにはきわめて重要である．最も基礎的なレベルでいえば，サードシステム論には，イデオロギー的ルーツに深く根を下ろす社会運動や政治運動をめぐる過度の議論（互恵主義および協同行動対株式投資および私的利潤）を引き起こしやすい傾向がある．これらの問題をどうみるかが政治的潮流の左から右までを横断して鋭い対立を喚起するという事実，さらに，国ごとの歴史的な経験の違いが異なった教訓を提供するという事実をみれば，ヨーロッパの議論のなかでサードシステムがどのように取り上げられてきたのか，その取り上げられ方にも重要な背景があったことがわかる．たとえば，新自由主義的政治経済学への根本的な批判に焦点を当てたものなのか，あるいは，既存秩序には何の課題も突きつけないような「制度的な発見」としてのもう1つの政策表明なのか，といった具合である．たとえばイタリア，スペイン，フランスでは，サードシステムを連帯志向の左傾化したアプローチとして容易に認識する傾向がある．それに対してイギリスでは対照的に，サードシステム（呼称としてのサードシステムが認知されているわけではないものの）がアメリカ合衆国型の「営利を目的と

しない組織」モデルにしだいに類似していくものとされる傾向がある．

　サードシステム論は，サードシステムが既存サードセクターとどう関係するのか（あるいは，どう区別されるのか）という上述の点ともかかわるような，平凡ではあるが敏感な問題ともぶつかる．EUの文脈でサードセクターを観察する1つの方法は，たとえば，境界の区切られた**政治的な**空間として，すなわち，正統なメンバー資格を主張し，自らを中心的な実体とみなす組織や機関によって占められる空間としてサードセクターを把握する方法である．この観点からすれば，サードセクターは，確立された地位を有する**まさに1つのセクター**として自らをみなしている．これは，ヨーロッパの諸制度に対するサードセクターメンバーの見方を代表するものである（EUとの関係でサードセクター組織のいわゆる「プラットホーム」という論争的な問題に関する議論については，Geyer, 2001を参照）．対照的に，サード**システム**はメンバー資格を問う実体ではなく，もっと開放的で動態的で非排他的なシステムである．それは，多孔性に価値を置き，サードセクター内外における柔軟な協調関係を促進するシステムである．民間セクターを取り上げる際のこの種の「混乱」はしかし，影響力を行使しようとする過程で1つの地位を確立するために既存サードセクターが成し遂げた闘争に異議を唱えたり，少なくともその闘争を弱化させたりするものとして，各方面でしばしば見出されるものである．政策文書に頻出する「サードセクターとサードシステム」の安易な併記はしたがって，ヨーロッパの**現実政策**の世界にも不本意ながら表れているかもしれない．

　とはいえ積極的な観点からすれば，1つのアイディアとしてのサードシステムの固有の価値は，サードシステムが経済／雇用の分野にも，ガバナンス，市民社会および社会正義といったより広範な領域にもまたがることができるというその可能性にまさに由来するものである．すなわち，サードシステムは雇用クリエーターあるいはサービス生産者としての**手段的な重要性**だけではなく，結束や良好なガバナンスを育む非搾取的で社会志向的な手段としての**イデオロギー的な重み**をももたらすことができるという可能性である．サードシステムの強みをなすこうした源泉はまた，サードシステムの深刻な弱みにもなりうる．というのは，サードシステムが2つの面で自己防御をしば

しば余儀なくされる可能性があるからである．[第1に] たとえ，サードシステムが手段としてのレベルで機能し，社会的に排除される人々のための雇用の新しい源泉を実際に創出できるのだとしても，それでもなお，より全面的なオルタナティブモデルを主張するようなラディカルな志向をどれほどもっているのかについて，既存の利害関係者から疑念を抱かれるかもしれない．この点については，新自由主義的正統派に何らの課題も突きつけないようなアメリカ型「利潤を目的としない組織」モデルと，連帯志向の政治的立場をより強固に保持するヨーロッパ型モデルとの間でなされた議論のなかでも大きな反響を呼んだ（Salamon and Anheier, 1996）．しかしながら，より開かれたサードシステムの見方からすれば，アメリカ型「利潤を目的としない組織」モデルをヨーロッパ型モデルに合体させることは（イデオロギー的にではなく，少なくとも手段としてのレベルでは）解決しがたいほど難しいことではない．サードシステムを広義にとらえるならば，（「市場志向の価値を重視する」）アメリカ型モデルを古典的なハイブリッド型組織とみることもできるだろう．古典的なハイブリッド型組織は，アメリカ的新自由主義型モデルのなかに埋め込まれ，アメリカ的新自由主義型モデルに決して異議をとなえることがないという点ではヨーロッパモデルとさしあたり区別される．しかしながら，よりイデオロギー的にいえば，それぞれの置かれる立場によって，アメリカ型「利潤を目的としない組織」モデルとヨーロッパ型社会的経済モデルとの間の区別も明確にされるだろう．

[第2に] ここには少なくとも，議論を活性化する余地がある．この議論は，いくつかの国で，不公正な競争とみなされるようなことを通じて社会的企業という企業形態を奨励するために政府補助金が使用されているのではないかと民間営利セクターが疑っている場合には，とりわけ激烈になる．ソーシャルパートナー／労働組合でさえ，サードシステムの主張のいくつかの側面について，これまで自分たちが保持してきたものに異議を唱えるものだと考えている．労働組合は，とりわけ自らにとって脅威と感じるような場合には，相対的に安定した公共セクターでの組合員の雇用がサードシステムを出自とする「[労働市場への] 統合型企業」に割り当てられてしまうのではないかという点に関心をもつようになる．そしてそこでは，雇用の質や労働条件

が掘り崩されてしまうのではないかといった懸念を抱くようになる．

　その場合，サードシステムをめぐる定義と位置づけは単に技術的な，あるいは分類学的な問題ではない．サードシステムの定義と位置づけは，多くのレベルで明らかに**政治的**な側面をもっている．サードセクターが，機能的には公共セクターや民間営利セクターとは区別されつつ，まさにもう１つのセクターとして「分類された存在」とされる可能性をもっているのに対し，サードシステムは定義上，はるかにスリッピーな概念である．他とは異なる価値体系をもち他とは異なる動機で機能する組織や会社を擁するのは，潜在的には，別種の経済すなわち社会的経済という運動である．社会的経済においては，労働者や消費者との関係が信頼という原則に依拠しており，民間会社を自らの領域に引き込んで自らの価値観を共有してもらおうとのオープンな試みもある．

複雑性の問題

　政治やイデオロギーにかかわりなく，EUの政策におけるサードシステムのためにはっきりと明確に定義された実例をつくり出そうとする人々にとって——地方の開発や雇用のための手段以上のものとして定義しようとすることさえある——，問題はその複雑性である．サードシステムを操作して，サードシステムとは何であるのか，サードシステムに帰属する主体は何か，サードシステムが貢献として付け加えるべき価値は何かといったことを具体的に明示することはきわめて難しい．サードシステムに帰属する組織というレンズを通して見てみると，観察者は，理解しがたい複雑な様相に出くわすことになる．サードシステム組織を法人形態に基づいて定義することによって，その複雑な様相を単純化することもほとんどできない．サードシステムの諸組織には，慈善団体，財団，信託，共済団体，非営利会社，会員協同組合や生産者協同組合（これは，各方面での議論の対象とされているけれども——Defourny and Monzon Campos, 1992; CIRIEC, 1999）が含まれうるだろう．さらに複雑さに拍車をかけているのは，これら諸組織に特有の法人形態が国によって非常にさまざまなかたちをとりうることである（Granger, 1999を

参照）．さらに加えて，サードセクターの既存メンバーだけではなく，しだいに増加しつつある，組織としての足場を手に入れようとする新興諸団体によってもサードシステムは開拓されている．ミクロレベルでは，法人格のないローカルアソシエーションや公費助成プロジェクトでさえ，サードシステムの正統なメンバーとなりうる（この点については，意見の相違がみられるものの）．

　以上すべてのことをみれば，構成メンバーの法人形態に基づいてサードシステムを定義しようとする，より機能主義的な試みさえ，学問的な激しい議論の対象となってしまうことがわかる．定義を完全なものとして明確にすることは難しい課題であり続けるであろうし，また，定義の明確化にあまりにとらわれれば，1つの政策手段としてサードシステムの実例を前進させようとEU内部で努力している推進者たちを置き去りにしてしまうであろう．それでもやはり，われわれも指摘し続けているように，サードシステムの構成要素（そのように認識されているか否かは別として）は，それが登場してくるにつれて，EUの政策における観察可能な足跡として現れ続けているのである．

4　豊かな政策土壌の開拓

「ボトムアップ」アプローチとローカルアプローチ

　サードシステムを構成する諸組織は，現在の政策パラダイム内部における驚くほど広範囲にわたる豊かな土壌に迷い込んでいるようにもみえる．たとえばサードシステム諸組織は，「ボトムアップ」アプローチが必要な，増大しつつあるローカルな要求を満たす特有の能力を有するものとして，さらには，社会的・職業的な統合をめざすローカルパートナーシップアプローチを育む特有の能力を有するものとして現れている（Lloyd and Ramsden, 2000; Evers, 2003）．サードシステムは，マルチステークホルダーによる協働のための媒体とみなすことができ，政府だけでは，あるいは市場の力ではうまく取り組むことのできなかった諸問題をローカルの場で解決することを目的と

して協定に基づく試みがなされる場合，サードシステムが媒体となって，政府や市場とソーシャルパートナーやコミュニティ組織とが結びついて協働する．サードシステムは，社会経済開発や都市／農村開発に対するより統合的なアプローチをパートナー相互間の連携によって実現させようと目指している．サードシステムはまた，ボランティアや自助を奨励したり，人々が相互の信頼関係を構築する媒体となったりすることによってローカルな社会的関係資本のための代表的な形態ともなりうる（Lloyd et al., 1996）．サードシステムを構成する諸組織は，真の「ボトムアップ」アプローチ実現のために現在の政策パラダイムが求めている姿勢を保持しようと気を配っているのである．

労働市場への編入のための雇用とそのプラットホーム

サードシステムとその諸組織の成長にとって第2の豊かな政策土壌は，EU全般にわたる，手に負えないほどの失業の発生に対する対応能力に由来する．［労働市場への参入が困難な］特定グループを吸収するのに十分な数の雇用を提供する能力がフォーマルな経済に欠けており，また，政府財政にも制約があるという条件のもとで，政策研究はしばらくの間，第三の道へと向けられてきた．サードシステムを構成する諸組織の導入も，これによって道が拓かれてきたといえる．というのも，サードシステムの諸組織は，「労働市場への編入のための雇用」の創出——労働市場への［特定グループの］人々の参入を阻む障壁の解消をめざす雇用の諸形態の創出——に取り組んできたからである．サードシステムを構成する諸組織の多くはローカルレベルでの試みであったとはいえ，ナショナルレベルやリージョナルレベルでも機能しており，ある場合には，産業セクターや職業セクターによっても試みられた．サードシステム組織が大規模な場合には，全国的な「第2の労働市場」プログラム——それは，失業者や社会的に排除されてきた人々のための職業訓練，職業を通じた統合，職業紹介といった期間限定のプログラムである——と密接な関係をもってきた．サードセクターにおける伝統的な既存団体は，ある意味で政府の期待に合致するスキームを実施できるという能力の

おかげでこのプログラムの中心的な役割を果たしてきた．そしてそのためには，既存団体の多くは，自らの思惑を達成するためにより柔軟に，よりビジネスライクにならざるをえなかったのであり，さらに，サードシステムにおける社会的企業という固有の属性を選択することにもなったのである．

「新しい雇用への展望」をめぐる方策

政策ソリューションの提供において，ある種競争的な比重を高めてきたとみられるサードシステムポートフォリオの第3の特徴は，長期的な3つの課題――(a)社会サービス，対人サービス，コミュニティサービスに対する需要の増大，(b)直接的な政府支出の水準や税率に対する制約があるなかで，この種のサービス需要への対応方法を発見する必要性，(c)この種のサービスの欠乏が特定地域に固定化されていること，そこでは，景気循環にかかわりなく，サービスの需給ギャップが極度に存在すること――に取り組むその努力に由来する（Borzaga, 1999）．

この文脈において，欧州委員会の『地方開発と雇用イニシアティブ』(*Local Development and Employment Initiative*: LDEI) は，持続可能な雇用を創出するためにローカル企業を活用することをめぐって，新しい見解の最初の源泉となったという点でとりわけ重要である（CEC, 1995, 1996）．LDEIが提起したのは，新しい雇用――それは，介護部門や環境・余暇・文化部門における手付かずのサービスニーズの充足を目的とする――を創出する突破口を切り開くためのローカルアクションは可能であるという明確な見解であった．その見解の中心的な特徴の1つは，地方自治体等が新しい政策領域――たとえば，ローカルという文脈における**需要サイド**の開拓――を開放するよう奨励することにあった．そして，上述のサービスに対する「潜在的な」需要をローカルな場における雇用創出の「現実的な」機会へと転換し，サービス需要と雇用機会とを「溶解・結合」させる方策を具体化するためには，どのようなガバナンスメカニズムが新たに必要とされるのかを明確にすることが政策上の梃子として据えられた．

新たなガバナンスメカニズムを支持する論者の観点からみれば，制約のあ

る公共サービスと，投資に対する相応のリターンが提供できなければサービス供給を行えない民間営利セクターとのギャップについて，サードシステムの諸組織にはそれを埋める特別の能力が備わっている．ビルクホルザー (Birkholzer, 1996) によれば，このギャップは，彼のいう「影の経済」の登場によって生まれたものである．この「影の経済」のなかでは，社会的に周辺化された人々は，経済的にも財政的にもメインストリームから切り離されてしまう．政府および伝統的なサードセクター団体やサードシステム組織は，この空間を埋めるために，自らの解決法を見出そうとする地方の人々自身による取り組みと協力しながら，役割を分担することが可能であろう．ここで示唆的なのは，こうした「影の空間」を，コミュニティに根ざした社会的企業経済 (community-based social enterprise economy) という新しい形態の創出によって埋めることが可能だという点である．

　そこで経験的にいえば，サードシステム（あるいは，少なくともサードシステムが描き出そうと意図している現象）がヨーロッパの経済的・社会的な状況を示す1つの特徴として急速に広がりつつあるという証拠もある．サードシステムの広がりは，急速に変化する諸条件への対応であった．ある点からみれば，サードシステムの現在の立場は，経済と社会が新しい事態にいかに向き合うことができるかという哲学が十分に機能したことの産物というより，とりわけローカルレベルでの――もっぱらローカルレベルだけ，というわけでは決してないものの――現実的な出来事（失業，社会的排除，福祉サービスや共同サービスの供給不足）への経験的に観察可能な一連の実践的対応の産物であるかのようである．

　そこで今度は，EU諸機関がサードシステムを実際にどう位置づけているかを探ってみよう．さまざまな点でサードシステムは，既存の境界を越える実験的なプロセスを実行し，オルタナティブグループによる政策形成アジェンダへのアクセスを許容する際の，EUが最も得意とすることの一例である．とはいえ，政治的な現実は決して終わることはなく，すでにみた競争的な領域［としてのサードシステム］が権力をめぐる現実的な違いにどのように対応するかについて何らかのヒントを与えてくれるのは，実験のあとに何がうまれるのかという点である．ここで，EUの構造政策および地域政策の規則や

ガイダンスのなかで，サードシステムという概念がどのような「足跡」をたどってきたのかを跡づけてみることにしよう．

5 サードシステムとEUの構造政策・地域政策

雇用ガイドラインと社会的経済

1997年12月の欧州理事会では，アムステルダムサミットやルクセンブルグ雇用サミットでの議論を引き継いだ一連の雇用ガイドラインが採択された (CEC, 1998b)．このガイドラインは，アムステルダム条約に盛り込まれた雇用に関する新しい編［条約第8編］の一部分をなした．雇用可能性，柔軟性，適応性，企業家活動等々を奨励する数ある手段のなかで，このガイドラインでは，企業家活動を柱とする社会的経済における雇用創出への潜在的な力量が認識されていた (Guideline 12)．それは，以下の点を示唆している．すなわち，EU加盟諸国は，

> 市場によっては充足されえないニーズと結びついている，社会的経済や新しい諸活動によるローカルレベルでの雇用創出という可能性を十分に活用するための政策手段を研究し，こうした政策手段の阻害要因の縮減を目的として阻害要因の検証を行うだろう (CEC, 1998d, p. 11)．

ガイドライン12は実際，EUの規則上，サードシステムのための「パスポート」となった．EUの規則は，その実施を保証するための各国政府内での検討に影響力を与えうるものである．しかしながら，欧州委員会が諮問したものの多くが当時としては指摘するには時期尚早であったため（とりわけ『雇用のためにローカルに行動する』(*Acting Locally for Employment*, について) (CEC, 2000c)，われわれがすでに概観したサードシステムの広範な領域については，ガイドライン12は最も狭義の解釈しか提供していない．ガイドライン12では，雇用創出がローカルレベルおよび市場の失敗と関係づけられている．その内容は，論争の種にならないようなものに慎重に限定され

ている.しかしすでにみたように,ガイドライン12にはそれに先立つ,説得力のある先行例もある.すなわち,欧州委員会による『地方開発と雇用イニシアティブ』(LDEI)がそれであり,LDEIはすでに,ローカル組織の新しい形態には新しい雇用の源泉を「試掘」して「現実化」させる能力があることを示すような有力な事例を創り出してきた.その新しい形態のローカル組織によって,主として対人社会サービス,新しいテクノロジー,環境といった領域におけるサービスの需給ギャップが埋められている.しかしその有力事例は,経済的でもあり,手段として有効でもあるものの,競争的な領域に迷う込むことはほとんどない.

2000-06年構造基金プログラムで足がかりをつかむ

「サードシステム」が実際に何を意味するかを定義するにあたって誰もがその困難さを感じるものであるにもかかわらず,「サードシステム」という用語は,2000-06年構造基金プログラム構想を通じて,限定的であるとはいえ,EU諸機関の規則や声明のなかで使用されるようになった (Chanan, 1998; EAPN, 1998).たとえば,欧州社会基金に関する規則 (3.1d条) のなかでも「サードシステム」という用語への言及がみられ,そこでは「サードシステム」という呼称が明確に使用されていた.繰り返しになるけれども,「サードシステム」という呼称は,ある時は「社会的経済」と並んで,またある時は「社会的経済」の代わりとして使用されている.このように呼称がさまざまにミックスされる傾向があるのは,われわれもすでに検討したサードシステムの複雑性がその大きな理由である.とはいえ,失業や社会的排除という問題に取り組むための最善の方法が [失業者や社会的に排除された人々の] 労働市場への編入であり,こうしたローカルアクションのための特有の能力をもっているという確固たる立場を強く主張することによって,サードシステムを構成する諸組織は,EUの政策への参入経路を見出すことができたのである.

雇用のためにローカルに行動する：サードシステムと雇用パイロットアクション

　欧州委員会による『雇用のためにローカルに行動する』というプログラムは，欧州雇用戦略にローカルの次元を組み込むものとして明確に構想されていた（CEC, 2000c）．すなわち，プログラムの主要な内容は，雇用創出の新しい源泉を開放するローカルレベルでのアクションのための「重要なポテンシャル」とみなされる試みを促進するために断固とした行動をとることであった．このプログラムを達成する方法は，ローカルレベルでの活動諸主体を糾合し，その諸主体がエネルギーと資源を出し合うよう奨励することであった．他方，地域および中央政府は諸主体を支援する政策を実施するというものであった．ローカルレベルでの活動諸主体としては，地方自治体，諸企業，公共職業サービスの地方事務所，ソーシャルパートナー，そしてここでの議論にとってさらに重要な「サードシステム／社会的経済」が想定されていた．しかし欧州委員会は，繰り返しになるものの，社会的経済と緊密に関連づけることによって「サードシステム」を制約することに慎重な姿勢をとりながら，「サードシステム」という用語の文書における使用を再び訴えた．

　サードシステムに対するこうした認識の狭隘性については，欧州委員会の助言者たちがすでに言及していた多くの点によって問い直されることとなった（CEC, 2000b; Lloyd, 1999 も参照）．認識の狭隘性は彼らからみれば，ローカルにおいてもより一般的な意味でも，雇用戦略の**4つの柱すべて**をサポートできる存在としてサードシステムの諸組織を位置づける機会を喪失するものである．サードシステムの諸組織は，雇用可能性や適応性の創出に貢献することが可能であり，新しい形態の企業家活動（new forms of entre-preneurship）の源泉である．機会均等が必要な領域──女性・男性間の機会だけではなく，全体的な領域にわたって──では，サードシステムの諸組織は，組織としての本性や目的に照らして，とりわけ重要な役割を自分たちがもっているのだと主張するであろう．さらにいえば，サードシステムは，市場の失敗に対応してローカルエリアでの新しい雇用の提供という限られたチ

ャンネルの役割に自らを限定している．このような限定的なビジョンは，登場しつつある EU の政策枠組みのなかでの然るべき地位を主張するサードシステムの能力について，それを歪めたり曲折したり，さらには抑圧したりすることにつながってきた．

しかしながら『ローカルに行動する』という旗のもとで，サードシステムにとっては，潜在的な貢献可能性の広がりを示すためのまさに具体的な機会が現れることになった．欧州社会基金第 6 条（Article 6 of the European Social Fund）に基づく『サードシステムと雇用パイロットアクション』(*Third System and Employment Pilot Action*: TSEP）がそれである．繰り返しになるものの，その要綱では雇用問題に狭く限定されていた（しかし今回は，社会サービスや近隣サービス，環境，芸術にも明確に焦点が当てられていた）．パイロットアクションのもとで，およそ 81 のプロジェクトに支援が行われ，そこから真の類型とでもいいうる広義のサードシステムも登場するようになった[4]．実際，ベルギーのリエージュ大学に事務局が置かれているCIRIEC［公共経済・社会的経済・協同経済のための国際研究情報センター］による「EU 全体を対象とするサードシステム一覧の作成」プロジェクトには特別に資金が提供された．パリの CRIDA による「サードシステムの社会経済的機能」研究プロジェクトにも資金が提供された．同様に，ボローニャの FC（Fondazione Cesar）による「4 つの EU 加盟国を対象とする，市場経済におけるサードセクターの役割分析に関する連続セミナーの開催」プロジェクトにも資金提供がなされた．並行して，**参加した研究者グループ**には，プロジェクトの進行期間中，幅広く問題を検討する際の支援が要請され，また，一連の概要報告書の作成も奨励された（EU ウェブサイトからのアクセスも可能）．こうした刺激があったため，『雇用のためにローカルに行動する』という旗のもとではその位置づけが限定されていた要綱の範囲を越えて，サードシステムの役割をめぐる議論が拡がる傾向をみせたのは避けられないことであった．これは，サードシステム論における 1 つの難しさを示している．

---

4) プロジェクトの包括範囲と広範囲にわたるその貢献度に関する一定の情報が Ecotec によるプログラム評価最終報告書（Ecotec, 2002）から得られる．また，EU のウェブサイトからもアクセス可能である．

というのは,『雇用のためにローカルに行動する』というプログラムが, EU の政策におけるサードシステムの役割についての狭義の解釈——本章を通じてすでに足跡を追ってきた——とサードシステムの複雑性——広義の定義にも道を開いた以上,不可避的に生まれてくる——との間に緊張関係をもたらすことになったからである.

資金提供を伴うプログラムでは支出に見合う明確で説明可能な成果を出す必要があり,それが,こうした難しさをもたらす原因の一部にもなった.われわれがすでに示してきたように, EU の政策論議への**参入許可証**をサードシステムに与えることになったのは失業という亡霊の存在があったからである.その際,サードシステムのパフォーマンスに関する情報を見極めつつ伝達するための,評価の主要な根拠となったのは雇用の創出能力である.これはもちろん,不適切なことではない.

しかしながら,プログラムではこの点について,主としてローカルな雇用創出への貢献を通じてサードシステムを評価するよう厳密に規制されている.またある程度まで,サードシステムに関する政策上のメリットの最終的な判断はプロジェクトが生み出す**質の高い仕事の数**を重視してなされる.それゆえ,サードシステムをある意味で「失敗」だったとみなす傾向もある.

もちろん,サードシステムを「失敗」だとみなすならば,それによって失うのは,**社会的関係資本や人々とコミュニティとの信頼関係**といった無形の成果のほとんどを生み出すことのできるサードシステムの能力である.サードシステムが評価されるべきなのも,雇用や質の高いサービスを創り出し,全体としての社会構造にローカルな連帯をもたらすという点で,ビルクホルザーのいう「影の経済」と格闘するその能力である.それゆえ,プロジェクトによる雇用創出という貢献だけではなく,社会的市民資本の創出という全般的な貢献をも捕捉しようとする,より広いフレーム・オブ・リファレンスによってこそ,はるかに好ましい観点から『サードシステムと雇用パイロットアクション』というプログラムを提起することにつながったであろう[5].

---

5) TSEP と並んで実施された別のパイロットアクションとして,『ローカルな社会的関係資本』(Local Social Capital) というプログラムがあった.ここでもまた,制約された定義がみられる.すなわち,「ローカルな社会的関係資本とは,リ

9 EUの政策プログラムとサードシステム　　275

　その場合，サードシステムアプローチを採用するためのヨーロッパ全体を対象とする政策は，サードシステムとその諸組織の定義の点でも，成功なのか失敗なのかを相対的に判断する指標の点でも，きわめて制約された状況にある．

　EU 地域委員会（Committee of the Regions: COR）はしかし，以下のような声明による最新の見解（CEC, 2001）において，この本質的な点を理解するようになっている．その声明とは，「社会的経済企業は，多元的な欧州経済社会モデルの本質的な構成要素であり」，また「社会的経済組織は，受動的な社会保障や失業手当を持続可能な発展のための積極的な投資へと転換させようとする地方自治体に協力している」というものである．ここでは社会的経済（そしてサードシステムも想定されている）は，ガイドライン 12 と同様に雇用を改善する活動の中心とみなされているだけでなく，経済的目的と社会的目的とを同時に実現する直接的な手段として活動する能力をもった一連の特有の組織体としてもみなされているのである．

6　結　　論

　さてサードシステムは束の間ではあったものの，EU の政策論議のなかでスポットライトを浴びてきた．とはいえ，その政策論議によって，雇用および社会的包接政策の主要な構成要素としてサードシステムが公式に認知されるだろうとは必ずしも言い切れない．政策担当者にとって，サードシステムに関する難しさの一部は明らかに，EU 15 カ国［当時］を通じて同じ意味をもちうるような一貫した方法でサードシステムを定義することの難しさにあった．また部分的には，サードシステムに相応の活動形態を付与して，サードシステムが現実的な成果を生むと証明することの難しさにもあった．そし

ージョナルなレベルあるいはローカルなレベルで機能する媒介組織を意味する．この媒介組織には，雇用と社会的結束を促進するミクロレベルのプロジェクトにおいて，それを実行するための資源を出し合う人々を支援する能力がある」．サードシステム組織の支援者がまぎれもなく実行者でもあったことは疑いないとはいえ，しかし 2 つのパイロットアクションにおいて，サードシステムのこうした両面が位置づけられていたわけではなかった．

ておそらく最大の難しさは，権力と影響力の現在の構造のなかにこうしたマクロ的なサードシステムの概念を位置づけようとするところにある．というのは，そうした権力や影響力とは，サードシステムを，せいぜい無視しうる存在として，悪くすれば脅威となる存在としてみなすからである．おそらく，サードシステムをメインストリームへの志願者と考えることさえ無邪気なことだとみなされるだろう．エバース（Evers, 1995）が指摘したように，サードシステムは，「全体としての市民社会の内部で，現代民主社会の公共領域の一部分」を形成する存在であり，独立した討論フォーラムの1つの中心としてその影響力を行使する存在である．いったんメインストリームに吸収されると，サードシステムのもつ内在的な価値は損なわれてしまうかもしれない．本質的にみて，イタリアでのTSEPプログラムにおけるワークショップ参加者が強い調子で指摘したように，サードシステムとは，市民社会の「荒馬」のための領域なのである．サードシステムの活動主体を「雇用の試掘者」や公共サービスの代替者に過ぎない存在とみなして，［その可能性を］「囲い込んでしまう」ことになれば，サービス供給の一手段としての力量ばかりでなく，民主主義のための1つの力としての力量をも否定することになるであろう．それでもやはり，サードシステムの諸側面をみれば，サードシステムは，サービス供給の質の高さによって社会福祉への貢献をなしうると正当に主張できるし，また，こうした役割によって少なくとも一定程度，公共領域を支えることもできるのである．

　これまでさまざま点について述べてきたけれども，サードシステムにとって重要な要素のいくつかについてはEUの政策においてすでに機能しているものもある．第1は，社会的経済である．**社会的経済**はすでに，構造基金規則や雇用ガイドラインのなかで認知されている．第2は，やや間接的であるものの，雇用のために「ローカルに行動する」というプログラムが重視され，そこで**ローカルパートナーシップ**が強調されていることである．同時に，社会的経済やローカルパートナーシップは，政策プラットホームを提供している．そのプラットホームは，「サードシステム」という用語がそこで使用されるか否かにかかわらず，経済的目的と社会的目的との結合をめざす諸活動を促進しようと望む人々が自らの事例を提起する場となりうる．この点でい

えば，サードシステムとその主体の存在は，公共機関の姿勢にローカルイニシアティブという衝撃を与えることを通じて，政策展開のメインストリームに対して一定の影響をすでに与えてきたのだといえる．

そうであれば決定的な課題は，EU の政策の公式項目としてサードシステムを採用させることというよりも，むしろサードシステムの発展を許容するような（最低限でも）好意的な規則をつくるための，十分に計画されたプロセスを推し進めることにある．政策を前進させる最善の方法は，サードシステムの自律的な発展を支援するために，構造基金その他を通じて EU が戦略的に関与する度合いを高めることであろう．その目的は，サードシステムタイプの諸活動がもっている最良の側面から得られる教訓を守ったり生かしたりすることであり，最悪の側面を変更したり除去したりすることである．とはいえ，サードシステムを「基本構想」とすることへの反動が議論におけるバランス感覚を失わせるほどに反対意見の重みを強くしてしまうという危険性もある．こうしたことは，いくつかの既存組織の全般的な規模，持続可能性や質を高めることを目指す，より基本的な関与戦略を犠牲にするところで起こりうるであろう．

したがって，EU の政策の「基本」目標としてサードシステムを採用することが成功するとは思われない．より深刻なのは，こうした闘いに敗れることによって二次的なダメージが生まれるという危険性である．すなわち，サードシステムという経済・社会政策への価値ある補完アプローチのメリットを枯渇したものとみなしたり，その発展が行き詰っているとみなしてしまうというダメージである．たとえば，サードシステムをめぐって定義の問題が解決困難であったり，サードシステムの目的が狭く定義されたりといったことは，『サードシステムと雇用パイロットアクション』の成果報告に大きな影を落としてきた．これは，『サードシステムと雇用パイロットアクション』というプログラムの真の価値――人々の創造性やダイナミズム，経済的・社会的連帯という目標を同時に追求するプロジェクトを提示する格好の見本としての価値――を曖昧化することにつながる．

しかし実際には，「サードシステム活動」と呼称されうる試みが多くの EU 加盟国において最近数十年間に増えつづけている．そのいくつかは，そ

れぞれ各国内で利用可能なインセンティブ構造［活動形態］のもとで，全国的な政治運動やローカルな政治運動から同時に登場してきた．その他のサードシステム活動は，失業や社会的排除と闘うローカルアクションを資金的に支える際の欧州委員会による活動の直接的な副産物として登場してきた．現在のEUサードシステム論のメリットは，それが，実験的なアイディアや事業の創業というコンセプトにとどまっていた段階からすでに種の蒔かれたプロジェクトを通じてサードシステムの持続可能性を担保する必要条件の検証段階へと事態を前進させる機会を提供するところにある．したがってサードシステム論は，プロジェクトの「最良の事例」を単独で評価することからサードシステム総体の貢献を検証することへと不可避的に広がりをみせるようになっている．そこでの鍵をなす政策上の問題は，サードシステムの成長モメンタムを維持するために，そして同時にサードシステムの質を保持するために何が必要かという点にある．しかし，このように議論を拡張することはその必要性がきわめて高いものの，EU構造基金の適用をめぐる抑制された議論の範囲内で扱うのはきわめて難しい．

参考文献

Birkholzer, K. (1996), 'Social economy, community economy and third sector: Fashionable slogans of building blocks for the future?', in Bauhaus Dessau Foundation (ed.), *Peoples Economy*, Dessau: Bauhaus Dessau Foundation, pp. 41-1.

Borzaga, C. (1999), *The Role of the Third System - Neighbourhood Services*, report of the Capitalisation Group - Third System and Employment Pilot Action, Brussels: European Commission DG Employment and Social Affairs Website.

CEC (1994a), *Growth, Competitiveness, Employment: The Challenges and Ways Forward into the 21st Century*, Luxembourg: Office for Official Publications of the European Communities.

CEC (1994b), *European Social Policy: A Way Forward for the Union*, Luxembourg: Office for Official Publications of the European Commmunities.

CEC (1995), *Local Development and Employment Initiatives: An Investigation in the European Union*, Internal Document, Luxembourg: Office for Official Publications of the European Communities.

CEC (1996), *First Report on Local Development and Employment Initiatives*, SEC (96) 2061, Luxembourg: Office for Official Publications of the European

Communities.
CEC (1998a), *Joint Employment Report*, SEC (98) 1688, Luxembourg: Office for Official Publications of the European Communities.
CEC (1998b), *The 1998 Employment Guidelines: Council Resolution of 15 December 1997*, Luxembourg: Office for Official Publications of the European Communities.
CEC (1998c), *The Era of Taylor-made Jobs: Second Report on Local Development*, SEC (98) 25, Luxembourg: Office for Official Publications of the European Communities.
CEC (1998d), *The Third System and Employment - A Reflection*, DGV (A4), Brussels: Commission of the European Communities.
CEC (2000a), *Guide to Territorial Employment Pacts, 2000-2006*. SEC (99) 1933, Luxembourg: Office for Official Publications of the European Communities.
CEC (2000b), *Opinion of the Economic and Social Committee on the Social Economy and the Single Market*, CES, 242/2000, Luxembourg: Office for Official Publications of the European Communities.
CEC (2000c), *Acting Locally for Employment: Commision Consultation*, COM 2000/196.
CEC (2001), *Opinion Committee of the Regions*. DdR, 384/2001.
Chanan, G. (1998), *The New Structural Funds. What Development Model for Europe?*, London: Community Development Foundation.
CIRIEC (1999), *The Enterprises and Organizations of the Third System: A Strategic Challenge for Employment*, final report to the European Commission on the Third System and Employment Pilot Action, Brussels: CIRIEC.
Defourny, J. and J.L. Monzon Campos (eds) (1992), *Economie Sociale: Entre Economie Capitaliste et Economie Publique*, Brussels: CIRIEC.
EAPN (1998), 'Reinforcing the Impact of the Structural Funds on Social Inclusion and Equal Opportunities', mimeo, September, EAPN, Brussels.
Ecotec (2002) (*http://europa.eu.int/comm/employment_social/news/2002/feb/fiches_projets_en.pdf*).
Evers, A. (1995), 'Part of the welfare mix: The third sector as an intermediate area', *Voluntas*, 6 (2).
Evers, A. (2001), 'The significance of social capital in the multiple goal resource structure of social enterprises', in C. Borzaga and J. Defourny (eds), *The Emergence of Social Enterprise*, London: Routledge, pp. 296-311.
Evers, A. (2003), 'Local labour market policies and social integration in Europe: Potential and pitfalls of integrated partnership approaches', in J. Zeitlin and D. Trubek (eds), *Governing Work and Welfare in a New Economy: European and American Experiments*, Oxford: Oxford University Press.
Geyer, R. (2001), 'Can EU social NGOs promote EU social policy?' *Journal of*

Social Policy, 30 (3).

Giddens, A. (1998), *The Third Way: The Renewal of Social Democracy*, Cambridge: Polity Press.

Granger, B. (1999), *The Role of the Third System – Legal and Financial Structures*, report of the Capitalisation Group – Third System and Employment Pilot Action, Brussels: European Commission DG Employment and Social Affairs Website.

Laville, J.-L. and M. Nyssens (2001), 'The social enterprise: Towards a theoretical socio-economic approach', in C. Borzaga and J. Defourny (eds), *The Emergence of Social Enterprise*, London: Routledge, pp. 312–32.

Lloyd, P.E. (1999), *The Role of the Third System – Intermediary Support Structures*, report of the Capitalisation Group – Third System and Employment Pilot Action. Brussels: European Commission DG Employment and Social Affairs Website.

Lloyd, P.E. and P. Ramsden (2000), *Local Enterprising Localities: Area Based Employment Initiatives in the United Kingdom*, Luxembourg: Office for Official Publications of the European Communities.

Lloyd, P.E. et al. (1996), *Social and Economic Inclusion Through Regional Development*, report for European Commission DG XVI, Luxembourg: Office for Official Publications of the European Communities.

Peck, J.A. and A. Tickell (1995), 'Social regulation after Fordism: regulation theory, neo-liberalism and the global-local nexus', *Economy and Society*, 24 (3), 357–86.

Salamon, L.M. and H.K. Anheier (1996), *The Emerging Non-Profit Sector: An Overview*, Manchester: Manchester University Press.

10
EU とサードセクター

ジャック・ドロール

　本章の課題は，本書第1章で提起された主要な仮説について，私自身の個人的な知的，実務的背景からそれを考察することにある．フランスで社会発展論を集中的に研究したあとで，1970年代に，欧州サードセクターの発展を促進できる法制的・財政的な枠組みの構築に向けて，私は理論的・規範的な多くの提案を試みてきた．後になって，サードセクターはしばしば，欧州委員会の委員長時代（1985年から1995年まで）の私の仕事——欧州域内地域間の経済的・社会的結束を強化する仕事——から多くの便益を受け取ることになった．それにもかかわらず，欧州レベルでのサードセクターの発展は必ずしも期待どおりのものではなかった．そこから何か教訓を引き出そうとするつもりはないけれども，サードセクターをめぐるここ20年間における主要な画期について，それを振り返っておくことは有用であろう．

1　サードセクター：「1968年以前の」アプローチ

　「サードセクター」という用語は，1978年フランスのグレーペーパーで最初に使用されたものと思われる．私は欧州委員会のために研究を進め，『サードセクターにおける雇用創出——フランスのサードセクター』（'La création d'emplois dans le secteur tertiaire: le troisième secteur en France'/'Job creation in the tertiary sector: the third sector in France'）と呼ばれる政策文書を執筆した．私はその文書で，協同組合的でボランタリーな性格をもった数多くの実験事例を分析した．その翌年には，「サードセクター創造のために」（'Pour la création d'un troisième secteur'/'For the creation of a third sector'）

というジョセリン・ゴダン（Jocelyne Gaudin）との共著論文において，こうした起業組織の発展を促進できる法制的・財政的な枠組みの確立を強調した．

しかし，「サードセクター」という概念の来歴については，その歴史的文脈のなかで確認されなければならない．フランスでのこの種の議論は，1968年5月の出来事［「5月革命」］，とりわけ「これまでとは違った働き方を」というスローガン，労働者自主管理という概念の復活，そしてリップ事件を引き継いでいた．リップは，破産した時計製造企業であった．リップの労働者たちは，自主管理型協同組合を設立してリップの再建に取り組んだ．よく知られたこれらの事例は別としても，1970年代というのは数多くの起業組織が登場するようになった時代である．それらの起業組織は，新しい活動を始めたいと望む若者や女性によって設立され，彼／彼女らは当時活用可能だった既存の法人形態（たとえば，協同組合，アソシエーションやもちろん民間セクターの営利会社など）よりも別の法人形態を求めていた．そこでは「自律性」が合言葉であった．彼／彼女らの要求は，「怠ける権利」ではなく，人を組織化する点でも活動を進める点でも一定の自立性が確保できるような組織で働くことであった．彼／彼女らは本質的に，小なりといえども自らの事業を興そうという意志に基づいて行動した．たとえそれがきわめて困難であったとしても，である．彼／彼女らはしばしば次のように述べたものである．すなわち，「私は，私のやりたいことをやっているのだ．そのためには必要なことがある．それは，私自身の仕事を私自身が組織化することである」，あるいは，「私は，仲間たちとともに1つの集団をなして私自身の仕事を自分たちで組織化しているのだ」と．彼／彼女らにとって，自律性というこのコンセプトはかけがえのない重要なものであった．しかし今日では，重要なのはもはや社会的経済というキーワードではないように思われる．

私は，パリ-ドフィン大学の教員として，また私が立ち上げた「労働と社会」研究センターの理事長として，これらの起業組織の経験を研究してきた．こうした研究を通じて，将来，市場経済や公共セクターと並んでサードセクターを創造しなければならないという考えがしだいにわかり始めてきた．サードセクターとは，適切で公正な法人格の付与と資金供給という文脈において，こうした起業組織の発展と繁栄を許容するものである．

他の研究者たちも当時，サードセクターという問題に関心をもっていた．しかし彼らは，サードセクターの他の側面の解明に取り組んでいた．彼らは主として，社会的経済という概念の検討に携わっていたのである．社会的経済におけるキーワードは「自律」ではなく「連帯」である．この社会的経済学派は数多くの実験事例を生み出してきたとはいえ，1968年以降，基盤をなすような範例を生み出すことはなかった．後になってフランスでは，問題のフォローアップの責任が政府高官（フランス政府の副大臣）に委任された．現在，省庁の代表や政府高官が社会的経済の担当窓口になっている．1998年に政府は，社会的経済のための法的枠組みや法的な地位を新たに創り出しうるのかどうかを経済学者のアラン・リピエッツに検討するよう依頼し，それに対して，リピエッツは1つの呼称を案出するよう助言した．したがってこの問題はまだ，政治的アジェンダに載っており，継続中の研究主題でもある．

　しかしながら，時代をめぐるこうした社会像を完成させるためには，1968年5月の出来事が労働条件をめぐる論争を再燃させたことも付け加えておかなければならない．フランスでは，ルマンにあるルノー自動車工場の熟練労働者たちが，あの時代のストライキのランドマークとなるような一定期間続いた操業停止を計画した．そこでの彼らの要求の1つは，まさに労働条件問題にかかわっていた．数年後，労働条件の改善を検討する全国機関が創設され，政府高官もその運営を約束した．要するに，労働の質的な側面もまた，当時の考え方を転換させるのに一定の役割を果たしたのである．それにもかかわらず，サードセクターの起業組織を立ち上げた若者たちは，彼らの顧客の生活条件改善や失業との闘いに十分配慮することがほとんどなかった．

　こうしたサードセクターの運動はもちろん，フランスに特有のことではなかった．とくにイタリアやスウェーデンではきわめて強固な協同組合セクターが存在しており，それは，協同組合セクターとの協働にきわめて積極的な地方自治体に依存することができた．そこでは起業組織は，研究の世界が発展させてきた抽象的な理論に依拠していたのではなく，むしろ，実践的な経験から生み出されてきたものであった（スウェーデンではとくに，協同組合セクターの経済活動が重要な社会的構成要素としての地位を占めていた）．

県や市など地方自治体には対人サービス（子育てや高齢者介護）の組織化に必要な諸資源があり，後になってその規模は大きくなっていった．機会均等や女性雇用の促進もスウェーデン，ノルウェー，デンマーク，フィンランドではすでに順調に進展過程をたどっていたものの，サードセクターはその過程で特別の役割を果たしたわけでなかった．サードセクターの役割という点でいえば，イタリアでは協同組合セクターがかなり大きな役割を果たしていた．モンドラゴンという単一の協同組合ではあったものの，スペインのバスク地方でもそうであった．

　われわれはアメリカで起こっていたことについても観察した．というのは，学生たちの叛乱はフランスだけに限られたことではなかったからである．しかしアメリカでは，その叛乱も短命に終わる傾向があった．もちろん，フランスとアメリカでは環境がきわめて異なっている．アメリカでは，「非営利組織（NPO）」として知られる組織が非常に強固な法的・資金的な地位をもっている．それにもかかわらず，NPOはアングロサクソン諸国に特有のフィランソロピー的な方向性を示している．それに対して大陸欧州諸国では，本書第1章で指摘されているように，相互扶助の伝統がしっかりと根づいている．アメリカ合衆国の民間セクターでは，そのシステムは欧州のそれに比べるとかなり柔軟であり，実践的には何の規制もなされていない．

2　1980年代における方針転換

　その後，サードセクターの発展にとって，あるいは，サードセクターにかかわる小さな政治的動きにとって決して好ましい状況ではない数年間が続いた．欧州委員会に向けて起草された研究や1979年に提起したわれわれの提言はその後，ブリュッセルでもフランスでもフォローアップされることはなかった．それにもかかわらず，第5総局（欧州委員会の社会問題・労使関係総局）の何人かの担当者たちはその研究や提言に関心をもってくれた．そして数年後に，アイディアが再び生まれてきた．私はといえば，この問題を観察し続けてきたとはいえ，他の任務に忙殺され，イニシアティブを発揮するわずかな時間も残されていなかった．

当時，欧州経済が調整局面に入っていたため，産業転換問題がしだいにその重要性を増しつつあった．フランスでは産業転換問題に取り組むべく，転換支援ユニットが創設された．それは，余剰労働者を巻き込んだリストラクチュアリング計画のための側面手段を提供するものである．それらのユニットは，1960 年代の経済発展を刺激する際に顕著な役割を果たした全国エージェンシーモデルに依拠していた．たとえばフランス南西部では，ラルク・ガス・フィールドが破綻寸前にあり，大きな採取会社である Elf・アキテーヌが転換支援ユニットを立ち上げたことがよく知られていた．その目的は，フランス南西部地域で新しい活動を創り出し，労働者の再配置を可能とすることであった．今日でもまだ，問題が解決したわけではない．地方開発はしたがって，地方自治体，採取地域，産業の受け皿地域あるいは雇用エリアを巻き込んでの産業転換作業の第 1 段階をやっと抜けたところであった．

欧州レベルでいえば，1985 年に欧州委員会の委員長に就任した際，私はただちに欧州単一市場の形成に専心し，その後まもなくして，域内市場の完成を補完する側面政策に取り組んだ．構造基金[1]と結びついたこれらの政策は，私が当初予想していたよりもはるかに大きな範囲に広がっていった．

それゆえ 1986 年には，私は「単一欧州議定書の成功のために（'Making a Success of the Single Act'）」という文書を提出し，そのなかで，有名な 3 つの標語「競争・協力・連帯」を強調した．当時の私の関心は，単一欧州議定書の基礎上で，欧州共同体がこの 3 つの側面で緊密に結合した 1 つの地域になるよう確実にすることにあった．それは，単一欧州議定書の他の条項を達成するための前提でもあった．この文書で示唆した主要な考えは，欧州域内各地域それぞれに相応の機会が与えられるべきであるという点にあった．そしてそのことは，欧州共同体に対して資源をめぐる 1 つの野心的な政策の提供を意味していた．ただ私は，当該文書においては，地方開発に対して十分

---

1) EU 条約（158・159 条）のもと，構造基金——欧州地域開発基金（European Regional Development Fund: ERDF），欧州社会基金（European Social Fund: ESF），欧州農業指導保証基金（European Agricultural Guidance and Guarantee Fund: EAGGF）——によって，経済的・社会的結束，すなわち域内地域間の格差縮小を強化する EU の取り組みがサポートされている．

には注意を払っていなかった点を認めなければならない．さらに，プロジェクトベースの資金供給（構造基金から補助金を提供する，これまでのルール）をプログラムベースの資金供給に置き換えるよう決断がなされた．こうした開発プログラムは，域内総生産を増大させて雇用も生み出せるようなすべての政策手段やプロジェクトを含むものであった．このようなシステムにおいて，後になって注目すべき地方開発運動へと結びついた小さな種となったのが農村部開発であった．

　農村部開発とは，実践的なブレイクスルーを可能とさせるものである．農村部開発の支援プログラムを創ることが決定されたとき，交通インフラの改善ではなく本質的に新しい活動の創出がその目的として明確に据えられた．農村部開発は基本的に，欧州委員会の関係部局が内発的発展（endogenous development）とそのための新しい活動形態を検討するようになった最初の領域であった．関係部局のなかには，こうしたアクションを起こす必要性についてある種の懐疑論を表明する者もいた．当時私は，農村部開発は結局，都市開発のための1つの構成部分でしかないこと，そして，都市圏がますます重要な役割を果たすようになっている地域では周辺部の将来があまり重視されないことを指摘するメモを受け取っていた．それでもやはり，私は，農村部の歴史的，自然的，伝統的な特徴を考慮してプログラムの実現に努力した．私は，きわめて多くの創意とエネルギーがその後，構造政策の構成要素に向けられるようになるとは想像もしなかったことを認めなければならない．後になって私は，地方開発の広がり，とくにローカルイニシアティブの広がりに気づくようになった．1993年の白書『成長・競争力・雇用』（European Commission, 1993）［「21世紀に向けた挑戦と前進」というサブタイトルが付けられていたこの白書は一般に，「ドロール白書」あるいは「雇用行動計画」とも呼ばれている］のなかで，私は，ローカルイニシアティブに対して体系的な支援策が提供されるべきだとの提言を行った．しかしながら，当初の青写真にはその提言は含まれていなかった．白書にこの提言が盛り込まれたのは，EUが1980年から1985年の間に100万もの雇用を失ってきたため，域内市場での雇用創出に高い優先順位が与えられてきたからである．

3 地方開発と雇用イニシアティブ

　共同体構造政策に支えられていた地方開発と新しい形態の企業家活動 (new form of entrepreneurship) との合流は，1990年代に起きた予期せぬ出来事であった．すでに指摘してきたように，地方開発は，1986年改革の一部分として明確にかつ直接的に奨励されてきたわけではなかった．しかし，構造政策の成功――そしてその限界――は，投資，所得増，雇用創出の点から当初構想されたアプローチを微調整することにつながった．その最初の目的は，社会的・経済的結束政策――その予算額は倍加されてきた――がポジティブ・サム・ゲームであることを示す点にあった．言い換えれば，共同体基金に大きな貢献をなした諸国もまた，他国での投資機会や輸出というかたちをとった便益の分け前を受け取った，ということである．しばらくして，新しい質的な問題が浮上した．すなわち，こうしたプロセスをさらに推進し，ローカルイニシアティブを奨励するために何をなしうるか，という問題である．域内首脳たちのブリュッセル訪問のおかげで，われわれが取り組んでいるのは単に，「インプット」としての物的投資や資金提供，「アウトプット」としての域内GDPや雇用というかたちをとった，経済成長一辺倒の役割だけではないということがしだいに明確になってきた．欧州委員会がこのような経験から得られる教訓に注意を払うべきだとすれば，委員会は明確に，地方開発と雇用のためのイニシアティブという観点から［共同体諸政策を］考えなければならないであろう (Jouen, 2000)．

　地域レベル・地方レベルの自治体がブリュッセルで声を発することができるという事実があればこそ，地域・地方自治体も自らの開発について考えるよう促されるのである．地域・地方自治体の代表者たちは自らの結論と経験をわれわれに示してみせた．われわれは，とりわけ共同体イニシアティブを通じてそうするよう誘導していたと純粋に認識していたものの，それとは関係なしに各地域・地方自治体の代表者たちはそうしたのである．当初私の立場は，域内各地域が進めるプログラムを精査した後に，そのプログラムに対して短期資金を提供し，最後にそのプログラムの達成具合を分析することで

結論を引き出そうというものであった[2]。地域政策総局がこれらのプログラムを評価する段になって，プログラムの進行が，私が先ほど触れた成長役割によって左右されるばかりではなく，われわれが知ることすらなかった革新的な要因によっても左右される高度に複雑な現象であることが認識されるようになった．

これまでの産業モデル——その衰退は15年以上も前からいわれてはいたものの——が，完全に終焉を迎えたのはやっと1990年代になってのことであった．われわれは，事業の立ち上げや新しい活動の創出がほぼ例外なくサービスセクターで起こっていること，さらに，雇用創出のために域外の会社を惹きつけようとする戦略がもはや機能しないことをしだいに認識するようになった．製造業という第2セクターは1950年代には経済の60%を占めていた．サービス経済——その内の60%がサードセクターによって生み出される——への移行がかなりの影響を与えることは避けられないことであった．そしてサービス経済への過程は，社会の変化，人口構造の変化，生活様式の変化によってさらに増幅されることになった．

基本的にいえば，市場経済に何がなしえて，何がなしえないのかという問題は，過去よりも現在の方がさらに明瞭になっている．EU人口の一定部分は市場価格でサービスを購入する余裕がない．それは上述の変化を説明する別の諸要因の一例であり，また，こうした変化が続くことがどのような結果をもたらすかは予測しえない．問題は，「サードセクター」がどれほど重要な存在となっているかをわれわれが最終的に認識するのかどうか，さらに，サードセクターの発展を促進するのに必要な手段をわれわれが創造しえるのかどうか，である．サードセクターはローカルコミュニティサービスにしばしば関与しており，また，産業の転換過程の副産物でもあるがゆえに，サードセクターの発展は地方開発と密接に関係しているのである．

1985年から1995年までの間に，この問題に対する私の立場が変化したことを私は認めなければならない．その主たる理由は，補完性原理により鋭敏

---

[2] 構造基金を通じて資金提供を受けていたため，共同体イニシアティブの主要な目的は，補助金間（域内地域間，都市間，NGO間，専門組織間等々）の国を越えた協力とその経験を集約することに置かれている．

に気づくようになったからである．このことが刺激となって，私は，市民に近いレベルで何をなしうるかを調査するようになった．私の見解が変化したことには，さらに 2 つの別の理由もあった．1 つは失業危機の深刻さであり，もう 1 つは，（インフラ整備や教育といった手段を通じて）経済活動に有利な環境を用意することで経済回復に弾みをつけるという考えには限界があるという事実であった．こうした 3 つの要因によって，どのように地方開発を促進するかを私はより真剣に考えるようになった．これは，逆説的ではあるものの，地方開発よりもグローバリゼーションの方が重要であると多くの専門家たちが考えている時期のものであった．とはいえ，グローバリゼーションも地方開発も，ともにつながったものとして取り組まれなければならない．この両者をつないで考えようとの試みが『成長・競争力・雇用』という白書だったのである．われわれはグローバリゼーションという制約を考慮する際，他方で，ローカルレベルでなしうることもまた無視されるべきではないと考えていた．大方の議論のなかで正しく理解されていたとは言い難いのが，まさに，転換過程ではグローバルレベルとローカルレベルとを融合させる必要があるという点であった．

4　EU レベルでのサードセクターへの貧困な認識

　欧州委員会の委員長になったとき，私は，協同組合，共済組合およびアソシエーションとの接触を熱心に続けた．そこで委員会内に専門家ユニットを設置して協同組合等との接触を保ち，その代表者の意見に耳を傾け，そこから得られる情報を適切に処理できるようにした．私はいつの日か，社会的経済が EU レベルでも認知されるようになるかもしれないと期待していた．しかしながら，その目標とはやや遠く，結局のところ，われわれの努力は私が期待したほどには実を結ばなかった．

　社会的経済に帰属する協同組合，共済組合，アソシエーションおよびその他の組織は，域内各地域の事例をよく捕捉しており，協同組合等の経験を伝えるために欧州委員会の関係部局（企業政策総局，社会問題・労使関係総局）に足を運んでいた．フランスでは，社会的農業共済組合（*Mutualité*

Sociale Agricole）が農村部開発に相当の努力を傾けていた．それは，たとえばさまざまなタイプの対人サービスの開発促進によって，あるいはまた在宅サービスの促進によって，農村部エリアの失業者たちを再統合しようと努力している．とはいえ，こうした組織は自らの考えを社会に知らしめることがうまくできず，したがって社会的なイノベーション運動の代表者としてうまく行動することもできなかった．われわれが想像するに，そのような意味での彼らの熱心さが足らないことについてはいくつか理由がある．しかし私見によれば，もっともありうる理由の1つは彼らの保守主義である．何を理由と考えるにせよ，社会的経済を形成する諸組織はそれぞれの特権と結びついており，お互いがお互いに懐疑の目を向け合う傾向をもっている．スポーツ用語で言い換えれば，彼らは相互にぴったりと「マーク」し合っているといわなければならない．社会的経済セクターはなるほど当該領域でイノベーションを起こしてはいるものの，各国レベルでもEUレベルでも，自らの政治的な力を保持しようと汲々としている．社会的経済はしたがって，1968年5月事件が切り拓いた貴重な機会や構造政策がもたらす測り知れない可能性を掴み損なっているのである．

　各地域・地方自治体は実際，協同組合，共済組合およびアソシエーションとの関係をもつ立場にあった．そして協同組合等の関心を刺激し，彼らにアイディアを提供した．これは，19世紀および20世紀初頭の状況とは顕著な対照をなしていた．すなわち，19世紀および20世紀初頭の社会的経済セクターはとりわけ革新的で，新しいサービスの創出や連帯の強化を通じて当時の社会の欠落を埋め合わせていた．新しい活動や新しいパートナーに向ける社会的経済の熱情は今では失われてしまったかのようである．こうした私の判断はやや厳しいかもしれない．しかしおそらく的確な判断ではあろう．

　サードセクターの構成要素をなす組織のなかから何の反応もないのは，おそらく，大規模な協同組合や共済組合といった［伝統的な］組織はすでに過ぎ去った産業化の時代に設立されたという事情によるのであろう．われわれが現在そこで暮らしている新しいサービス経済においては，そうした諸組織は忍耐を余儀なくされるような困難に置かれている．

　ヨーロッパ型のサードセクターを創出しようと努力していたとき，私はむ

しろ孤立感を抱いていた．私のソーシャリストとしての背景は北欧型ソーシャリズムであるけれども，支援を受けることはあまりなかった．北欧諸国には政府のあり方，社会的対話，社会的連帯，労働組合運動に関する独自のアイディアがあり，それがローカルイニシアティブの登場の伝導力になるという事実があるにもかかわらず，私の主張には誰も耳を貸さないということがしばしばであった．ここで1つだけ実例をあげておこう．私が欧州委員会で仕事をしていた最後の数年間に，スウェーデンの経営者団体がアソシエーションを設立し，そのメンバーであるマネージャーを新規開業の事業体に「貸し出す」ということがあった．実際，このマネージャーたちは週当たり5時間を費やして，相談者へのカウンセリング，事業の立ち上げ方とその維持・継続の方法の説明等々といった業務に携わった．スウェーデンの経営者団体による戦略的な取り組みは今では，社会的結束のためのヨーロッパ・ビジネス・ネットワーク（European Business Network for Social Cohesion）——欧州委員会の支援によって1994年に創設——の一部分を形成している．この実験的な取り組みは，スウェーデン国民の特有のメンタリティを典型的に示していた．北欧でのこのアプローチは，1980年代の欧州委員会にとってきわめて有用であっただろうし，この分野における欧州委員会の全般的な政策に示唆を与えることで将来的にも有用であり続けるであろう．

　この問題に対する社会的パートナーたちの態度についていえば，私は多少失望したと率直に認めなければならない．明らかに，彼らは当時，労働条件，採用問題，労働契約等々の悪化に悩んでいた．一般的にいって，彼らはマクロ経済的なアプローチに立つ傾向があった．したがって，さまざまな点で型破りなセクターにおける労働のあり方や活動に彼らが関心をもつはずもないというのは驚くに当たらない．しかし，ローカルレベルでは，とくにフィンランド，スウェーデン，デンマークにおける一定の労働組合組織がこの分野で活発であったとはいいうるであろう．

　振り返ってみると，私は，欧州社会基金（European Social Fund: ESF）にもっと注意を払っておくべきであった．私は改革を要求したものの，ESFをうまく説得することができなかった．私の改革提案は，通常の資金割当を滞りなくこなせばよいといった誘惑を基金の少なくとも20％については放

棄し，イノベーションを十分に奨励できるように柔軟に，そして広い用途に資金が活用できるようにすることであった．ESF の改革が進まなかった点は，私にとって今でも大きな悔いとして残っている．むしろ後になって，私は基金運用の硬直性に気づくことになった．というのは，1 人で何でもできるわけではないからである．われわれが試みてやれなかったのは，ESF を単一欧州議定書の精神に適合させることであった．その改革がなされていれば，地域開発と社会的経済との合流もスピードアップされたであろうし，さらに，域内から生まれてくるイニシアティブとは別個に，地方開発をめぐる現象に社会問題・労使関係総局が早い段階で気づくことにもなったであろう．

5 制度的な陥穽と新しい手段の必要性

　域内市場の完成にとって重要な局面となったのが各国法制と欧州標準との調和であり，ある場合には，企業の成長を支援する新しい法人格の採用と財・サービスの自由な移動との調和であった．協同組合やアソシエーションに関するかぎりでは，私は，欧州会社法の創設によって協同組合やアソシエーションといったタイプの組織がもっとポピュラーになるだろうと期待していた．会社法の目的は，調和のとれた発展だけではなく，発展それ自体を促進することにもあった．最も重要なことには，私は，各国レベルでの経験の集約によって付加価値を生み出せるだろうと期待し，さらに，最適な法人格や資金調達ルールの創設のために協同組織に関するドイツ，フランス，イタリアそれぞれの最良の形態を結合できるだろうと期待していた．

　しかしながら，1985 年以降の全般的な変遷を振り返ってみると，サードセクターに対してヨーロッパ的な制度的次元を与えようとする途上で数多くの障害が発生したというのが実態である．ブリュッセルでの最初の数年間に欧州会社法という考えを提起したとき，私は，いわゆる「社会的経済セクター」のためのヨーロッパ的な法制もありうると付け加えた．欧州委員会に［社会的経済のための］特別な部局を 1989 年に創設したのもその一環であった．しかし民間セクターの［営利］会社の場合とは違って，社会的経済セクターの場合，権力を保持しようとする各国政府，補完性原理やイデオロギー

的相違が原因となって困難が生じたというより，むしろセクターそれ自体が原因となって困難が発生したと私は考えている．「手段はすべて整っている．あなた方はなぜ新しい手段を創出したがるのか？」というような異議――私は 1970 年代のフランスでそれをすでに耳にしていたけれども――が 1980 年代のヨーロッパにおいて再び申し立てられるようになったのである．

　実は私は，「社会的経済」という用語をあまり好ましいとは思っていなかった．というのは，「社会的経済」という用語には，寛容さと結びつけられたり，収益性と同義である民間［営利］セクターと対比されたりという傾向があったからである．こうした用語法上のコンフリクトが原因となって，本質的な議論とイノベーションが抑制されていた．すなわち，寛容さをどう批判できるのか，あるいは対照的に，収益性からさらに何が期待できるのか，といった議論である．われわれはそれ以上前に進むことができなかった．われわれはパラダイムを転換し，媒介的なグレーゾーンが存在することを示さなければならなかった．ここでグレーゾーンとは，収益性と寛容さとを結合できる領域，あるいは哲学的な物言いをすれば，自律性と連帯性とを結合できる領域を指している．ローカルイニシアティブと社会的協同組合の登場によってこれを示すことができたのはかなり後になってのことであった．こうしてわれわれは，1 つの呼称を創り出すことができた．その呼称はいま現在存在し，それをめぐってわれわれは，ふさわしい法制的・財政的な支援策等々を決定するためにエネルギーを凝集し続けなければならない．

　もちろんわれわれは，以上のすべてを総体的に考えなければならない．たとえば，ボランタリーセクターは複雑な領域であり，各国それぞれで異なっているシステムも「アソシエーション」という言葉によって言及することは可能である．この言葉が，事実上の利潤追求企業であるものを隠蔽するために使用されてきたことも疑いえない．しかし同時に，その同じ言葉が，市場にも公共セクターにも無視されてきた新しいニーズをカバーするのに有効であったのも事実である．アソシエーションというこの領域は実に幅の広いものである．それゆえ，［伝統的なサードセクターという］保守主義からの非難は，「もしそれに関与するとしても，われわれはどうなるのか？」と言い立てる人々にしか当てはまらない．数年前にフランスで政府がアソシエーショ

ンに対する課税ガイドラインを告知したとき，そうした保守主義からの反応は歓迎というよりむしろ防衛的であった．

　ヨーロッパ型のサードセクターはここ5,6年間にわたって発展を遂げてきた．それが実践を通じての発展であったことは当然だとしても，しだいにネットワークを組んで研究を進めながらそれぞれの発見を比較しようと試みる研究者たちの援助も大きかった．こうした取り組みを私は歓迎している．というのは，法制的・財政的な支援策や政策について必要なものはすべて，良くも悪しくも「サードセクター」とわれわれが呼ぶものの発展のためにすでに機能しているとするプラグマティストたちの考え方を私は受け入れていなかったからである．公共政策，法制や課税規則の誤った適用によってサードセクターの発展が妨げられている，と私は考えている．発展のためのツールはなるほど存在してはいるものの，そのツールはさらに発展させられねばならないし，新しいツールの創出可能性をわれわれは否定すべきではない．しかし私の考えは少数派の意見でしかない．サードセクターにはきわめて大きな潜在力があるとしても，現在の形態のままでその潜在力が発揮されることは不可能だと，私は考えている．私はまた，ローカルレベルでのよりよい組織がなければ，労働の場における機会均等を達成することはできないし，サードセクターのよりよい組織がなければ，将来社会が必要とするであろう社会的連帯や社会的触れ合いを実現することもできない，という直感を抱いてもいる．純粋なサードセクターを創出することでこうした問題は解決されるはずなのに，それがまだ実際には行われずにいること，これに私は気づいている．われわれは，総体としての新しい領域を確立しなければならない．それは，リスクテイクを受け入れることを特徴とし，一定の租税誘因を必要とするような領域である．そこでは何らかの不正行為も疑いなく存在するであろうし，それゆえ規制も必要とされるであろう．こうした新しい領域の創出には，試みるだけの価値があると私は確信している．とはいえ，われわれは欧州レベルで着手すべきなのか．私にはまだ迷いもある．

参考文献

European Commission (1993), *White Paper on Growth, Competitiveness and*

Employment: the Challenges and Ways Forward into the 21st Century, OOPEC Supplement 6/93.

Jouen, M. (2000), *Diversité européenne: mode d'emploi*, Paris: Descartes et Cie.

IV 欧州サードセクターの理論:
  サードセクターの何を問題とするか

11
混合経済の新しいパラダイム
セクターの境界区分を再考する

ラルフ・M. クレーマー

1 序　論：セクター境界区分への批判

　1940年代後半から1980年代にかけて，合衆国では，非営利組織（non-profit organizations）の数が約5,000から1,400,000以上へと増加した．合衆国に類似した，非営利組織の急激な増大というパターンは，他の先進国や発展途上国を含む世界中でみられた．非営利セクター（non-profit sector）は，戦後「福祉国家の危機」と結びついた経済的・政治的諸条件のなかから生まれ，現代社会の政治経済の支柱とされる公共セクターと私的セクターとをつなぎ合わせてきた．

　非営利セクターの発展やその性格をどう説明するかについては，説明変数としての政府や市場の「失敗」，あるいは政府や市場への信頼という新古典派経済学のコンセプトに基づいて，経済学者たちがはじめて取り組んだ（Hansmann, 1987, 1996; Ortmann, 1996; Steinberg, 1997）．こうしたマクロ経済学モデルはしかしながら，割り当てられたいくつかの補完機能を超える，サードセクターの重要な側面を把握することができなかった．それは，サードセクターの規模や構成における国による違いを説明しなかったのである（DiMaggio and Anheier, 1990; Lifset, 1989）．経済学モデルに付随する還元主義，実証的循環性，倫理的鈍感さについてはこれまでも批判にさらされてきた（Hall, 1998; *Voluntas*, 1997, esp. pp. 97-119）．

　21世紀になっても，非営利セクターの発展やその性格をめぐって影響力を保持している理論的視点は組織の所有形態をベースとする視点にいまだと

どまっている．それは，市民社会の核として，さらには，対人サービスの供給や文化・芸術の促進にあたっての政府にとっての第1のパートナーとして，サードセクターが急速に制度化されていることを強調する点に典型的に現れている．しかし同時に，セクター境界の曖昧さ，そして，組織間の相互依存の広がりをみれば，所有形態をベースとするセクター境界区分モデルの有効性には以下の理由で疑問が残る．

第1に，非営利組織の数とタイプの急速な増加には，政府の資金提供――公共政策の遂行に際して，非営利組織の重要な役割を支援するものではあるものの――への非営利組織の依存が強まる傾向が伴っていたという点である．1980年代になって資金提供が縮減される以前は，アメリカ合衆国の非営利社会サービス組織は，伝統的なフィランソロピーからの収入――それは，非営利社会サービス供給組織の所得のわずか11％を占めるに過ぎなかった――の3倍にあたる収入を公共セクターから受け取っていた（Salamon, 1993）．

第2の傾向として，多くの行政機能の民営化がますます進められ，さらに，かつては非営利組織が支配的であった領域――保健医療，教育および社会サービスの領域――で急速に商業化や競争が席巻してきたことである（Adams and Perlmutter, 1991; Tuckman, 1998）．1980年代における政府からの資金提供の縮減を補うために，非営利組織では，入会金を徴収したり，サービスに料金を課したり，あるいは営利法人への転換を図ったりするようになった（Ryan, 1999; Salamon, 1993; Skloot, 1988）．別の非営利組織では，新しい組織形態を創出し，ハイブリッドあるいは擬似非営利組織として商業的子会社を設立するようにもなった（MaGovern, 1989; Scotchmer and Van Benschoten, 1999）．

同時に，さまざまな株式会社が非営利形態へ転換したり，非営利の子会社を設立したりといった事例もみられる（Claxton *et al.*, 1997; Gray, 1997; Kuttner, 1997; Weisbrod, 1998）．たとえば，この数十年間で，営利会社が病院，在宅医療，児童福祉，デイケア，麻薬治療といった分野でシェアを拡大している（Clarke and Estes, 1992; Geen and Pollak, 1999）．高等教育でも，私立大学の収入のおよそ3分の2が入学金と商業活動――1年間に10

億ドル近くを生み出している——による収入で賄われている（Weisbrod, 1998）．

このような営利会社の拡大や非営利組織における商業化の新しいパターンは，セクター間の収束やセクター間境界の曖昧化につながってきた．社会サービスのほとんどが，公共組織，民間組織，非営利組織のいずれかのタイプの組織によって供給されているか，あるいは供給されうるがゆえに，セクターという伝統的なコンセプトは理論的・分析的な効力をもはやほとんど失ってきた．「セクター」というコンセプトが政治言語において「象徴的な機能」を果たし続けるかもしれないとしても（Alford, 1992, p. 42），混合型社会的経済（mixed social economy）においては，もはや「セクターは，人工的な構成物に過ぎず，制度的な現実ではない」（Hall, 1992, p. 28）．

カウフマン（Kaufmann, 1991, p. 91）が1980年代後半のヨーロッパを描写するなかで述べているように，「相互に分離された領域としての『政府と社会』あるいは『公共と民間』という旧来型の区分が無意味となっている経済政策や社会政策の分野においては，公共アクターと民間アクターとの相互依存関係が広がっている」．アメリカ合衆国についても，ホール（Hall, 1992）が同様の見方をすでに提起していた．すなわち，セクター間の相互浸透はすでに定着した事実であり，相互浸透の範囲とその重要性を把握できるような方法論の案出こそが，サードセクター認識にかかわって重要な問題となっているのである（Hall, 1992, pp. 105-6）．

サードセクター理解への「導きための人工的な構成物」を現実的なものとみなし，サードセクターに特有の実体と一貫性を確認しようとする努力はみられるものの，そこでは，社会を構成する諸セクター間の境界——概念的，法制的，政治的，経済的，組織的な境界——をめぐる歴史的な変化がまったく無視されている．こうした境界というのはこれまでも常に，曖昧で，透過性のある，相互浸透的なものであった（Brody, 1996a; Musolf and Seidman, 1980; Young, 1999）．形態の異なる諸組織間の構造，役割およびパフォーマンスの相違を縮小させる別の要因として，「新しい管理技術」の一連の共通原理がセクターの境界を越えて広がっていることと並んで，同様の資金源，公共政策，規制への依存が増大していることがあげられる（Ferris and Graddy, 1989; Bielefeld and Galaskiewicz, 1998; Locke, 1996).

　境界をめぐる収束と相互浸透を対象とするセクター間関係についての実証研究はほとんど存在してこなかったものの，社会学的な説明がいくつも提起されてきた．しかしそこで使用される種々のコンセプトは，ネットワークシステム，生態システム，交換システム，開放システム等々にかかわる研究領域や，融合理論，コンティンジェンシー理論［環境適応理論：組織のあり方を相対的にとらえようとする立場から，組織をめぐる環境，組織の規模，技術等々の条件に適合的な組織編成を強調する組織論］，資源依存理論等々の組織論研究からの借用であり，場合によってはポストモダン理論からさえ借用されることもあった (Powell, 1990; Gronbjerg, 1993, pp. 309-10; Hatch, 1996; Boje et al., 1996). さまざまな産業における非営利組織の役割やパフォーマンスについてのセクターをまたがる比較研究に対して示唆を与える独立変数のなかには，規模，継続年数，構造，財政資源構造，意思決定およびガバナンスパターン，専門化とサービス技術といった諸要因がある．

　しかしながら，病院，老人ホーム，学校，大学およびデイケア施設や保育園といった社会サービスの研究によれば，それぞれの産業における諸組織は，当該セクターの他の非営利組織との共通点以上に，相互に共通点をもつようになっている (McGovern, 1989; Mauser, 1998; Krashinsky, 1998). たとえば，病院間の「所有関係にかかわる」相違も，病院をめぐる外部環境，立地条件や産業それ自体の条件——それは，きわめて競争的で，専門化され商業化されている——とより密接に関連している (Schlesinger, 1998; Wolf and Schlesinger, 1998).

　さらに，すべての組織は，所有形態のタイプにかかわりなく，需要と供給，依存する資源，組織間の協働や競争のパターンの変容といった，組織内外の環境変化に直面している．こうした環境変化を促す諸要因は，組織間の表面的な違いが組織形態上の種別の問題ではなく，程度の差に過ぎないことを結論づける傍証となっている (Brody, 1996b; Kramer, 1987).

　組織の所有形態は非営利組織の正統性になるほど寄与してきたけれども，営利組織と共存する領域での非営利組織のパフォーマンスは，特定産業やサービス分野の制度的・生態的な構造内部における競争，規模，同型化の程度

にしだいに依存するようになっているといえよう (Hammack and Young, 1993, pp. 398-419).

アンハイアーとザイベルが結論づけているように,「セクターの区別や複雑性の増大を強調すればするほど,セクターというコンセプトは全般的にその有用性をますます失っていく.……セクターへの組織の区分は結局のところ,厳密な実証的根拠に依拠しているというより,むしろ研究上の慣習に依拠しているに過ぎない」ということには十分な根拠がある (Anheier and Seibel, 1990, p. 381).

「セクター」という伝統的なコンセプトが今日では意味を失ってきていることは,以下のような事実によっても裏付けられる.すなわち,ヨーロッパにおける社会サービス供給システムは,さまざまな産業にもみられるように [セクターの異なる] 組織が混在しているにもかかわらず,[どのセクターに帰属する組織であるかの違いにかかわりなく] コストやサービスの質のコントロール,サービスの過剰あるいは過少利用といった不均等性や不効率性,サービスの断片化といった同じ問題に直面してきたのである (Evers and Svetlik, 1993). 近年の研究によれば,一国の非営利セクターの範囲と責任が大きくなればなるほど,それだけますます,通常は政府機構の属性とみられる官僚制的病理を同様に発生させることになりがちである (Kramer, 1981; Kramer et al., 1993).

その際,もし,組織の行動が必ずしも所有形態にはとらわれないようになってきたとするならば,対人サービス産業の研究には別のコンセプトが必要とされるようになる.そこで,セクターの境界をめぐる収束と曖昧化という考えに依拠し,セクター区分に基づく研究方法を補足・補完するのに有効な4つのパラダイムを取り上げてみよう.

2 対人サービスの政治経済学

第1のパラダイムは,対人サービスに関する政治経済学の視点である.そのルーツは,国民国家の登場とその経済の動態との関係を説明する18世紀のヨーロッパにある.しかし19世紀になって,社会科学の専門化が進んで

さまざまな専門分野が増殖したため，政治経済学は，社会科学の中心としての影響力をついには失うことになった．産業化社会の成長と発展をめぐる学際的研究の1つとして政治経済学が復活したのは20世紀後半になってからであった（Benson, 1975; Walmsley and Zald, 1970）．

1970年代の初頭になって，幅広い対人サービス産業で働く多くの人々，とくに学校卒業資格や職業資格をもっていない人々のために，新しい職業的肩書きやキャリアラインとともに，職業教育や職業訓練の新しいプログラムが開発された（Anderson et al., 1977; Stein, 1986）．数年も経たないうちに，「対人サービス」という言葉は，健康，教育，社会福祉といった幅広い領域で激増した専門領域をさす用語として最も頻繁に使用されるようになった．

急速に発展する対人サービス産業分野に関連する専門書や研究書の出版物の範囲は，教育，健康管理，行動（メンタル）ヘルス，対人社会サービス，生活扶助，雇用訓練，リハビリテーション，住宅，レクリエーション，社会開発といった数多くの専門分野に及んでいる（Wernet, 1994）．ほとんどの場合，対人サービス産業という定義のなかには，サービス供給組織とそのクライアントばかりでなく，資源を規制，調整，計画，供給したり，政策を提案・調整したりする，地方組織，政府組織，地域組織が含まれる（Dickens, 1996）．それぞれのレベルに多様なステークホルダーがいる．すなわち，クライアント，アドボカシー組織，専門家アソシエーション，資金提供者，各種委員会メンバー，調整団体や立法府等々である．対人サービス産業には，営利組織の子会社と同じように非営利会社（non-profit corporations）として自由に設立される公共的なサービス供給組織のような，非営利の性格と営利の性格を併せもった多様な混合型ハイブリッド組織も含まれる．

オースチンは，このような第1のパラダイムを例証する著書『対人サービスプログラムの政治経済学（*The Political Economy of Human Service Programs*）』（Austin, 1988, p. 15）のなかで，ポスト工業化社会では，対人サービスの範囲，仕組み，資金調達といった問題が戦争の回避や経済の管理と並んで，3つの決定的な社会的関心事のうちの1つになってきたと結論づけている．

対人サービス産業への営利サービス事業者の急速な参入に注意を促しなが

ら，オースチンは，「営利会社には，非営利組織や公共セクターが生産する対人サービスなら，いかなるタイプのサービスでも生産する技術的能力がある」と主張している (*ibid.*, pp. 235-7)．これは，理論的にはなるほど真実である．しかし，[民間] 老人ホームとさまざまな支援を受けた [公共的な] デイケアとを比較した実証研究のレビューによれば，どのようなサービス生産でも営利会社によって可能だとは簡単に結論できることではないし，またコスト面での営利事業者の優位性でさえ，サービスの質が問題になるときには消失する，ということであった (Gilbert, 1995, pp. 135-7)．実際，営利サービス事業者あるいは非営利サービス事業者の比較優位について，それを不変のものとして普遍化することなどほとんどできないという点は比較研究が示唆しているところである (Weisbrod, 1998, pp. 287-305)．

政治経済学のパラダイムの範囲と焦点は例外的といっていいほど幅広いものであり，諸組織と，それを取り巻く外部環境・仕事環境——それは，重要な資源をコントロールする，他の諸組織，圧力団体，ステークホルダーから成り立っている——との間の選択的な政治的・経済的な相互作用で成り立っている．政治経済学への関心が復活したことの1つの結果として，政治経済学を構成するさまざまな要素が広範囲にわたって拡散されてきた．その結果，「政治経済学」という用語は，1つの社会的過程から選択された政治的・経済的側面に焦点を合わせるコンセプトの収集として，ほぼ何でも描くものであるかのようにしばしば誤用されている (Roberts-DeGennaro, 1988; Knocke, 1990)．しかしながら本章で使用してきたように，「政治経済学」とは，オースチン (Austin, 1998) やハッセンフェルド (Hasenfeld, 1983, 1992) の典型的な研究にみられるとおり，組織化原理としての意味に限定されたものである．

「政治的」という言葉が組織に適用されるとき，それは，組織の権力や正統性が獲得され維持される過程，目標や任務が決定される過程，ガバナンスや監視のシステムが確立される過程といった諸過程に関連している．また「経済的」という言葉は，組織としてのサービステクノロジーに必要とされる諸資源——たとえば，資金，スタッフ，クライアント等——を獲得したり割り当てたりする過程，サービスの生産や供給のために分業を確立する過程

に関連している (Hasenfeld, 1983, pp. 31-2).

　対人サービス組織のなかでは，制度的ルールは，多様な利害関係グループ——たとえば，経営陣，スタッフ，寄付者，クライアント——間の交渉や相互作用の結果を，また組織の権力へのアクセスをめぐる多様な利害関係グループごとの相違を反映している．したがって，どのような政策を採用するか，サービステクノロジーをどのように実行するか，そして，意思決定の権力をどのように配分するか等々を決定するのは，組織**内部における**権力や経済的諸関係の変化である．セクター同士が影響し合う環境において自律性を維持するためには，組織というものは，資源調達やサービス供給システムに影響を与えるような諸力に対処しようとさまざまな政治的戦略——競争，協力および協働——を採ることになる（このような環境は，非営利組織として法人化される多くの利害グループがなぜ「民間政府機関」として描かれるのかを説明してくれるだろう）．政治経済学の視点からいえば，組織とは，必要な資源を所有するさまざまな利害関係グループやステークホルダーが自らの特有の価値の最大化をめざして競争する闘争の場として，あるいは開放システムとして認識されるものである．

　しかしながら，経済的な要因と政治的な要因との区別の難しさ，モデルにおける過度に抽象的なコンセプトと経済的な現実との区別の難しさが政治経済学モデルへの批判者によって指摘されている．また，経験的にみて複雑な組織上の諸問題を操作したり処理したりする際の諸課題も指摘されている (Hasenfeld, 1983, pp. 43-9)．さらに，価値やイデオロギー——価値やイデオロギーは，組織の行動に影響を与える権力や貨幣による思惑を超越しうるものである——の重要性を政治経済学モデルが過小評価しているとの意見もある．政治経済学は，対人サービスの実証研究に内在する障害——多くの分野でサービステクノロジーがまだ確立されていないこと，サービスの成果をどう定義するかについての合意やサービスの有効性をどのような基準に基づいて判断するかについての合意が欠落していること——を決して克服するものではない．こうした多くの弱点は，セクター間関係をめぐる研究にとっての適切で優先度の高い論点を取り上げたオースチンのリストに列挙されたものである．そこには，対人サービス産業について詳細な見取り図を描く研究，

労働力の調達, 行政の姿勢, 資源の流れ, 専門家のネットワーク, 多様な組織形態が混在するサービス供給システムといった論点が含まれている (Hasenfeld, 1983, pp. 240-4).

ハッセンフェルドは, 対人サービス組織に対する7つの別の理論的アプローチをレビューしてそれぞれの不十分性をトレースしたあとで, 次のように結論した. すなわち, 政治経済学という視点は, 他のいくつかのアプローチの主要テーマを総合する「中心的な枠組み」として, 理論形成の必須の諸条件を集約する最も近いところにいる (Hasenfeld, 1983, pp. 43-9). 他の理論的アプローチに比べて政治経済学パラダイムは, ハッセンフェルドの観点からすれば, 組織を特徴づける組織内外の政治的・経済的諸過程と組織に影響を与える利害関係者グループとを明確に関連づけるものなのである.

こうして政治経済学がもたらす諸コンセプトは, とりわけ, 諸セクターが入り組んでその相互依存と相互浸透によって特徴づけられる産業においては, 組織の外部環境や資源調達過程が1つの組織のサービス供給システムにどのように影響を与えるのかを理解するためにはとくに有用であるようにみえる.

3 市場経済の生態学

第2のパラダイムは, ハマックとヤング (Hammack and Young, 1993) が提起した別の理論枠組みであり, そこでは, 公共セクター, 民間営利セクター, 非営利セクターがそれぞれ, 市場経済において独立した活動の場を占めるものとして扱われる. 全体論的なこの視点は主として, ハナンとフリーマンによる先駆的な研究 (Hannan and Freeman, 1989) から引き出されたものである. 彼らは, (a)変化に抵抗する強い慣性の圧力が組織に存在する場合——すなわち, いつも通りのことをいつも通りにやり続けざるをえないと組織が感じている場合——について, また(b)不確実な環境が存在し, 変化が起こりそうな場合について, 生態学的分析の活用が有効だと強調した. これらの状況のもとでの基本的な前提は, 生物学的人口も組織人口も同じように行動するということである. したがって分析は, 1つのセクターの人口だけではなく, すべてのセクターの組織からなる人口に焦点がすえられる.

生態学的な研究とは，典型的にいえば，組織の誕生・発展・成熟という長期間にわたる組織人口のライフサイクルにおける規則性を探求するものである．奇妙なことに，こうした生態学的研究では，組織のライフサイクルにかかわる，政府の役割やイデオロギー的・政治的・経済的な影響に対して相対的にほとんど注意を向けることがない．例外は，シカゴにおける13の社会サービスおよびコミュニティ開発組織に関するグロンジャーグの集約的な研究であり，そこでは，［組織における］変化の緩慢さが明らかにされた (Gronbjerg, 1993)．グロンジャーグによる発見は，生態学的理論の核となる考え方——環境との関係がいったん確立されてしまうと，組織構造は，その基本的な性格をほとんど変更することなく持続するという考え方——を示している．

生態学的な分析が適用されたのは，たとえば労働組合全国組織，新聞，電話会社，ワイン醸造所，社会運動等々についての組織人口の加入率や脱退率に関する研究であった．しかしながら，対人サービス供給組織のライフサイクルを理解するためには，生態学的な影響力よりも政府のような制度的な影響力の方がはるかに重要であると指摘する研究者もいる (Hasenfeld, 1992, pp. 38-9)．

実証研究の膨大な集積をベースに，組織人口の長期的な変化に影響を与える4つの主要な社会的諸過程——①資金調達競争，②メンバーや他の資源，③組織の正統性，④組織の成熟化や組織を取り巻く環境的豊かさ，あるいは環境的制約——がこれまで研究されてきた (Hannan and Freeman, 1989, pp. 13-4)．そこでは，一産業内あるいは一国内における公共組織，民間営利組織，非営利組織の特有の混在のありようを説明するために，歴史的・社会的な影響力（政治的・技術的・文化的な影響力）が援用される．

たとえば，アメリカ合衆国での教育サービス，保健医療サービス，社会サービスの供給において，非営利セクターに区分される諸組織に多くの重要な活動の場が与えられてきたことについていえば，それは，こうしたサービスをめぐる政府役割の本質的な制約の結果であるとともに，教会と政府との歴史的な分離の結果でもある．また，非営利組織に他の活動の場が与えられる場合，それは，何らかの公的責任を政府が負わなければならない人々に対し

てサービスを供給するために，政府が非政府組織（non-governmental organizations）と契約することで政府による資金提供と非政府組織によるサービス供給とを分離するような社会政策に起因している．政治経済および市場経済における非政府組織の伝統的な活躍場面として，アドボカシー，イノベーションおよびボランタリズムの促進も含まれる（Boris and Steurle, 1998, pp. 3-30; Young, 1999）．

同時に，社会のなかでの同型化圧力によって，組織の所有形態をベースとして活動の場を明確に区分しようとのある種の要請はしだいに退けられていった（Bielefeld and Galaskiewicz, 1998; Clarke and Estes, 1992）．たとえば，公立であれ私立であれ，ほとんどの大学や病院はお互いに似通っているし，行動様式も類似している．さらに，一般の営利企業との類似点ももっている．いくつか例外はあるものの，同じような経営原則や経営技術が組織の所有形態の違いを超えて普遍性をもつようになっている（Boje et al., 1996; Locke, 1996）．目的が類似しているならば，非営利組織，営利会社，特殊法人，ハイブリッド組織等々その組織形態にかかわりなく，政府と契約を結んだり，政府からの助成金，補助金を受けたりすることがある．アメリカ合衆国における児童福祉の分野では，営利組織が，薬物乱用撲滅プログラムの主要な提供者であるだけではなく，在宅医療，デイケア，グループホームといった事業領域において州・郡政府との主要な契約相手となっている（Gilbert, 1995; Geen and Pollak, 1999）．（1996年法が議会で改定される以前には，政府関連組織はこうしたサービスを非営利組織からしか購入することができなかった．）

さて，どのような条件のもとで，生態学的モデルは役に立つのだろうか．一般的には，生態学的モデルは，同一産業あるいは同一分野──(a)取り巻く環境が相対的に安定しており，(b)参入・退出率が低く，(c)法人形態の違いにかかわりなく，フォーマル組織のほとんどが長期間にわたって官僚制的な構造をとっており，程度はさまざまであるとしても，その事業において，より企業家的，政治的，専門的，非宗教的であるような産業あるいは分野──における組織間ネットワークの研究にもっとも有効なモデルとなってきたといえる．

例外なくといっていいほどに，対人サービスのような産業における組織の混在がどのように発生し，どのような特徴をもっているかについてほとんど知られていないがゆえに，生態学的組織論のコンセプトを活用する機会は数多くある (Billis and Glennerster, 1998). そして，特有の社会サービス・保健医療サービスの特徴と，資金調達過程やサービス供給過程のさまざまな段階においてそれぞれの制度的諸形態がもっている相対的な強さ・弱さとの関係を研究する研究者もほとんどいなかった (Hammack and Young, 1993, pp. 401-2).

しかしながら，もし，多様なセクターからなる組織人口を1つの混合あるいは1つのネットワークとして考えてみるならば (Powell, 1990)，生態学的組織論は，とりわけマクロ的・メガ的観点から1つの産業における組織の生成・変化・低落・解散を研究するためのコンセプトの源泉となりうるであろう.

4 新制度主義

第3のパラダイムは，静態的な公私二元論を拒否する考え方である. その初期の研究者に，ブルース・L.R. スミス (Smith, 1975) がいる. スミスは次のように述べている.「『公共』セクターと『民間』セクターとの相互浸透が顕著に進んでいるため，こうした基礎的な区分——政治的レトリックや現代の対話がこの区分の基礎上で成り立ってきた——は現実を理解するための操作的な方法とはなりえなくなってきた」(Van Til, 1988, p. 95 からの引用). 1970年代半ばから1980年代にかけて，有力な社会科学者たち——Kenneth Boulding (1973), Severyn Bruyn (1977), Ira Sharkansky (1979), Perry and Rainey (1988)——がセクター間の境界の曖昧化に言及するようになった.

こうしたセクター間の境界の曖昧化は通常，構造的な同型化過程の原因でもあり結果でもあると考えられてきた. その過程で，非営利組織はますます官僚制化され，専門化され，商業化されてきた. ヴァン・ティルは，非営利セクターという概念が流布されていることについて，それはアメリカ社会に

おける構造的な同型化過程を説明できる概念ではないと結論し、さらに、すべての形態のボランタリー活動にとっての幅広い社会的文脈を表現するものとして「社会的経済」という概念を定式化した（Van Til, 1988, p. 167）。

ヴァン・ティル（Van Til, 1994）はこれに続く議論において、寄付者や仲介機関（たとえば、財団、事業者団体、大学付属研究センター、事業監査人）、他の非営利組織・慈善団体やその受益者（クライアント、メンバー、従業員、顧客）等々が主要な要因となっている環境のなかで、他の諸制度に取り囲まれてその影響を受ける1つの社会的制度としての非営利を描くにあたって全体論的なアプローチを採用した。社会的制度としての非営利というこの概念は、非営利組織への制度主義の数少ない適用例であり、さらに、パウエルとディマジオの編集による著作（Powell and DiMaggio, 1991）によって最もよく例証されたアプローチでもある。

社会科学における諸学派にはそれぞれ特有の制度観がある。とはいえ、「制度」の中核をなす明示的な意味は、規則（rules）・役割（roles）・関係（relationships）という3つのRである。3つのRはともに、個人の行動の属性や組織のインフォーマルな構造の属性というより、社会的に構成される抽象物である。意識的なデザインによる産物では必ずしもないとしても、制度とは、政策や経済と社会——明確で、当然とみなされる視点からみた社会——との相互につながった関係を映し出すものである（Meyer and Rowan, 1991, p. 8）。

さて、「新しい」制度主義が、社会科学者たちによる実証研究の膨大な集積のなかで探り当てられてきた。その多くは、制度主義という知的伝統の旧来形態の基礎上で成立したものである（DiMaggio and Anheier, 1990; Scott, 1995; Lowndes, 1996; Selznick, 1996）。新制度主義の枠組みを活用した事例研究や産業研究では、とりわけ博物館、カレッジやユニバーシティ、社会サービス供給組織、銀行、新聞社、商品市場、企業フィランソロピー、病院、学校、法律事務所、教科書出版社、職業団体等々が研究対象とされている。これらの研究はすべて、基本的な前提、すなわち、対象とする特定産業の制度的・生態学的な構造——競争や同型化の程度——が所有形態よりも重要性をもっているという前提から出発している（DiMaggio and Anheier,

1990).

　すでにふれたグロンジャーグ (Gronbjerg, 1993) によるシカゴにおける社会サービスとコミュニティ組織の研究は，制度的環境に対する開放システムとセクター間関係からのアプローチを試みる数少ない例の1つである．グロンジャーグは，生態学理論，コンティンジェンシー理論，資源依存理論，制度主義理論に基づくコンセプトの活用によって，資金調達関係をめぐる構造やタイプに影響を与える多様な要因を分析した．そこでは，セクター間の相互依存，競争，協働の諸パターンが組織の評判や資源，政府の規制，変化する資金調達環境への戦略的対応によって形づくられることが発見された．

　別の都市研究プロジェクトでは，フィーニー (Feeney, 1997) が経営問題に直面した5つの非営利組織の事例研究に新制度主義のコンセプトを適用した．フィーニーは，経営問題に対する非営利組織に特有の解決法の特徴を明らかにするために，伝統的な合理的‐官僚制的組織モデルよりもむしろ制度主義分析を活用した．また，非営利組織を，より大きな組織的システムやコミュニティシステム――それぞれが多様なステークホルダーを伴っており，同時に，組織相互間の垂直的・水平的ネットワークを含んだ1つの環境のなかに置かれている――に埋め込まれているものとみなした．こうして彼女は，組織の行動を決定づける文化的な要因――たとえば，構成員のなかの民族的・宗教的グループの存在，資金提供者，事業監査人やメンバーによる制約や要求――を明らかにできたのである．

　こうして，制度主義分析によって，組織を取り巻く複雑で動態的な環境を理解するためのツール，あるいは，1つの組織やその組織が関与しているシステムにおける内外の諸要素間の相互作用，すなわち標準的な組織分析では通常摑めない諸要因間の相互作用はもちろん，しばしば対立的な関係に立つ文化や価値観，多様な構成員やステークホルダーの役割配置等々を調査・分析するためのツールといった一連のツールの提供が可能となる．

　制度的行動を説明する主要な原理のうち，実証研究から確認できるのは以下の諸点である．(1)制度とは，最適状態とはいえない場合でさえ，イデオロギーや政府が守ろうとすればそのまま存続するものである，(2)労働市場，政府，企業には，それぞれが当然と考える期待や自己維持過程のために調整

を重視するという点で顕著な同質性がある，(3)ほとんどの組織には，その所有形態にかかわりなく，類似の問題に対しては類似の方法で対応するという傾向がある，(4)組織の構造とパフォーマンスは，資金調達，目標設定，規制にかかわる垂直的な組織間ネットワークによって形づくられる，(5)諸産業間の規制過程における大きな偏差は，政治的，経済的，組織的調整の相違を反映している，(6)現代社会における制度化されたルールの鍵をなす源泉は，政府，職業とその独特の神話や儀式，世論，1つの産業内の組織間ネットワーク等々のあり方にある．

　新制度主義は，政治経済学のように理論の凝集体を構成するものではない．すなわち，新制度主義には多様な視点が含まれており，そのうちのいくつかは相補的である．そしてその多様な視点は，フォーマルおよびインフォーマルな構造や制度の変化と安定に応じてそれぞれの重要性を変化させる．新制度主義にはまた，制度を創設して維持する際の合理性や規範遵守の行動がもっている役割の分析も含まれている (Lowndes, 1996)．

　制度主義分析は，組織の行動を理解しようとする他のアプローチに取って代わるものでは決してない．むしろ制度主義分析は，より大きな文脈をなして影響を行使するような環境に置かれている非営利組織を理解するための**統合的**アプローチを提供するものである．こうしたアプローチを駆使する研究はしかしながら，一方では諸個人の役割のみならず制度的な行動における変化や軋轢の重要性を軽視しているという理由で，他方では制度化，決定論および組織の同型化の程度を過度に強調しているという理由で，批判にさらされてきた (Reitan, 1998, pp. 298-9)．それでもやはり，新制度主義は，対人サービス産業やその構成要素を体系的に，そしてセクター間関係でとらえることを可能とさせるコンセプトや理論さらに実証研究の源泉として役立てることができる．新制度主義のような学際的なアプローチは，単独でも，あるいは政治経済学や組織生態学との結合によっても，組織の行動に関する有効な洞察を生み出しうるものである．

5 混合型開放システム

　第4のパラダイムは，福祉国家の混合経済を分析するために提起されたセクター間の相互作用という視点である．このパラダイムを導いた政治社会学に関して何よりもまず取り上げるべきは，欧州社会福祉政策研究センター（ウィーン）が出版した一連の研究である．それは，アメリカ合衆国ではあまり知られていないとはいえ，ヨーロッパではかなりの影響力を及ぼしてきた．たとえば，エバースらは，福祉国家の混合経済（mixed economy of the welfare state）を分析するための1つのパラダイムを提起している．そこでは，①政府，②市場経済，③ボランタリー組織からなる市民社会，④家政からなるコミュニティという4つのセクター間の相互作用が人間の福祉を決定する，とされる．この4つのセクターはすべて，多元的な福祉ミックスを計画し，組織化し，評価するにあたって必ず考慮されなければならないものである（Evers, 1991, 1995; Evers and Svetlik, 1993）．

　この枠組みにおいては，非政府組織や非営利組織が1つのセクターを構成するわけではない．むしろ，非政府組織や非営利組織は，**媒介領域**すなわち「市民社会における公共空間という次元」（Evers, 1995, p. 159）の一部とみなされる．この媒介領域の内部では，非営利組織は他のセクターとの関係を結び，その「社会的・政治的な役割がサービスの供給と同じ程度に重要になるだろう」（*ibid.*）．この媒介領域には，政府，市場，家政，ネットワーク，コミュニティ組織からもたらされる資源や合理性を組み合わせる多くのハイブリッド組織も含まれる．

　福祉の混合経済をめぐるここでの議論を過去30年間にイギリスで登場した福祉多元主義と区別するために，エバースは市民社会という19世紀型コンセプトの復活を生かそうとした．その市民社会には，非営利組織，他の形態をとる組織やアソシエーションが含まれている．さらにエバースは，多くの変数のなかから，少なくともヨーロッパでは「非営利であること」よりもより重要な差異である組織の規模を取り上げながら，非営利／営利の区別の重要性を最小化しようとしている（Evers, 1991, pp. 167-8）．彼はまた，イ

ンフォーマルな領域が排除されたり準フォーマルなコミュニティ組織が無視されたりする点をアメリカにおけるサードセクター論の重大な欠陥だとみなしている (Evers, 1995, p. 170).

エバースとスベトリック (Evers and Svetlik, 1993, pp. 1-50) が提起する福祉ミックスという核をなすコンセプトは, 以下のような4つの政策上・研究上の機能を果たすことができる. (1)福祉問題についての責任の源泉——そのすべてが政府に関係しているわけではない——に対する分析的・歴史的・社会政治的アプローチとして, また福祉ミックスを変革する手段として, (2)各国におけるセクターを超えた組織の多様な結合が経験的にみてどのような長所と短所をもっているか, そして組織の結合が各セクターにおいてどのような歴史的な役割を果たしたのかを明らかにするための記述ツールとして, (3)それぞれの組織形態が孕んでいる潜在的可能性や限界——たとえば, 政府は平等性と均一性にとって最良の組織であるとしても, 特有のニーズに対応するにはそのスピードがあまりにも遅い. 非営利組織は文化的・社会的なマイノリティグループのニーズには感応的であるとしても, 地域社会における不平等を是正するには通常, 有効な組織ではない——を評価するためのアプローチとして, (4)たとえば, 社会サービスセクターにおける諸アクター間における責任の変化, すなわち, 社会サービスの生産や供給にかかわるフォーマルアクターおよびインフォーマルアクター間の責任の変化といった社会政策上のさまざまな政治的コンセプトの記述ツールとして.

おそらく, 福祉ミックスというコンセプトがもっているもう1つの利点はイデオロギー的なバイアスや公私二元論というステレオタイプを回避できるところにある. そして, 政治経済学と同様, 混合型開放システムアプローチには, 研究のための変数選択の点で十分な柔軟性がある. また, 文化という文脈を包含する多元的な協働型アプローチも, 各国比較研究にとってはとりわけ有効である. たとえば, アメリカ合衆国では非営利組織への政府支援の効果に関する研究が一般に関心の高いテーマであるのに対し, ドイツやノルウェー——その度合いはドイツほどではないものの——では, 非営利組織は政府ベースのルールや偏狭な専門家主義への服従を再生産するに過ぎないとされる, というように各国ごとに違いがあるからである (*ibid.*, p. 25).

このような福祉の混合経済という概念は，幅広い研究，とりわけ高齢者向けサービスに関する研究で旺盛に適用されてきた（Evers and Svetlik, 1993 を参照）．サードセクター組織を媒介領域に「引き戻し」，媒介領域のなかにサードセクター組織を再配置することによって，福祉の混合経済という枠組みは，コミュニティや社会における組織間ネットワークによる混合的で相互依存的な支援の重要性に注意を向けるのである．このような福祉の混合経済という視点には，少なくとも6つの利点が認められる．第1に，福祉の多元的な政治経済の簡潔な表現である「福祉ミックス」というコンセプトは，サービス運営にあたって資金調達とサービス供給とを分離しない唯一のアクターが政府であるという前提を修正するのに役立つ，という点である．この前提は，公共政策実施のために実に多様なタイプの非政府組織が幅広く活用されているにもかかわらず，福祉国家の国際比較研究のほとんどでいまだにベースとされている（Kramer, 1994）．

第2に，福祉ミックスというコンセプトはサービス産業やサービス領域への新しい事業体の参入を強調するのに活用できる，という点である．ワイズブロド（Weisbrod, 1998）は例外としても，ほとんどの研究者は公共領域の民営化が継続的に進行していることを無視してきたし，また，かつては政府や非営利組織しかアクターとして存在しなかった福祉経済においてその数を増やし続けている営利組織の実績を研究してこなかったように思われる．

第3に，対人サービス供給における混合（ミックス）というコンセプトは，政府が公共サービスをめぐる標準の設定，規制やモニタリングの実施，公共サービス供給の評価といった責任を果たすにあたり，政府にとって利用可能な社会政策の選択範囲に注意を向けさせるのに活用できる，という点である．

第4に，こうした福祉ミックスの研究は，家族，隣人やボランティアといったインフォーマルな諸要素を含んだコミュニティという環境のなかでサービス供給のために多様な組織がどのように組み合わせられうるかという点はもとより，それぞれの組織形態が孕んでいる制約や潜在的可能性をより正確に理解することに寄与しうる，という点である．

第5に，［福祉ミックスというコンセプトに依拠すれば］各国の当該産業における多様なタイプの組織間で，それぞれの役割や責任がどう変化しているの

かを分析することによって国際比較が可能となる,という点である.たとえば,営利企業,非営利組織やインフォーマルネットワークが政府のサービス供給機能に代替したり,それを補完・補充したりする場合の利点や限界の分析を通じた国際比較である.

最後に第6として,混合(ミックス)すなわち多元主義というコンセプトによって,政府,非営利組織,営利会社,インフォーマルセクター間のそれぞれの機能上の責任パターンについての構造的な限界や潜在的可能性だけではなく,サービス供給をめぐるそれぞれの利点や短所に関する研究と議論が促進できる,という点である.

6 結　論

営利組織と非営利組織とが共存するような対人サービス産業において,組織のパフォーマンスを決定づける最も重要な決定因の1つは所有形態であると一般的に考えられてはいるものの,その実証的な根拠はほとんどない.産業,時期,文脈や規模によってさまざまでありうるコストや質についていえば,研究上の発見のほとんどはせいぜいのところ曖昧なままである(Kamerman and Kahn, 1989, pp. 34-5).営利組織と非営利組織それぞれのパフォーマンスに有意な相違がみられた領域では,その違いは所有形態によってというより,組織内外の環境における諸変数によってより確実に説明されうる.こうした変数には,規模,年数,競争,需要・供給,サービステクノロジーが含まれる.所有形態のタイプはしかしながら,管理者と従業員にインセンティブを与え,クライアントの認識に影響を与え,規制機関の活動を決定づけるというかぎりでは,組織の行動に影響を与えるかもしれない(Weisbrod, 1998).

セクター間の境界が曖昧化することによって,セクター区分に基づく分析方法が非営利組織のパフォーマンス分析にどれほど有効でありうるかという,さらなる課題が生まれてきた.われわれはこれまで,セクター区分に基づく分析方法に代位するのではなく,その弱点を補足しうる最も有望だと考えられる4つの新しいパラダイムを取り上げてきた.

今日まで，政治経済学のコンセプトを非営利組織研究に適用する研究者はほとんどいなかった．その例外がデビット・オースチンである．彼は，対人サービス研究のための典型となるような総合的な政治経済学モデルを発展させてきた．オースチンの仕事は，対人サービスという特有の産業を研究するにあたって政治経済学の枠組みが有効に活用できることを提示したという点で，卓越した認識というに値するものである．政治経済学から引き出されるコンセプトは，サービス供給システムを特徴づける資源の獲得をめざして組織がどのような戦略を採るのかを研究するためにはとりわけ適合的である．組織的行動の鍵をなす原動力としての権力に焦点を合わせる場合には，政治経済学のコンセプトは，内外の利害関係グループが競争したり，資源——それは，組織が自らの目標に向かって努力することを可能ならしめるものである——に影響を与えたりする独特の方法を明らかにすることができる．1つのモデルとしていえば，政治経済学のコンセプトは1つの組織，1つの産業あるいは1つの産業の構成要素の研究に適合的である．それでもやはり，政治経済学パラダイムのもつ抽象度の高さ，対象範囲の広さや複雑性は，産業内部の研究においてさえその活用をためらわせるかもしれない．

おそらく組織理論は組織のライフサイクルについて相対的にはこれまでほとんど言及してこなかったため，生態学から生まれたコンセプトが組織人口の多様性をめぐるセクター間のマクロレベルの研究に適用されてきた．組織の生成・変化・解散に焦点を合わせたテクニカルで専門的な方法論を採用することによって，組織生態学はとくに，外部環境が相対的に安定している組織の研究に適している．また，すべてのセクターの諸組織間に均衡に向かう傾向がある産業の研究にも適している．組織の設立率・解散率や組織の変化に適応可能な戦略のいずれかに作用する主要な要因にかかわる問題に限定するならば，組織生態学はさらに有効である．

非営利セクターへの新制度主義を適用する試みはまだ初期段階にある．膨大な文献を当たってみても，その大部分が，政府組織，企業・産業組織といったさまざまなタイプの組織に関する事例研究である．しかし，制度主義的なコンセプトは対人サービス組織の多様なタイプに適用可能である．またこうしたコンセプトは，大きな文脈をなす事業環境のもとでは，諸組織の統合

的な研究における他の分析方法と結合することも可能であろう．しかしながら一般的にいえば，制度主義分析は，組織転換の動態性よりも，むしろゆるやかに生まれてくる変化の安定性を説明するのにより有効である．

混合型開放システムモデルは多くの点で，これまで述べてきた4つの分析枠組みのなかではおそらく最も有望な枠組みである．とりわけ，サービス分野の小規模組織を対象とする研究にとってはそうである．エバースと彼の研究グループは，福祉の混合経済（mixed welfare economy）という文脈の枠内でどのような政策課題を再提起できるのか，さらに，特定産業やサービス分野あるいは問題領域における社会政策の選択範囲という観点から，どのような政策課題を組み立てなおすことができるのか，その方法について数多くの実例を提示している．

営利組織やハイブリッド組織がそのなかに存在するある産業に関心を向ける場合，産業内における混合（ミックス）というコンセプトは，規模，年数，サービステクノロジーや競争といった組織にかかわる諸変数と法人形態との関係への洞察のみならず，それぞれの法人形態が孕む制約や潜在的可能性のより詳細な描写を可能とさせてくれるものである．

最後に，スベトリックの所説を紹介して結びとしよう．「社会政策にとってまさに問題なのは……いずれのセクターを選択するかではなく，どのようにして経済的にも社会的にも最も効果的にセクター間を結びつけるかである」（Svetlik, 1991, p. 11）．新三千年紀の始まりにあたって「専門家，行政官，政策立案者，利害関係者グループに求められる課題は，それぞれのセクターへの支援，調整，規制の適切な形態を発見することであり，民主的な公共のあり方もケアサービスに対する個人による効果的なコントロールもともに受け入れて双方を促進するようなサービス供給事業者を発見することである」（*ibid.*, p. 14）．

参考文献

Adams, C. and F. Perlmutter (1991), 'Commercial venturing and the transformation of America's social welfare agencies', *Nonprofit and Voluntary Sector Quarterly*, 20 (1), 25-38.

Alford, R. (1992), 'The political language of the nonprofit sector', in R. Merelman (ed.), *Language, Symbolism, and Politics: Essays in Honor of Murray Edilman*, Boulder, Colorado: Westview Press.

Anderson, W., B. Frieden and M. Murphy (eds) (1977), *Managing Human Sevices*, Washington, DC: International City Managers Association.

Anheier, H. and W. Seibel (eds) (1990), *The Nonprofit Sector: International and Comparative Perspectives*, Berlin and New York: de Gruyter.

Austin, D. (1988), *The Political Economy of Human Service Programs*, Greenwich, Connecticut: JAI Press.

Benson, K. (1975), 'The interorganizational network as a political economy', *Administrative Science Quarterly*, 20, 229–49.

Bielefeld, W. and J. Galasliewicz (1998), *Nonprofit Organizations in an Age of Uncertainty: a Study of Organizational Change*, Hawthorne, NY: Aldine de Gruyter.

Billis, D. and H. Glennerster (1998), 'Human services and the voluntary sector: a theory of comparative advantage', *Journal of Social Policy*, 27, 77–98.

Boje, D., R. Gephart and T. Thatchenkery (eds) (1996), *Postmodern Management and Organization Theory*, Thousand Oaks, California: Sage Publications.

Boris, E. and C. Steurle (eds) (1999), *Nonprofits and Government: Collaboration and Conflict*, Washington, DC: Urban Institute Press.

Boulding, K. (1973), *The Economy of Love and Fear*, Belmont, California: Wadsworth.

Brody, E. (1996a), 'Agents without principals: the economic convergence of the nonprofit and for-profit organizational forms', *New York Law Scool Law Review*, 40, 457–536.

Brody, E. (1996b), 'Institutional dissonance in the nonprofit sector', *Villanova Law Review*, 41, 433–504.

Bruyn, S. (1977), *The Social Economy*, New York: Wiley.

Clarke, C. and C. Estes (1992), 'Sociological and economic theories of markets and nonprofits: Evidence from home health organizations', *American Journal of Sociology*, 97, 945–69.

Claxton, G., J. Feder, D. Shactman and S. Altman (1997), 'Public policy issues in nonprofit conversions: An overview', *Health Affairs*, 16 (2), 9–28.

Dickens, P. (1996), 'Human services as service industries', *Service Industries Journal*, 16 (1), 82–91.

DiMaggio, P. and H. Anheier (1990), 'The sociology of nonprofit organizations and sectors', *Annual Review of Sociology*, 16, 137–59.

Evers, A. (1991), 'Shifts in the welfare mix', *Eurosocial*, 57/58. 7–8.

Evers, A. (1995), 'Part of the welfare mix: the third sector as an intermediate area', *Voluntas*, 6, 159–82.

Evers, A. and I. Svetlik (eds) (1993), *Balancing Pluralism: New Welfare Mixes in*

Care for the Elderly, London: Avebury.
Feeney, S. (1997), 'Shifting the prism: case explications of institutional analysis in nonprofit organizations', *Nonprofit and Voluntary Sector Quarterly*, 26, 489-508,
Ferris, J. and E. Graddy (1989), 'Fading distinctions among the nonprofit, government, and for profit sectors', in V. Hodgkinson, R. Lyman and associates (eds), *The Future of the Nonprofit Sector*, San Francisco, California: Jossey-Bass, pp. 123-39.
Geen, R. and T. Pollak (1999), 'The changing role of the nonprofit sector in providing child welfare services in Maryland: the potential impact of managed care', 'Crossing the Borders', working paper, Spring Research Forum, Independent Sector, 229-48.
Gilbert, N. (1995), *Welfare Justice: Restoring Social Equity*, New Haven, Connecticut: Yale University Press.
Gray, B. (1997), 'Conversion of HMOs and hospitals: what's at stake?', *Health Affairs*, 16 (2), 29-47.
Gronbjerg, K. (1993), *Understanding Nonprofit Funding: Managing Revenues in Social Service and Community Development Organizations*, San Francisco, California: Jossey-Bass.
Hall, P.D. (1992), *Inventing the Nonprofit Sector and Other Essays on Philanthropy. Voluntarism, and Nonprofit Organizations*, Baltimoa, Maryland: Johns Hopkins University Press.
Hall, P.D. (1998), 'Review of R. Kuttner, 1997, Everything for Sale', *Arnova News*, 26 (3), 9.
Hammack, D. and D. Young (eds) (1993), *Nonprofit Organizations in a Market Economy*, San Francisco, California: Jossey-Bass.
Hannan, M. and J. Freeman (1989), *Organizational Ecology*, Cambridge, Massachusetts: Harvard University Press.
Hansmann, H. (1987), 'Economic theories of nonprofit organizations', in W. Powell (ed.), *The Nonprofit Sector: A Research Handbook*, New Haven, Connecticut: Yale University Press, pp. 27-42.
Hansmann, H. (1996), *The Ownership of Enterprise*, Cambridge, Massachusetts: Harvard University Press.
Hasenfeld, Y. (ed.) (1983), *Human Service Organizations*, Englewood Cliffs, New Jersey: Prentice-Hall.
Hasenfeld, Y. (ed.) (1992), *Human Service as Complex Organizations*, Newbury Park, California: Sage Publications.
Hatch, M.J. (1996), *Organization Theory: Modern, Symbolic, Integrative in Post-Modern Perspectives*, New York: Oxford University Press.
Kamerman, S. and A. Kahn (eds) (1989), *Privatization and the Welfare State*,

Princeton, New Jersey: Princeton University Press.
Kaufmann, F.X. (1991), 'The blurring of the distinction "state v. society" in the welfare state', in F.X. Kaufmann (ed.), *The Public-Sector Challenge for Coordination and Learning*, Berlin: de Gruyter, pp. 152-64.
Knocke, D. (1990), *Organizing for Collective Action: the Political Economies of Associations*, Hawthorne, NY: Aldine de Gruyter.
Kramer, R., H. Lorentzen, W. Melief and S. Pasquinelli (1993), *Pricatization in Four European Countries: Comparative Studies in Government - Third Sector Relationships*, Armonk, New York: M.E. Sharpe.
Kramer, R.M. (1981), *Voluntary Agencies in the Welfare State*, Berkeley, California: University of California Press.
Kramer, R.M. (1987), 'Voluntary agencies and the personal social services', in W. Powell (ed.), *The Nonprofit Sector: A Research Handbook*, New Haven and London: Yale University Press, pp. 240-57.
Kramer, R.M. (1994), 'Voluntary agencies and the contract culture: dream or night-mare?', *Social Service Review*, 68 (1), 33-60.
Krashinsky, M. (1998), 'Does auspice matter? The case of day care in Canada', in W. Powell and E. Clemens (eds), *Private Action and the Public Good*, New Haven and London: Yale University Press, pp. 114-23.
Kuttner, R. (1997), *Everything for Sale: the Virtues and Limits of Markets*, New York: Knopf.
Lifset, R. (1989), 'Cach cows or sacred cows: the politics of the commercialization movement', in V. Hodgkinson, R. Lyman and associates (eds), *The Future of the Nonprofit Sector*, San Francisco, California: Jossey-Bass, pp. 140-67.
Locke, R. (1996), *The Collapse of the American Managerial Mystique*, London: Oxford University Press.
Lowndes, V. (1996), 'Varieties of new institutionalism: a critical appraisal', *Public Administration*, 74, Summer, 181-97.
Mauser, E. (1998), 'The inportance of organizational form: parent perception versus reality in the day care industry', in W. Powell and E. Clemens (eds), *Private Action and the Public Good*, New Haven and London: Yale University Press, pp. 124-36.
McGovern, J. (1989), 'The use of for-profit subsidiary corporations by nonprofits', in V. Hodgkinson, R. Lyman and associates, *The Future of the Nonprofit Sector*, San Francisco, California: Jossey-Bass, pp. 168-82.
Meyer, J. and B. Rowan (1991), 'Institutionalized organizations: Formal structure as myth and ceremony', in W. Powell and P. DiMaggio (eds), *The New Institutionalism in Organizational Analysis*, Chicago, Illinois: University of Chicago Press, pp. 41-62.
Musolf, L. and H. Seidman (1980), 'The blurred boundaries of public administra-

tion', *Public Administration Review*, March/April, 124-30.

Ortmann, A. (1996), 'Modern economic theory and the study of nonprofit organizations: Why the twain shall meet', *Nonprofit and Voluntary Sector Quarterly*, 25, 470-84.

Perry, J. and H. Rainey (1988), 'The public-private distinction in organization theory: a critique and research strategy', *Academy of Management Review*, 13 (2), 182-201.

Powell, W. (1990), 'Neither markets nor hierarchy: network forms of organization', *Research in Organizational Behavior*, 12, 295-336.

Powell, W. and P. DiMaggio (eds) (1991), *The New Institutionalism in Organizational Analysis*, Chicago, Illinois: University of Chicago Press.

Reitan, T. (1998), 'Theories of interorganizational relations in the human services', *Social Service Review*, 72, 285-309.

Roberts-DeGennaro, M. (1988), 'A study of youth services from a political economy perspective', *Journal of Social Service Research*, 11 (4), 61-73.

Ryan, L. (1999), 'The new landscape for nonprofits', *Harvard Business Review*, 77 (1), 127-35.

Salamon, L. (1993), 'The marketization of welfare: changing nonprofit and for-profit roles in the American welfare state', *Social Service Review*, 67 (1), 16-39.

Schlesinger, M. (1998), 'Mismeasuring the consequences of ownership', in W. Powell and E. Clemens (eds), *Private Action and the Public Good*, New Haven, Connecticut: Yale University Press, pp. 85-113.

Scotchmer, K. and E. Van Benschoten (1999), 'Nonprofit pursuit of commercial ventures: Implications for nonprofit public purpose', 'Crossing the Borders', working papers, Spring Research Forum, Independent Sector, 397-418.

Scott, W. (1995), *Institutions and Organizations*, Thousand Oaks, California: Sage Publications.

Selznick, P. (1996), 'Institutionalism "old" and "new"', *Administrative Science Quarterly*, 41, June, 270-78.

Sharkansky, I. (1979), *Whither the State? Politics and Public Enterprise in Three Countries*, New Jersey: Chatham House.

Skloot, E. (1988), *The Nonprofit Entrepreneur*, New York: The Foundation Center.

Smith, B.L.R. (1975), *The New Political Economy: The Public Use of the Private Sector*, New York: Wiley.

Stein, H. (ed.) (1986), *Organizations and the Human Services: Cross-Disciplinary Reflections*, Philadelphia: Temple University Press.

Steinberg, R. (1997), 'Overall evaluation of economic theories', *Voluntas*, 8, 179-204.

Svetlik I. (1991), 'The future of welfare pluralism in the postcommunist countries', in A. Evers and I. Svetlik (eds), *New Welfare Mixes in Care for the Elderly*, Vienna: European Center for Social Welfare Policy and Research, pp. 13–24.

Tuckman, H. (1998), 'Competition, commercialization and the evaluation of nonprofit structures', *Policy Analysis and Management*, 17, 165–74.

Van Til, J. (1988), *Mapping the Third Sector: Voluntarism in a Changing Social Economy*, New York: The Foundation Center.

Van Til, J. (1994), 'Nonprofit organization and social institutions', in R.D. Herman and associates (eds), *The Jossey-Bass Handbook of Nonprofit Leadership and Management*, San Francisco, California: Jossey-Bass, pp. 44–64.

Voluntas, 8 (1997), Special Issue on Economic Theory, 93–204.

Walmsley, G. and M. Zald (1970), *The Political Economy of Public Organizations*, Lexington, Massachusetts: D.C. Heath.

Weisbrod, B. (ed.) (1998), *To Profit or Not to Profit: The Commercial Transformation of the Nonprofit Sector*, New York: Cambridge University Press.

Wernet, S. (1994), 'A case study of adaptation in a nonprofit human service organization', *Journal of Community Practice*, 1 (3).

Wolf, N. and M. Schlesinger (1998), 'Access, hospital ownership, and competition between for profit and nonprofit institutions', *Nonprofit and Voluntary Sector Quarterly*, 27, 203–36.

Young, D. (1999), 'Complementary, supplementary or adversarial? A theoretical and historical examination of nonprofit–government relations in the US', in E. Boris and C. Steuerle (eds), *Nonprofits and Government: Collaboration and Conflict*, Washington, DC: Urban Institute Press, pp. 31–67.

12
社会的企業による社会サービスの供給
ハイブリッド組織の貢献可能性と市民社会

アダルベルト・エバース
ジャン-ルイ・ラヴィル

1 序　論

　現代の先進社会では，生活セクターや経済活動領域の全般にわたって，ますますその重要性を増しているサービスの「高度化」傾向が大きな特徴となっている．将来予測によれば，いわゆる「先進」諸国では，サービスセクターにおける雇用が近い将来，すべての雇用の3分の2を占める可能性がある（Baethge and Wilkens, 2001）．本章では，「社会サービス」に焦点を当てる．社会サービスとは，政治の世界からみて，個人にとってのみならずグループ，ローカル社会，全体としての社会にとっても価値あるものと考えるサービスのことである．このような定義による社会サービスは，保健医療・社会的介護サービスといった福祉サービスの中核領域を超えるものであり，文化・教育サービスをも含んでいる．社会サービスが生み出す外部性（externalities）や社会的共通益（collective benefits）の重要性を前提としていえば，社会サービスに影響を与える公共政策――その範囲は，強い規制をはじめ，政府・公共セクターによる直接的な資金提供や社会サービス生産にまで及ぶ――は大きなインパクトを与えうる．

　ほとんどの先進諸国では，サードセクター組織の役割は，とりわけサービス供給者としての役割に関するかぎり，社会サービスの発展と密接に関連している．サードセクター組織が，新しいアイディアの先駆的な提起者としての特有の役割を果たしたり，あるいは行政とのギャップを埋める組織として，行政と協力したり，サービス供給者としての準政府的な役割さえ果たしたり

するのは社会サービスの領域においてである．しかしながら，サービス供給となると，変化するのは行政やサードセクター組織の特定の役割ばかりではない．最近の数十年間に，たとえば保健サービス，教育サービス，社会的介護サービスのように，社会サービス供給における市場や個々の消費者の役割がますます大きくなってきた．その結果，社会サービスをどうデザインするか，誰がサービスの費用負担をするか，サービスをどう運営管理するか等々の問題となると，いずれの福祉国家においても，不安定な状況，より積極的な言い方をすれば，まったく手付かずの状況が広がってきたとおそらくいわざるをえない．すなわち，福祉国家は，市民に対して社会サービスを保証するためにどの程度まで資金提供やサービス供給の両方またはその一方をなしえるのか，あるいは市場はいかなる役割を果たすべきなのか，同様に，市民社会やサードセクターはいかなる役割を果たすべきなのか，といった問題である．

　以上のような議論を中心に，本章では，ステレオタイプの2つの視点や解答を克服するのに**ハイブリッド組織**や**社会的企業**という概念がなぜ有効でありうるのかを明らかにしてみたい．その2つとは，第1に，「市場，家族，政府」を「福祉の三本柱」と定義し，それゆえ社会的アソシエーションやサードセクターの役割を簡単に除外してしまうような，福祉研究の研究者間に広く受け入れられている考え方である（Esping-Andersen, 2002, p. 11）．社会サービスの未来はしたがって，政府と市場による資金調達／サービス供給という両軸をベースに位置づけられる．おそらく，市民や市民社会およびサードセクターはここでは，サービス供給の単なる一時的な「もう1つの」形態としかみなされない．第2に，サードセクターの研究者や実践家の多くに浸透している視点であり，彼らは，「市民」社会のさらなる展開を，という視点を共有している（福祉サービスの問題に関しても，そうである）．アンハイアーら（Anheier *et al.*, 2001, p. 3）が明らかにしてきたように，一定の文脈においてサードセクターが占めるべき「当然のレベル」といった類のものが存在するのかどうかという疑問がある．「1つの国で，サードセクターによるサービス供給量がどれほど必要か」（*ibid.*）という問題に解答を与えるには十分な証拠がまだ揃っているわけではない――彼らのこうした観点を

われわれも共有する．とはいえ同時に，市民社会の強さの程度を1つのセクターとしての規模と結びつけて考えるような見方については同意するものではない．そうではなく，市民社会，サードセクター，社会サービスをどう結びつけるかに関する別の分析が可能だと考える．すなわち，分析の焦点は各セクターそれ自体というより，セクター間の原理をどう組み合わせるかにこそあるのであって，その分析は，公共領域全般を通じた社会サービスの「市民化」を強調するものである．本章ではこうした議論を，3つの論点を踏まえて展開するつもりである．

まず第1の論点は，社会サービスの分野では，ニーズやユーザーの地位に変化――それは，「近接性（proximity）」や関係性といった対人社会サービスに特有の性格と相関関係にある――が認められるという点である．こうした変化は「福祉ミックスへの転換」(Evers, 1990) に寄与してきた．セクター間を截然と区分する伝統的な方法，すなわち，市場ベースや政府ベースか市民社会領域／サードセクターベースかといった二者択一でサービス供給単位を設定する方法がもはや不十分であることについてはすでにその兆候が現れている（第2節）．

第2の論点は，サービス供給システムの混合的な性格がますます強くなり，それが，社会サービスの内的構造と特定の供給制度それ自体に影響を与えているという点である．過去数十年間にわたって政府と市場を混合する制度が普通であったとしても，サードセクターという第3の要素があまりにしばしば見過ごしにされてきた．すなわち，アソシエーションや多様な形態のコミュニティを伴った市民社会の存在，そして，多くの社会サービス供給組織の「ハイブリッド」構造と呼ばれてきたもののなかにある市民社会の存在が見逃されてきたのである．しかしながら，ハイブリッド化過程の現代的な形態やその帰結も，とりわけハイブリッド化過程に対応する福祉戦略がなければ曖昧なものになる（第3・4節）．

最後に第3の主題は，ここで導入するアプローチが（政府ベースの）公共と（市民社会ベースの）サードセクターとの相違を強調するようなこれまで流布してきた考え方を捨てることになるという点である．このアプローチによれば，市民社会に由来する原理や資源――それらは，サードセクター組織

を成り立たせるまさに中心的な要素である——は政府や自治体による社会サービス供給組織においても一定の役割を果たしているのである（第5節）．

2 市場・福祉国家・市民社会の役割変化と社会サービス：ハイブリッド組織登場の駆動力

　以下では，最初に，福祉国家および市場的要素と市民社会との相互結合パターンに目を向けながら，福祉国家，市場，市民社会についてのそれぞれ鍵をなす伝統的な特徴を提示する．そして三者それぞれを，「近接サービス (proximity services)」(Eme and Laville, 1988, 1994; Laville, 1992; Laville and Nyssens, 2000) としての対人社会サービスをどうみるかという点と関連づけて検討する．次に，本章でいうサービス供給のハイブリッドで企業家的な形態に活躍の場をつくり出しているという意味で，福祉国家，市場，市民社会の特徴が変化してきたことを示す．このような変化をめぐる観察は，程度に違いがあるとはいえ，欧州福祉レジーム——自由主義，コーポラティズム，社会民主主義——に妥当すると主張するものの，アメリカ型の「自由主義」福祉レジームにとってそれがどの程度意味をもつかについては疑問の余地もある．

欧州福祉システムの3つの特徴と社会サービスの供給形態

　欧州福祉システムの第1の特徴として，専門化された社会サービスシステムの発展過程における**政府の卓越性とヒエラルキー構造**が指摘できる．政府の「卓越」という言葉を使う場合，それが間接的に意味するのは，すべての福祉国家にはおおまかにいえば，2つの異なった福祉サービスの領域があるという点である．1つは，まさに「ボトムアップ」過程の帰結としての領域であり，これはある程度残っている．たとえば，ヨーロッパを通じてみられる保育サービスや高齢者向け文化施設およびサービスは比較的まだ分権化されている．ここでは，アソシエーションのようなサードセクターが重要な役割を果たすか，あるいは福祉国家の末端に位置する自治体が特別の役割を

果たすか，さらには両方がそれぞれの役割を果たすかのいずれかである．他方でもう1つ，民間の社会的起業組織が当初は影響力をもっていたにもかかわらず，数多くの場面を通じて均質性と中央集権化がしだいに支配的になっていったサービスセクターの領域がある．たとえばフランスでは，保健医療の共済組合が政府による公的な保健医療制度への道を切り開いてきた（シャニアルとラヴィルによる本書第4章を参照）．これは，「トップダウン」の要素が当初から強いケースである．逆に，イギリスの国民医療サービス（NHS）のように，「トップダウン」の要素が後になって導入されたケースもある．概していえば，ほとんどのヨーロッパ諸国では1960年代末までに，社会保険，保健医療，教育といった，より安定的であることが求められコストもかかる福祉サービスの中心部分が高度に専門化され，標準化され，中央集権化されていった．より重要なことは，長期間にわたるこうした中核領域の発展によって，他の社会サービスセクターにおける福祉改革の基準も設定されることになったという点である．たとえば高齢者介護においても，保健医療や教育におけるのと同様に普遍的な権利や専門的な基準を規定するための努力がなされてきた（ドイツの歴史的な事例については，Evers and Sachße, 2003 を参照）．

　古典的な福祉国家の第2の特徴は，比較的簡単である．それは，**構造化の原理としても影響力の及ぶ範囲としても，政府による公共と民間市場セクターとの明確な分離**という最近までみられた考え方である．これはまた，それぞれのセクターで支配的な運営メカニズムの違いにも反映されていた．たとえば，公共管理対民間経営技術，「公益領域で」働く公僕(ママ)というエートス対産業的な熟練労働や競争というエートス，といった具合にまったく異なっていた．公共管理と民間企業との間に分割線が引かれていたというにとどまらず，両者は相互に異なる別個の世界やビジョンをまさに体現していたのである．

　第3の特徴は，福祉国家や社会サービスの制度的な発展における**市民社会の役割やインパクト**に関連している．この点とかかわって，ここで使われる「市民社会」という言葉の使い方についてあらかじめ説明しておこう．市民社会という言葉には，多少なりとも「市民的」な社会である1つの社会の2

つの側面——両者が絡み合っているとしても——が包含されている．市民社会の第1の制度的な側面は，言論や結社の自由な権利を保障された市民によって形成される「公共領域」の創出能力である．1つの社会は，組織化される利害とその利害を代表するアソシエーションとの関係のあり方が「洗練化」（Dubiel, 2001, p. 133）されうるその程度に応じて市民的な社会となる．したがって市民社会とは，（共和的・民主的な）政治的コミュニティという社会生活における政治の存在にかかわることなのである（たとえば，Cohen and Arato, 1995; Habermas [1962] 1990 を参照）．

市民社会の第2の側面は，コミュニタリアンの思想家（Etzioni, 1995），パトナムの研究（Putnam, 2000），ボランタリーアクション，利用者参加，自助に関する議論（Borghi and Magatti, 2002），サードセクターや福祉多元主義をめぐる研究（Evers and Svetlik, 1993; Johnson, 1998）等々によって前景に押し出されてきた市民参加である．ここでは市民参加は概して，サービスアソシエーション，教育委員会，ボランタリー労働，コミュニティ生活，その他類似の諸活動への市民の積極的な社会参加すなわち市民の役割という点から議論される．

こうして市民社会とは，一方で1つの政治空間を意味している．すなわち市民社会とは，批判的な議論，公的な討議や問題への関心，市民が積極的にかかわるロビー活動——たとえば，福祉サービスについての職業政治家の決定に関する市民によるロビー活動——によって活性化される「アゴラ」の現代的形態なのである．他方で市民社会とは，諸アソシエーション——共済組合，協同組合，ボランタリーエージェンシー等——によっても構成され，公立学校を運営したり介護サービスを立ち上げたりする際にみられる，市民やユーザーによる積極的な参加を特徴とするものである．

以上のような市民社会の背景をみるとき，1970年代までの福祉国家の発展によって，市民社会やそのインパクトは一方で強化されつつ，他方で弱化されてきた，といえるかもしれない．市民社会の第1の側面［公共領域の創出］についていえば，市民社会のインパクトは強化されてきたといえる．すなわち，代表制度の構築——集団的利害，公共領域，民主主義と結びついたメディアの構築——や専門家を組織化することによるグループや市民の国内

全体に及ぶ影響力——消費者保護グループがそうであった——がそれである．しかしながら，専門化されヒエラルキー化された構造，「私益に奉仕する政府」(Streeck and Schmitter, 1985)，サービスの流通や供給の企業システム（ドイツの例について，Zimmer, 1999 を参照）等が発展するにつれて，市民社会の第 2 の側面［市民参加］はそのインパクトを失うことになった．すなわち，専門家ではない一般の人々とボランティアとの協力，地方委員会やアソシエーションの役割，共済団体や協同組合における積極的な組合員の役割等々，市民参加の積極的な諸形態は，福祉・サービス国家の拡大につれて，その重要性がしだいに減退していくことになった．

アンブレラ［傘］組織や全国規模のエージェンシーが福祉国家の中央集権化された官僚制的構造へと統合されるようになるにつれて，（ローカルでの）社会的参加と政治的影響力の（中央での）組織化とのつながりも弱化されていった．多様な形態でのローカルな社会的参加が中央での意思決定において政治的な重要性を失ってしまい，さらにサービス供給構造やその経済の「社会的な埋め込み (social embeddedness)」(Granovetter, 1992) についても，その度合いや性格が変化してしまった．サービス供給構造やその経済の未来は，地方の市民やグループの物質的な貢献の問題というより大政治や専門的なロビー活動の問題になってしまったのである．パトナムが指摘したように (Putnam, 2000, p. 46)，現在の市民社会へ至る途上で，市民は「公共的な問題についてほどよく情報をもった観客になってはいても，そのうちのほとんどが実際にゲームに参加することがなくなっている」のである．この指摘は，社会サービスの計画や供給の問題について，以前がそうであったように現在でもまだ部分的に妥当する．

趨勢の逆転：変化する福祉の様相と社会サービスの供給

サービス供給における政府の卓越性とヒエラルキー構造に関するかぎり，趨勢の逆転がとりわけ目立つようになってきた．こうした趨勢の逆転は一般に，地方レベルや市町村レベルでの政府の役割の維持や格上げのための試みによく現れている．しかしそれは，社会福祉，より明確にいえば社会サービ

スにおける分権化や「権限委譲」に向かう現在の趨勢の一部分でもある．社会サービス——その基本的な組織モデルは産業化時代に形づくられてきた——が抱えている1つの問題は主として，大量生産方式（「テーラー主義」）や官僚制的な中央集権化という二重のインパクトに原因がある．すなわち，社会サービスも過去数十年間，大量生産方式や中央集権化という方法によって発展してきたものの，しかしそれは，対人サービスすなわち「近接」サービスとしての役割とは逆のかたちであった．近接性に関連してここでもっとも重要なのは，多くの社会サービスについて，「客観的な」近接性——保育所や職業紹介所は利用しやすいようになるべく近所になければならない，という近接性——ではなく，「主観的な」近接性が必要だという点である．

サービス供給事業者とユーザーとの間に発生する関係性という性質によってサービスの質も決定されるという場合，近接性とは「主観的な」ものである (Laville and Nyssens, 2000)．たとえば，都市部では，人々は専門化された保育に対して農村部とは異なる態度で臨むであろうし，高齢者介護施設の利用についても，おそらく農村部とは異なって積極的な利用の姿勢を示すだろう．さらに，ローカルな文化や政治の主観的な要因も，それがローカルな公益概念に反映される場合には (Calhoun, 1998)，現代社会ではますます重要になる．すなわち，地方ごとの判断，選好，方向性のバリエーションは，「多元的」社会において一般的にその認知を獲得する度合いに応じて，重要になるのである．保健医療サービスや教育サービスを全国規模の単一モデルによって統一してきた数十年間を経て，地方による違いを認知する準備がなされ，これまでの基本コンセプト，すなわち，単一のものとして一般化されてきた「1人はみんなのために」というサービス供給モデルが見直されるようになった．これは，ナショナルスタンダード（一国全体としての基準）を排除するものではない．しかしそこには，普遍的であるべきものと特殊的であるべきものとを新たにどうバランスさせるかという模索がある．さらに，近接性のもう1つの側面——サービス供給事業者とユーザーとの関係性がサービス供給の核心部分をなすがゆえに，対人社会サービスは「関係」サービスであるという事実 (Perret and Roustang, 1993)——が新しい意味を獲得してきた．画一的なサービスもあれば個別化されたサービスの余地もありう

るという多様なサービス供給の方法を創り出してきた市場社会にあっては，画一的で標準化されたサービスを通じてクライアントを「教育する」という考えは，そのインパクトも実現可能性もすでに失ってきたのである．

　したがって，中央で決定される標準への関心がたとえまだ強いとしても，地方の組織やサービス供給事業者にそれぞれより大きな責任と自律性を与えようというのが一般的な傾向である．地方のサービス経営者は，一般的な標準の枠組みのなかで事業を行いつつも，地方のニーズに応えるために固有の戦略を立てなければならない．たとえばドイツでは，病院は，さらに学校でさえ，固有の予算をもって事業を進めなければならない組織だとみなされる．社会的市場と多様な供給事業者の導入に伴って，地方ごとの特有の事情に適合するように，サービス供給をめぐる普遍的な基準と多様性との新しいバランスを創り出そうとする新たなインセンティブも生まれるようになっている．明らかに，政府や自治体による社会サービスの自律性がますます重要になっていくことと並行して，サードセクターベースのサービス供給事業者との地位の相違もしだいに小さくなっていくだろう．

　以上の点は，古典的福祉国家の第2の特徴である公共管理と民間経営との分離，あるいはヒエラルキー型の再分配と市場メカニズムによる再分配との分離が今まで以上にかなりの程度で弱化してきたという観察につながっている．数十年間にわたって続けてきたわれわれの観察によれば，**市場と政府という構造的な要素の混合に向かう傾向がますます強まっている**．福祉国家はますます，民間企業が供給するサービスの購買者であり規制者であるとして自らを定義するようになっている．同時に，ニューパブリックマネジメント［NPM］によって，民間企業で進められてきた業務手順に従うかたちで公共管理のあり方が再構築されるようになってきた．こうした変化は，資金調達や投資，人事管理，品質管理概念導入等々に影響を与える（Pollitt, 2000）．長い間，官僚制的ルールが市場に強いインパクトを与えてきたけれども，今日では，市場論理，競争や価格が公共セクターやサードセクターを侵食しており，それによって「非営利組織の企業化（'enterprising　nonprofits'）」（Dees, 1998）も登場するようになってきた．「その際，非営利組織は，何らかの意味での特有の政治的アソシエーションを失ってきた．そして，ガバナ

ンスのあり方を工夫する場合やサードセクター組織のパフォーマンスを評価する場合に，適用すべき正当な標準として企業化を全般的に受け入れるようになってきた」(Deakin, 2001, p. 39). 保健医療や社会的介護のような社会サービスのさまざまなサブセクターでは，ヒエラルキー構造，ネットワーク，市場が運営メカニズムとして重なり合ったり絡み合ったりしている。このような展開に直面して，セクター間の伝統的な区分は「曖昧化」(Abzug, 1999, p. 144) し，セクター間が相互に浸透したり連結したりする傾向にある。この点は，本章の中心テーマ——このような運営メカニズムの多元性によって機能する組織をハイブリッド組織ととらえること——でもある。

ところで，複数の運営メカニズムの重なり合い——とくに，「中間的な」サードセクターでみられるように（この現象の初期の分析として，Billis, 1984; Evers, 1990 を参照)——は，多くの社会サービスの位置づけとも関係する。社会サービスとは，ある意味で，個別的サービス (individual services) と社会的共通サービス (collective services) との中間にあるサービスだといえる。社会サービスは，排除が一般に不可能なところでも（たとえば都市部の環境でのように)，まったくの社会的共通財 (collective goods) だと言い切れるわけではないし，いわんや，単なる個別財 (individual goods) とみなしうるものでもない。社会サービスは，私益 (private benefits)——こうしたサービスを消費する個々人にサービスが行き着く場合——と社会的共通益 (collective benefits)——コミュニティ全体によってそのサービスの価値が認められる場合——とを同時に生み出すものである。たとえば保育サービスは，個々の子どもたちに提供される。しかし同時に，母親や家族の生活条件・労働条件，労働市場等々にも影響を与える。したがってこうしたサービスは，準社会的共通サービス (quasi-collective services)——それは，社会的有用性の源泉である——と考えてよいだろう。一般に，運営メカニズムの多様な形態を重視する人々は社会サービスの多様な側面を強調する。市場ルールや消費者選択——たとえば，サービス給付ではなく現金給付の選択——を支持する人々は，個別的利益 (individual benefit) に焦点を当てる。他方，サービス供給事業者に対する政府による資金提供や規制を重視する人々は，より広く社会全体としてみれば不公正だとみなされるような保育施

設の建設やその配置をめぐる選択を避けるために，サービス供給における平等の必要性を主張するであろう (Badelt, 1997)．

　以上を要するに，市場および政府介入のあり方に対して1つの実例がつくり出されうるということである．さらに，行政機関や営利を目的としない事業者によって供給されるのがある種自然な選択であるかのようであった社会サービスをめぐる過去の特徴も，事情の変化につれて，今日ではそのまま妥当するわけではないということである．たとえば，よく知られているようなユーザーにとって不利な情報の非対称性についても，さらに多くの社会サービス（たとえば，高齢者在宅サービス）が「関係に依拠した信頼財」('relational' and 'trust goods') であるという事実についても，それが営利事業者の不利益や排除を自動的に帰結することはありえないのである．情報や信頼は今日では，多様な形で扱うことが可能である．すなわち，消費者によりよく情報を提供する新しいチャンネルも存在するし，対人サービスを供給する営利組織も，マーケティング戦略や信頼を獲得するのに有効な積極的なCI（コーポレートアイデンティティ）活動でしばしば成功を収めてきた．繰り返していえば，こうした事情の変化によって，社会サービスの供給についてはそれにふさわしい「自然な」領域やセクターなどといった発想自体が成り立たなくなっている (Ben-Ner, 2000)．社会サービスのシステム改革がより政府主導でなされるべきなのか，あるいはより選択的で消費者主導によるルートでなされるべきなのかは，以前にも増して，改革の諸側面と諸効果を可能な限り勘案しなければならない政治の問題となっているのである．

　最後に，古典的福祉国家の第3の特徴——より分権化された形態で市民の積極的な社会参加を進めようというより，むしろ企業統治のような中央集権化された形態によって市民社会のインパクトを制度的に吸収しようとする特徴——もまた，その重要性を失ってきたという多くの兆候が現れている点に触れておこう．過去数十年間に，**ユーザー参加の激増，ローカルイニシアティブ，自助，ローカルな公民パートナーシップ**（*local public-private partnership*），**多様なサードセクターアクターの連携と貢献**等を対象とする無数の出版物が刊行されてきた．そこには，概念をめぐる研究のみならず，現実を実証する研究も含まれている．国際的にも，市民社会は，ボランティ

アへの参加やアソシエーションの会員数の増加の点で大いに回復を遂げてきた (Dekker and van den Broek, 1998). 地方圏における市民社会の再活性化——それは, 経済開発や雇用のような, より広い範囲に及ぶ問題の起点ともなってきた——は, EUの政策レベルでも反映されるようにもなってきた (Commission of the European Community, 1996). 明らかに, 現代の市民は何よりもまず, 大企業と大規模サービスチェーンが供給する標準的な製品やサービスの消費者である. しかしそれは, 消費者にとって, サービスの共同生産者 (co-producer of services) としての役割や積極的な参加者としての役割——学校, 介護サービスにおいて, あるいは文化サービスに関連して存在するはずの役割——がなくなってしまったことを意味するわけではない.

　対人社会サービスをめぐる習慣, 選好, ニーズの変化と, その歴史的な広がりが果たしてきた役割との結びつき方を今一度振り返ってみることが有用かもしれない. 対人社会サービスの近接性とは, とりわけユーザー参加の度合いと関連するサービスそれ自体の組織のされ方しだいで, 生まれたり強化されたりするものである. そこでは, ユーザーは (役員会のメンバーとして行動し, 組織のあり方について発言しながら) サービスが機能する過程に参加したり, サービスの構想に参加したりすることができる. あるいはまた, サービス供給組織として保持しようとする (たとえば教育的な) 価値を固守することによって組織のあり方にも貢献できる. これは, とくに目新しいことではない. 私立財団が運営する幼稚園や上流の裕福な人々が設立・運営する幼稚園では, こうしたユーザー参加は100年も前から当たり前のことであった. しかしながら, 第二次大戦後30年間における福祉国家による社会サービスの大量の立ち上げに引き続いて, 以下のような信念も登場してきた. すなわち, 公共セクターが関与する大量のサービスとしての社会サービスであっても, 均一で「個別化され」ながらも多元的な質をもたなければならないし, またもちうる, という信念である (初期の分析について, Gartner and Riessmann, 1974を参照). 結局のところ, 権利がより一般化され, 教育や社会の能力が高まるといった条件のもとで社会サービスが広がっていくことによって, 直接的な参加, 社会的な協同, 日常的な自発的貢献といったものがアジェンダから退いていく基盤が創り出されていったのである. そし

て，社会の市民的な性格を，長期間にわたって，広範な公共空間における対立的規制や参加の中央集権化された形態でしか定義してこなかったような社会が，市民社会の一形態として再概念化されてきたのである．そのような社会では，アソシエーションや参加の直接的で分権的な形態が受容されるその程度はさまざまであるとしても，それは二次的な性格として追加的に扱われるに過ぎなかった．

［直接性や分権性に依拠する］市民社会へのプロセスの大半は，サードセクター組織では位置づけが可能であろう．とはいえ，地方政府ベースの自治体組織においても同様に見出しうるものである．自治体ベースによるものであれ，サードセクターベースによるものであれ，たとえば図書館，博物館，劇場といった営利を目的としないローカルレベルの文化施設を取り上げてみると，ほとんどのヨーロッパ諸国では，こうした文化施設が，公的補助金や利用料ばかりではなく，寄付，財団による助成や後援，個人による自発的支援等によっても支えられてかなりの程度存続しているという事実に気づくであろう．そして，市民社会から生まれるこうしたさまざまな自発的な貢献はもはや，財団や慈善団体による例外的な，明らかに上流階級を基盤とした性格のものでもないし，また，100年前以上から目立つようになった（労働者）階級の連帯といった性格のものでもない．それは，第一義的には積極的なシティズンシップ［市民としての行動］（citizenship）と結びついた貢献であるようにみえる．要するに，市民社会の第2の側面──直接的で本質的な参加，ボランタリー労働，アソシエーションの設立によるサービス開発といった多様な形態の社会経済的な側面──が復活しているということである．

3 ハイブリッド組織としての社会サービス組織：分析的コンセプトの示唆

以上のような展開を分析する文脈において，「ハイブリッド組織」というコンセプトがさらに広がりをみせ，その特徴も明らかになってきた．政府や市場，市民社会の社会的関係資本（ソーシャルキャピタル）といったハイブリッド組織の構成要素のインパクトも，それぞれ大きく変化している．可能

性としてのハイブリッドな性格に注目しながらサービス供給組織を考察することには大きな価値がある．というのは，「ハイブリッド」というコンセプトに依拠するアプローチが，目では捉えにくい構成要素の役割（たとえば，市民社会／社会的関係資本という要素が公立学校の生き残りに役立っている，という点）に感応的であるからである．その焦点は，さまざまな構成要素と原理との組み合わせによって生まれる緊張感と副次的効果が何かという点にあるばかりではなく，こうしたハイブリッドな性格が有する潜在的可能性をどのように発揮させるのがベストであるのか，あるいは，ハイブリッドであることから生じるリスクをどのように減らすのかという点にもある．こうした諸点をある程度うまく処理する組織が「社会的企業」（Borzaga and Defourny, 2001; Evers, 2001; Laville and Nyssens, 2001）と呼ばれるようになってきたのである．ハイブリッド化には，それぞれ区別されうる4つの異なった側面がある（より詳細な分析について，Evers et al., 2002を参照．また，ハイブリッド化という概念について，Laville and Sainsaulieu, 1998も参照）．

分析概念としてのハイブリッド組織：4つの側面

第1は，**資源**にかかわる側面である．例として再び学校を取り上げてみると，市場的要素も，広範にわたる政府の資金提供（Gardin and Laville, 1998）の範囲内での役割の差別化によって形づくられうること——たとえば，モデルプロジェクトへの参加のための公的基金を通じて追加的な資金提供を獲得すること——が明らかになっている．物質的な効果をもった市民社会による協力的な諸要素も大きく変化している．エバース（Evers, 2001）の概念によれば，市民社会による協力的な諸要素は「社会的関係資本」というラベルによって最もうまく組み立てられうるものである．サードセクター論で通常言及されるのは，「社会的関係資本」という資源のうちボランティアと寄付の2つだけである．しかし明らかに，この資源には，考慮されるべき他の多くの形態が含まれる．たとえば，財団とのつながり，さまざまな形態での（公民）パートナーシップ，支援アソシエーションの特別のインパクト等

である.

　組織のハイブリッドな性格を構成する第2・第3の側面は，組織の**目標**と**運営メカニズム**である．たとえば，学校制度においては，組織運営は市場メカニズムを通じてなされる．親たちは，生徒獲得をめぐって競争をくり広げる多様な私立学校のなかから学校を選択する．同時に，カリキュラムと標準化された質によるヒエラルキー的な運営メカニズムが作動することもある．さらに，教育委員会や親による学校支援アソシエーションが行使する影響力を通じて，ローカルの市民社会も発言力をもっている．このような同時に機能する複数の運営メカニズムについては，組織の目標と結びつけて評価しなければならない．政府行政もサードセクターのサービス供給事業者も利潤という支配的な目標には左右されないという点は1つのチャンスであり，1つの課題でもある．すなわち，多様な目標からなる複合的なアジェンダをつくり出せるという点でチャンスであり，複合的なアジェンダをバランスさせ，多様な諸目標を共存させなければならないという点で課題なのである．再び学校を例に取ってみると，［ハイブリッド形態をとる学校が］それ以外のローカルスクールとの競争関係のなかで自らの優位に役立つと考えるサービス供給方法やサービスそのものの特有のあり方に力点を置こうとすることがあるとしても，課題として，政府ベースで規定される質の基準だけは達成しなければならない，ということである．そして最後に，近隣のパートナーとの結びつきもアジェンダに影響を与えるであろう．

　第4の側面は，資源，目標，運営メカニズムにかかわるハイブリッド化過程は最終的に，組織の多元的な役割や目標を反映する，他とは異なる新しい**コーポレートアイデンティティ**の確立につながりうる，という点である．組織のリーダーに対するインタビューでも (Evers *et al.*, 2002, pp. 72f)，以下のような見方が繰り返し表明されていた．「私たちの学校は，もはや公共施設というより社会的企業である」（学校運営責任者）;「私たちは，バランスよく経営される企業でありたいし，同時に，『ディアコニ (Diakonie)』の中心的な価値——社会的対人介護のためには，規定以上の時間でさえ提供すること——を表現するような組織でありたい」（プロテスタント系福祉エージェンシーである「ディアコニ」が経営する在宅介護サービスのリーダー）;

「私たちが取り組んでいることの商業的な側面も重視し，政府による規制にうまく対処し，同時に，さらなる「資金づくり・仲間づくり」によって，より地域密着型の組織として根づいていくようにならなければならない」（博物館の経営責任者）．以上は，ハイブリッド組織におけるアイデンティティの探求が未完の過程にあり，おそらくある程度開放的な過程でもあることを示すために引用したものである．とはいえ，そのアイデンティティは，公共サービス，民間企業，サードセクター組織をセクターによって明確に区分することで提示されるそれぞれの伝統的なアイデンティティを超えるものである．

4 現時点でのハイブリッド化過程のコストと利点

　上述したような種類の転換を経験している組織には，さまざまな問題も潜在的可能性も含まれている．ハイブリッド化過程は通常，すべてを包み込むような戦略の一部とみなされうるものではなく，むしろ，諸課題に何とか対応するための戦略として理解されなければならない，という点も考慮する必要がある．こうしたハイブリッド化過程は，社会・政治運動や政府の政策による支援もなかったので，むしろ駆け引きの余地を狭めてきた．しかし，ハイブリッド化過程における課題対応型の戦略が専門的な標準を遵守したり，制度の公共的な性格を固守したり，さらに，他の市民や組織の参加に対応しようと努力したりすることといった目標や切望を含意しているという点で，ハイブリッド化過程は（たとえば，企業経営的行政や民営化という一般的な傾向への）単なる適応実践とは異なるものである．

構造的リスクと潜在的可能性

　多様な期待に応えようとする場合や，さまざまな期待や目標，別の見方をすればそれぞれコスト増につながるものでしかないものを少なくともバランスさせようとする場合には，いくつかの側面を並立させようとするサービスや組織のあり方は一定の利点をもっている．その意味するところは以下のよ

うである．学校を例としていえば，実際，民間営利の学校，完全に公的な学校制度，「信頼ベース」で知育重視の多様な学校セクター等をただ単に並列させるのではなく，セクターごとの解決法にはそれぞれ特有のコストや限界があるという点を踏まえつつ，公共セクターを開放することによって新しい可能性が拓かれるということである．そうなれば，学校はより自律的に運営されうるであろうし，他方，政府規制の枠組みも，多様な社会的支援組織との「ネットワーキング」の進展度合いに応じた学校の基礎的な質の高度化に対して障壁となることなく，学校の一定の水準を維持するのに役立つであろう．

しかし同時に，多元的なものの異種混合にはコストがかかることが予想される．いったん競争が始まって，「好ましからざるリスク」や「好ましからざる投資」となってしまうような生徒たちを可能なかぎり早期に選別しようとの力学が学校に働くようになってしまえば（生徒の無作法な行動によって学校のイメージが損なわれている場合には，教育を成功裏に進めるにはより多くのエネルギー投入が必要となる），公的な学校制度のもっている全体としての役割がどの程度維持されうるのかは課題として残るであろう．さらに，相互に異なる多様な諸資源（公的資源や民間資源，貨幣的資源や非貨幣的資源）を組み合わせるためには，そのマネジメントの時間が膨大に必要とされることはよく知られている．加えて，公共家族の予算化の論理とリスクの伴う投資の論理，さらにマネジメントの迅速な意思決定の論理と参加の論理は，相互緊張状態に常に置かれることになるであろう．

以上のような，ハイブリッド化をめぐる構造的なリスクや潜在的可能性にかかわる問題を別としても，現在の経済状態や課題対応型の戦略——福祉サービス・社会サービスのリニューアルのための付随的な公共戦略によって後退させられることが通常あまりない戦略——の限界を前提とすれば，ハイブリッド化過程の現実性にかかわる問題もある．そしてほとんどの場合，ハイブリッド化過程のコストや利点を正確に分析するのは困難であるし，また，その掛け値なしの帰結を測定するのも難しい．

政策の文脈に依存するコストと利点

　実際，ハイブリッド化には，**喪失**過程および**豊富化**過程の両方がみられる．サービスの豊富化が何を意味するかについては，すでに述べた学校や文化施設の例を思い浮かべれば容易に理解できるだろう．高齢者介護サービスの分野に関しても，閉鎖的な施設である高齢者ホームがアクセスしないような資源（たとえば，訪問介護サービス，パートナーシップ等々）にも，ローカルイニシアティブを原動力とすれば手を差し伸べることが可能であることを示した各国の研究（ドイツについては，Evers *et al.*, 2001 を参照）や国際研究（たとえば，Laville and Nyssens, 2001 を参照）がすでに多数蓄積されている．しかしながら同時に，ハイブリッド過程のこうした利点は，行政の後退，サービスのグレードダウンや行政がもっていた野心の狭量化に起因する喪失過程に向けて活用されなければならない．さらに，公的支援が縮減されることでよりビジネスライクな方法での運営が必要になると，公共文化施設へ商業化が忍び寄っていく危険性もよく知られている．さらに，サービスを供給する公共組織においてもサードセクターベースの組織においても，行政が政治的・財政的な関与から後退することがもたらす多大な影響は，ボランティア支援計画が何もなければ，埋め合わせることなど通常ありえないことである．

　地方分権化や自治化の影響と並んで，小さなユニットに，リスクの伴う事業——時として，そのユニットでは自らコントロールできないような事業——に完全に責任を負わせるようになると，もう1つ別の課題が生まれている．それは，「**多様性**」と「**不平等**」という逆の意味をなす言葉によって表現されうるものである．おそらく，ドイツにおいて共存する2つの保育システムはこの種の問題の最良の事例である．すなわち，西ドイツにおいて自治体の支援と責任によって拡大してきたつぎはぎのシステムと新しい諸州において旧東ドイツ（ドイツ民主共和国：GDR）から受け継がれてきた対象者全員をカバーするシステムである．西における文化的多様性の魅力は，明らかにそのつぎはぎの性格と結びついたものである．学校に関する現在の議論

において，単一の学校単位の一層自治的なあり方をめぐって繰り返し議論されているのは，ローカルな資源や支援にさらに依拠することが結局，よりローカル化された学校制度における社会的・文化的な不平等を強く反映することに行き着くだろうという点である．さらに，学校や映画館・劇場がローカルな環境とつながりをもつ必要があるとしても，当該地方で最も影響力のある人々と過度に親密になることは，教育でも芸術でも，そこに必要な自律性を損なう可能性がある．専門的な自律性はおそらく，外部の権威のサポートによって保証されるべきである．ことによると，すべての読者は，一方での選択可能性や多様性の保証の一層の必要性と，他方でのアクセスの平等性やサービスの標準的な質とをバランスさせるのに役立つような解答を抽象的にはきわめて容易に引き出すことができるだろう．しかしながら現実的な問題は，たとえば地方の政治家や経営者たちにとっては，「多様性」と「平等性」という点で明らかにアンバランスな変化にどのようにうまく対処するかにある．

　チャンスとリスクの共存のもう１つの例は，**参加**と**顧客主義**（clientelism）である．日常生活へ直接的なインパクトを与える問題について市民がより発言力をもつという条件のもとでの市民社会の強化に役立つことに関する言説や，市民がコントロールする場所や環境から遠く離れている官僚制の影響力を後退させることに関する言説は，普通はむしろ単純である．しかしそれは実際には，参加民主主義や一種の「外部委託」という要素が代議的で職業的な政治に遠くから支配されてきた空間の一部でどの程度優勢になるかをめぐる難しい問題である．マルチステークホルダー委員会によるサービスシステムに関する決定が地方議会の小委員会でなされる決定より生来的に優れているという前提は疑わしい．おそらく，自主管理型の社会団体や参加型のプロセスにおいても顧客主義はおそらく存在するだろう．それは，代議機関と官僚制との相互作用に起因する顧客主義が存在するのと同様である．

ハイブリッド化というコンセプトの形成：社会的企業としてのハイブリッド組織の活用

これまで素描してきたようなチャンスと困難とは，政治が鍵をなす役割をもっていること，より正確にいえば，ハイブリッド化過程に伴うコストを制限しながらその潜在的可能性を強化するような社会サービスのコンセプトが必要であることを示すものである（Vaillancourt and Tremblay, 2001）．しかしながら，福祉ミックスシステムの「良好なガバナンス」（Klijn and Koppenjan, 2000）という問題を提起するに先立って，ヨーロッパの福祉政治をめぐる議論の実情に目を向けておかねばならない．純粋な市場志向の時代はすでに終焉を迎えようとしている．そして，ガバナンスこそが重要であり，それゆえガバナンスの近代化が求められているという事実に依拠して一種の新しいコンセンサスが構築されてきた．しかし，ガバナンスの形態変化とはすでに述べたような市民社会からのエネルギー投入の包摂準備を暗示するものでもあるという点を示す兆候はまだほとんどない．ここでは，サービス供給におけるユーザー参加，パートナーシップ，マルチステークホルダー間調整，その他関連項目を強化するといった課題が，どのような政策部門で，またどの程度まで達成されてきたのか，それぞれの国の現実を点検してみるのがよいかもしれない．

こうした背景を考慮に入れると，たとえばイギリスでの議論で示唆されているように（本書第6章を参照），また EMES グループのような研究者の協同組織ネットワーク（Borzaga and Defourny, 2001）が取り上げてきたように，さらにわれわれが定義してきたように，**社会的企業**という機能的な作業仮説は同時に2つのことを表現している．第1に社会的企業は現実を描写するものであり，第2に社会的企業は，1つの未来，すなわち，社会的企業にとっての決定的な要因——市民社会の存在とそこに含まれる社会的関係資本——がより大きなインパクトをもち，より広範に受容されうると期待されるような未来を提示するものである．そこで，ハイブリッド化によって具体化される社会サービス供給の特有の形態として社会的企業を定義するとすれ

ば，その概念は以下のようである．

- 社会的企業は，かなりの程度で自律性を備えている
- 社会的企業は，企業家的な行動様式を発展させるためにこの自律性を活用している
- 社会的企業は，市場関係に対応するために，社会的目標や運営上のエネルギー投入——社会的目標や運営上のエネルギー投入というものは，政府関連のステークホルダーからもローカルな市民社会ベースのステークホルダーからも同時に生まれてくる——をバランスさせようと心がけている
- 社会的企業は，個々のユーザーのみならず，より広いコミュニティのための明確な社会的効果を目的意識的に保護しようとしている

5 サードセクター・市民社会・社会サービスの再構築：3つの結論

　ここまでのところ，社会サービスや福祉国家の展開に伴う変化が社会サービスを供給する多くの組織におけるハイブリッド化過程につながっていったことについて述べてきた．伝統的にはサードセクター組織の特徴——たとえば，社会的関係資本という資源の強いインパクトや地域およびグループに特有の環境条件との結びつき——でしかなかった性格を公共サービスももつようになってきたといえるかもしれない．それゆえ，サードセクター組織は政府による公的資金提供，公的目的，公的規制からもますます影響を受けるようになってきた．同時に，企業経営的行政や競争環境が全般的に重要性をもつようになってきた．以下における3つの結論では，本章で素描してきたアプローチの最も重要なインプリケーションが何であるのかを，研究調査の方向性を明確にするためにも，また社会サービス，福祉のあり方およびサードセクターをめぐる議論のためにも，強調しておきたい．

公共セクターやサードセクターにおける社会サービス供給について，相違点だけを強調するのではなくむしろ共通点を強調すべきである

　結論の第1は，多くのサードセクター組織が公的ルール，公的プログラム，公的資金に強く依存しながら成り立っているという事実，さらに政府行政組織もしばしばローカルな性格をもったグループによる直接的な参加をかなりの程度で受け入れるようになっているという事実に鑑みれば，どこでサードセクターの境界が終わり，どこで公共セクターの境界が始まるのかを区分するのはかなり難しいという点である．公共サービスが代表民主主義やヒエラルキー的公共管理ばかりではなく，ローカルな自律性や社会的・市民的参加の多様な諸形態と関係をもつようになればなるほど，それだけますます，公共サービスとサードセクター組織によるサービスとの相違は縮小していく．そうなると，公共領域におけるハイブリッド組織とサードセクターとの間に境界線を引くかどうかは，いっそう政治的な課題となってくるだろう．したがって課題はたとえば，ともに組織の構造を形づくる他の諸原理に影響を与える行政のインパクトを「批判的」に評価するレベル――ある組織がもはやサードセクターベースの組織だとはみなしえないようなレベル――をいかに定義するかにある，ということになる（この点に関する議論について，Anheier and Kendall, 2001, p. 243 を参照）．

市民社会は，サードセクターばかりでなく，全体としての公共領域における社会サービスや福祉の供給機関にも関係している

　結論の第2は，大企業と大行政との親密な混合の広がりに顕著な特徴があったかつての発展のあり方に対して，その唯一可能な解決方法として広範囲にわたるサードセクターを強調する通例の視点とは本章での視点が決定的に異なっているという点である．従来の視点に代わって本章で提起した視点は，市民社会の基礎的な諸原理の強化を通じて全体としての公共領域を再活性化することを重視するものなのである．ここで市民社会とは，たとえばガバナ

ンスの参加型形態や自己組織化およびユーザー参加の直接的形態を意味している．たとえ，政府／自治体ベースでのサービスであれ，主として市民社会ベースでのサービスであれ，それぞれの方法で公益に寄与するサービスにとって，こうした「市民的」原理のインパクトが与える有効性の程度にはばらつきがあるとしても，である．

こうしてみると，「市民社会セクター」(Salamon and Anheier, 1997) と呼ぶべきものなど実はないのである．サードセクターの成長によってより強大な市民社会を建設するという良性の効果をただ単に確認するだけでは，誤解も生じやすい．いったん，セクターという概念を，一定の福祉サービス領域においてともに構造を形づくる諸「原理」（たとえば，競争，政府規制，ユーザー参加）のインパクトの分析にとって第二次的なものに過ぎないと考えるようになれば，福祉ミックスシステムにあって重要なのはセクターそれ自体ではなく，政策領域やそこで見出される諸組織を構造化している相互に競合する諸原理のバランスにある，という認識地点に到達することになる．「本来の非営利という目的を一般化する方がよいかもしれない．そうすれば，本来の非営利という目的を他の諸組織にも同じように適用できる．サービス供給機関を市民化し，それらをより民主化するという戦略はもはや，非営利組織だけに限定されるべきではないはずである」(Dekker, 2001, p. 67；ボランタリー**セクター**よりむしろボランタリー**活動**の中心的な役割を主張する同様の議論として，Perri 6 and Diana Leat, 1997 を参照)．

市民社会というコンセプトは，日常的な社会的・経済的市民参加を伴うものでなければならないし，それを認識するものでなければならない

参加の社会経済的側面を一時的で周辺的な性格とみなすような市民社会概念が数多く存在することについては，本章第2節ですでに強調してきたとおりである．その1つの特徴は，特有のコミュニティと強く結びついているサービス供給組織，あるいは協同組合や共済組合の遺産を継承して成り立っているサービス供給組織には明確に「ローカル性」と「改革志向」の経済という側面があることを無視している点である．もう1つの特徴は，たとえばボ

ランタリー労働，コミュニティ参加の多様な諸形態，ローカルな自助運動，社会サービス供給へのユーザー参加といった市民社会を構成する諸要素を無視していることである．

そこで結論の第3は，市民社会を討議や利害保護のための単なる一空間に過ぎないとするようなコンセプトは事実上，政府と市場の2つしかサービス生産エージェンシーとして認識していないという点とかかわっている．ここでは，消費者運動団体や世論および新しい諸形態をとったガバナンスに対しては，政府による規制や資金提供だけではなく，市民が情報を十分にもった保護された消費者として行動できるようにすることで，社会サービス供給においてより多くの民間企業が市民のために機能することを担保するための信託が与えられている．その際，公共空間や市民社会による批判的論理のインパクトを開花させることへの信頼があれば，市場を通じた福祉サービス供給の広がりに根拠をあたえることもできるだろう．こうした視点からみると，欧州連合が一方で，欧州市場において商業的な事業者と競争関係にあるサードセクター事業者や公共サービス事業者を「優遇する」各国独自の支援策を撤廃しようと計画しながら (Commission of the European Community, 2000a)，他方で，欧州社会フォーラムを通じて，民間サービスや公共サービスの消費者としての市民の利害を保護する諸組織により大きな発言力や認知を与えながら，NGOとの強力なパートナーシップを構築しようとすること (Commission of the European Community, 2000b) は守備一貫した姿勢だとみなすこともできるかもしれない．しかしながら，市民社会のこのようなコンセプトに対しては，［市民が消費者というかぎりでしかかかわらない］サービスや「距離の離れた政治」(Putnam, 2000, p. 341) に直面するとき，一定の質をもった公共的な論理への関心やそれを生み出す能力も消失してしまうのではないかという点がこれまでも議論されてきた．これに対する批判的論理は（個別的なケースではなく，あくまで一般的なケースとして），協力者やステークホルダーとしてサービス供給組織に参加している人々の実際のリアルな経験を前提としている．ここで強固な市民社会が必要とされるという点に同意するとすれば，強固な市民社会というそのコンセプトには，サービス供給における多様な「経済」の諸形態に貢献する日常的な参加諸形態の

強化が必要であるという合意がどの程度伴っているのだろうか．また，自発的な参加や社会的な協力といったことは，サービス供給のニッチや緊急事態における例外的な特徴でしかないのだろうか．あるいは，ある程度の積極的な参加が，将来の福祉国家において「主流を占める」日常的なサービスの一部分となるべきだろうか．以上のような問いをめぐって議論を重ねることによってしか，社会サービスの未来やサードセクターおよび福祉国家との関連において，市民社会というレトリックが隆盛していることのより正確な意味をつかむことはできないであろう．

参考文献

6, Perri and Diana Leat (1997), 'Inventing the British voluntary sector by committee – from Wolfenden to Deakin', *Nonprofit Studies*, 18 (2), 33-45.

Abzug, R. (1999), 'The nonprofit and the informal sector: A theoretical perspective', *Voluntas*, 10 (2), 131-49.

Anheier, H.K. and J. Kendall (2001), 'Conclusion. The third sector at the crossroads? Social, political and economic dynamics', in H.K. Anheier and J. Kendall (eds), *Third sector policy at the crossroads. An international nonprofit analysis*, London and New York: Routledge, pp. 228-50.

Anheier, H.K., L. Carlson and J. Kendall (2001), 'Third sector policy at the crossroads. Continuity and change in the world of nonprofit organizations', in H.K. Anheier and J. Kendall (eds), *Third sector policy at the crossroads. An international nonprofit analysis*, London and New York: Routledge, pp. 1-16.

Badelt, C. (1997), 'Entrepreneurship theories of the non-profit sector', *Voluntas*, 8 (2), 162-78.

Baethge, M. and I. Wilkens (eds) (2001), *Die große Hoffnung für das 21. Jahrhundert? Perspektiven und Strategien für die Entwicklung der Dienstleistungsbeschäftigung*, Opladen: Leske & Budrich.

Ben-Ner, A. (2000), 'On the boundaries of the mixed economy: The nonprofit sector between the private and public domains', paper presented at the ICTR, University of the Negev, March; and Centre for Civil Society, London School of Economics, June.

Billis, D. (1984), *Welfare bureaucracies*, London: Heinemann.

Borghi, V. and M. Magatti (eds) (2002), *Mercato e societa. Introduzione alla sociologia economica*, Rome: Carocci Editore.

Borzaga, C. and J. Defourny (eds) (2001), *The emergence of social enterprise*, London and New York: Routledge.

Calhoun, C. (1998), 'The public good as a social and cultural project', in W.W. Powell and E.S. Clemens (eds), *Private action and the public good*, New Haven and London: Yale University Press, pp. 31-9.

Cohen, J.L. and A. Arato (1995), *Civil society and political theory*, Cambridge, Massachusetts: MIT Press.

Commission of the European Community (1996), *First report on local development and employment initiatives*, SEK (96) 2061, Brussels.

Commission of the European Community (2000a), *Communication from the Commission: Services of general interest in Europe*, COM (2000) 580 final, Brussels.

Commission of the European Community (2000b), *The Commission and non-governmental organisations: Building a stronger partnership*, discussion paper, Brussels: European Commission.

Deakin, N. (2001), 'Putting narrow-mindedness out of countenance. The UK voluntary sector in the new millennium', in H.K. Anheier and J. Kendall (eds), *Third sector policy at the crossroads. An international nonprofit analysis*, London and New York: Routledge.

Dees, J.G. (1998), 'Enterprising nonprofits', *Harvard Business Review*, 76 (1), 55-68.

Dekker, P. (2001), 'What crises, what challenges? When nonprofitness makes no difference', in H.K. Anheier and J. Kendall (eds), *Third sector policy at the crossroads. An international nonprofit analysis*, London and New York: Routledge.

Dekker, P. and A. van den Broek (1998), 'Civil society in comparative perspective: Involvement in voluntary associations in North America and Western Europe', *Voluntas*, 9 (1), 11-38.

Dubiel, H. (2001), 'Unzivile Gesellschaften', *Soziale Welt*, 52 (2), 133-50.

Eme, B. and J.-L. Laville (1988), *Les petits boulots en question*, Paris: Syros.

Eme, B. and J.-L. Laville (1994), *Cohésion sociale et emploi*, Paris: Desclée de Brouwer.

Esping-Andersen, G. (2002), 'The sustainability of welfare states: Reshaping social protection', in B. Harris-White (ed.), *Globalization and insecurity. Political, economic and physical challenges*, London: Palgrave, pp. 218-32.

Etzioni, A. (1995), *The spirit of community: Rights, responsibilities, and the communitarian agenda*, London: Fontana Press.

Evers, A. (1990), 'Shifts in the welfare mix: Introducing a new approach for the study of transformations in welfare and social policy', in A. Evers and H. Wintersberger (eds), *Shifts in the welfare mix. Their impact on work, social services and welfare policies*, Frankfurt a. M. and Boulder, Colorado: Campus Verlag and Westview Press, pp. 7-30.

Evers, A. (2001), 'The significance of social capital in the multiple goal and resource structure of social enterprises', in C. Borzaga and J. Defourny (eds), *The emergence of social enterprise*, London and New York: Routledge, pp. 296-311.

Evers, A. and C. Sachße (2003), 'Social care services for children and older people in Germany: Distinct and separate histories', in A. Anttonen, J. Baldock and J. Sipilä (eds), *The young, the old and the state: social care in five industrial nations*, Cheltenham, UK and Northampton, MA, USA: Edward Elger, pp. 55-80.

Evers, A. and I. Svetlik (eds) (1993), *Balancing pluralism. New welfare mixes in care for the elderly*, Aldershot: Avebury.

Evers, A., U. Rauch and U. Stitz (2002), *Von öffentlichen Einrichtungen zu sozialen Unternehmen. Hybride Organisationsformen im Bereich sozialer Dienstleistungen*, Berlin: edition sigma.

Gardin, L. and J.-L. Laville (1998), *Local initiatives in Europe. Economic and social review*, Paris and Brussels: LSCI, CNRS, European Commission.

Gartner, A. and F. Riessmann (1974), *The service society and the consumer vanguard*, New York: Harper & Row.

Granovetter, M.S. (1992), 'Economic action and social structure: The problem of embeddedness', *American Journal of Sociology*, 91 (3), 481-510.

Habermas, J. (1962), *Strukturwandel der Öffentlichkeit. Untersuchungen zu einer Kategorie der bürgerlichen Gesellschaft*, Neuwied: Luchterhand, reprinted 1990, Frankfurt a. M.: Suhrkamp.

Johnson, N. (1998), *Mixed economies of welfare: A comparative perspective*, London: Prentice-Hall Europe.

Klijn, E.H. and J.F.M. Koppenjan (2000), 'Public management and policy networks. Foundations of a network approach to governance', *Public Management*, 2 (2), 135-8.

Laville, J.-L. (ed.) (1992), *Les services de proximité en Europe*, Paris: Desclée de Brouwer.

Laville, J.-L. and M. Nyssens (2000), 'Solidarity-based third sector organizations in the "proximity services" field: A European Francophone perspective', *Voluntas*, 11 (1), 67-84.

Laville, J.-L. and M. Nyssens (eds) (2001), *Les services sociaux entre associations, état et marché*, Paris: La Découverte.

Laville, J.-L. and R. Sainsaulieu (1998), *Sociologie de l'association*, Paris: Desclée de Brouwer.

Perret, B. and G. Roustang (1993), *L'économie contre la société*, Paris: Seuil.

Pollitt, C. (2000), 'Is the emperor in his underwear? An analysis of the impacts of public management reform', *Public Management*, 2 (2), 181-99.

Putnam, R.D. (2000), *Bowling alone. The collapse and revival of American community*, New York: Simon & Schuster.

Salamon, L.M. and Helmut K. Anheier (1997), 'The civil society sector: A new global force', *Society*, 34 (2), 60-65.

Streeck, W. and P.C. Schmitter (eds) (1985), *Private interest government: Beyond market and state*, London: Sage.

Vaillancourt, Y. and L. Tremblay (eds) (2001), *L'économie sociale dans le domaine de la santé et du bien-être au Canada*, Laboratoire de recherche sur les pratiques et les politiques sociales, Montreal: Université du Québec à Montréal.

Zimmer, A. (1999), 'Corporatism revisited—The legacy of history and the German nonprofit sector', *Voluntas*, 10 (1), 37-50.

解題：欧州サードセクター論と社会・経済像

内 山 哲 朗

ヨーロッパの研究蓄積

　本書『欧州サードセクター―歴史・理論・政策―』は，Adalbelt　Evers, Jean-Louis Laville (eds.) *The Third Sector in Europe*, Edward Elgar, 2004 の全訳である．本書は，ヨーロッパにおけるサードセクターの動向を整理・分析する共同研究の成果として，『社会的経済―近未来の社会経済システム―』(J. ドゥフルニ・J.L. モンソン編，日本経済評論社，1995 年) および『社会的企業―雇用・福祉の EU サードセクター―』(C. ボルザガ・J. ドゥフルニ編，日本経済評論社，2004 年) に続く 3 番目の著作に当たる．本書の特徴として，近年におけるアメリカ型「非営利セクター」論の国際的な浸透に目を配りながらも，「ヨーロッパにもサードセクター研究の独自の蓄積がある」ことについてあらためて整理し，「欧州の現実と独自のコンセプト」に依拠しながら，サードセクター研究へのヨーロッパからの貢献をめざすという真摯な姿勢に貫かれた共同研究の成果である点が指摘できる．

　全体の構成は，本書全体に共通する立脚点を整理して述べた「序論」，「サードセクター」というコンセプトの「定義」をめぐる第 I 部「欧州サードセクター：欧州の現実と独自のコンセプト」，イタリア，スウェーデン，フランス，ドイツ，イギリス，オランダの 6 カ国を実証的・歴史的に分析した第 II 部「欧州サードセクターの動向：社会的経済・ボランタリー組織・市民社会」，一国レベルでの政府とサードセクターとの関係把握および EU レベルでのサードセクターをめぐる諸政策の経緯に関する第 III 部「欧州サードセクター：一国レベルと EU レベル」，そして最後に，サードセクター把握のための全体的な理論枠組みにかかわる第 IV 部「欧州サードセクターの理論」から成っている．

歴史・理論・政策

共同研究の成果という性格上，たとえば「非営利セクター」をめぐる用語法や「社会的企業」のような重要な概念についても理解の違い等，著者間における相違点が本書にも当然のことながら含まれている．とはいえ，編者が「序章」で述べているとおり，社会の福祉状態（well-being）をめざす3つの共通点——①サードセクターの各国独自の展開過程を尊重する歴史的視点を重視していること，②理論問題として，「福祉多元主義」「福祉ミックス」「福祉の混合経済」等と表現される多元的経済の構成部分として「サードセクター経済」を位置づけ，政府・市場・サードセクターという3セクター間の境界区分を相対化しつつサードセクターの媒介性を強調していること，③セクター間のパートナーシップというビジョンのための政治的・倫理的・経済的諸政策等，多様な政策領域の統合を重視していること——は明確である．それがベースとなって，本書は編まれている．邦訳にあたって，「歴史・理論・政策」というサブタイトルを訳者の責任で付け加えたのも，こうした共通点を強調するために他ならない（表1を参照）．そして本書は，「近未来の社会経済システム」像を探求した『社会的経済』論，「雇用・福祉のEUサードセクター」の動態を「社会的な企業家活動」として探り当てた『社会的企業』論を経て，「歴史・理論・政策」という視点から『欧州サードセクター』論の到達点を現時点で総括する位置にあるものということができる．

「歴史・理論・政策」という3つの共通視点からサードセクターをトータルに把握しようとのこのような試みは，欧州サードセクター論の基本的なスタンスだと言い換えてもよい．そして，こうしたスタンスに立って，「福祉の未来とサードセクターの役割」を，サードセクターをめぐる新しい動向にも目を配りながら分析しようというのが本書全体にとっての課題であった（第I部を参照）．表2は，「歴史・理論・政策」という共通視点をふまえながら「福祉の未来とサードセクターの役割」の分析に向かう各章の主要論点・キーワードを抽出したものである．

トライアングルゾーンとその媒介性

それでは，欧州サードセクター論は，「福祉の未来とサードセクターの役

解題:欧州サードセクター論と社会・経済像

表1 欧州サードセクター論の共通視点

3つの視点	概 要
歴 史	①欧州サードセクターの歴史的な形成における「社会的経済」(協同組合・共済組合・アソシエーション)による「特別の貢献」／欧州サードセクターは「ボランタリーセクターの狭義の概念」とも「NPO」概念とも同義ではない ②欧州サードセクター史において果たしてきた社会運動の役割 ③サードセクターの政治的文脈への埋め込み／サードセクターと福祉国家とのさまざまな相互関係(競争・拒絶・融合等々)
理 論	①「社会的経済」を包含する「サードセクター経済」を多元的経済の構成要素として位置づける視角 ②セクター境界区分の相対化とサードセクターの「媒介性」の強調／「緊張感の伴う」領域としてのサードセクターにおける「ハイブリッド」組織の維持
政 策	①「協定(コンパクト)」を伴うパートナーシップというビジョン／サードセクターの政治的・倫理的・経済的な諸側面を統合する政策の必要性／「社会的」なサードセクター経済の基盤づくり ②サードセクター組織の価値・目的・評価基準の明確化 ③サードセクター組織の法的枠組みやネットワーク化への政策対応

割」を描くにあたってどのような枠組みを強調するものであろうか.その特徴は,第1に,サードセクター組織の社会的な存在領域を,「市場」「政府」「個別世帯やコミュニティ」という3つの極の内部に「埋め込まれ」てかたちづくられる〈トライアングルゾーン〉(三角形をなす領域,本書21頁,図1.1「福祉三角形」における「中間領域」)として把握する点にある.そして同時にこの枠組みは,「これまでいつも別々に論じられてきた,欧州サードセクターの2つの構成部分」,すなわち,協同組合,共済組合の運動と事業を指すものとしての「社会的経済」および「ボランタリーセクター」という2つの構成部分を概念的に統合するための枠組み設定でもある.ここでは,営利を目的とせず「利潤の私的・個人的な取得を制限する」組織という意味における「社会的経済組織」もコミュニティに根づいたボランタリーな活動を生み出す「ボランタリー組織」も,ともにトライアングルゾーンとしてのサードセクターに位置づけられることになる.

欧州サードセクター論の第2の特徴は,「福祉多元主義」「福祉ミックス」「福祉の混合経済」におけるサードセクターの性格を〈媒介性〉と規定する

表2 『欧州サードセクター――歴史・理論・政策―』の構成

章	著者・タイトル	タイトル	主要論点・キーワード等
序	A. エバース J.-L. ラヴィル		＊サードセクター研究へのヨーロッパからの貢献 ＊歴史・理論・政策からのサードセクター把握 ＊サードセクターをめぐる歴史と未来の可能性の分析
I 欧州サードセクター：欧州の現実と独自のコンセプト			
1	A. エバース J.-L. ラヴィル	欧州サードセクターの定義	＊サードセクターへの欧州型アプローチ／①社会的経済の包含、②多元的経済へのサードセクター経済の位置づけ、③サードセクターの媒介的性格の強調、④多元的ビジョンをめぐる歴史動態的アプローチ ＊サードセクターの新しい原動力としての社会的企業と社会的関係資本の重視
II 欧州サードセクターの動向：社会的経済・ボランタリー組織・市民社会			
2	C. ボルザガ	イタリアサードセクターの進展：窒息から再登場へ	＊NPOセクターとは等置されえないイタリアサードセクター ＊サードセクター支援法制（社会的協同組合法） ＊多元主義とサードセクター経済という視点
3	V. ペストフ	スウェーデン社会的経済の発展と未来	＊サードセクターから「社会的経済」を除外することの限界 ＊社会諸運動および福祉国家とサードセクターとの関係史 ＊社会的経済の発展を阻む原因と地方レベルでの新しい芽
4	J.-L. ラヴィル P. シャニアル	フランス市民社会の経験：政治と経済のギャップを架橋する	＊アソシエーション主義の伝統とその歴史 ＊社会的経済の発展と限界 ＊市民的連帯経済の再生と展望
5	I. ボーデ A. エバース	ドイツサードセクターとその現代的課題：制度の固定化から企業家的な機動性へ	＊現代社会の「中間領域」としてのサードセクターという視点 ＊サードセクター組織と新しい企業家精神 ＊福祉ミックスの再編と「企業家的な機動性」
6	M. テーラー	イギリスの福祉ミックス	＊「広義・狭義」としてのボランタリーセクターの把握 ＊福祉ミックスにおいてセクターで境界を区分することへの批判 ＊社会的企業のための法人格（「コミュニティ利益会社」）提起

7	P. デッカー	オランダ：民間イニシアティブから非営利ハイブリッド組織へ、そして民間イニシアティブへの回帰？	＊「社会的中間領域」とその媒介性という視点 ＊オランダでのパートナーシップとしての「柱状化」の歴史 ＊セクター境界の曖昧化とハイブリッド化の傾向 ＊「民間イニシアティブ」「専門家精神」の重視
III 欧州サードセクター：一国レベルとEUレベル			
8	J. ルイス	現代福祉国家における政府とサードセクター：自立性・道具性・パートナーシップ	＊福祉レジーム論におけるサードセクターへの無関心批判 ＊パートナーシップにおけるサードセクターの自立性と道具性 ＊パートナーシップへの新しいコミットメントのあり方
9	P. ロイド	EUの政策プログラムとサードシステム	＊EUにおけるサードシステムというコンセプト ＊サードシステム定着への困難
10	J. ドロール	EUとサードセクター	＊EUレベルでのサードセクター政策の経過 ＊総体としての新しいサードセクター領域の確立は可能か
IV 欧州サードセクターの理論			
11	R.M. クレーマー	混合経済の新しいパラダイム：セクター境界区分を再考する	＊セクター間の境界区分モデルへの批判 ＊対人サービス研究への5つのパラダイム（①政治経済学、②市場生態学、③新制度主義、④混合型開放システム）の検討 ＊「混合型開放システム」いう視点の可能性 ＊社会政策としての効果的なセクター間結合
12	A. エバース J.-L. ラヴィル	社会的企業による社会サービスの供給：ハイブリッド組織の貢献可能性と市民社会	＊社会サービス領域におけるハイブリッド組織・社会的企業という概念の有効性 ＊セクター区分批判とセクター間原理の結合 ＊「市民社会」概念の再考と社会サービスの「市民化」の強調 ＊「公共」セクター・「サード」セクターによる社会的企業政策の必要性

点にある．というのは，サードセクターが「市場」「政府」「個別世帯やコミュニティ」という3極の内部にできるトライアングルゾーンとして存在すると把握されるならば，三角形をなす領域は当然のことながら，3極からの影響が混在する「緊張感の伴う領域」として現実的な存立を図らねばならないからである．すなわち，サードセクターとは，緊張感を伴いながらセクター

間を媒介・結節する領域だというわけである．したがって，このトライアングルゾーンは「媒介的な空間」とも表現されるのである．

このように〈トライアングルゾーン〉に位置づく社会的な存在としてサードセクターを把握し，その基本的な性格を〈媒介性〉と規定する欧州サードセクター論の枠組みは，①「社会的経済」の貢献を不可欠の要素としてサードセクターが成り立ってきたこと，そして「社会的経済」が市場と向き合ってきたこと，②社会運動（労働運動や国民運動等）がサードセクターの発展に大きな役割を果たしてきたこと，③サードセクターと福祉国家とがときどきの社会的条件のもとで「競争」「拒絶」「融合」等々といった諸関係として相互にかかわり合いをもってきたこと，といったヨーロッパのサードセクター史における歴史的な事情を反映したものだということができる（第II部の各国分析を参照）．

以上のような枠組み設定は，サードセクター論をめぐる刺激的な論点の提起へとつながっている．サードセクターと他のセクターとの境界を相対化してとらえるという論点である．すなわち，セクターとセクターとの境界はじつは曖昧なものであり，「ある組織がこれまでとは明らかに異なった活動やサービスのスタイルをなぜ展開しようとするのか，その理由を分析するにあたって，セクターで区分することがどの程度重要なのか」と問う提起である．トライアングルゾーンとしてのサードセクターとは，「開放的で多元的で媒介的な性質」を有しており，「政府や市場に対する残余の役割や代替の役割を果たす特別の『入れ物』」ではない．したがって，「サードセクターを一種の『独立』セクター」とみなすべきではない．換言すれば，「こうした（トライアングルゾーンとしての）サードセクターの把握は，輪郭のはっきりとした他のセクターと並列される『第3の』セクターとしてサードセクターを理解しようとする見方」ではないという，詳しくは第IV部で展開されている論点である．

サードセクター経済とサードセクターの政治的埋め込み

トライアングルゾーンとしての領域規定および媒介性という基本的な性格規定に立脚することによって，欧州サードセクター論では，サードセクター

の社会経済的な側面と社会政治的な側面という2つの側面が重視され，とりわけその相互関係のもつ重要性が強調される．

第1の社会経済的な側面にあたる「サードセクター経済」とは，中心的には，「土台のところで連帯をベースとする要素を必要とする」協同組合や共済組合が市場と向き合いながら形成してきた，連帯を基盤とする「独自の経済」としての社会的経済であり，社会的経済をサードセクターに位置づけることから明らかとなる「サードセクターの経済的側面」である．図1.2「多元的経済の全体構造」の内部に位置づけられる「貨幣経済」（本書21頁）は，サードセクターの領域および性格を描いた図1.1「福祉三角形」の内側にある「中間領域」を経済的側面として表現しなおしたものである．

ここでいう「多元的経済」とは，「市場・再分配・互酬」という3つの原理（3つの極）を区別しながら経済という部面の全体的なありようを描いたK. ポランニーの経済理論に依拠した議論である．この3極を結んで形づくられるトライアングルは「多元的経済の三角形」と呼ぶことができる．そして重要なのは，その3極の内部に埋め込まれて形づくられるトライアングルゾーンがサードセクター経済を構成するという点である．したがって，トライアングルゾーンにおいて形成されるサードセクター経済は，3つの相互に異なった経済原理のハイブリッド（媒介・結節）化であるゆえに，サードセクターの媒介性を「社会経済的な」側面として表現すると同時に，必ずしも予定調和的・安定的に存立するわけではないという特有の困難さをも抱えているのである．それはたとえば，トライアングルゾーンに位置するサードセクター組織への福祉資源が3つの極から入り込みうるという点で「多元的性質」をもっているとしても，3極からのさまざまな影響を同時に受ける以上，その諸資源の調達が常に安定的であるとはかぎらないといった状況を考えてみればわかりやすいであろう．

とはいえ，サードセクター経済が「政府や市場の中核価値に適応するのでもなく」さらに「インフォーマルな環境やインフォーマルなネットワークに後戻りするのでもなく」，あるいは，全体としての社会における経済の部面が市場という原理だけで覆われるわけではなく，さらには再分配という原理だけで覆われるのでもなく，3つの原理に加えて，サードセクター経済が体

現する〈3つの原理を組み合わせる混合原理〉が経済の原理としてありうることを強調している点は欧州サードセクター論としての独自性を主張するものだといってよい．そして，3つの原理がそれぞれに固有の領域をもち，同時に，その3つの原理の組み合わせとしての混合原理が創り出す特有の領域としてのサードセクター経済が加わって全体としての社会における経済部面が成り立っているという文脈において，サードセクター経済は「多元的経済の構成要素」として位置づけられるのである．そして，現代の社会経済システムが「多元的経済の全体構造」としてあるのだとすれば，その一翼を担いうるという点において，「大きな理論的課題」であるとはいえ，サードセクター経済を「経済のあり方を改革する経済」あるいは「市民的連帯経済」（図1.4，本書25頁）の発展として位置づけようとの立論は，欧州サードセクター論からの重要な問題提起をなしているといえよう．

　サードセクター論の「現在のキーワード」，あるいは，サードセクター発展への「新しい原動力」とされるハイブリッド組織としての社会的企業も，とりわけ「社会的関係資本を動員し醸成する点において際立っている」という特性を通じて「経済のあり方を改革する経済」あるいは「市民的連帯経済」の担い手と位置づけられることになるであろう．『社会的企業』において「サードセクターから社会的企業へ」という展開への基調が強調され，社会的企業の原理的プロトタイプが検討されたのも，こうした背景があってのことであった．

　第2のサードセクターの社会政治的な側面として強調される点は，サードセクター組織が，政府による政策，営利企業による事業展開，家族やコミュニティにおけるニーズの発生，社会運動や政治運動，市民社会の文化等々といった多元的な影響を同時に受ける存在であり，したがってサードセクター組織の存在領域は「緊張感の伴う領域」とならざるをえないという側面である．欧州サードセクター論では，これを「サードセクターの政治的文脈への埋め込み」と規定している．サードセクター経済が3つの経済原理のハイブリッド化としてサードセクターの媒介性を社会経済的な側面として表現しているのだとすれば，「サードセクターの政治的文脈への埋め込み」は，「市場」「政府」「個別世帯やコミュニティ」という3極からのサードセクターへ

の影響にかかわって,サードセクターの媒介性あるいはサードセクターの社会的統合機能を社会政治的な側面として表現しているのだといえよう.

こうしたサードセクターの理解は,サードセクターを一種の「独立セクター」とみなしそれを「市民社会セクター」と規定する方法への懐疑となってあらわれる.すなわち,市民社会やその諸原則を育んでいく理性や価値は1つのセクターだけの独占物ではないし,サードセクターとは民主主義社会における公共領域の一部をなしているのであって,政府セクターに対抗する独立した「市民社会セクター」なるものが単独で存在するわけではないというのである.

ここまで整理してきたように,欧州サードセクター論においては,トライアングルゾーンとしてのサードセクターとその媒介性が,社会経済的な側面(サードセクター経済)と社会政治的な側面(サードセクターの政治的埋め込み)という二重の意味をもってとらえられることがよくわかる.そして,この両側面が相互に絡みあいながら,それぞれの時代の社会的諸条件のなかでサードセクターのあり方が歴史的に規定されてきたのである.こうしてみると,何の変哲もないこのトライアングルゾーンこそが欧州サードセクター論のアルファでありオメガであり,トライアングルゾーンの設定のなかにヨーロッパでの研究蓄積の要諦が集約的に刻み込まれていると言い換えることができるかもしれない.

サードセクター論からの社会・経済像へのアプローチ

以上,欧州サードセクター論の主要な内容を摘記してきた.では,私たち日本の読者は,こうした欧州サードセクター論から何をメッセージとして受け取ればよいであろうか.それを,現在の日本の状況を念頭においた現代的な課題との関連でいえば,市場経済のグローバリゼーションが十分な歯止めもなく強者の論理をもって進行し,政策的エネルギーの過半がそれへの適応に汲々として削がれてしまっているなかで,さまざまなカテゴリーの寄る辺なき「社会的弱者」が「社会的格差」にさらされるという社会的・経済的状況とかかわって,わが国の状況に応じたわが国にふさわしいサードセクター論をあらためて再構成することだといえるだろう.実際,ヨーロッパにおけ

るサードセクターはその歴史に鑑みれば,「社会的排除」とたたかうことによって社会の分裂を回避しようとするさまざまな運動と不可分だったのである．その意味において,社会的企業論をその内に含んだ欧州サードセクター論の展開は,「社会的排除」を超えて「社会的包摂」に向かいうる社会・経済像をどのように描くのかという課題に照らしてみれば,サードセクター論を切り口とする社会・経済像の創造へのアプローチでもあったというべきかもしれない．もちろん,「社会的排除」を除去して「社会的包摂」を可能とするためには,福祉国家論や社会政策論からのアプローチが不可欠である．しかしながら,サードセクター論が同様に「社会的包摂」への道筋を描き出そうと努力を重ねてきたのだとすれば,福祉国家論・社会政策論とサードセクター論との結合を,実践的にも理論的・政策的にも新しい課題として真摯に受け止めなければならない．欧州サードセクター論が,「サードセクターに対する『明らかな無関心』は,社会政策理論や福祉レジーム理論にとって1つの弱点である」と繰り返し強調しているのも理由のないことではないのである．

ところで,わが国では,サードセクターの理解をめぐる2つの潮流をまえにして,社会的経済(協同組合や共済組合)およびアソシエーションの全体を包含して「サードセクター」をとらえるヨーロッパ型アプローチと,非分配制約という視点から協同組合等を外してNPO・非営利セクターを「サードセクター」ととらえるアメリカ型アプローチとをどのように統合して理解するのかがこれまでしばしば問われてきた．しかし,この2つのアプローチがこれまで分岐傾向にあったことについては,当然ながらいくつかの理由があった．すなわち,欧米間におけるサードセクターの構成組織の歴史的な事情の相違(とりわけ協同組合の位置づけの相違),アメリカ型アプローチをベースとしたNPOセクターの数量的な国際比較を目的とする研究上の事情等である．ともあれ,この2つのアプローチをどうつなぐのかはいまなお,実践的にも理論的にも議論が続けられているところである．

しかしながら,アプローチの違いとは,それぞれの研究が何を分析の対象とするのか,その分析結果からどのようなインプリケーションを引き出すのか等々研究上の目的設定の違いから生まれてくるものであり,その意味では

避けがたいことではある．とはいえ，「社会的企業論」という認識枠組みの提起以降，「社会的企業」としての存在自体がいまだ社会実験としての途上にあるとはいえ，社会的企業論による仲立ちを通じてこの２つのアプローチが統合される道も徐々に切り開かれてきたようにも思われる．実際，『社会的企業』においても，「社会的企業」の原理的プロトタイプが「協同組合と非営利組織という両タイプの組織的特徴を併せもつ」ものと規定されるとしても，「真の協同組合であり同時に純粋な非営利組織でもあるような社会的企業はほんのわずかに過ぎないというように，静態的に理解されるべきではな」く，社会的企業の登場を「既存のサードセクター組織を変形していく動態的な過程」として把握しなければならないと述べられ，協同組合を典型とする社会的経済組織の性格とNPO・非営利組織の性格との統合というかたちをとった，両アプローチ収斂への動態的な可能性を示唆していた．それは，本書においても，社会的企業に求められる「新しい企業家精神」は「大西洋両岸諸国に共有されうる」側面だと指摘されているとおりである．

このようにみると，社会的企業をめぐる議論も，社会的企業がもちうるサードセクター的感性との関連において，さらにいえばトータルとしてのサードセクター論との関連において，サードセクター論から社会・経済像をどう描くのかという文脈設定のなかで実践的・理論的・政策的に再編成される必要があるだろう．そのかぎりでは，社会的企業論とは，単なる企業論のレベルにとどまらず，サードセクター論による社会・経済像の創造という課題と不可分である．したがって，日本の歴史・理論・政策に適合的なサードセクター論・社会的企業論の構築を社会・経済像を描くという課題のなかで独自に達成すること――それが，サードセクター論・社会的企業論に関心を寄せる私たち日本の読者に対して，本書『欧州サードセクター――歴史・理論・政策―』が発している最大のメッセージだといえるのではないだろうか．

最後に，相変わらずの出版事情の厳しい折にもかかわらず，本書出版にあたってご尽力いただいた，日本経済評論社の栗原哲也社長および編集業務を担当していただいた清達二氏にあらためて御礼申し上げたい．とりわけ清氏には，『社会的企業』に引き続いて，本書訳稿完成までの過程を共有しなが

ら，訳者が見落としがちな点について的確に教示していただいたことに対して衷心より感謝申し上げたい．

[付記] 本邦訳書は，「平成14-17年度日本学術振興会科学研究費補助金基盤研究(A)(2)」に基づく研究成果の一部である．

事項索引

[ア行]

アソシエーション
　——主義　32, 110, 113, 115, 121
　経済——　34, 86
　住宅——　116, 179, 180, 187
　地域——　45
　非営利——　16, 34, 119, 209
　ボランタリー——　30, 72, 83-5, 89-90, 93-94, 96, 104-5, 171, 194-5, 227-9, 232, 234-5, 237-8, 242
アドボカシー組織　1, 17, 45, 137, 195, 207, 213
イノベーション
　サードセクターの——　49
　サービス生産過程の——　41,
　社会的経済における——　187
　社会的な——　290
営利を目的としない　2-3, 43, 163, 196, 335, 337

[カ行]

外部委託　78, 102, 208, 343
外部性　325
企業
　コミュニティ——　44, 177, 258
　非営利——　143
　労働編入——　258
企業家
　——活動　49, 51, 53, 154-7, 186, 201, 215, 254, 267, 270, 272, 287
　——精神　2, 170
起業組織　38, 42, 44-5, 109, 125-7, 129, 151-3, 189, 282-3, 329
寄付　24, 26, 49, 52, 66, 71, 73, 145, 151-2, 164-7, 170, 181, 188, 205-7, 215, 217, 306, 311, 337-8
共益組織　33, 35, 39
共済組合　1, 3-5, 7, 17-19, 34-35, 50, 52, 66, 68, 84, 86, 112-3, 119-20, 123, 135, 137-9, 142-3, 149-50, 152, 164-6, 173-5, 180, 186-8, 196, 228, 289-90, 329-30, 347
協同組合
　——銀行　138, 140, 180
　——振興機関　177
　社会的——　43-44, 48, 61, 73-75, 78, 80, 154
　消費者——　34, 67, 87, 92, 96-97, 140, 172
　住宅——　17, 34, 84-86, 96-97, 138-40, 172, 177, 181
　農業——　34, 86-88, 92, 96-97
　労働者——　1, 95, 119, 174, 181-2
共同生産者　2, 102, 105, 151, 180, 336
クレジットユニオン　177, 181, 184
現金給付　24, 36-38, 62, 66, 69-71, 226
現物給付　24
公共財　135
公共支出　2, 38, 62, 71, 96, 200, 258
国民運動　6, 85-97, 104-5
コミュニティ
　——開発　181, 258, 308
　——基金　181
　——グループ　136
　——志向　157
　——生活　22
　——組織　164, 267, 312, 314-5
　——のニーズ　181
　——ビジネス　166, 177, 184, 312, 315
　——ベース　178

──保育　46-7
地域──　44, 164
互酬　24, 26, 47, 64, 112, 124-5, 128-9, 233, 261
雇用
　──ガイドライン　257, 270, 276
　──可能性　257, 270, 272,
　──機会　47, 227, 268
　──構造　41
　──サミット　270
　──戦略　272
　──創出　41-2, 242, 247, 256-7, 267-8, 270, 272, 274, 281, 286-8
　──の質　264
　──パイロットアクション　272-4, 277

[サ行]

サードセクター
　──組織　4, 9-11, 17-18, 22, 27, 29-30, 51-53, 62, 68-70, 73, 75-76, 77-78, 80-81, 99, 101, 105, 134, 166, 187-90, 228, 233, 237-8, 240, 242, 245, 247, 258, 263, 316, 325-7, 334, 337, 340, 345-6
　──経済　7-9, 50-1
サービス
　医療──　35-36, 39-40, 44-45, 70, 73-74, 96, 142, 145, 149, 204, 308, 310, 329
　関係──　41-2, 49, 127
　近接──　53, 328,
　コミュニティ──　42, 268, 288
　在宅介護──　42, 339
　社会──　8, 33, 36, 39-40, 43, 62, 66, 70-71, 73-75, 77-81, 92-94, 99-102, 105, 120, 139, 143-5, 147-9, 156, 166, 178, 204, 207-8, 216-7, 244, 268, 271, 273, 300-1, 303-4, 308, 310-2, 315, 325-9, 331-7, 341, 344-6, 348-9
　社会的共通──　334
　対人──　42, 53, 127, 268, 284, 290, 300, 304-8, 310, 313, 316-8, 332, 335
　デイケア──　86, 95

福祉──　20, 94, 96, 146, 178, 180, 232, 269, 325-6, 328-31, 341, 347-8
文化──　336
保育──　44, 46-47, 95, 153, 328, 334
財団　5, 24, 31, 50, 61-62, 69, 75, 80, 94, 202, 210-1, 214, 265, 311, 336-8
再分配　22, 24, 26, 117, 122, 124-6, 128-30, 135, 239, 333,
参加
　──形態　40, 52, 348
　──民主主義　127-8, 245, 343
　組合員──　72
　自発的──　32, 46, 49, 135, 349
　市民（の）──　105, 158, 187, 213, 233, 330-1, 340, 346-7
　ステークホルダー──　43, 47, 81
　専門家の──　149, 158
　民主的──　8
　ボランティアの──　9, 149, 152, 158
　ユーザーの──　9, 335-6, 344, 347-8
資源
　──構造　302
　──調達　306-7
　──配分　26,
　貨幣的──　341
　公的──　144, 147, 341
　市場──　130
　社会的──　24
　政府──　53
　多元的──　49
　道徳的──　49, 130
　非営利──　130
　非貨幣的──　341
　非市場的──　130
　非政府──　2
市場
　──経済　25-26, 34-35, 50, 109, 117-9, 121-4, 127, 139, 141, 184, 273, 282, 288, 307, 314
　準──　146
　非──　25-26, 35, 37, 39, 50, 109, 122, 130

事項索引　　　　　　　　　　　　　　　367

失業
　　――手当　113, 275
　　――問題　126
　　――率　98, 247, 256
失敗
　　市場の――　2, 36, 184, 206, 261, 270, 272
　　政府の――　2, 28, 229
市民
　　――化　327, 347
　　――資本　260, 274
　　――社会　4, 6, 8-9, 17, 20, 22, 28-31, 46, 49-53, 69-71, 75, 80-81, 109-10, 129, 135-8, 142, 152, 159, 164, 169, 195-7, 199, 207, 213, 215-6, 219-20, 226, 234, 243, 246, 263, 276, 300, 314, 325-31, 335-9, 343-9
　　――的連帯経済　27, 109, 125, 127-30
　　――企業――　52
社会運動　6, 40-1, 52, 63, 85, 88, 90, 94, 126, 128-9, 151, 177, 262, 308
社会的
　　――関係資本　4, 10, 46, 52, 102, 106, 135, 149, 155, 157, 227, 233-5, 237, 261, 337-8, 344-5
　　――企業　4, 10, 22, 49-50, 52-3, 101, 104, 106, 155, 157, 164, 168, 177, 184-6, 188-90, 213-5, 219-20, 259-61, 264, 268-9, 325-6, 338-9, 344-5
　　――企業家（活動）　45, 153, 155, 157, 219
　　――共通益　325, 334
　　――経済　3, 5, 7, 11, 16, 18-9, 31, 50, 83, 85-7, 98, 101, 103-6, 109, 116-7, 119-24, 126-30, 135, 139, 141, 143, 158, 184, 187, 190, 196, 219, 230, 240, 254, 258-9, 261, 264-5, 270-3, 275-6, 282-3, 289-90, 292-3, 311
　　――結束　40, 184, 241, 244, 254, 256, 281, 291
　　――中間領域　7, 195-6, 205
　　――統合　29, 44, 118, 208, 256

　　――ネットワーク　237
　　――排除　2, 78, 180, 182-4, 240-2, 256-8, 269, 271, 278
　　――包摂　256
　　――目的　44, 72, 186, 256, 259, 275-6
シェアホルダー　51
職業
　　――訓練　66, 154, 267, 304
　　――紹介　210, 267, 332
信頼関係　267, 274
ステークホルダー　22, 43-4, 47-9, 51, 81, 146, 215, 266, 304-5, 312, 345, 348
政策
　　家族――　236
　　経済――　103, 301
　　公共――　1, 19, 30-31, 87, 105, 143, 159, 164, 195, 294, 300-1, 316, 325
　　社会――　6-7, 38, 62, 68-70, 76-77, 93, 96, 99, 120-1, 138, 141-2, 147, 150, 227, 239-40, 277, 301, 309, 315-7, 319
　　社会福祉――　314
　　地域――　269-70, 288
　　福祉――　63, 228, 314
　　保育――　153
セクター
　　――境界区分　299-300
　　インフォーマル――　47, 169, 317
　　営利――　52, 179, 201, 218, 259, 261, 264-5, 269, 299, 307
　　協同組合――　156, 283-4
　　コミュニティ――　167, 182, 188, 246
　　市民社会――　9, 51, 347
　　社会サービス――　36, 329
　　社会的経済――　121, 290, 292
　　独立セクター　232, 241
　　非営利――　1-2, 16, 38, 63, 65, 67, 84, 168, 196, 198, 200-7, 211-3, 218-20, 230-2, 299, 303, 307-8, 310, 318
　　ボランタリー――　4-6, 44, 85, 93, 163-4, 166-9, 178-80, 183-4
　　ボランタリー・コミュニティ――　167, 182, 188

ソーシャルワーク　91, 208, 220

[タ行]

第三の道　3, 164, 182-3, 247, 267
多元的経済　7-8, 15, 19, 22, 31, 51, 130
地域
　——開発　190, 257, 292
　——雇用　257
柱状化　197-201, 209, 211, 216, 218-9
低家賃住宅　179-80
同型化　35, 39, 119, 122, 127-8, 207-8, 247, 302, 309-11, 313

[ハ行]

媒介性　7, 16, 20
パートナーシップ　2, 9, 30, 45, 48-9, 52, 76, 104, 145, 147, 163, 182-3, 187, 194, 197, 200, 210, 218, 225, 229-30, 232-3, 238, 242-7, 258-60, 266, 276, 335, 338, 344, 348
ハイブリッド
　——化　27, 127, 130, 197, 207, 209-12, 259, 261, 327, 338-42, 344-5
　——組織　4, 53, 194, 219, 259, 304, 309, 319, 325-6, 328, 334, 337-8, 344, 346
フィランソロピー　17, 168, 246, 284, 300
福祉
　——国家　2, 6, 24, 26, 28-29, 35, 37-40, 42, 45, 50-51, 71, 83, 85, 88-100, 104-5, 109, 117-20, 138, 142-3, 146-7, 169, 176, 178, 185, 197, 199-200, 206-7, 213, 217-8, 220, 225-9, 231, 237-42, 299, 314, 316, 326, 328-31, 333, 335, 345, 349
　——政治　51, 236, 344
　——多元主義　7, 19, 27, 31, 51, 153, 178, 330
　——の混合経済　7, 22, 51, 225, 238, 314, 316, 319
　——ミックス　6, 20, 22, 27, 51, 90, 94, 98-9, 102, 146, 153, 163, 165-6, 168-9,

174, 176, 178, 182, 185,
　——レジーム　225, 231-2, 314-6, 327, 344, 347
コミュニティー——　3, 6, 7, 34, 36-37, 39, 51-52, 83, 226-7, 230, 232, 328
法
　産業共済組合——　166, 173, 186
　社会的協同組合——　73, 75
補完性原理　2, 90, 144, 148, 199, 201, 288, 292
ホームレス　70-71, 95, 177
ボランティア　9, 48, 73, 79-80, 122, 143, 149, 151, 158, 204-5, 213-5, 217, 220, 240, 261, 267, 316, 331, 338, 342

[マ行]

マルチステークホルダー　47, 266, 343

[ラ行]

利潤
　——を目的としない組織　2, 264
　——非分配制約　19, 84
連帯　6-7, 18, 27, 29, 32-33, 35-36, 43, 46, 50, 64, 72, 76, 93, 98, 109-10, 112, 117-8, 120, 124-5, 127-30, 135-8, 142, 149, 151-2, 155, 185, 199, 213, 217-8, 227, 241-2, 261-2, 264, 274, 277, 283, 285, 296, 291, 293-4, 337
労働
　——運動　6, 50, 69, 88, 89, 91, 93-4, 111, 113, 116, 122, 138, 145
　——組合　40, 70, 84, 87, 89, 91-92, 95-98, 113, 115-6, 128, 135, 137, 140-2, 166, 172-3, 175-6, 180, 245, 264, 291, 308
　——市場　37, 43, 70, 85, 104, 169, 226, 235, 239-41, 256-8, 264, 267, 271, 312, 334
　ボランタリー——　71, 73, 145, 205, 330, 337

訳者紹介

内山 哲朗（うちやま てつろう）
専修大学経済学部教授（社会政策・社会運動）。1950年長野県生まれ。一橋大学大学院社会学研究科博士課程単位取得
担当：序章・1章・8章・9章・10章・11章・12章・解題

柳沢 敏勝（やなぎさわ としかつ）
明治大学商学部教授（経営労務論）。1951年青森県生まれ。
明治大学大学院商学研究科博士課程単位取得
担当：2章・3章・4章・5章・6章・7章

欧州サードセクター
──歴史・理論・政策──

2007年6月5日　第1刷発行

定価（本体4600円＋税）

編　者	A. エバース J.-L. ラヴィル	
訳　者	内　山　哲　朗 柳　沢　敏　勝	
発行者	栗　原　哲　也	
発行所	株式会社 日本経済評論社	

〒101-0051　東京都千代田区神田神保町3-2
電話 03-3230-1661　FAX 03-3265-2993
振替 00130-3-157198

装丁＊渡辺美知子　　　　シナノ印刷・協栄製本

落丁本・乱丁本はお取替えいたします　　Printed in Japan
© Uchiyama Tetsuro and Yanagisawa Toshikatsu 2007
ISBN978-4-8188-1927-6

・本書の複製権・譲渡権・公衆送信権（送信可能化権を含む）は㈱日本経済評論社が保有します。
・JCLS〈㈱日本著作出版権管理システム委託出版物〉
本書の無断複写は著作権法上での例外を除き禁じられています。複写される場合は、そのつど事前に、㈱日本著作出版権管理システム（電話 03-3817-5670、FAX03-3815-8199、e-mail：info@jcls.co.jp）の許諾を得てください。

C. ボルザガ，J. ドゥフルニ編
内山哲朗・石塚秀雄・柳沢敏勝訳
社会的企業
雇用・福祉のEUサードセクター

「社会的企業」という新しい概念から，EU全15カ国の事例を詳細に分析，ポスト福祉国家におけるサードセクターを再定義し，経済と社会の転換と再生を理論的実証的に展望． 本体8200円

J. ドゥフルニ，J.L. モンソン編著
内山・佐藤・石塚・中川・長岡・菅野・柳沢・桐生訳／富沢解題
社会的経済
近未来の社会経済システム

私的および公的セクターに属さない経済活動が活発化している状況下，主要先進国における社会的経済の理論と実証を試みた国際プロジェクトによる初の成果。〈オンデマンド版〉本体7500円

田中夏子
イタリア社会的経済の地域展開

「生きにくさ」の時代に「人が大事にされる暮らし方・働き方」を模索する社会的協同組合の現場から，それを担う人々に光を当て，その社会的背景，地域社会の構造を分析． 本体3700円

堀田祐三子
イギリス住宅政策と非営利組織

地方自治体による公営住宅供給から，ボランタリー組織による住宅供給・支援へ，ドラスチックな政策転換の実態と意義を詳細に分析・解明．今後の展開を探る． 本体4200円